Anonymous

Topographie des herzoglich-sachsen-koburg-meiningischen Antheils

an dem Herzogthum Koburg

Anonymous

Topographie des herzoglich-sachsen-koburg-meiningischen Antheils
an dem Herzogthum Koburg

ISBN/EAN: 9783337412616

Printed in Europe, USA, Canada, Australia, Japan

Cover: Foto ©ninafisch / pixelio.de

More available books at **www.hansebooks.com**

Topographie

des

Herzoglich-Sachsen-Koburg-Meiningischen

Antheils

an dem

Herzogthum Koburg,

nebst einer

geographischen Karte dieses Landes

und

einigen wichtigen noch nie gedruckten Dokumenten zwischen Sachsen und Bamberg von 1417, 1601 und 1608.

Sonnenberg 1781.
auf Kosten des Verfassers.

Der

Durchlauchtigsten Herzogin und Frau

Frau

Luisen

Herzogin zu Sachsen,

Jülich, Cleve und Berg, auch Engern und Westphalen, Landgräfin zu Thüringen, Markgräfin zu Meißen, gefürsteten Gräfin zu Henneberg, Gräfin zu der Mark und Ravensberg, Frau zu Ravenstein 2c. 2c.

gebornen Fürstin zu Stollberg,

Gräfin zu Königstein, Rochefort, Wernigeroda und Hohenstein, Frau zu Eppstein, Münzenberg, Breuberg, Agemont, Lohra und Klettenberg 2c. 2c.

Meiner gnädigsten Herzogin und Frau.

Durchlauchtigste Herzogin,
Huldreichste Herzogin und Frau,

Nur die tiefste Ehrfurcht, womit ich es wage, von der mir gnädigst zu Theil gewordenen Erlaubniß Gebrauch zu machen, mag die Kühnheit entschuldigen, Ew. Herzogl. Durchl. ein Buch zuzueignen, das, schon seiner innern Natur nach, entblößt von allem dem Schmuck und den Reizen des Witzes und der Beredsamkeit, die die übrigen Werke unsers Zeitalters zu bezeichnen pflegen, mit nichts zu sympathisiren scheint, als mit jenen waldigten und gebürgigten Gegenden, deren Lage es schildert, wo die Natur, wie die Wahrheit, ihre verborgenen Schätze, nur mit einer rohen unscheinbaren Rinde bedeckt hat.

Ein Herz, wie das Ihrige, Durchlauchtigste, so voll Wärme für alles Gute und Wahre, für alles Nützliche und Brauchbare, das sich mit allen Menschen und ihren Angelegenheiten, sie seyn so groß oder so klein, als sie wollen, so nahe verwandt fühlt; eine Seele so voll Grazie, von der

Mor-

Morgenröthe ihres Lebens an, im Umgang der Musen gebildet; die den schmucklosesten Gegenstand, so bald er sich ihr nähert, Anmuth und Gefälligkeit mittheilt, und gleich dem Lichte, jeden Schatten hinter seinem eignen Körper verbirgt: ein Geist, der bey allem Gefühl des Schönen, doch nicht von dem äußern Gewand der Dinge geblendet wird, sondern mit dem Blick der Wahrheit gerne jenen Schleyer, womit die Kunst die Geheimnisse der Natur zu verhüllen pflegt, zurückzieht, um sie in ihrer ursprünglichen Würde, und nach jeder ihrer Beziehungen auf das möglichste Glück und den Wohlstand der Menschheit, immer näher kennen zu lernen: soll ich noch mehr sagen? — es wären nur bekannte Wahrheiten! — mit einem Worte: Sie, Durchlauchtigste, bedürfen jener äußern Reize nicht, um das Gute gut zu finden, das Brauchbare und Nützliche nützlich.

Wenn es denen auf den Thronen überhaupt, und Ihnen, Durchlauchtigste Herzogin, insbesondere immer

das

Das höchste Ziel Ihrer edlen Bemühungen ist, die Bäche des Seegens zu eröfnen und zu erweitern, wodurch der höchste Baumeister der Welten Freude und Ueberfluß aus den Pallästen in jede Hütte mit weiser Vertheilung hinab leitet: wenn zur Beglückung der Völker eine genaue Kenntniß ihrer Länder, nach Lage, Anbau, Benutzung, Volksmenge, natürlichen Produkten und allen Arten ihrer Brauchbarkeit und würklicher Verarbeitung zu Werken der Kunst und Nothdurft bis ins kleinste Detail unentbehrlich ist: so geruhen Sie Durchlauchtigste, diesen Abriß von einem Theil der Ihrigen als einen zwar unvollkommenen doch treugemeinten Versuch zu betrachten, nach dem Maaße meiner Kräfte, so wenig es auch sey, doch etwas zum fernern Flor eines Landes beyzutragen, das — mit dankbarsten Empfindungen sage ich es — mir Zuflucht und Vaterland geworden ist!

In Ihnen, Durchlauchtigste Herzogin, verehet es seine Mutter! sieht in der Zukunft jeden Seegen, jede Freude

Freude empor wachsen, zu deren Anbau die Vorsicht schon in den Büchern der Ewigkeit seine geliebte Luise in so schönen und zärtlichen Verbindungen mit Karln und Charlotten Amalien bestimmt hatte! Sie lasse Sie alles seyn und werden, was je eine gute Fürstin sich selbst, ihrem Hause und ihren Völkern geworden ist!

Dies sind die heiligen Wünsche aller Ihrer treuen Unterthanen und die meinigen insonderheit, mit denen ich in tiefster Devotion lebenslang verharre

Ew. Herzogl. Durchlaucht

Sonnenberg,
den 24. Brachm. 1781.

unterthänigst treugehorsamster
Christian Friedrich Keßler von Sprengbeysen,
Obristlieutenant.

Vorrede

Vorrede.

Hochgeehrtestes deutsches Publikum! Du hast das Studium der Natur und Oekonomie nach allen ihren Theilen zu Deinem Lieblingsstudium gemacht; Segensvolle Beschäftigung für die Menschheit! — Seitdem Könige Weltweise werden, und das Wohl ihrer Länder ihre erste Beschäftigung ausmachet, so haben sie gefunden, daß die höchste Staatsökonomie in Erhaltung und Vermehrung ihrer Unterthanen bestehet. — Die Männer mit den Mordgewehren werden also künftig nur Unterhalter des Friedens — die aufs höchste getriebene Kriegskunst, die festeste Vormauer vor verheerenden Kriegen seyn. — Wir haben schon zwey der vortreflichsten Heere mit gezuckten Schwerdtern gegen einander stehen gesehn — und gleich stark in allem — zogen ihre bewunderungswürdigsten Beherrscher — als die größten Staatsökonomen, ruhig zurück in ihre Länder, und gaben der Nachwelt ein Beyspiel von Vaterliebe — und wie nützlich wohlunterhaltene und gut exercirte Krieger dem Vaterlande sind. — Dir muß also meine Topographie angenehm seyn, da sie Dich mit einem kleinen gebürgigen, mitten in Deinem Vaterlande liegenden Lande bekannt machet, das an Volksmenge alle mir bekannte Lande übertrift; selbst die Topographie des Herrn Oesfeld, von dem Herzogthum Magdeburg und der Grafschaft Mannsfeld, Magdeburgischer Hoheit, die im vorigen Jahr herausgekommen, und welche ich erst zu Gesicht bekommen habe, da die meinige schon unter der Presse war; bestätiget, daß das Meiningische Oberland jenes so ausgezeichnete fruchtbare Land, welches unter der weisesten und vor allen hervorleuchtenden Oekonomie des

bewun-

bewunderungswürdigsten großen Königs, sowol an Volksmenge als an Viehzucht noch weit übertrift; obwol in diesem gesegneten Lande große, ansehnlich volkreiche Städte (als Magdeburg und Halle) die Volkszahl außerordentlich erhöhet, und die vortreflichſten Auen an der Elbe, Saale und Havel, die Viehzucht begünstigen müssen. Ich werde zur Bestätigung meines jetztgesagten eine kurze Vergleichung dieser beyden Länder herſetzen, damit meine Leſer davon überzeugt werden mögen.

Das Herzogthum Magdeburg mit der Grafſchaft Mannsfeld, Magdeburgiſcher Hoheit, beträgt nach seinem Quadratinhalt 84 große deutſche Meilen. Das Meiningſche Oberland nur 4 dergleichen Meilen. In jenem Lande befanden ſich im Jahr 1779. 240243 Seelen, in dieſem in nemlichem Jahre 12988 Seelen, folglich kommt im Magdeburgiſchen auf eine Quadratmeile 2859, im Meiningiſchen 3247 Seelen, und alſo in dieſem 388 Seelen auf die Quadratmeile mehr, als in jenem Lande. Im Magdeburgiſchen befinden ſich 69519 Stück Rindvieh und 29344 Pferde, welche zuſammen eine Anzahl von 98863 Stück ausmachen. Im Meiningiſchen befinden ſich 8500 Stück Rindvieh und 147 Stück Pferde, welche zuſammen 8647 Stück ausmachen; folglich kommt in erſtem Lande auf eine Quadratmeile 1178, in letztern 2137 Stück, und alſo 959 Stück Vieh auf die Quadratmeile mehr, als in jenem Lande.

Hab ich alſo wohl noch nöthig mein Unternehmen zu entſchuldigen? Da ich nicht allein gezeigt habe wodurch, ſondern auch wie das Land und jeder Ort, von Zeit zu Zeit zugenommen hat. Ich ſammlete dieſe Nachrichten blos anfänglich zu meinem Vergnügen, denn ob ich wol anjetzo ein Soldat bin, ſo war von meiner Jugend an, mein eigentliches Studium das Kameraſe mit allen dazu gehörigen Wiſſenſchaften als Mathematik, Bergwerkkunde, Münzweſen, Oekonomie u. ſ. w. — und blieb es auch mitten unter dem Getümmel der Waffen, während der

Winter-

Winterquartiere, bey der Muſſe einer einjährigen Gefangen-
ſchaft und in Frieden — in verſchiedenen Theilen von Deutſch-
land — und einigen benachbarten Königreichen — Einiger meiner Freunde ſahen dieſe Sammlung, und ſuchten mich zur Aus-
gabe zu bereden — mein gnädigſter Herr, der regierenden
Herrn Herzogs zu-Meiningen Durchl. erhielten Nachricht davon — ſahen verſchiedenes davon — und geruheten, mich
durch ein gnädiges Handſchreiben aufzumuntern. Ich führe einige Stellen daraus an: „— Es hat mich ſehr gefreuet, daß Sie
„ihre Muſe, und mir bekannte Talente und Fleiß, einer ſo nützli-
„chen Unternehmung widmen wollen — Sie können verſichert
„ſeyn, daß ich dieſe Idee in ihrem ganzen Umfang gebilliget habe,
„da wir bishero gar nichts in dieſer Art über das hieſige Land ha-
„ben, und ich ſchon längſt gewünſchet, ein ſolches Buch zu beſi-
„tzen — Ich nehme an den glücklichen Erfolg dieſer Arbeit ſo
„ſo vielen Antheil, daß ich gerne alles beytragen werde, dieſelbe zu
„befördern —„ Wie konnte ich nach dieſer gnädigen Aufmunte-
rung unthätig bleiben? Ich habe mir alſo alle Mühe gegeben, aller Erwartung zu entſprechen — ſo weit meine geringen Talente —
die geſammleten Nachrichten — und die wenigen Dokumente —
es erlaubten und an die Hand gaben.

Nun könnte ich, Hochgeehrteſtes Publikum, da ich Dir die
Bewegurſachen, weßwegen ich Schriftſteller worden, erzehlet,
nachdem ich vorhero mich Dir beſtens zu Deinem Wohlwollen empfohlen, meine Vorrede ſchließen, wenn ich nicht vorhero ein Paar
Einwürfen, ſo mir gemacht worden, begegnen wollte.

Erſter Einwurf.

**Kann es einem Lande, beſonders bey Kriegszeiten, nicht ſchädlich
werden, wenn man die wahre Stärke eines Landes ge-
nau weiß?**

Ich weiß ſehr wohl, daß man ſonſt hieraus ein Geheimniß
machte, und daher bey Einrückung feindlicher Kriegsvölker alle

Land-

Land- Krais- Marsch- und Kriegskommissarien entfernte, damit der feindliche General nicht erfahren sollte, wie viel ein Land eigentlich ertragen könnte; ich weiß aber auch, was diese Geheimnißmacherey manchen Ländern und Orten vor Schaden gebracht. Da ich in den deutschen Krieg von 1756 bis 63 die Ehre hatte, einigen K. K. Generalen, so leichte Korps kommandirten, als Adjutant Dienste zu thun — so kann ich hiervon aus Erfahrung reden. Ich werde diese darzu benutzen, um darzuthun, daß ein dergleichen Buch, nicht nicht nur nicht schädlich, sondern sogar nützlich sey, wenn ein feindlicher oder frember General dadurch von den wahren Zustand eines Landes unterrichtet wird.

Die Einmärsche frember Kriegsvölker geschehen, in feindliche, in neutrale und in Freundes Lande. Sie geschehen ferner, um darinnen stehen zu bleiben, oder es sind nur Durchmärsche. Diese letztere müssen wiederum eingetheilt werden, in durcheilende und in solche, wobey man Zeit hat, durch Repartitionen das Nöthige herbey zu schaffen.

Bey einem eilenden Durchmarsch, um so mehr, wenn man vom Feinde verfolgt wird, bekümmert man sich weder in feindlichen noch andern Ländern um die Verhältnisse der Orte, sondern man nimmt, was man nötig hat, und wo man es findet. Hiebey kann eine Topographie keinen Schaden, aber gewiß noch ehender Vortheile bringen.

Ein General wird sobann sein Lager nur in solchen Gegenden aufzuschlagen suchen, wo er Unterhalt zu finden, hoffen darf; oder aber es können die Gemeinden sich in Ansehung ihrer Armuth und Unvermögens, auf ein solches Buch, als auf ein öffentliches Document berufen, wodurch ein armer Ort oder Gegend für gänzlicher Verheerung gesichert werden kann.

Bey Durchmärschen, wo man mit Ordnung verfahren kann, wird ein solches Buch von noch größern Nutzen seyn. Denn geschehen dieselben in feindlichen Landen, so sind entweder Kommissarken, welche für die Nothwendigkeiten sorgen, da oder nicht? Sind Kommissarien da, so kann ein General, der einen solchen Kommissarius doch nicht ganz trauen darf, desto leichter überzeugt werden, in wie weit er sich auf selbigen verlassen kann. Sind keine da, so hat ein General doch einen Fuß, nach welchem er Lebensmittel und Vorspannen herbey treiben lassen kann, und er wird die Vorstellungen der Beamten oder Gemeinden mit mehrerer Billigkeit und Gewißheit anhören, und untersuchen können, in wie fern sie gegründet sind; denn ausserdem bleibt ihm nichts übrig, als den ersten besten, der sich darbietet, oder den er dazu zwinget, ein Geschäfte anzuvertrauen, welches doch in allen Betracht, sowol für seine Truppen, als das Land, so wichtig ist; und leider bezeuget die Erfahrung, daß diese neufabrizirten Kommissarien, erstere gemeiniglich aus Bosheit, und letztere aus Unwissenheit, mehr Unbequemlichkeiten verursachen, als wenn die Repartitionen nach einer solchen Topographie von dem General selbst gemacht werden. Bleiben aber Kriegsvölker in einem Land stehen, was für Vortheile müssen bey einem billigdenkenden General für ein Land daraus erwachsen, wenn er die Umstände jedes Orts aus einem solchen Buch richtig beurtheilen kann, und sich nicht bloß auf willkührliche Angaben verlassen darf. Ist aber der General ein unbilliger Mann, ja, denn wird auch eine Topographie ihm nicht billig machen; aber dazu wird sie doch dienen, seine Obern von seinem ungerechten Verfahren desto leichter zu überzeugen. Es wären noch viele Fälle anzuführen, wo eine Topographie einem Lande in Kriegszeiten Vortheile bringen muß, aber die Grenzen einer Vorrede verhindern weitläuftiger zu seyn.

Zweyter Einwurf.

Wenn man alle Länder so weitläuftig beschreiben wollte, so würde eine Geographie nur von Deutschland zu einer ziemlich starken Büchersammlung anwachsen.

Selbst diese Topographie wird schon zur Beantwortung dieses Einwurfs dienen. Die beyden Aemter Neuenhaus und Schal-

Schaßau, welche ungleich mehrere Orte haben, als das Amt Sonnenberg, nehmen nur wenige Blätter ein, da die Beschreibung des letztern Amts viele Bogen erfordert hat. In ebenen Lande, wo die Einwohner nur vom Ackerbau leben, geschehen so wenige Veränderungen, und die Orte sehen sich immer unter einander, und von den urältesten Zeiten so ähnlich, daß, wenn man nicht stets gleichlautende Wiederholungen machen will, ohnmöglich weitläuftige Beschreibungen entstehen können. Es wird also ein Land von 20 und 30 Quadratmeilen, im flachen Lande, nicht mehr Raum in einem Buch erfordern, als eine Gebürgsgegend von einigen wenigen Quadratmeilen.

Der Ursprung der Orte im flachen Lande gehet gemeiniglich so weit in die ältesten Zeiten zurück, daß man unmöglich von ihrer Entstehung was sagen kann, und gemeiniglich sind ihre Besitzungen und ihr Nahrungsstand von jenen Zeiten her, durch nichts merkwürdiges verändert worden, als was gemeiniglich das ganze Land betroffen, und also mit einmal gesagt werden kann. Was wird daher auch, was man von Orten im flachen Lande zu wissen nöthig hat, sehr leicht in Tabellen bringen können, wie's uns des Herrn Oeßfelds Topographie gezeiget hat. Ich bin überzeugt, daß wenn man z. E. von Schlesien oder der Laußnitz eine Topographie schreiben wollte, die Beschreibung deren Gebürge gewiß vielmal stärker werden würde, als die Beschreibung des flachen Landes, obgleich dieses fast zehnmal größer ist, als jenes.

Der eigentliche Erwerb des vesten Landes (denn von den Ländern an den Seeküsten rede ich nicht) wird größtentheils durch den Fleiß der Gebürgseinwohner erworben, und durch sie erhält der Landmann seine Preise besamt, weil sie ihm seinen Ueberfluß abnehmen, welcher ohne sie, denselben ins Geld zu setzen, schwer fallen würde. Was bringen nicht die Leinwandsmanufacturen in den Böhmischen, Schlesischen, Lausnitzischen Gebürgen, die Blaufarb oder Schmaltenfabriken in dem Böhmisch-Sächsisch- und

Thü-

Vorrede.

Thüringischen Gebürgen, die Glashütten, Erzgruben, Eisenwerke und besonders Blechhämmer in allen Gebürgen von Deutschland ein? Segen nicht die armen, aber fleißigen Einwohner der Gebürge das Holz in hohen Werth, das in den großen Gebürgen ohne sie keinen, oder doch sehr geringen, haben würde? Verdienen also nicht diese fürs Vaterland nützliche Menschen, daß man ihren Landsleuten bekannt macht, wie nützlich sie sind? Weise mir jemand ausser Gebürgen und ohne daß ansehnliche Städte sich darinnen befinden) eine Gegend, wo in vier Quadratmeilen 13000 Seelen ihr Daseyn haben? Du wirst also gewiß Hochgeehrtestes deutsches Publikum, mir vergeben, daß ich in Beschreibung eines kleinen Landes etwas weitläuftig war, das gewiß jährlich über 80000 Thaler baares Geld (denn 80000 rechne ich daß Dein Vaterland uns liefert) aus entfernten Landen in Dein Vaterland bringet. Trüge jede Quadratmeile Deines Vaterlandes so viel ein, so würde Deutschland drittehalb hundert Millionen Thaler jährlich neue Einkünfte haben, und nichts weiter dafür geben, als etwas Holz, sonst unnütz liegen gebliebener Eisenstein, und überflüssige Steine. Und doch, hätte ich dieses Buch ganz allein für Geographen geschrieben, würde manches heraus geblieben seyn, welches nur für die Einwohner geschrieben ist.

An kleinem Buch wird die Kritik manches auszusetzen finden, aber ich bitte zu erwägen, daß ich noch kein Muster vor mir hatte. Sollte es neu aufgelegt, oder ein anderes Land von mir beschrieben werden, so werde ich billige Erinnerungen zu benutzen suchen. Findet man an meinem Styl — an meiner Orthographie etwas auszusetzen, so muß ich meine Leser daran erinnern, daß ich den größten Theil meines Lebens, den Degen statt der Feder geführt habe.

Das Buch selbst theilet sich in folgende Abschnitte:

1) Machet eine kurze Geschichte der Erbfolge der Durchl. Regenten des Herzogthums Koburg, vom 13. Jahrhundert

hundert bis auf unser jetztregierendes Durchl. Haus den Anfang.

2) Kommt die statistische Beschreibung des Herzogl. Roburg-Meiningischen Antheils.

3) Die Beschreibung der zur Landesverwaltung gehörigen Bedienungen und Aemter.

4) Beschreibung der im Lande befindlichen alten Schlösser

5) Beschreibung der Kammergüter

6) Beschreibung der Rittergüter.

7) Die Topographie des Amtes Neustadt mit Sonneberg.

8) Topographie des Amtes Neuenhaus.

9) Topographie des Amtes Schalkau.

10) Topographie des Gerichts Rauenstein.

11) Nachtrag hierzu aufs Jahr 1780.

12) Kurze Biographie der Herren Geistlichen.

13) Nachricht von dem Schulinstitut und noch einigen andern.

14) Ein vollständiges Register, und endlich machen

15) die nöthigen Beylagen den Beschluß.

Erbfolge

Erbfolge
der
Durchlauchtigsten Regenten
des
des Herzogthums Koburg.

Das Herzogthum Koburg wurde in alten Zeiten, am meiſten die Pflege Koburg genannt. Als die Grafen von Henneberg dieſelbe erhielten, wurde ihr der Nahme der neuen Herrſchafft beygeleget. Unter den Marggrafen von Brandenburg, Landgrafen von Thüringen, Churfürſten und Herzogen zu Sachſen, welche in der Folge nach und nach Herren davon wurden, erſcheinet ſie unter der Benennung, der Lande zu Franken, des Orts Landes zu Franken, auch des Orts zu Franken, bis ſie in den neuern Zeiten als ein Fürſtenthum, oder Herzogthum zum Oberſächſiſchen Kreiſe kamen.

X Die

Die ältere Geschichte dieses Herzogthums, bleibet ohngeachtet der Bemühung vieler Gelehrten, doch stets sehr dunkel; denn ob uns gleich die Nahmen der Oerter und Flüße in hiesiger Gegend, als Schirschnitz, Mirschnitz, Rögitz, Göritz, Söritz, Eichitz, Teuschnitz, Meuschnitz und noch viel mehrere, ja selbst der in hiesigem Lande berühmte Itzfluß hinlänglich beweiset, daß Wenden diese Gegend bewohnt haben, so weiß man doch nicht mit Gewißheit, ob, wenn und wie selbige vertrieben worden, oder wo sie eigentlich hingekommen sind. Ich würde sehr vielen Stolz verrathen, wenn ich unter den verschiedenen Meinungen der Geschichtschreiber entscheiden wollte, und werde dahero ohne weitläuftige Beweise zu führen annehmen, worüber die besten Schriftsteller sich vereiniget haben, nemlich daß diese Lande zuerst an die Grafen von Henneberg gekommen sind, als Poppo XIII. des Landgraf Herrmanns zu Thüringen Tochter Jutta (Brigitta) verwittwete Marggräfin zu Meißen 1223 heyrathete. Er besaß zwar schon, wie aus verschiedenen alten Nachrichten deutlich gezeiget werden kann, ansehnliche Güther in der Pflege Koburg, und hatte seine Residenz zu Strauf (so anjetzo Strauchhayn genennet wird) bey Streufdorf, mag aber durch eben erzählte Vermählung zum ganzen Besitz der Pflege Koburg gekommen seyn. Wenigstens ist so viel gewiß, daß die ununterbrochene Erbfolge der Herren dieses Landes erst von

Poppo XIII Grafen zu Henneberg
angehet. Er starb 1245 und hinterließ zwey Söhne
Herrmann II
Heinrich VIII
welche in Gemeinschafft die sämmtlichen Lande regierten, bis 1270, da die Erbtheilung erfolgte; da denn Heinrich welcher bis dahin zu Sonnenberg residiret, und das Kloster Sonnenfeld 1260 gestiftet hat, Henneberg und Schleusingen erhielt.

Herrmann II
aber bekam zu seinem Antheil die Pflege Koburg oder die neue Herrschafft. Nach seinem Tod 1290 folgte ihm zwar sein Sohn
Poppo XIV

in der Regierung, starb aber schon 1291 ohne Erben, und vermachte

Herrmann den Langen,

Marggrafen und Churfürsten zu Brandenburg diese Lande, weil er der Sohn seiner einzigen Schwester Jutta (Judith) war, welcher sie auch bis an sein Ende so 1308 erfolgte, besaß. Er war mit Annen von Oesterreich vermählt, sie erhielt diese Lande zu ihrem Witthum. Als sie aber zum zweytenmal mit Heinrich IV Herzogen zu Breßlau und Sagan sich vermählte, so wußte der erste gefürstete Graf zu Henneberg

Berthold X

es dahin zu bringen, daß diese Lande so 23 Jahr beym Hause Brandenburg gewesen waren, wiederum an die Grafen von Henneberg kamen, Indem er Waldemarum I Churfürsten zu Brandenburg dahin zu bereden wußte, daß er seine Schwägerin Jutta, Bertholds Sohn gab, und für die ¾ der Koburgischen Pflege, 5080 Mark Silber nahm, und mit seinem Schwager Heinrich IV Herzogen zu Breßlau und Sagan theilte. Dieser Vergleich wurde zu Ende 1313 geschlossen, und er besaß diese Lande von 1314 bis 1340 da er starb, und seinem Sohn

Heinrich XII

seine Lande überließ, der aber schon 1347 mit Tod abgieng. Seine Wittwe

Jutta

gebohrne Marggräfin zu Brandenburg verglich sich noch in diesem Jahre mit Fürst Johannes ihrem Schwager. Dieser erhielt die alte Herrschafft oder die gefürstete Grafschafft Henneberg, sie aber die neue Herrschafft oder die Pflege Koburg bis ans Ende ihres Lebens, welches 1353 erfolgte, da sich denn ihre drey Töchter, darein theilten, und da erhielt, Elisabeth welche an Graf Eberharden zu Würtemberg den Greiner genannt vermählt war, Stadt und Schloß Schweinfurth, Königshofen, Willberg, Irmelshausen, Rotenstein, Sternberg, Münnerstadt, Steinach rc. rc. Welches alles aber in der Folge an das Stift Wirzburg für 90000 fl. verkauft wurde. Catharina so mit Friedrich dem Strengen, Landgrafen zu Thüringen und Marggraf zu Meißen vermählt war, erhielt Koburg Sonnenberg, Rodach, Neustadt, Ummerstadt,

ſtadt, Schalkau ꝛc. ꝛc. und die an Albrecht I Burggrafen zu Nürnberg vermählte Sophie, erhielt bey der Theilung, Hildburghauſen, Eißfeld, Heldburg, Ermuthshauſen, Kißingen, Schmalkalden, Scharfenberg ꝛc. ꝛc. Welche Lande 1374 größtentheils wiederum durch Erbſchafft und 1400 durch Kauf gänzlich an die Landgrafen zu Thüringen zurückkamen, alſo erhielt

Friedrich der Strenge

durch ſeine Gemahlin Catharina die hieſigen Lande. Nach ſeinem Tode, welcher den Tag nach Urbani 1381 zu Altenburg erfolgte, behielte ſeine Wittwe die Regierung hieſiger Lande bis an ihr Ende, welches den 15ten Julii 1397 erfolgte; da dann ihr jüngerer Prinz

Georg Landgraf zu Thüringen

zu Koburg reſidirte, aber ſchon in ſeinem zwanzigſten Jahre 1401 ſein Leben endigte, weil er in den damaligen Hußitenkrieg ſich denen Beſchwerlichkeiten des Kriegs zu ſehr ausſetzte. Ihm folgte ſein Bruder

Churfürſt Friedrich der Streitbare

dieſer Held und Freund der Wiſſenſchafften ſtarb 1428, ihm folgte in der Regierung ſein älteſter Prinz

Churfürſt Friedrich der Sanftmüthige

welcher wegen Minderjährigkeit ſeines Herrn Bruders, die ſämmtlichen Lande regierte, und obgleich 1436 eine Theilung vorgenommen wurde, ſo blieben ſie doch ungetrennt beyſammen bis 1445 da

Herzog Wilhelm der Tapfere

ſelbige mit zu ſeinem Antheil erhielt. Als aber derſelbe den 17. September 1482 ohne Leibeserben verſtarb, ſo fielen ſämmtliche Lande an ſeinen Neffen

Churfürſt Ernſt

welcher aber dieſe wichtige Erbſchafft nicht lange genoß, indem er ſchon in ſeinem 45ſten Jahre 1486 dieſe Zeitlichkeit verließ. Ihm folgte ſein Sohn der vortreffliche

Churfürſt Friedrich der Weiſe

weil aber derſelbe ſich niemalen vermählet hat, ſo trat nach ſeinem Tode 1525 ſein Bruder

Chur-

Churfürst Johannes der Beständige

die Regierung an, als aber auch dieser ausgezeichnete fromme Herr 1532 entschlief, so erhielt sein Sohn, der so berühmte

Churfürst Johann Friedrich der Großmüthige

die Regierung sämmtlicher Lande bis sein Bruder

Herzog Johann Ernst

1524 aus seiner Minderjährigkeit trat, und zu seinem Antheil die Fränkischen Lande bekam. Weil aber 1553 derselbe ohne Leibeserben verstarb, so genossen diese Lande zum zweytenmal aber auf sehr kurze Zeit das Glück unter

Churfürst Johann Friedrichs

Regierung zu stehen, welcher 1554 starb. Ihm folgte sein ältester Prinz

Herzog Johann Friedrich der Mittlere,

als aber dieser unglückliche Herr 1567 in gefänglichen Verhaft gebracht wurde, so übernahm sein jüngerer Bruder

Herzog Johann Wilhelm

die Regierung. Trat sie aber wiederum 1595 an seines unglücklichen Bruders Söhne ab, welche sich in ihres Vaters Lande theilten, da denn

Herzog Johann Casimir

zuerst die Koburgischen Lande zu seinem Antheil erhielte, als er aber 1633 starb, so erbte ihm

Herzog Johann Ernst

welcher die Eisenachischen Lande zu seinem Antheil erhalten hatte, jedoch schon 1638 entriß ihm der Tod sein schönes Land, wie sein Leben, wodurch es nach einigen Streitigkeiten 1640 an

Herzog Friedrich Wilhelm den Aeltern

aus der Altenburgische Linie fiel. Ihm folgte 1669 sein Sohn

Herzog Friedrich Wilhelm der Jüngere.

Jedoch dieser hoffnungsvolle Prinz, verlohr schon 1672 im 15ten Jahr sein junges Leben. Hierdurch fiel nebst den Altenburgischen auch sämmtliche Koburgische Lande, dem wegen seiner außerordentlichen Frömmigkeit, berühmten

Herzog Ernst den Frommen

in seinem hohen Alter anheim. Als derselbe 1675 den Lohn seiner Frömmigkeit einzusammlen, die Welt verließ, so regierte wegen Minderjährigkeit seiner Herren Brüder die noch ungetheilten Lande sein ältester Prinz

Herzog Friedrich I

bis 1679. Alsdenn aber erhielten in der bekannten Theilung, unter benen 7 Herren Brüdern, zwey von ihnen das Herzogthum Koburg, nemlich

Herzog Ernst

die eine Hälfte, als Hildburghausen, Heldburg, Eißfeld, Schalkau, Königsberg ꝛc. ꝛc. Dieser ist der Stifter, des jetzt noch florirenden Herzogl. Hildburghäusischen Hauses, hingegen

Herzog Albrecht

bekam die andere Hälfte, als Koburg, Rodach, Neustadt, Sonnenberg, Neuenhaus, Hofstädten oder Sonnenfeld ꝛc. ꝛc. Jedoch als er 1699 ohne Leibeserben verschied, so setzte sich

Herzog Bernhard

zu Meiningen, als damaliger Aeltester des Gesammthauses in Possess dieser Lande, und ob zwar dieser große Fürst, so wie der damalige Herzog Friedrich II von Gotha, sich alle Mühe gaben, diesen Anfall freundbrüderlich und respective vetterlich zu theilen, so erlebte er dieses Vergnügen nicht, sondern als er 1706 aus dieser Zeitlichkeit versetzt wurde, so wurden die Streitigkeiten immer lebhafter; indessen starb 1707 Herzog Christian zu Eisenberg, und 1710 Herzog Heinrich zu Römhild ohne Erben, wodurch jederzeit die getroffenen Erbtheilungen, wichtige Veränderung litten, bis 1735 eine provisorische Theilung erfolgte, welche wir nur so ferne sie die Koburgische Lande betrifft, aufs kürzeste anführen wollen.

Sachsen-Hildburghausen hatte bereits 1723 das Amt Sonnefeld und Sachsen-Meiningen das Amt Schalkau erhalten, wegen der sich ergebenden Uebermasse aber, überkam S. Hildburghausen, von S. Meiningen die 4 Dörfer Schwickershausen, Quenenfeld, Berkach und Rentwertshausen, nebst einer Summe Geldes zur Ausgleichung.

Sach-

Sachsen-Saalfeld erhielt provisorlich 1735 die Residenzstadt Koburg, die Gerichte Lauter, Rodach, Jagrund und Gestungshausen, nebst dem adelichen Gericht Gassenberg.

Sachsen-Meiningen bekam hieben zu seinem Antheil, das Amt Neustadt mit Sonnenberg oder Sonnenberg mit Neustadt, wie es wechselsweise von Alters her, genennet worden, das Amt oder Gericht Neuenhaus und die Cammergüther Kalenberg und Gauerstadt. Aber beyde Herzogl. Häuser Meiningen und Saalfeld, glaubten bey diesen Vergleich zu kurz gekommen zu seyn, setzten dahero ihren Prozeß bey einem Kayserl. Reichs-Hofrath fort, obgleich beyde Theile im Besitz der ihnen zugetheilten Städte und Dörfer von Kayserl. Kommißion waren gesetzt worden, auch von Seiten des Herzogl. Hauses Meiningen zu Neustadt eine Landesregierung oder vielmehr Regierungskommißion war, wobey der Hof- und Consistorialrath von Wolzogen präsidirte.

Als aber Kayser Carl VI verstarb, und Churfachsen die Vicariatsregierung überkam, so erhielt Saalfeld mit unglaublicher Geschwindigkeit im Februar des 1742sten Jahres ein Conclusum, worinnen das Untergericht Neustadt und das Kastenamt Mönchröten S. Saalfeld zugesprochen wurde. Es verfehlte auch nicht die Stadt Neustadt mit Soldaten zu besetzen; und ob zwar das Meiningische Militare wieder anruckte, so wurden doch die Anstalten hieben so sonderbar getroffen, daß ein göttliches Wunder nöthig gewesen wäre, wenn sie Herren davon hätten werden sollen.

Da Durchlauchtigste Herrschafft die damaligen Umstände ununtersucht gelassen, auch aus einer uns unbekannten, aber gewiß sehr wichtigen Ursache, dieser Prozeß bis hieher ruhig liegen geblieben, so lassen auch wir den Vorhang hier fallen, und wenden uns wieder zu den Durchlauchtigsten Landesregenten.

Da nun das Fürstenthum Koburg von 1706 bis 1715 von dem Herzogl. Gesammthause gemeinschafftlich, von den beyden hohen Häusern Meiningen und Saalfeld aber vereiniget bis 1735 regieret worden, so wollen wir zuerst die Erbfolge der Herren Herzoge von Saalfeld als der jüngern Linie anführen, sodann aber mit den Regenten aus dem Herzogl.

Haus

Haus Meiningen bis auf unsern jetztregierenden Durchlauchtigsten Herrn diese kurze Geschichte sämmtlicher Regenten beschließen.

Das Herzogliche Haus Sachsen-Saalfeld.

Herzog Johann Ernst

jüngster Prinz Herzog Ernst des Frommen, starb 1729, ihm folgten seine beyden Durchlauchtigsten Söhne,

Herzog Christian Ernst
Herzog Franz Josias

ersterer starb ohne Erben 1743 und letzterer, welcher 1763 verschied, war ein huldreicher Vater seiner Unterthanen, und führte das Erstgeburtsrecht in diesem hohen Hause ein, so von den jetztregierenden Herrn

Herzog Ernst Friedrich

zuerst genossen wurde.

Das Herzogliche Haus Sachsen-Meiningen.

Herzog Bernhard

dritter Prinz Herzog Ernst des Frommen hinterließ drey Durchlauchtigste Prinzen

Herzog Ernst Ludwig
Herzog Friedrich Wilhelm
Herzog Anton Ulrich

welche wegen des in diesem Herzogl. Hause noch nicht eingeführten Erstgeburtsrechts, in Gemeinschafft regierten bis 1724 Herzog Ernst Ludwig 1746 Herzog Friedrich Wilhelm starben, und Ihrem jüngsten Herrn Bruder Herzog Anton Ulrich die Regierung allein überließen, welche 1763 in einem Alter von 78 Jahren aus dieser Zeitlichkeit giengen, und zwey Durchlauchtigste Prinzen hinterließen, welche noch minderjährig

jährig waren, dahero übertrugen Sie die Obervormundschafftliche Regierung Höchstdero Gemahlin der Durchlauchtigsten Herzogin und Frau

Frau Charlotten Amelien

gebohrnen Landgräfin zu Hessen ic. ic. welche Sie auch mit landesmütterlicher Huld, unter den feurigsten Seegenswünschen Dero getreuen Diener und glücklichen Unterthanen bis 1776 alleine geführt; Sodenn aber mit unserm jetzt-regierenden Durchlauchtigst-gnädigsten Herrn, Herrn

Herzog Carln

die wichtige Regierungslast, in Obervormundschafft Ihres jüngsten Herrn Sohnes, des Durchlauchtigsten Herrn, Herrn

Herzog Georgs

als Landes-Mitregentin getheilet.

Zu schwach ist meine Feder, nicht allein meine, sondern die Empfindungen eines Landes zu schildern, welches zwar von je her von der Vorsehung mit den vortrefflichsten Regenten ist gesegnet worden, aber gewiß noch nie mit mehrerer Gewißheit seiner größten Glückseligkeit entgegen sehen konnte: da nicht allein das edelste und zu allen Tugenden empfindbarste Herz und der erhabenste Verstand das Eigenthum eines Carls und Georgs sind, sondern Sie selbst die Regierungskunst von Ihrer grosen Mutter erlernet haben.

Statistische Beschreibung des Herzoglich-Sachsen-Koburg-Meiningischen Antheils von dem Fürstenthum Koburg.

Dies ist zwar ein kleines aber ausgezeichnet nahrhaftes und bevölkertes Land; beträgt in allen vier grose deutsche Quadratmeilen, davon man ein und eine halbe zu Ackerbau und Wieswachs, zwey und eine halbe aber zu Waldungen rechnen kann, welche gänzlich bis auf die zu den Rittergütern gehörigen Waldungen und einigen Bauernhölzern, gnädigster Landesherrschafft gehöret, und von Herzogl. hohen und niedern Forstbedienten in Aufsicht gehalten wird. S. Forstwesen.

Im ganzen Lande befinden sich, 2 Städte, Sonnenberg und Schalkau. 4 Marktflecken, Oberlind, Heinersdorf, Steinheid und Neuenhaus. 70 Dörfer, ohne die einzelnen Höfe, Fabriken und Mühlen, in allen 2193 Wohnhäuser.

Nro. 1.   Die Einwohner belaufen sich auf 12988 Seelen und zwar 8689 Erwachsene und 4299 Kinder, (S. Seelenregister in der Beylage Nro. 1.) folglich kommen auf eine Quadratmeile 3247 Seelen überhaupt und 2172 erwachsene Menschen; eine Volksmenge, so wohl wenige Länder werden aufzuweisen haben, welche um so mehr zu bewundern, da das Ländgen größtentheils aus Bergen und Wäldern besteht. Im Elsaß rechnet man etwas weniger über 2000 Seelen auf die Quadratmeile; In der Oberlausitz, so auch eine der volkreichsten Landschafft in Deutschland ist, zählet man auf die Quadratmeile nur 1727 Seelen, und in Frankreich in den volkreichsten Provinzen, rechnet man auf eine grose Quadratmeile, derer 15 auf einen Grad gehen, 1700 Seelen.

Die Vermehrung ist außerordentlich, da man rechnen kann, (besonders in denen Waldorten des Amtes Sonnenberg) daß jeder Zeit die vier-

vierte Frau schwanger ist, wie denn auch sehr oft Zwillingskinder gebohren werden. Von dieser außerordentlichen Fruchtbarkeit will ich nur einige Exempel anführen. Als Steinach noch nach Effelder eingepfarrt war, lebten 3 Brüder daselbst, Namens Vogel, davon einer mit 2 Weibern, die andern aber jeder mit einer Frau zusammen 71 Kinder gezeuget. In einer andern Familie eben dieses Dorfs, die den Namen der Leuthäuser führte, hatte ein Vater 20, sein Sohn 26 und des Vaters Bruder 21 Kinder; jeder mit zwo Weibern erzeuget, daß also wiederum 3 Väter zusammen 67 Kinder zum Leben verholfen. Ein Pfarrer zu Mupperg hat gleichfalls mit 2 Frauen 29 Kinder erzeugt. Zu Sölbendorf im Amt Schalkau war zu Anfang dieses Jahrhunderts ein Wagner, so Eckstein hieß, welcher ein Vater von 26 Kindern worden, wovon 18 zu mannbaren Jahren gekommen, und noch ein Sohn zu Welchendorf lebet. Eine Mutter allhier zu Sonneberg hat nun schon 3 mal Zwillinge gehabt, und eine Dirne zu Sölbendorf, die Stierbabel genannt, kam im Anfang dieses Jahrhunderts dreymal zu Falle und gebahr 2 mal 2 und einmal 3 Kinder, wovon einige ihre mannbaren Jahre erreichet. Viele ja mehr als der halbe Theil der Erwachsenen leben im Ehestande. Die meisten Waldorte haben sich in einer Zeit von 100 Jahren triplirt, Steinach aber mehr als versechsfäkiget. Die außerordentliche Bevölkerung wird besonders dadurch sehr befördert, weil nur wenige außer ihrem Kirchspiel sterben, und bisher auch jeder sein Brod in seiner Heimath noch gefunden.

Die meisten Einwohner sind eines muntern, fröllichen Gemüths, arbeitsam, unternehmend, und von starker Leibesbeschaffenheit; man siehet Weibsleute mit einer Last von 100 Pfund und Männer von 150 bis 200 Pfund über die höchsten Berge steigen, und weil ihre Lungen sehr erweitert sind, so siehet man kaum jemand unter den Aeltesten langsam gehen.

Ihr Charakter ist offenherzig, freymüthig und dreist, herzhaft ja kühn in Gefahren, sie sind Feinde aller Neuerungen, derer Nutzen ihnen nicht sogleich einleuchtet; größtentheils gutherzig, und da sie dabey vielen gesunden Menschenverstand besitzen, so kann man sie am besten mit vernünftigen Vorstellungen gewinnen, sind sie aber einmal mißtrauisch oder

B 2 wider-

widerſetzlich worden, ſo ſind ſie bis zum Entſetzen halsſtarrig, und durch nichts als Schärfe auf andere Gedanken zu bringen.

Die herrſchende Untugend iſt die Wolluſt, wozu das ſtarke Bier ſehr vieles beytragen mag, jedoch iſt die Luſtſeuche wenig, ja faſt gar nicht bekannt. Der Geitz iſt das Laſter, ſo am wenigſten herrſcht, weswegen es nicht ſo viele reiche Leute giebt, als es außerdem geben könnte.

Da die Luft durchgehends geſund iſt, ſo giebt es auch ziemlich viele alte Leute zwiſchen 70 und 80 Jahren, die ihre Arbeit noch mit vieler Munterkeit verrichten. Die meiſten Menſchen ſterben an bösartigen, faulen, hitzigen Bruſtfiebern, welche größtentheils dadurch hervorgebracht werden, weil ſie ſich ſowohl in ihren gemeiniglich heißen Stuben, als auch bey ihrer Arbeit anderwärts erhitzen, und ſodann ſich nicht in Acht nehmen, daß durch die faſt alle Abende, das ganze Jahr hindurch wehende kühle und ſcharfe Mitternachts- und Morgenwinde der Schweiß gählings zurückgetrieben wird, wodurch Entzündung oder Fäulung in dem Blut entſtehet. (*)

Der Ackerbau iſt nicht ſehr beträchtlich, da von denen 4 Quadratmeilen, welche das Land in ſich faſſet, nur ungefähr der 8te Theil aus Saatfeld beſtehet, folglich bey der groſen Volksmenge, das Meiſte aus den

(*) Dieſer Grund daß die Nordwinde beſonders an dem mehr oder wenigern Sterben der Menſchen einen groſen Antheil haben, haben mir allenthalben die Todtenliſten bewieſen. An allen Orten, wo dieſe Winde ohne Aufenthalt, gerade zuwehen können, iſt die Zahl der Geſtorbenen am ſtärkſten. Man ſehe Eleinbeid: dieſer Ort iſt allen Winden, beſonders aber dem Nordwind offen, und es ſtirbt daſelbſt wie in der gröſten Stadt der etlich zwanzigſte Menſch. Sonneberg iſt am wenigſten vor dem Nordwind gedeckt, und es ſtirbt der 28ſte. Schalkau und die mehreſten daſelbſt eingepfarrten Orte ſind dieſem Winde offen, und es ſtirbt der 26ſte. Dahingegen die Orte die am meiſten vor dieſen Winden gedeckt ſind, den 38ſten ja 40ſten Menſchen zu Grabe tragen.

den benachbarten Bambergischen, Bayreuthischen und Koburg-Saalfeldischen Landen herbeygeschafft werden muß.

Die Hauptnahrung bestehet 1) in Verfertigung der Waaren, die den Sonnenberger Handel ausmachen. 2) In Fabricken und 3) in der Viehzucht; über die ersten beyden Artikel, werde ich im folgenden weitläuftiger seyn; wegen des dritten will ich aber kürzlich nur noch bemerken, daß die Viehzucht von der größten Wichtigkeit ist: denn es befinden sich wenigstens 2930 Stück Zugochsen, 2950 Stück Kühe und 2620 Stück Jungvieh, ungerechnet der neuangebundenen Kälber, und also 8500 Stück Rindvieh im Lande. Es wird nicht allein eine große Menge ausgewachsener Ochsen gemästet, geschlachtet und sonst verhandelt, sondern es wird auch eine noch größere Menge jungen Rindviehes in den Itzgrund mit ansehnlichen Vortheil verkauft; nicht weniger ist der Ertrag von der außerhalb Landes verkauften Butter beträchtlich. Ferner ist die Schaafzucht aller Aufmerksamkeit würdig, besonders im Amte Schalkau, da nicht allein die Hämmel und Schaafe, sehr schmackhaftes und fettes Fleisch haben, sondern auch eine Menge guter Wolle hervorgebracht wird, welche aber leider! roh aus dem Lande verkauft werden muß, da sich noch kein Unternehmer gefunden, welcher diese Wolle zum Vortheil des Landes benutzte oder sie zu benutzen lehrete.

Es giebt leider noch hier und da Kameralisten, welche behaupten, daß es besser sey, wenigere und desto wohlhabendere Unterthanen zu haben, als mehrere und zugleich dürftigere. Was für eine Menge Menschen würden in diesem Lande übrig seyn, wenn dieser Grundsatz geltend wäre. Unsere volkreichsten Orte, Steinach, Judenbach, Hämmern, ja Sonnenberg selbst, würden in kleine Oertgen zusammen schrumpfen, und wie wenig baares Geld würde im hiesigen Lande rouliren.

Die Sonnenberger Handlung mit Holz-Spiegel-Leder-Spiel-Stein- und Nägelwaaren, nebst denen Fabricken auch Vieh-Woll- und Butterhandel, bringen jährlich — wie ich mich auf alle berufe, so einige Kenntniß davon haben, sehr niedrig angesetzet, über 166000 Rthlr. baares und frembdes Geld ins Land, nemlich:

Die Sonnenberger Waarenhandlung wenigstens	84000 thlr.
Die Hammerwerke sehr gering gerechnet	30000 –
Die Porzellainfabrick gewiß	15000 –
Die Glasfabricken mehr als	16000 –
Die Spiegelfabrick nach Abzug derer außerhalb Landes nöthigen Sachen	6000 –
Von Lederhandel der Ueberschuß	5000 –
Vieh-Woll- und Butterhandel	5000 –
Kronacher und anderer Holzhandel mehr als	3000 –
Mermelfabrick, so wenigstens so viel einbringen könnte	2000 –
Berliner Blau und andere Farbwaaren	1000 –
Summe	166000 thlr.

Und wer ist Ursach, daß die meisten dieser Gelder ins Land kommen? die armen Waldleute. Kein einziger, der sein nothdürftiges Brod durch Ackerbau verdienet, träget (außer dem Vieh- Woll- und Butterhandel) hierzu etwas bey, und wie viel wichtiger, würde diese Handlung noch seyn, wenn nicht die Sonnenberger und Neustädter Kaufleute einander aus einer lächerlichen und höchst strafbaren Eifersucht, ihre Waaren herunter setzten, und denen Ausländern fast ohne allen Profit aufdrängen; ihres duben leidenden Schadens halber sich hinwiederum an den armen Arbeiter zu erholen suchen, welche dagegen auch mit ihren Waaren selbst auf die Messen laufen, und diese wohlfeiler als die Kaufleute geben können, wodurch denn einer mit dem andern verdirbt, und das daraus entstehende Uebel bey nahe unheilbar wird. Das sicherste Mittel diesen landesverderblichen Folgen annoch vorzubeugen, dürfte seyn, wenn mittelst Beyschaffung eines hinreichenden Kapitals eine Societätshandlung, und eine gemeinschafftliche Niederlage errichtet würde, in welches der Arbeiter, ohne von der Gewinnsucht einiger Kaufleute abzuhängen, gegen baarmäßige Zahlung liefern, der Kaufmann aber aus selbigen, seine Bedürfniß beziehen müßte. Hierdurch würde bey uns, wie auch in andern Landen, der Preiß der Waaren im gehörigen Verhältniß erhalten, es könnte nicht mehr wie gegenwärtig ein Kaufmann dem andern durch den gar übermäßig wohlfeilen Verkauf schaden und der Arbeiter wäre auch vor den bisherigen

rigen Druck der Kaufleute gesichert; doch diese des Vaterlands Wohl betreffende Gedanken sind hier nur flüchtig hingeworfen, verdienen auf alle Art die Aufmerksamkeit eines jeden Patrioten: vielleicht werden sie bey einer andern Gelegenheit weitläuftiger ausgeführt.

Nach einer nichts weniger als übertriebenen Berechnung, werden jährlich an Sonnenberger Waaren abgesetzt, nemlich:

Auf die beyden Messen nach Frankfurth am Mayn	14000 thlr.
Auf die drey Leipziger Messen	6000 -
Auf die beyden Braunschweiger	6000 -
Auf die Messen nach Frankfurth an der Oder, Breßlau, Dreßden, Nürnberg, Bamberg, München, u. s. w. nicht weniger die Steinträger so die Waaren hier abholen	18000 -
Der Kommißionshandel nach England, Holland, Frankreich, Spanien, Dänemark, Schweden, Preußen, Rußland und Amerika	40000 -
In allen	84000 thlr.

Da sich nun solchergestalt ein Kapital von 28000 Thlr. dreymal umsetzet, so ist die Wichtigkeit des Gegenstandes und der Vortheil um so mehr, in die Augen fallend: denn da bey einem zu errichtenden Niederlagshause 6 von 100 gerechnet werden müßen, so würde auf solche Art 18 von 100 gewonnen werden. Wenn nun auch die Unterhaltung des Hauses und der nöthigen Personen zu 3 von 100 gerechnet würde; so erhielte doch jeder Theilhaber sein in der Hauptniederlage habendes Kapital mit 15 von 100 berinteressirt, und nun blieb doch noch jedem über dies frey, seinen besten Nutzen sich auf den Messen und bey seinen auswärtigen Freunden zu verschaffen. Hierdurch wären die Grundpreise festgesetzt: denn so lange diese mangeln, so lange bleibet die eigentliche Sonnenbergische Waarenhandlung im Verfall, und der Nutzen, so herauskommen könnte, wird niemals erlangt werden.

Unter denen Sonnenberger Waaren im eigentlichen Verstand verstehet man 1) Spiegel und Spiegelrahmen mit und ohne Glas von allen möglichen Sorten. 2) Allerley aus Holz gemachte Sachen, als Schachteln, Kästchen, Sprützen, Spielsachen, so nur aus Holz und größtentheils auf den Dörfern gemacht, in der Stadt Sonnenberg aber gemahlt werden. 3) Allerley Spielsachen, so aus Holz und Teig zusammen gesetzt werden, wo das Stück von 6 Pfennig bis 20 Thlr. bezahlt wird, wozu von den Drechslern auf den Dörfern die Körper, in der Stadt aber die Form und Zusammensetzung besorgt werden. 4) Nägel von allen nur möglichen Gattungen, besonders aber für Sattler, wovon jährlich viel über 1000 Zentner verschickt werden. Diese Nägel werden hauptsächlich, zu Sonnenberg, Steinheid und Oberlind verfertiget. 5) Wetzsteine von allen Arten, so in der Stadt Sonnenberg größtentheils, nur etwas weniges zu Hämmern verfertiget werden. Außerdem handeln diese Kaufleute, mit Nürnberger, Salzburger, Berchtolsgadner und dergleichen Waaren, auch verschicken sie besonders in ihrer Kommissionshandlung alle Arten von Waaren, so in Deutschland gemacht werden, wenn man sie von ihnen verlanget, da unter ihnen viel Handlungsgeist herrschet. Die speziellen Verzeichnisse der Waaren kommen theils unter der Rubrick Sonnenberg, theils unter denen Orten, wo sie eigentlich verfertiget werden, vor. Außer dieser Handlung befinden sich verschiedene Lederhändler daselbst, welche besonders nach Oesterreich, Italien, ja bis in die Türkey handeln. S. Stadt Sonnenberg.

Die Fabriken

sind nach der Handlung zu Sonnenberg die wichtigsten Gegenstände. Wir wollen sie nach alphabetischer Ordnung hersetzen, die speziellen Umstände aber bey jedem Orte anführen.

1) Berliner Blaufabricke

befindet sich zu Steinach, der Eigenthümer davon heißt Johann Christian Walter. Seitdem er ein ausschließendes Privilegium erhalten, hat er sich so eingerichtet, daß er diese schöne Farbe zentnerweis verfertigen kann.

2) Eisenfabricken.

Hierunter verstehet man hohe Oefen (*) und alle Arten von Hämmern. Sie

(*) Hohe Oefen, sind Oefen worinnen der Eisenstein (oder Eisenertzt) zu

Sie sind zwar theils durch den Holzmangel, welcher aus dem allzustarken Abtrieb der Waldungen in den siebenzehenhundert und vierziger Jahren entstanden, hauptsächlich aber durch die stockende Abnahme der verfertigten Eisenwaaren in den Jahren 1770. 71. 72. 73. etwas herunter gekommen. Weil aber beyde Ursachen nunmehro sich zu verliehren anfangen, so erheben sie sich wiederum und ihre Umstände verbessern sich merklich. Sie sind vor das Land um so nützlicher, weil alles dazu benöthigte, bis auf das englische Zinn zu Verzinnung der weißen Bleche, aus Landesprodukten und von eingebohrnen Unterthanen verfertiget wird. Wir haben drey Hammerwerke: das Rußkopfische zu Obersteinach, das Baumännische zu Hüttensteinach und das von Uttenhopische zu Augustenthal und Schwarzwald. Da alle drey hohe Oefen haben, so kann man auf allen dreyen alle mögliche Gußwaaren erhalten, als Kanonen, Kugeln, Bomben, Mörser, Kessel, Oefen u. w. d. m. Ferner alle geschmiedete Sorten von Eisen: denn ob zwar zu Hüttensteinach selbst nichts als Bleche verfertiget werden; so werden doch auf ihrem angrenzenden Saalfeldischen Hammerwerk Friedrichsthal alle Sorten von geschmiedeten Eisen verfertiget. Hingegen werden auf den von Uttenhopischen Werken keine Bleche gemacht.

3) Farberdenfabrik.

Obschon an vielen Orten im Lande Farberden zu finden sind; so ist doch bis jetzt nur eine zu Hämmern, welche schwarze, braune, gelbe, rothe, weiße Farberden verfertiget und von Hrn. Johann Michael Vettern des Raths zu Sonnenberg errichtet worden. Sie ist zwar von keiner grosen Erheblichkeit, da für diese Farben sehr wenig bezahlet wird. Das Privilegium zu dieser Fabrick ist ihm von Herzogl. Kammer den 1. September 1767 ertheilet worden.

4) Glas-

Eisen geschmolzen wird. Das geschmolzene Eisen läuft aus selbigem, glühend und so flüßig wie Wasser, und läßt sich denn in allerley Formen bringen.

4) Glasfabricken

waren sonst von viel größerer Wichtigkeit, seitdem aber allenthalben besonders im Brandenburgischen und im Königreich Preußen, ja so gar in Rußland dergleichen sind errichtet worden, auch alles dazu erforderliche im Preise steigt; so wird ihr Abgang, wie ihr Gewinnst, immer geringer. Außer dem Tafelglas zu Spiegeln und Fenstern werden alle Arten von Gläsern verfertiget; und da man zu Glücksthal und Lauscha die geschicktesten Glasschneider, Glasmahler und Vergolder hat, so können alle Arten von Bestellungen angenommen und verfertiget werden. Das mehrere hiervon s. Glücksthal und Lauscha.

5) Marmor, Mermel oder Schusserfabrick

könnte ein sehr wichtiger Artickel vor hiesiges Land werden, weil alles dadurch zu erhaltende Geld aus todt da liegenden Steinen gelöset und durch Landeseinwohner verdienet werden kann. In dem ausschließenden Privilegio ist dem Herrn Besitzer nicht etwa nur allein Mermel zu machen erlaubt, sondern er kann auch alle Marmor verarbeiten lassen, wozu aber noch nicht die geringsten Anstalten da sind, indem auch die Mermelmahlgänge selbst wegen wichtigerer Geschäffte des Herrn Besitzers sehr vernachläßigt worden sind, weil der Betrieb eines solchen Werkes, wenn es so, wie es kann, dem Lande nützlich werden soll, keinem dritten zu überlassen ist. Die hiesigen Kaufleute, welche jährlich wichtige Verschickungen von dieser Waare zu machen haben, müssen ihre Nothdurft aus Salzburg kommen lassen, wodurch viel Geld so hier rouliren könnte, außerhalb Landes geschickt werden muß.

6) Porzellanfabrick.

Durch diese wird der Schade, so durch die Abnahme der Glasfabricken entstanden, wiederum ersetzet, indem bis jetzo wegen Billigkeit der Preise nicht genug Thee- und Kaffegeschirre verfertiget, und dahero wenig andere Gattungen haben in Arbeit genommen werden können. Mehreres hiervon s. Limbach.

7) Spiegelfabrick.

Wie wichtig diese Fabrick für das Land ist, kann man nicht eher einsehen, als wenn man weiß, wie viel kleine Spiegel von hier versendet wer-

werden. Ein einziger Schreinermeister zu Sonnenberg hat schon mehrmalen in einem Jahr, für 3000 Thlr. sogenannte Judenmaaße (das sind Spiegel von 9 Zoll hoch und 7 Zoll breit) gebraucht, woraus man einen ungefähren Schluß machen kann, was durch die Kaufleute, auch andere Schreiner verschickt wird. Ob zwar anjetzo wegen des amerikanischen Kriegs der Abgang etwas schwächer ist; so hat doch bey dieser Fabrick noch kein Vorrath erwachsen können. Hievon mehreres s. Köppelsdorf.

Auch waren vor Alters nemlich im 13ten, 14ten und 15ten Jahrhundert

die Bergwerke

ein sehr beträchtlicher Zweig, wodurch dies Land Reichthümer erhielt. Die vielen Halden, halb offne Stollen und ganz mit einer besondern Art Steine überzogne Berge, besonders an der Rögitz (welche dem Ansehen nach durch Menschenhände müßen gewonnen worden seyn und woran nach der Tradition goldhaltige Quarze gestanden haben, welche zu Steinheid sollen zu Gute gemacht worden seyn, beweisen dieses. Doch nicht allein um Steinheid befanden sich Bergwerke, sondern durch das ganze Gebirg waren dergleichen anzutreffen, welches aus verschiedenen Privilegien zu ersehen. Denn 1464 erhielten drey Bürger von Nürnberg, Heinrich Steinmetz, Hermann Bräutigam und Hermann Hildebrand vom Herzog Wilhelm dem Tapfern einen Freyheitsbrief am Fuße des Judenbacher Berges (wo anjetzo das Baumännische Wohnhaus stehet) eine Schmelz- und Seigerhütte zu bauen. S. Beyl. Nro. 2. Ja noch Nro. 2. kurz vor seinem des Herzogs Absterben 1479 ertheilte dieser Fürst abermalen einen dergleichen Freyheitsbrief zween Bürgern von Nürnberg, Hanns Stärken und Matthäus Landbauern, eine Schmelz- und Seigerhütte bey Eißfeld zu bauen. Auch gab Churfürst Ernst 1485 abermalen zween Bürgern von Nürnberg Jörg Holzschurn und Ulrich Erkeln die Freyheit eine Kupferschmelzhütte bey Neubrunn im Gericht Eißfeld an dem Schleisingfluß nebst einem Kupferhammer und Drathmühle zu erbauen. Dieses alles leget deutlich an den Tag, daß nicht allein Kupfer, sondern auch silberhaltige Erzte müßen häufig da gewesen seyn. Diesem reichhaltigen Bergbau schreibe ich auch zu, daß verschiedene baulustige Bürger

von

von Nürnberg mögen zu den damaligen Zeiten nach Sonnenberg gezogen seyn und der noch bis jetzt daselbst fortdaurenden Handlung den Grund geleget haben.

Als aber in dem 15ten Jahrhundert der Hußitenkrieg hier herum alles verheerete; so litten die sämmtlichen Bergwerke ganz außerordentlich. Die Künste, wodurch die Wasser in den Haupt-Goldbergwerken zu Steinheide so wohl, als auch in den andern Gruben gewältiget wurden, wurden abgebrannt und verwüstet. Jedoch die Städte Koburg, Hildburghausen, Eißfeld, Königsberg, Heldburg, Rodach, Ummerstadt, Neustadt, Sonnenberg und Schalkau fiengen 1533 das Goldbergwerk zu Steinheid wiederum zu bauen an, weßhalb Churfürst Johann Friedrich der Großmüthige 1535 eine eigene Bergordnung ertheilte. Es gelang auch diesen patriotischen Unternehmungen, daß wiederum wichtige Ausbeuten erfolgten; denn ein übrig gebliebener Rechnungsextrakt über die Ausbeutzeche, die Güte Gottes am Petersberge, im wilden Aborf gelegen, beweiset daß von 1576 bis 1580 folglich in 4 Jahren ⅛ Zentner oder 150 Mark Goldes gewonnen worden, welches nicht nur verschiedene Abschriften, sondern auch ein Grubenaufstand oder auf gut deutsch Grubenbericht, welcher gegen das Ende des vorigen Jahrhunderts unter Herzog Albrecht herausgegeben worden, bestätiget. S. Beylage Nro. 3. Von dieser Grube, die Güte Gottes, sind die Stollen und Schächte meist alle in der Teuffe noch offen. Die Stollen sind nur am Tage etwas von der Dammerde verschüttet, die Schächte aber stehen voll Wasser. Man siehet, wenn man diese alte Arbeit befähret, daß es nicht etwa eine Arbeit hungeriger Bergleute gewesen, sondern daß es Ausbeutzechen müßen gewesen seyn: denn ich habe nie schöner gearbeitete Stollen und Strecken gesehen. Auch glaube ich unter die gültigsten Beweise der Beträchtlichkeit dieser Bergwerke mitrechnen zu können, daß Churfürst Johann Friedrich bey der Theilung mit seinem Herrn Bruder Herzog Johann Ernsten 1542 die Hälfte von dem Ertrag des Steinheider Goldbergwerks sich ausdrücklich vorbehielt.

Jedoch die neu entstandenen Kriegsunruhen machten alle gute Anstalten wiederum zunichte und ohngeachtet man gleich nach dem dreyßigjährijährigen Krieg schon wiederum Gewerken zu sammlen anfieng, auch in den neuern Zeiten solches zu thun nicht unterließ: so hatte man doch nicht das Glück, die gewöhnlichen Kuxe unterzubringen, geschweige Gelder aufzutreiben, um nothwendige Wasserkünste anzulegen, ohne welche doch unmöglich die reichen Anbrüche wiederum zu erhalten seyn werden. Mehreres von dem Goldbergwerke s. Steinheide.

Während der Zeit dieser vielen Kriegsunruhen, so hiesige Gegend besonders trafen, waren die übrigen Silber- und Kupferzechen eingegangen, diejenigen, so solche gebauet, gestorben und verdorben, die baaren Gelder äußerst rar und das Land sehr entvölkert, daß also alle Erneurung des Feldbaues unterbleiben mußte. Die zuerst privilegirte Schmelz- und Seigerhütte unter dem Judenbach wurde 1596 wiederum zu einem Eisenhammer umgeschaffen und der Anfang zu den jetzigen schönen Baumännischen Hammerwerken gelegt. Die Bergleute, so sich in groser Menge in hiesigen Gebirgen befanden, mußten, da sie durch andere bergmännische Arbeit kein Brod mehr fanden, sich nunmehro durch Goldwaschen zu ernähren suchen, welche ihnen auch bey den damaligen wohlfeilern Zeiten ein reichliches Auskommen gab. Die Kammerrechnungen unter Herzog Johann Casimir beweisen nicht allein, daß dieses durchs Waschen erhaltene Gold sehr ansehnlich gewesen seyn muß, sondern noch vielmehr die häufig zu findenden Röschen und fortgestürzten Berge zeugen von einer ungeheuren Menge Goldwäschen: denn nicht allein an den Flüßen, Lauscha, Göritz, Steinach, Goldbach, Röglitz sind dergleichen zu sehen, sondern auch in dem von Steinheid auf Theuern, Grümpen, bis Seltendorf ziehenden Theurergrund, nicht weniger in dem Amt Neuenhaus ist der Wald, das Gehege genannt, voll von den deutlichsten Merkmalen, wie stark das Goldwaschen getrieben worden. Man kann auch noch bis jetzo daselbst Gold waschen; nur daß bey dem hohen Taglohn sich diese Arbeit sehr schlecht belohnen würde; denn da das Gold nicht wie das Silber und die Lebensmittel gestiegen ist: so würde man jetzo höchstens 2 gr. 8 pf. vor das Gold erhalten, das man damals vor 2 gr. hingab. Hingegen zahlete man einem Taglöhner damalen nur 1 gr., welchem man jetzo wenigstens 4 gr. geben muß. Wenn also damalen vor 2 gr. Gold des

Tages erhalten wurde, so hatte der Unternehmer 100 von 100 gewonnen; dahingegen, wenn jetzo auch täglich von der Person vor 2 gr. 8 pf. gewaschen würde, so würde der Unternehmer 33 von 100 verlühren, und also ist wohl niemalen wiederum an Goldwäschen im hiesigen Lande zu denken, wenn der Theuter Grund nicht hiervon eine Ausnahme macht, als welcher der reichhaltigste ist.

Weiter oben haben wir gesehen, daß Schmelz- und Seigerhütten im Lande gewesen sind, folglich müßen silberhaltige Kupfererzte gewonnen worden seyn, wovon mir anjetzo keine Anbrüche bekannt sind, auser ein Stollen bey Steinach, der unerschöpfliche Seegen Gottes genannt, wo der entblößte, aber noch fast am Tag liegende Gang bey gemachten Proben silberhaltiges Kupfer gegeben.

Kupfererzte aber zeigen sich an vielen Orten bis zu Tag aus, daß es zu bedauren ist, daß diese Schätze so ruhig liegen bleiben.

Bleyhaltige Gänge sind gleichfalls an verschiedenen Orten, besonders aber auf dem Strohberg bey Mengersgereuth, gleich unter der Dammerde anzutreffen. Mit einem Worte, unsere Gebirge sind so bauwürdig, als irgend welche in Deutschland, wenn sie unter der Aufsicht von geschickten Bergverständigen betrieben würden.

Die Menge derer allenthalben anzutreffenden Schwefelkiese hat schon manchen baulustigen Unterthanen um ansehnliches Geld gebracht, wenn Betrüger selbige vor reichhaltige Silbererzte ausgaben, welchen nur die Firirung fehlte, und dahero die Zubussen, statt edle Gänge damit zu bearbeiten, dazu anwendeten, Firiröfen zu bauen, um nichthaltende Schwefelkiese in Silber zu verwandeln, das würkliche Silber derer Baulustigen aber in Bier und Brandtewein aufzulösen.

Eisenstein giebt es in Menge, auch muß die Bearbeitung derselben in hiesigen Gegenden schon vor vielen Jahrhunderten eine sehr bekannte Sache gewesen seyn. Das alte Dorf Hämmern hat wohl ohne Zweifel seinen Namen von denen vor Alters daselbst befindlichen Eisenhämmern, und doch sind seit mehr als 200 Jahren, in dem Dorf selbst keine Hämmer mehr anzutreffen gewesen, obwohlen anjetzo der von Uttenhovische zische hohe Ofen zu Augusterthal oberhalb des Dorfs, so wie dessen Hammer zu Schwarzwald unterhalb des Dorfes befindlich sind, auch beweiset dies ferner das schon oben angeführte Privilegium von 1464, s. Beylage Nro. 2. weil die am Jubenbacher Berg anzulegende Seigerhütte schon vorhero ein Hammerwerk gewesen war.

Die Eisensteingruben, welche anjetzo bearbeitet werden, müssen folgende Eintheilung erhalten. A. Die, so von dem Rußkopfischen Werk zu Obersteinach betrieben werden, sind folgende 1) die Grube im Langenthal, womit schon 1464 die Besitzer des Obersteinacher Hammerwerks beliehen worden und welche also gewiß über 300 Jahr bearbeitet wird; und obgleich die alte Arbeit wieder zu Bruch gehet; so sind doch stets neue Stollen und Strecken aufgefahren worden, daß also die Grube sich in dem besten Zustand befindet und die ergiebigsten Eisensteine ununterbrochen abgiebet. 2) Eine auf dem Thlerberg, das neu bescherte Glück genannt, welche von 1737 von H. Johann Tobias Otto aufgemacht worden. Seit dieser Zeit sind zwar einige Schächte zu Bruch gegangen, hingegen aber ist nunmehro ein Stollen von 270 Lachter aufgefahren worden, welcher 45 Lachter Teuffe einbringt, und über 15000 Thlr. kostet. Die Anbrüche sind mächtig und liefern guten ergiebigen Eisenstein. Auf dem Breitenberg, Füllberg und an mehrern Orten um Steinach herum waren sonst Eisensteingruben; weil aber obige 2 Gruben die Obersteinacher Werke nicht allein hinlänglich versiehet, sondern auch noch davon Eisenstein verkauft werden kann: so sind sie größtentheils zu Bruche gegangen.

B. Die von den Baumännischen Gewerken zu Hüttensteinach bearbeitet werden. Dies ist nur eine an dem Breitenberg im Steinacher Forst, welche aber von solcher Ergiebigkeit ist, daß sie ihren nöthigen Eisenstein daraus erhalten; und was sie etwa von fremden Eisenstein noch gebrauchen, geschiehet nicht aus Mangel, sondern ihr Eisen durch noch besserem Eisenstein zu den besten Blechen tauglicher zu machen.

C. Die Eisensteingruben, so zu den von Uttenhovischen Werken gehören, sind folgende: 1) In Hämmerer Forst. Der Reckberg und der Roseberg, diese sind sehr alte Gruben, geben das beste Eisen und haben rothen und braunen Eisenstein. Am Ratenberg liegt noch eine

Gru-

Grube, so der Pelikan heißt, so auch guten Eisenstein giebet und reichhaltig ist. Ferner auf der kleinen Ebene, Rothen-Hirsch, Birkenberg, Fellberg und Saukopf sind ebenfalls Eisensteingruben, wovon aber letztere wegen des spröden Eisens, so daraus geschmelzt würde, gänzlich liegen geblieben ist, auch werden die andern nicht mehr so stark betrieben, als die beyden ersteren. 2) Im Steinacher Forst, am Thierberg, ober dem Heuweg und auf der Pumpe werden auch Eisensteine gegraben.

Ein Vitriolwerk hat erst vor 2 Jahren Herr Nickolaus Rußkopf Direktor der Königl. Preußl. Handlungsoctroy zu Magdeburg, bey dem Dorf Steinach angelegt, auch deßhalb von Herzogl. Kammer ein Privilegium vom 17 September 1778 erhalten.

Nutzbare Steinarten

sind dermalen ein vorzügliches Augenmerk der hiesigen Einwohner: ich wende mich also zu diesen, werde aber nur die wichtigsten anmerken; weil fast kein Berg ist, der nicht eine Gattung von nützlichen Steinen liefert. Eine genaue Beschreibung würde für die meisten meiner Leser unangenehm seyn; daher ich nur so kurz als möglich seyn will. Wir nehmen hier die Landkarte zur Hand und fangen bey Beschreibung der Steine im Amte Neuenhaus an, gehen durch die Gebirge vom Amt Sonnenberg und beschließen die Steingeschichte mit dem Amt Schalkau und Gericht Rauenstein. Also

Im Amte Neuenhaus

trifft man außer verschiedenen Sorten von Sandsteinen, welche aber meist wegen ihrer lockern Beschaffenheit unbrauchbar sind, auch Marmorlagen in der Gegend von Schwärzdorf an, davon der eine einen weißen Grund mit rothen Adern hat. Auch hat man in eben derselben Gegend grose Stücke von einigen Zentnern, von einem sehr schönen grünen mit hochrothen Adern durchzogenen Marmor angetroffen, welcher die ordinaire Härte des Marmors übertrifft; bis jetzt aber ist der eigentliche Bruch davon noch unentdeckt.

Da auch hart an unserer Grenze auf Bambergischen Grund und Boden, bey Ifrßdorf und Stockheim ergiebige Steinkohlen-Bergwerke befind-

befindlich sind, so hat Herzogl. Kammer 1768 und 69 viele Versuche machen lassen, ob man diese Steinkohlen-Flötze nicht auch auf hiesigem Grund und Boden erreichen könne. Man hat also nicht nur Schächte abgeteufft, sondern auch viele Lachter gebohret, ohne auf Steinkohlen zu kommen; welches daher entstehen mag, weil die Steinkohlen-Flötze zu sehr gegen das Steigen des Berges einstürzen. Sollten auch die Steinkohlen endlich nach einer sehr grosen Teuffe erreicht werden können; so werden die Wasser, welche häufig in diesem Berg anzutreffen seyn, das Unternehmen wenigstens äußerst erschweren und kostbar machen.

Im Amte Sonnenberg.

Am Schönberg bey der Stadt Sonnenberg brechen feste Sandsteine, welche die Maurer und Steinmetze von Sonnenberg und Oberlind von Herzogl. Kammer gepachtet, um das nöthige Quaterwerk und Fußplatten daraus zu machen, auch befinden sich dergleichen Steine an der Werth, von welchen das alte Schloß Sonnenberg gebauet worden. Der beste dieser Steine ist in Mürschnitzer.Gemeindeholz, auf dem sogenannten Steinpöhl, dieser ist zu der besten Steinmetzarbeit geschickt. Gleich rechter Hand an der Stadt, an dem sogenannten Stadtberg, brechen eine sehr gute Sorte von Wetzsteinen, von welcher jährlich viele tausend Stücke in die weitesten Gegenden verschickt werden. Dergleichen Wetzsteinbrüche von verschiedener Güte und zu Schärfung allerley Werkzeuges werden noch in vielen andern Gegenden, besonders auf den Bergen des Hämmerer Forstes gefunden. Jedoch wir wollen uns nur die wichtigsten Steinbrüche bekannt machen, und gehen dahero von Sonnenberg an der Röten hinauf, wo wir denn zuerst den Schieferbruch antreffen, woraus die bekannten Schiefertafeln gemacht werden, wovon jährlich von unsern Kaufleuten viele tausend durch ganz Europa versendet werden; die kleinern Abgänge, so keine Tafeln geben, werden von den Schieferdeckern zu Dachschiefern zugerichtet. Ohne andere Schieferbrüche zu verachten; so hat dieser ganz besonders vorzügliche Eigenschafften: denn man findet niemalen einigen Schwefelkies darinnen, welcher durch Luft und Wasser aufgelöset und mürbe gemacht wird, und durch welchen auch die Nägel an- und abgefressen werden. Man mag solchen Schiefer so lang als man will (so gar gepülvert)

D ins

ins Waſſer legen und auslaugen und dieſes Waſſer ſodann einſieden, ſo wird man doch kein Salz erhalten. Wirft man ihn ins Feuer, ſo wird er nicht ſpringen, auch ſo gar wenn man auf den glüenden Waſſer gießet, (welches ſonſt der gemeinſte Fehler der Schiefer iſt, weßwegen viele Baumeiſter den Schiefer zum Decken der Dächer verwerfen, weil bey groſen Feuersbrünſten die löſchenden durch den herumfliegenden Schiefer ſehr leicht beſchädiget werden, und dadurch das löſchen verhindert wird.) Man kann ihn aus dem Waſſer nehmen und frieren laſſen, er wird ſich nicht blättern, noch durch alle dieſe Proben ſeine Farbe verlieren; und endlich weil er ſehr dünne ſpaltet, ſo giebt er den wirthſchaftlichen Nutzen, daß man vom Zentner faſt zwey Quadratſchuhe mehr decken kann, als mit andern.

Eine halbe Stunde über dieſem Schieferbruch iſt auf dem ſogenannten Fellberg der Griffelbruch, ſo bis jetzo der einzige bekannte Bruch von dieſer Art iſt, weil der Stein aus einem ſo feinen Staube zuſammen geſetzt iſt, daß damit ohne Riſſe auf die Schiefertafeln zu machen, geſchrieben werden kann. Wenn er gebrochen worden, ſo muß man ihn vor den Sonnenſchein und trocknenden Luft bewahren; ſonſt kann er nicht mehr geſpalten werden, behält er aber ſeine natürliche Feuchtigkeit; ſo kann er wie Holz in die Griffel geſpalten werden, ſodann wird er geſchabet und erhält die Geſtalt eines Griffels. Dieſer Artickel wird ganz und gar nicht vor das Land benutzt, wie er benutzt werden könnte; denn obgleich noch an vielen Orten Schiefertafeln gemacht werden, ſo müßen doch alle hierzu nöthige Griffel von hier bezogen werden. Wenn alſo ſich jemand fände, der ein paar tauſend Thaler darzu anwendete, den Griffelmachern ihre verfertigten Griffel abzukaufen, der würde im Stande ſeyn, den Preiß wiederum zu erhöhen und wenigſtens 100 vor 100 darbey zu verdienen. Da, wie ich ſchon oben geſagt, dieſer Stein aus dem allerfeinſten Staub beſtehet; ſo läßt er ſich brechſeln und aufs feinſte bearbeiten und man könnte Urnen und Vaſen daraus machen, welche bey der Politur eine ſchöne Schwärze erhalten würden.

Sehr bemerkungswerth iſt der Sandſteinbruch zwiſchen Limbach und Glücksthal. Er liegt hart an Fürſtl. Schwarzburgiſcher Grenze.

Die

Die daraus gebrochenen Quater sind zu aller grosser Feuerarbeit, als hohen Oefen, Schmelzhütten, Glas-Porzellan-Blaufarb-Fabriken u. s. w. unentbehrlich, weil der Stein in dem stärksten Feuer weder schmelzt noch verbrennet, und werden dahero 18 bis 20 Meilen weit verführt.

Im Amte Schalkau und Gericht Rauenstein

ist fast kein Stein, da es doch steinreich ist, der nicht aufs beste benutzt werden könnte. Von Mengersgereuth bis Truckenthal und Mausendorf kann man fast überall, wo man einschlägt, Marmor von allerley Farben und Komposition antreffen. Bey Schichtshöhn und dem benachbarten Effelder Fluhr sind die Marmor zu der schönen Saalfelder Schleßkirche gebrochen worden. Die meisten Bauernhäuser und Ställe in allen Orten am Wald ruhen größtentheils auf Marmor und sind damit geplattet.

Die vordern Gebirge bey Bachfeld, Schalkau, Grümpen u. s. w. bestehen aus Kalksteinflötzen, worinnen man allenthalben versteinerte Seegewächse in Menge antrifft. Auch befinden sich in den obersten Schichten dieser Kalkgebirge, besonders an der Grenze bey Weißenbrunn, Versteinerungen von Blättern und allerley Landgewächsen, die sich mit dem weichen Meeressatz versteinert haben. Ein Naturforscher kann sich hier vielen angenehmen Zeitvertreib machen und seine Einsichten und Erkenntnisse von Entstehung der Berge und überhaupt der Oberfläche der Erde gewiß erweitern.

Bey Sigmundsburg unter den Hüfftenberger Häusern ist ein Steinbruch von einem ganz vortrefflichen Stein, welcher unter den Nahmen des Hüfftenberger Steins bekannt ist. Er ist nicht allein zu Barbiermessern, sondern auch ganz besonders für Kupferstecher, Juwelirer, Uhrmacher und wer mit Grabstichen arbeitet, zu Schärfung derselben zu gebrauchen. Selbst die Natur hat ihn gezeichnet, daß keine Verwechselung vorgenommen werden kann, indem ein jeder Stein, er mag so groß oder klein seyn als er will, einen Fleck hat, der so aussiehet, als wenn ein Stückgen Hirschhornschale daran geklebt wäre. Sie werden sehr theuer verkauft, ein Stück von 8 bis 12 Zoll ins Gevierte wird gerne mit 3 bis 4 Thlr. bezahlt. Anjetzo sind sehr selten welche zu erhalten, weil sie so lange der Bruch nicht verzimmert wird, mit Lebensgefahr müßen gewonnen werden. Es giebt ihrer zweyerley Gattungen an Farbe, bläuliche und gelbliche, welche leßtere etwas rarer als die erstern, weil sie nur in der Teuffe zu finden sind.

Hölen und unterirdische Flüße.

Unter diese rechne ich vor allen Dingen die grose oder vielmehr lange Höle, so unter dem Nahmen des Zinsen oder Zinsselloches bekannt ist. Es liegt zwischen Meschenbach und Rabenäusig. Wenn man aus einem Thal wiederum den Berg hinaufsteigen will, so trifft man ungefähr 15 bis 20 Schritt hoch einen Keßel an, in welchen man vermöge einer von Fremden eingehauenen Treppe, 12 bis 15 kleine Stufen, bis in den Boden des Keßels steiget, daselbst ist gegen den Berg hinein, eine Oeffnung in Gestalt eines Backofenlochs, welches reichlich 3 Ellen weit und in der Mitten etwas über 1 Elle hoch ist. Hier rutschet man ungefähr 16 bis 20 Ellen auf einen Felsen hinunter, der mit herabgefallenen Blättern einen halben Schuh hoch überzogen ist, welche das Hinabrutschen erleichtern. Es ist weder gefährlich noch fürchterlich diese Reise anzutreten. Wenn man den kleinen schiefen Schacht bequem befahren will, so darf man nur eine Leiter mitnehmen und solche auf den Felsen hinlegen, so wird einem wenigstens das Heraussteigen leichter werden. Wenn man im Grunde dieses kleinen Schachtes ist, so kommt man in eine geräumliche Gallerie oder Gang, welcher anfänglich gegen Mittag sich wendet, da man denn bald in einem Bächelgen gehen muß, welches über den Fuß gehet und linker Hand aus dem Felsen herauskommt. Diese Gallerie, welche meistentheils gegen Süd-West fortgehet und nur hier oder da einige geringe Krümmungen machet, ist größtentheils so breit, daß ein Mann gemächlich durchkommen kann, nur an wenigen Orten wird sie so enge, daß man sich durchschmiegen muß, hingegen aber meistentheils 20 Schuh hoch, auch an vielen Orten oben weiter als unten. An einigen Stollen wird sie weiter, zwey Orte sind darinnen, wo sie die Gestalt eines Zimmers erhält. Sie gehet ungefähr 300 Schritt fort, alsdenn steiget man ein wenig in die Höhe, allwo das Waßer sich verliehret, aber nachdem man etwas in die Tiefe gegangen, so kommt man wieder in das Waßer. Nachhero gehet

het es eine lange Strecke fort, da das Wasser tiefer, die Gallerie niedriger, und so weit als ein Zimmer wird. Im rechten Winkel dieses Platzes ist ein kurzer Gang, der von Menschen gemacht zu seyn scheinet; linker Hand ist eben so ein Gang, in welchem man noch jetzo Merkmale findet, daß darinnen neuerdings gearbeitet wird. Die Wände dieser Höle sind mit einem weißlich gelben und gleichsam wie Nieren formirten Tropfstein überzogen, welcher halb durchsichtig und so hart ist, daß man nicht ohne Gewalt etwas herunter bringen kann. Es giebt Orte, wo sich dieser Tropfstein in grosen Klumpen angesetzt hat; ich habe ihn gebrannt, da wurde ein grauer grobsandiger und durchsichtiger Stein daraus. In der Höhe sowohl, als an den Wänden siehet man Zapfen, welche wie reines Eis aussehen, wodurch das Wasser tröpfelt, welche aber keine Festigkeit haben, sondern im Herunternehmen zerbrechen. In dieser langen Höle läßt sich nichts metallisches verspüren. Ein Amtmann zu Sonnenfeld, so Bechstäbe hieß, hat zu Anfang dieses Jahrhunderts diese Höle mit einem Bergverständigen befahren, aber ebenfalls nur an einer Stelle etwas geringhaltiges Kupfererzt gefunden. Etwas besonders ist es, daß man die deutlichsten Spuren siehet, daß von Zeit zu Zeit Fremde diese Höle besuchen, und man gleichwohl noch nicht entdecken können, wer dieselben seyn mögen und was sie dahin zu gehen veranlassen mag. Der Besuch dieser Höle ist übrigens um so ehender zu unternehmen, weil sich keiner böser Schwaden zu befürchten hat, indem der durchfließende Bach beständig und durchgängig reine Luft erhält. Den Nahmen hat sie von den berühmten kleinen Bergmännchen oder Bergzwerchen, so man in hiesiger Gegend Zinselmännchen heißet. Diese sollen sonst ihre Wohnung in dieser Höle gehabt haben. Als aber einst ein solches Zinselmännchen von einem Bauer aus Meschenbach in seinen Erbsen angetroffen worden; so hat der unartige Bauer diesem armen Männchen sein Mützgen genommen, dieses hat ihm endlich versprochen, wenn er ihm sein Mützchen wiedergeben würde, so wollte er ihm eine Ruthe stecken, wodurch er auf immer glücklich seyn sollte. Das Zinselmännchen war aber sehr falsch und steckte den ganzen Acker voll Ruthen; folglich konnte der Bauer den Schatz nicht finden. Hierüber ergrimmt schlug der Bauer, als er wiederum ein Zinselmännchen in seinen Erbsen antraf, daßelbe, daß es starb. Dieses verdroß die kleine unterirdische Gemeinde so sehr, daß sie sich entschlossen davon zu ziehen und man hat ihren neuen Aufenthalt noch nicht erfahren können. Indessen müßte einer sehr verstockten Herzens seyn, der an dieser Geschichte zweiffeln wollte, weil noch bis diesen heutigen Tag, der Acker, wo diese Mordgeschichte vorgegangen, der Ruthenacker heißet.

Auch fand sich noch vor 50 Jahren ein Stück im Thal herunter eine Höle, welche die Zinselkirche hieß, so aber, da sie von den Kirchkindern verlassen worden, eingefallen ist: an dem, was man noch hiervon sehen kann, ist dieses mehr eine Nische als Höle gewesen, doch wer kann wissen, wie groß einst diese Kirche war? Noch etwas besonderes ist der Bach, der in dieser Höle fließet. Der Herr Rath Otto zu Schalkau, der mit mir diese Untersuchung machte, ließ eine Metze Flachsknoten holen, und sie ins Zinselloch tragen und in den Bach werfen, woraus wir zu erfahren hofften, wo die Knoten wieder zum Vorschein kommen würden. Es wurde dahero dem Müller zu Sölbendorf aufgetragen, Acht zu haben, ob und wenn diese Knoten wieder an des Tages Licht kämen. Aber der Müller sahe wenigstens nichts von diesen Knoten zum Vorschein kommen, daß also unser Versuch vergeblich war. Indessen scheinet mir nach der Situation, daß nicht allein ein Bächelgen so oberhalb des Zinsellochs fließet und gleich neben den Zinselloch sich in den Berg verliehret, sondern auch andere Quellen, so vorhero nicht sichtbar worden, in diesem Loche zusammen und fortfließen, bis sie eine halbe Viertelstunde (nachdem sie eine gute Viertelstunde unter der Erde fortgeflossen) oberhalb Sölbendorf wiederum aus dem Felsen hervorkommen, als wohin auch die ungefähre Richtung hingehet. Von dieser Höle ist nachzulesen in den Miscellaneis physico medico mathem. so D. Büchner zu Erfurth im Monat August 1728 herausgegeben. In dem dreyßigjährigen Krieg haben die Einwohner dieser Gegend ihre beste Habseligkeiten da hinein verborgen, wozu sie außerordentlich wohl zu gebrauchen ist.

Dergleichen Höle findet sich auch zwischen Theuren und Grümpen und wird der Triebisch genannt, ist aber nicht völlig im Grund oder auf dem Boden so groß als der halbe Theil eines Zirkels von 6 Ellen im Durchschnitt und etwas höher als Manns hoch. Es brechen in und um

selbi-

selbiger viele Conchilien und der starke Bach, so von Limbach und Steinhelde den Theuser Grund herunter kommt und die Grümpen heißt, verliehret sich in der Gegend zwischen Theuren und Ramenstein unter Wassersteinen zusehends und wenn er nicht außerordentlich durch Regengüße oder geschmolzenen Schnee angeschwollen ist, so gehet von da an kein Tropfen Wasser mehr in den Ufern des Flusses fort, sondern er ist gänzlich trocken und ist zuerst wiederum hinten an der Triebischer Höle zu sehen und ohngefähr 50 Schritte unterhalb derselben bricht er wieder zuerst stark zu Tage aus und nachdem er in einer Distanz von 150 bis 200 Schritten an sehr viel Orten aus dem Felsen hervorgequollen, so formiret er wiederum den noch etwas verstärkten Bach, der sich oben unter die Erde verlohren hatte. Es ist eine starke Viertelstunde, daß sich dieser Bach unter der Erde befindet.

Und endlich ist noch ein Bach, so von Truckenthal herein in die Iß bey der Schalkauer Mühle fällt. Dieser hat seinen Ursprung in dem Thal, so um den grosen Mittelberg sich befindet, verliehrt sich aber schon unter die Erde, ehe er noch Neuendorf gleich ist und bleibt unter derselben bis hart am Dorf Truckenthal, wo er aus dem Felsen durch verschiedene Oeffnungen mächtig hervorquillt, daß er kaum einen Flintenschuß weit davon eine Mühle treiben kann. Er läuft gleichfalls eine kleine halbe Stunde unter der Erde dahin, und dieser sein Ausbruch ist von jenen beyden nur dadurch unterschieden, daß er nur aus etlichen wenigen Oeffnungen hervorquillt, jene beyde aber an sehr vielen Orten. Die Gebirge, worinnen diese unterirdische Bäche fließen, haben mit einander viel ähnliches und bestehen aus dünnen Kalkflözen, die mit Conchilien vermenget sind. Unter der Erde müßen allenthalben noch viele Quellen dazu kommen, da sie bey ihrem Ausgang aus den Gebirgen stärker sind, als wie die Bäche, wenn sie sich unter die Erde verliehren. Alle drey aber können, wie ich schon oben bemerket habe, wenn grose Wassergüße kommen oder der Schnee schmelzet, alsdenn nicht ihr Wasser alles unter der Erde aufnehmen, sondern es fließet auch in denen Thälern als andere Bäche dahin und um so reißender, da sie so außerordentlichen Fall haben.

Die Forellen halten sich gerne in diesen unterirdischen Bächen auf, wenigstens, wenn sie verfolget werden, retirtren sie sich gerne dahinein. Bey

Trucken-

Truckenthal, wo die Ausflüsse ungefähr einen guten Schuß weit sind, müssen sich ordentliche Behälter für die Forellen finden, weil man öfterer bey diesen Löchern Forellen von besonderer Größe gefangen hat.

Alle andere Seltenheiten der Natur kommen, so viel ich davon habe erfahren können, bey denen Orten vor, bey welchen sie sich befinden.

Flüße und Bäche.
Im Amte Sonnenberg

Ist der Hauptfluß die Steinach, welcher auch, wenn er bey Köppelsdorf in die Ebene kommt, von den Landleuten der Landfluß genennet wird. Er entspringt am Fuße des Berges, worauf die Glasfabrick Glücksthal liegt, lauft anfänglich gegen Morgen, bis er das Flüßchen Lauscha, welches gleich über dem Dorf Lauscha entspringet, zu sich nimmt. Er richtet sodann seinen Lauf gegen Mittag, bald darauf fällt der Bach Görig in demselben, da er denn so stark ist, daß er die ansehnlichen Obersteinacher Hammerwerke treibt und doch noch Wasser in seinen Ufern behält. Gleich oben in dem Dorf Steinach rechter Hand nimmt er den kleinen Goldbach auf und am Ende des Dorfs den Triebach, treibet sodann den Kußkopfilchen Blechhammer und die Trinkfische Mermelmühle; gleich unterhalb des Baumännischen Stahlhammers fällt die Engniz hinein. Mit dieser vereiniget, treibt er die übrigen Baumännischen Werke, auch verschiedene Mahl- und Schneidmühlen. S. Hüttengrund. Bey Köppelsdorf erhält die von Donopische schöne Spiegelfabrick ihr benöthigtes Wasser davon. Gleich bey dieser Fabrick, wo ihr Mühlgraben aus der Steinach geleitet wird, ist die erste steinerne Brücke über diesen Fluß, welche von dem Geleitsamt zu Koburg unterhalten werden muß. Sodann schlängelt sie sich durch Wiesen, und benetzet die Dörfer Mahlmers, Oberlind, allwo zwo Brücken darüber befindlich, Niederlind, Heublsch, Mupperg u. s. w. bis sie oberhalb Marktzeilen in den Mayn fällt. Dieser Fluß ist sowohl, als die Engniz und alle hineinfallende Bäche, von 1571 bis 1578 durch den damaligen Bergvoigt Reinhold zu Saalfeld

feld burch überall angelegte Teiche flößbar gemacht worden; dafür erhielt Reinbold ein Geschenk von 1000 fl. Fränkl. Da aber dieses Flößholz nur bis Heubisch geflößt werden konnte, daselbst aber ausgefischt und auf der Achse von da nach Neustadt gefahren, und daselbst wiederum in die Röten geworfen werden mußte; so wurde in den 1730ger Jahren ein Flößgraben angelegt, welcher gleich unterhalb des Marktfleckens Oberlind seinen Anfang nimmt, unter der gebrannten Brücke wegfließet, daselbst einen Wasserfall machet und bey Neustadt das Flößholz in die Röten bringet, von welcher es in die Iß und sodann nach Koburg gelanget.

In diesem Flusse, so wie in allen oberhalb Köppelsdorf in denselben fallenden Bächen, ist bis an den Anfang ihrer Quelle Gold gewaschen worden. Bey Heubisch findet man in diesem Fluß Perlen. In gewissen Jahrszeiten legen sich die in ziemlicher Menge darinnen befindlichen Muscheln so nahe zusammen, daß sodenn ein ganzes Stück im Flusse aussiehet, als wenn es gepflastert wäre. Wenn man einen der Perlenfischerey kundigen Mann anstellte, vielleicht könnte ein ansehnlicher Nutzen herauskommen.

Die Forellen, so in diesem Fluß wie in allen übrigen Gebirgbächen zu finden, wurden schon vor Alters unter die Leckerbissen gerechnet. Churfürst August ließ sie von Zeit zu Zeit nach Dreßden kommen und empfohl sie sehr ernstlich denen Beamten, derer Bezirk sie auf ihren Marsch betraten. Unterhalb Köppelsdorf trifft man auch Krebse und andere Fische, besonders Aschen in ziemlicher Menge an.

Die Fischerey hat in selbigen von ihrem Ursprung an, bis wo die Laufche hinein fällt, das Dorf Laufcha; von da bis wo die Engniß dazu kommt, gehöret sie zu dem Steinacher Hammerwerk; sodann aber haben dieselbe die Besitzer der Hüttensteinachischen Werke bis Köppelsdorf. Von diesem Ort an wird sie herrschafftlich bis an den Ebersteig bey dem Muckberg. Nach diesem wird die Fischerey Erffaisch bis zu der Heubischer Fluhr; dann ist sie der Gemeinde zu Heubisch bis ans Ende ihres Dorfs und zuletzt ist bis an die Grenze von Mupperg die Fischerey wiederum gnädigster Herrschafft.

E   Die

Die Engniß.

Dieser Bach bestehet aus vielen Bächen, welche sich wiederum in zwey Hauptarme theilen: der eine kommt von Friedrichsthal, allwo er schon die dasigen Baumännischen Hammerwerke (welche nach Saalfeld gehören) treibet, und das verlohrne Wasser genannt wird; und ob es zwar rechter und linker Hand verschiedene Bäche aufnimmt, so verliehret es doch seinen Nahmen nicht ehender, bis es im Oelsengrund den Baumännischen hohen Ofen treibet, und sodann die Oelse genennet wird, noch ein paar Bäche einnimmt, und sich mit dem andern Arm vereiniget.

Dieser ahdere Arm nimmt seinen Anfang bey einem Flößteich, so an der Saalfeldischen Landesgrenze befindlich und zwischen dem Thierberg Steinacher Forstes, und den Limberg, Haasenthal, Saalfeldischen Forstes, lieget. Er heißet die Rögiß und treibet bald nachdem er den Flößteich verlassen, den Saalfeldisch-Baumännischen hohen Ofen und die giftige Mühle bey Haselbach; nachdem es sich mit der Oelse vereiniget, so nehmen die beyden Arme den Namen Engniß an, welchen sie auch behalten, bis diese sich unterhalb des Stahlhammers in die Steinach ergießet. Die Fischerey haben die Besitzer der Hüttensteinacher Werke.

Die Röten

ist das Flüßchen, so anderthalb Stunden oberhalb der Stadt Sonnenberg an dem Berg, so die Tischblätter genannt wird, entspringt, nachdem vorhero die ursprünglichen Quellen ihr Wasser in ein paar Forellenteichen gesammlet haben. Die Stadt Sonnenberg hatte wenigstens bis Ende des vierzehnten Jahrhunderts ihren Nahmen von diesem Flüßchen. Der Stadtrath hat die Fischerey darinnen, von da an, wo das Bächlein von der Wirbelsburg hineinfällt, bis dahin, wo sie das Weichbild verläßt; sie ist aber nichts weniger als beträchtlich, da der fleißige Zuspruch von Menschen und Enten die Anzahl der Forellen sehr vermindert.

Unterhalb der Weichbildsgrenze ohnweit Hönbach fällt das sogenannte Amtsvoigtey-Wasser hinein, so anjetzo herrschafftlich ist und von Märschniß und Bettelhecken herunter kommt. Es ist reich an Krebsen und Fischen.

Sowohl

Sowohl die Hönbacher als Wildenheyder Teiche geben ihr übriges Wasser gleichfalls zur Verstärkung dieses Flusses, welcher bey Neustadt vorbey auf Mönchröten fließt, den dortigen grosen Teichen ihr nöthiges Wasser giebt und sich unterhalb Oeslau in die Iß ergießet. Die Brücken dieses Flusses sind folgende: Eine hölzerne oberhalb der Stadt Sonnenberg, 2 steinerne in der Stadt, eine bey Neustadt, eine in dem Dorf Mönchröten, eine bey Einberg und die letztere bey der Mermelmühle des Herrn Geheimen Raths von Thümmel.

Der Rottenbach.

Ein kleiner Bach, so in der Gegend von Neuenbau entspringet und unweit dem gewesenen Blaufarbwerk Rottenbach in die Tettau fällt, welche bey den Häusern im Sattelpasser Grund über die Grenze kommt und jenes Werk sonst getrieben hat. Gleich gegen über auf der Bayreuthischen Seite liegt des Marggräflich-Bayreuthischen Herrn Hofrath Pensels sehr schön eingerichtetes Blaufarbwerk, welches der Schausberg heißet und dem Herrn Besitzer viel Ehre macht, da er als ein bedenkender Fabrickbesitzer die wichtigsten Verbesserungen, besonders zu Ersparung des Holzes, machet, so daß man mit größtem Nutzen seine neuerfundene Oefen betrachten und ihre wichtige Vortheile bey mehreren Arten von Oefen mit dem ausgebreitesten Nutzen anbringen und nachahmen kann. Noch mehreres hiervon s. Kipfendorf im Untergericht des Amts Neustadt. Dieses Penselsche Werk wird von der Langenau getrieben, welche bey diesem Werk über die Grenze kommt und sich sogleich mit dem Rottenbach und der Tettau vereiniget und gemeinschafftlich bis unterhalb des Wagnerischen Hammerwerks (welches auf Bayreuthischer Seite lieget) die Grenze hält, sodann aber rechts ganz ins Meiningische fließet und noch verschiedene Bächlein aufnimmt, ehe sie nach Heinersdorf kommt, wo sie noch die Tettau heißt und so stark ist, daß die Einwohner dieses Orts ihrem Holzhandel nach Kronach dadurch sich sehr viel nutzbarer machen, weil sie im Frühjahr Pfaden Holz darauf flößen können.

Im Amte Neuenhaus

sind nur einige kleine Bäche, wovon nur zwey, so herrschafftlich sind, angemerkt

merkt. zu werden verdienen. Der eine hat seinen Ursprung bey Eichih, von wo er auf Schwårzdorf läuft, und, deßhalb den Nahmen des Schwårzdorfer Waſſers erhält. Der andere aber entſpringt bey Jåriß, fließet auf Geſell und kommet unterhalb Sichelreuth mit obigem zuſammen, da ſie ſodann bey Mittwitz in die Steinach fallen. Die gute Aufſicht der Herren Beamten auf dieſe Waſſer macht, daß ſich viele und gute Krebſe darinnen befinden, welche wegen ihrer Größe und Güte zur Herzogl. Hofoͤconomie nach Meiningen geliefert werden.

Im Amte Schalkau

Iſt der Itzfluß wegen des vortrefflichen Rindviehes, ſo an ſeinen Ufern gezogen und beſonders gemäſtet wird, in Franken und Thüringen ſehr bekannt. Sein Urſprung iſt zu Stelzen einem S. Hildburghäuſiſchen Dorf, hart an hieſiger Grenze. Seine Quelle mag den Heiden ſchon heilig geweſen ſeyn, da nicht allein ein Buchenhain, der vom größten Alterthum zeugte, bis zu Anfang dieſes Jahrhunderts da ſtand, ſondern auch 4 Linden von einer ganz außerordentlichen Größe noch da ſtehen, welche vor vielen Jahrhunderten dahin müſſen gepflanzt worden ſeyn, (weil dieſe Art Bäume in hieſigen Gegenden ungepflanzt nicht wachſen) der Quelle Schatten zu geben.

In den Zeiten, da die katholiſche Religion die allein herrſchende war, legte man dieſer Quelle groſe Wunderkräffte bey, ſo die heilige Jungfrau Maria aus beſondern Gnaden geſchenkt haben ſollte, welches auch unumgänglich nothwendig war, weil nach der genaueſten Unterſuchung, an und für ſich dieſe Quelle nichts heilſames enthält, als was jede gute Gebirgquelle nach fleißigem Gebrauch auch leiſten würde. Indeſſen da der Glaube nach dem gemeinen Sprichwort alle Dinge beſtätiget; ſo wurde ſie weit und breit berühmt, daß noch im 15ten Jahrhundert öfters 3 bis 500 Grafen und Edle, das gemeine Volk nicht gerechnet, da waren, um ſich dieſe Wunderkrafft zu Nutze zu machen. Dahero erhielt ſie auch den prächtigen Nahmen Maria Hülff. Damit nun aber auch die Geneſenen mit größter Gemächlichkeit der heiligen Jungfrau ihren Dank abſtatten koͤnnten; ſo beſorgten die Auguſtinermoͤnche zu Koͤnigsberg, daß

eine

eine Kapelle daselbst erbauet und ihnen anvertrauet wurde. Diese Kapelle erhielt nicht allein eine Menge von silbernen und wächsernen Kopien von denen Gliedern, so geheilet worden, sondern auch die Krücken, so man damals Stelzen nannte, wurden als Triumphszeichen der wunderthätigen Krafft von den Lahmen, (worunter sich ein paar ganz besonders von einem reichen lahmen Mann aus Wirzburg auszeichneten) daselbst aufbewahret, welches den Grund zu jener Kapelle und den Nahmen des Dorfes Stelzen legte. An der jetzigen Kirche stehet noch an einem Pfeiler an der Mittagsseite, so von jener Kapelle übrig geblieben: Anno MCCCCLVII Walpurgis wart gebauet diſſ Hauſſ Maria.

Von Stelzen lauft die Iß als ein kleines Bächelgen auf das Schalkauische Amtsdorf Mausendorf, wo es schon mehrere Quellen erhält; von da auf Bachfeld. Bey der Schalkauer Mühle fällt der Truckenthaler Bach hinein, worinnen gnädigste Herrschafft die Fischerey hat; gehet sodann an Schalkau vorbey durch Almerswind, wo die Grümpe hinein fällt, bey der Zangenmühl, wo die Effelder darzu kommt, über die Grenze auf Fischbach, Ober- und Unter-Wolsbach, Oesla, Dörfles und Koburg, von wannen sie den Itzgrund hinunter lauft und diesen Grund wie der Nil Egypten reichlich dünget und fruchtbar machet, bis sie endlich bey Halstadt unweit Bamberg in den Mayn fällt.

Die Fischerey in diesem Fluß ist bis unterhalb Bachfeld den Gemeinden, durch welchen er fließet; sodann ist sie bis unter Schalkau herrschafftlich, worauf sie dem Guth Ehnes zustehet und endlich bis an die Grenze dem Rittergurh Almerswind.

Die Grümpen.

Dieser Bach entspringet in den Thälern zwischen Limbach und Steinheide, läuft den Theurer Grund hinunter, wo er verschiedene Mühlen treibet. Zwischen Theuren und Rauenstein verliehret er sich in Steinen unter den Boden und kommet oberhalb Grümpen wieder aus Felsen hervor; (S. Triebisch unter der Rubric Höhlen und unterirdische Flüße) fließet sodann am Dorfe Grümpen vorbey auf Seſſendorf und bey Almerswind fällt er in die Iß. Die Fischerey darinnen ist herrschafftlich, theils zum

Amt Schalkau theils zum Gericht Rauenstein gehörig, bis an den Schaaf-
steg bey Almerswind, da sie sodann dieses Guth bespüchet.

Die Effelder

entspringt über Augustenthal in Taubentiegel an den hohen Gebirgen, treibet zuerst den hohen Ofen und Zähnhammer, (*) läuft sodann durch
das Dorf Hämmern. Nachdem sie die Mühlen in und unter dem Dorf
und die von Uttenhovischen Hammer zu Schwarzwald getrieben; so benutzen sie die Effelder Papier- und Mahlmühlen, auch die Mühle zu Blatterndorf, sodann fällt der Reschenbach hinein, mit welchem vereiniget sie
durch Doehlau läuft und bey der Zangenmühl in die Itz fällt. Die Fischerey gehöret anfänglich den Herrn von Uttenhoven als Besitzern der
Hammerwerke zu Schwarzwald, zuletzt aber dem Rittergut Effelder.

Der Reschenbach

kommt nicht weit oberhalb der Söldendorfer Mühle aus Felsen hervor und
ist aller Vermuthung nach der Bach, der sich in dem Zinselloch befindet.
Er fällt oberhalb Doehlau in die Effelder. Die Fischerey ist herrschafftlich.

Die Lauter

entspringt in den Dörfern Görsdorf und Truckendorf: denn aus beyden
Dörfern fällt das Wasser zusammen bey der Weyhersmühl, da es denn
schon so stark ist, daß es diese Mühle treiben kann. Von da geht sie auf
Tremmersdorf, nachdem sie den Rottenbach zu sich genommen, auf Neu-
kirch, Tiefen-Ober-Unterlauter und Neuses, bis sie außen vor Koburg in
die Itz fällt.

Brunnen.

Von diesen kann man überhaupt sagen, daß sie gut und wohlschmeckend sind; jedoch kennen wir zur Zeit nur einen der mineralisch ist, und
dieser

(*) Zähnhammer ist ein Hammer so vom Wasser getrieben wird, unter
welchen dünne Stäbchen vor die Nagelschmiede, so voller Zähne
oder kleiner Hügel sind, geschmiedet werden.

dieser befindet sich oben in der Stadt Sonnenberg, in der Fr. Herrlichböhmin Garten. Da der geschickte Herr Rath auch Stadt- und Landphysikus D. Johann Friedrich Schütz diesen Brunnen chymisch untersuchet hat, so setze ich seine Untersuchung und gefälltes Urtheil unter die Beylagen, da sie der Leser als die letztere finden wird.

Salzquellen.

Deren sollen sonst im Lande gefunden worden seyn: denn eben, wo anjetzo obiger mineralischer Brunnen befindlich, soll vor sehr langer Zeit ein Salzwerk gewesen seyn. Doch kann man nirgends einige gegründete Nachrichten finden, sondern alles, was man davon weiß, ist Tradition. So viel lehret der Augenschein, daß Schächte und Stollen daselbst gewesen sind. Andere wollen, daß das Salzwerk auf der andern Seiten des Berges gegen Mürschnitz gewesen sey; aber in dieser Gegend läßt sich eben so wenig etwas gewisses entdecken, da man nicht die allergeringste Spur von einer Salzquelle findet. Jedoch dieses beweiset die Unwahrheit der Sage nicht ganz: denn in der Stadt Schalkau müßen in den ältesten Zeiten allerdings Salzwerke gewesen seyn; denn nicht allein hat diese Stadt Salzkowie geheißen, sondern es sind noch Plätze da, die den Nahmen davon führen: Als z. E. das Herzogl. Amthaus stehet auf dem Salzguthe; das Haus worinnen anjetzo der Herzogl. Forstbediente wohnet, und die dazu gehörigen Güther heißen das Salzguth; einige Gärten vor dem Sonnenberger Thor, heißen die Salzwiese und hier sollen nach der Tradition die Salzwerke gestanden haben und findet man so wenig in authentischen Nachrichten, als in der Natur einige Spuren: Denn nirgends ist eine salzige Quelle zu finden, welche vermuthlich auf geöffnete Klüffte sich mag verlohren haben. Desgleichen sagt die Tradition, daß auch zu Bachfeld Salzwerke gewesen, ob wir schon nichts weniger als Salzquellen in der dortigen Gegend finden. Werth wäre es immer, besonders in und um Schalkau, da die stärksten Data da sind, daß Salzquellen da gewesen, solche aufsuchen zu laßen, weil hierdurch der Stadt ein wichtiger Nahrungszweig zuwachsen müßte, um so mehr da alles Salz in hiesiger Gegend von weiten herbeygeschafft werden muß. Wie viel Geld gehet hierdurch aus dem Lande.

Da

Da wir uns schon so lange beym Wasser verweilet haben; so will mir noch etwas von den

Teichen

sagen. Es giebt deren nicht sonderlich viel, die meisten befinden sich im Amt Neuenhaus und sind herrschafftlich. Im Amte Sonnenberg befinden sich nur einer bey Oberlind, zwey kleine Forellenteichlein bey Hämmern und die Flößteiche im Gebirg, so größtentheils eingegangen, sind herrschafftlich. Die Flößteiche hatten blos den Endzweck, das Wasser zum Flößen zu sammlen, und da solches zu kalt ist, um Karpfen darinnen zu halten, so ließ man sie größtentheils wiederum eingehen, da anjetzo das Holz besser genutzt wird, als es in Klafftern zu verflößen. Gleich vor der Stadt Sonnenberg liegt der sogenannte Edelsmannteich, so zu dem Rittergut Kemmate gehöret; außerdem haben die Unterthanen auch kleine Teiche, besonders die Hönbacher und Mürschnitzer Bauern.

Die wenigen Teiche im Amte Schalkau gehören zu den adelichen Güthern, so aber von geringer Erheblichkeit sind.

Indessen ist so viel gewiß, daß alle Karpfen, so in hiesigen Teichen gezogen werden, von einem vortrefflichen Geschmack sind, weil sie größtentheils sandigen Grund und reines Quellwasser haben.

Beschreibung der
zur Landesverwaltung
gehörigen Bedienungen und Aemter.

A) Justizpflege.

Von den ältesten Zeiten her haben die Herzogl. Aemter meistentheils unter der Regierung zu Koburg gestanden, bis 1679 die Theilung zwischen den Söhnen Herzog Ernst des Frommen erfolgte, da dieses Land zuerst in zwey Fürstenthümer getheilet wurde. Als in der Folge nach dem Tod Herzog Albrechts, das Herzogl. S. Meiningische Haus die 3 Aemter, Neustadt mit Sonnenberg, Neuenhaus und Schalkau erhalten hatte: so errichtete dieses hohe Haus 1736 zu Neustadt eine Kommission, welche aus Regierungs-Consistorial- und Kammerräthen auch Assessoren bestand, welche die Regierungsgeschäffte in denen 3 Aemtern verwalteten. Als aber 1742 die bekannte gewaltsame Vertreibung aus Neustadt geschahe; so wurde einige Zeit darauf diese Kommißion wieder aufgehoben und sämmtliche Aemter mußten von dieser Zeit an ihre Berichte gerade an die Landescollegia nach Meiningen einschicken. Bey den vorkommenden Prozeßen wird nicht allein nach den gemeinen Rechten, sondern auch besonders nach der Gothaischen Landesordnung von Herzog Ernst dem Frommen verfahren und gesprochen. Bey Irrungen zwischen den Herzogl. Aemtern und den darinnen gelegenen Vogteygerichten entscheidet der Landtagsabschied von 1612.

Im Jahr 1771 geruheten Durchlauchtigste Herzogin Charlotte Amelie zu noch geschwinderer Betreibung der vorkommenden Geschäffte einen Oberamtmann in den 3 Aemtern huldreichst anzustellen.

Außer der ordentlichen Rechtspflege haben auch die Justizbeamten noch

das geistliche Untergericht

mit jedes Orts Ephoris zu halten, wobey die Casimirianische Kirchenordnung bey allen vorkommenden Fällen zum Grunde geleget wird. Nicht weniger sind dieselben Beysitzer bey dem Herzoglichen

Forstamt (s. Forstwesen)

auch werden die Excesse, welche von der Mannschafft des Landbataillons während der Zeit, da selbige im Dienst gestanden, mit andern Unterthanen verübet worden, mit dem Bataillons-Commendanten gemeinschafftlich untersucht.

Die Personen, welche zu Dirigirung und Verwaltung der Justitz angestellet sind, sind Se. Excellenz der würckliche Herr Geheimde-Rath und Oberamtmann

Carl Wilhelm Wolfgang von Donop, (*) wurde den 26 September 1739 zu Varell in Westphalen gebohren. Er verlohr sehr frühzeitig seine adeliche Eltern und wurde von Ihro Excellenz der Frau Gräfin Sophie Charlotte von Bentink gebohrnen Gräfin von Aldenburg vortrefflich erzogen und weil dieselbe in den wichtigsten Angelegenheiten, Reisen von einem ansehnlichen Theil von Europa that; so hatte er Gelegenheit unter den Augen dieser Dame, Kenntnisse zu erhalten, die an Jahren ältere Reisende ohne eine solche Anführung nicht leicht sich eigen machen werden. Nach ihrer Zurückkunft 1756 genoß er bis 1758 zu Leipzig die Lehren der vortrefflichsten Gelehrten, und gieng sodann auf die hohe Schule nach Tübingen, von da nach Weylar, um sich mit dem Reichsprozeß bekannt zu machen. 1763 trat er als Kammerjunker und Regierungsrath in S. Koburg-Meiningische Dienste, wo er sich durch den unermüdesten Eifer und die redendsten Proben seiner unverbrüchlichsten Treue bis zu dem wichtigen und ausgezeichneten Posten eines Geheimden-Raths in die Höhe

---

(*) Ich übergehe sowohl die Beschreibung dieses alten adelichen Geschlechts, als auch die Eltern und Voreltern dieses Herrn, da man hiervon die ausführlichste Nachricht in Hofmanns Hessischen Kriegsstaat nachlesen kann.

Höhe schwung und gewiß von jedermann, der ihn von der Seite seines edlen menschenfreundlichen Herzens, seiner vorzüglichen Wissenschafften und seinen ausgezeichneten rechtschaffenen Handlungen zu kennen das Glück hat, sich wahre Verehrung verdienet und auch erhält. Er verheurathete sich den 14 März 1765 mit Ihro Hochwohlgebl. Gnbl. Fräulein Christianen Luisen Henrietten Friederiken von Tilemann, welche Hofdame bey Ihro Herzogl. Durchl. der Frau Herzogin Amelie waren, die einzige Tochter des Meiningischen Geheimden-Raths Lebrecht Heinrich von Tilemann, welcher nebst seiner Gemahlin, so sich in guter Hoffnung befand, das entsetzliche Unglück hatte zu Neuhof eine Stunde von Koburg 1741 bey dem Herrn Oheim unserer Frau Geheimde-Räthin, statt ein paar Temperirpulver, das stärkste Gift einzunehmen, welches auch beyde in wenig Stunden, aller gebrauchten Mittel ungeachtet, in die Ewigkeit versetzte. Die Ehe unsers vortrefflichen Herrn Geheimden-Raths wurde vom Himmel reichlich gesegnet, da in selbiger bis jetzo 9 Söhne erzeuget worden, wovon noch die 6 folgenden leben:

    Georg Wilhelm Philipp, gebohren den 17 März 1767.
    Ernst August Philipp Friedrich, geb. den 20 März 1768.
    Friedrich Aemilius Heinrich Justus Erdmann, geb. den 31 Jenner 1771.
    August, geb. den 25 May 1772.
    Carl, geb. den 19 Merz 1777.
    Franz Ludwig, den 31 März 1779.

Die Herren Amtleute zu Sonnenberg

haben jederzeit das Prädikat als Räthe gehabt.

Philipp Christoph Luck, wurde zu Ramholz im Odenwald den 31 Jenner 1703 gebohren. In seinem 18ten Jahr gieng er nach Jena auf die hohe Schule. 1725 kam er als Gerichtshalter und Direktor der Erffaischen Güther nach Niederlind. 1739 erhielt er das Amt Neustadt mit Sonnenberg. Mußte 1742 ungeachtet einer tödtlichen Krankheit bey der bekannten Invasion zu Neustadt sich von da weg nach Niederlind bringen lassen. Er richtete sodann das Amt Sonnenberg ein, welches er bis 1762 mit

mit ausgezeichneter Rechtschaffenheit besorgte, da er denn in seinem 59sten Lebensjahr starb. Ihm folgte sein Herr Schwiegersohn, so Amtssekretair war,

Johann Friedrich Theodor Meticke. S. Herren Beamten zu Neuenhaus.

Ernst Ludwig Schröter wurde den 9. Jul. 1720 zu Maßfeld gebohren, allwo sein Herr Vater Rath und Amtmann war. Nachdem er 1745 von Jena zurückgekommen, advocirte er zu Meiningen, bis ihn des Herrn Herzogs Anton Ulrichs Durchl. 1761 zum Rath und Amtmann nach Schalkau ernannte, allwo er bis 1771 verblieb; bey der damaligen Umänderung der Oberländischen Herren Beamten erhielte er das hiesige Amt.

Herren Amtsfecretarii zu Sonnenberg waren

Vogel kam 1742 als ein treuer Meiningischer Diener von Neustadt mit hieher und starb 1755, ihm folgte

Johann Friedrich Theodor Meticke. S. Herren Beamten zu Neuenhaus.

Johann Georg Elias Kippel. S. Herren Beamten zu Schalkau.

Johann Georg Lind, gebohren zu Meiningen den 26 Jul. 1732, studirte zu Jena von 1753 bis 56, worauf er sich zu Meiningen, als einem vorzüglich guten Advokaten bekannt machte, weswegen er den 9. November 1771 das hiesige Amtsfecretariat erhielt.

Die Herren Beamten zu Neuenhaus

haben zugleich nebst der Justizpflege auch die Wirthschafft und Amtskastnerey zu besorgen. Nicht weniger ist seit 1742 die Steuereinnahme der Landschaftskasse dem hiesigen Beamten mit übergeben.

Der Amtmann Haagen starb 1727, diesem folgte

Johann Georg Meticke, Herzogl. Rath, ist gebohren zu Saalfeld den 14 September 1694, starb nachdem er 28 Jahr solches rühmlich verwaltet den 10 Februar 1755.

Johann Daniel Motsch, Herzogl. Rath. Er war zu Hanau 1713 gebohren. Er war viele Jahre Advokat zu Sonnenberg; als aber 1755 dieses Amt erlediget war, erhielt er und verwaltete solches, bis er den 13 Julius 1769 den Weg alles Fleisches gieng.

Johann Friedrich Theodor Mericke, Herzogl. Rath, ein Sohn des obigen Herrn Raths Mericke. Ist gebohren zu Neuenhaus den 31 Januar 1732, wurde 1755 Sekretair zu Sonnenberg und nachdem er über ein Jahr nach dem Tod des Herrn Rath Lucks das Amt verwaltet, so erhielt er solches 1763, woselbst er bis 1771 blieb. Bey der damaligen Umänderung sämmtlicher Oberländischer Justizbeamten erhielt er das Neuenhäuser Amt.

Die Herren Beamten zu Schalkau.

Als dieses Amt zum Fürstenthum Hildburghausen kam, war Caspar Schwertel Amtsverwalter. Er war aus Gotha gebürtig, ihm folgte 1707 Ludwig Müller gemeinschafftlicher Centverwalter; diesem wurde 1710 Thamerus als Herzogl. Amtmann an die Seite gesetzt, jedoch aber auch wegen entstandener Inconvenienzien bald wiederum versetzt, da denn Müller bis 1712 gemeinschafftlicher Centverwalter verblieb, sodann aber als Rentmeister nach Hildburghausen kam; seine Stelle erhielt

Johann Andreas Tröbert aus dem Gothaischen gebürtig, welcher bey der Uebergabe an das hohe Haus Meiningen nach Hildburghausen zog. Der erste Meiningische Beamte war

Christoph David Frank, welcher sich aber bald auf sein Guth Frankenberg bey Hildburghausen zur Ruhe begab und diesem ist

Johann Christoph Appun, als Rath und Amtmann gefolget, kam aber bey dem Herrn Herzog Anton Ulrich in üblen Verdacht, dahero er nach Meiningen berufen wurde und daselbst Stadtarrest erhielt; während der Zeit versahe dieses Amt der Neuenhäuser Beamte der Herr Rath Motsch; als aber 1761 Appun starb, so kam

Ernst Ludwig Schröter an dessen Stelle. S. H. Beamte zu Sonnenberg.

Johann Georg Elias Rippel, ein Sohn des H. Obereinnehmer Rippels zu Sonnenberg. Er studirte zu Jena und wurde 1762 Amtsekretair zu Sonnenberg. Bey der Umsetzung der Herren Beamten erhielt er im November 1771 dieses Amt mit dem Prädikat eines Herzogl. Raths.

Justiz- und Rechnungsbeamte beym Gericht Rauenstein,

welche zugleich die Amtsvoigtey zu Schalkau mit administriren. Als 1763 das Gericht Rauenstein mit allen Rechten und Gerechtigkeiten an das Herzogl. S. K. Meiningische Haus gediehen war, so erhielt der dermalige Herr Amtsvoigt zu Sonnenberg

Johann Nickolaus Kost die Verwaltung dieses Gerichts, sowohl in Ansehung der Justizpflege, als die Berechnung der Einkünfte und als 1764 den 30 September der in die 29 Jahr als Amtsvoigt gestandene Carl Valerian Böttiger verstarb, so erhielt Kost gegen Abtretung der Amtsvoigtey zu Sonnenberg die Amtsvoigtey zu Schalkau dazu. Er war den 9ten April 1718 gebohren und ob er gleich nicht ordentlich studiret, hatte er sich doch so durch Fleiß habilitiret, daß ihm die Gerichte anvertraut werden konnten. 1772 erhielt er das Prädikat eines Herzogl. Raths, Er starb den 6ten September 1775, ihm folgte

Johann Georg Otto, welcher den 16ten Februar 1745 zu Meiningen gebohren ist und zu Göttingen studirte, von da er als Hofmeister zu dem Grafen von Lippe-Sternberg-Weisenfeld kam und nach Verlauf von 3 Jahren wurde er 1770 zu den Durchlauchtigsten Meiningischen Prinzen als Instructor berufen, welche er auch mit auf Reisen zu begleiten die Gnade hatte, nach seiner Zurückkunft zu Ende des Jahres 1775 erhielt er dieses Amt mit dem Prädikat als Herzoglicher Rath und Centamts-Verweser.

B) Forstwesen.

Dieses ist eines der wichtigsten Gegenstände im hiesigen Lande, da die richtige Behandlung desselben das Wohl und Wehe der Fabricken und Holzwaaren-Handlung und folglich des ganzen Landes nach sich ziehet. Denn werden die Waldungen zu stark angegriffen, wie in den vierziger Jah-

Jahren dieses Jahrhunderts geschahe, (*) so verursachet dieses auf einmal die schädlichste Stockung in den Fabricken. Die Abnehmere können nicht mehr bedient werden, sie wenden sich also anderwärts hin und sind sodann ohne Heruntersetzung der Preise nicht wohl wieder zu erlangen. Was dieses vor einen Schaden im ganzen verursachet, wird jeder ohne meine Erinnerung finden. Ist aber die Abgabe zu geringe, so verliehret nicht allein Durchlauchtigste Herrschafft eine Einnahme von Wichtigkeit, sondern auch sämmtliche Fabricken sind nicht im Stande den Vortheil zu bringen, der doch so nothwendig für das Land ist, wenn das Wohl der Unterthanen, denen gnädigsten Gesinnungen Durchlauchtigster Herrschafft gemäs, befördert werden soll. Um nun diese Abgaben gehörig zu reguliren, so sind jährlich zwey Anweisungen, davon die eine im Frühjahr zu Ende Aprils oder Anfang Mays, die zwente im September anfängt, und jede ungefähr 4 Wochen dauret. Hierbey werden nun nicht allein die Hölzer angewiesen, sondern auch das zu Klafftern und Maltern geschlagene Holz abgepostet. (**) Bey einer solchen Anweisung ist sowohl der Herr Oberjägermeister als auch der Herr Oberforstmeister, (doch auch manchmal nur einer) ferner der in jedem Amte sich befindende Rechnungsbeamte; im Amte Son-

(*) In dieser Zeit gieng man mit den Waldungen um, als wenn der Anwuchs der Bäume eine Sache von wenigen Jahren wäre, denn man begnügte sich nicht etwa nur damit, daß man den Fabricken so viel Holz gab, als sie brauchen konnten, sondern man legte noch überdies Holzflößen nach Hildburghausen und Koburg an, welche die Berge bald kahl machten. Jedoch durch die gründlichen Vorstellungen des Herrn Oberjägermeisters von Bibra wurden diese Holzverderbliche Flößen eingestellt und man siehet schon in den Wäldern wie vortheilhafft dieses fürs Land ist, und daß man in kurzen genug Holz um billige Preise wird erhalten können.

(**) Eine Klaffter ist 6 Schuh breit, 6 Schuh hoch und ein Scheid 4 Schuh lang. Drey Maltern werden zu einer Klaffter gerechnet. Das Werkholz wird nach Spannen verkauft, deren Länge in der Landesordnung bestimmt.

Sonnenberg überdies noch der Forstschreiber und der Forstbediente von jedem Forst, wo die Anweisung geschiehet, nothwendig dabey.

Es sind auch in jedem Amt zwey Waldbuß-Tage, wo die von dem Forstbedienten eingegebene Frevler gestraft werden. Hierbey hat der Herr Oberjägermeister oder Oberforstmeister den Vorsitz, die Justizbeamten aber sowohl als die Rechnungsbeamten sind Beysitzer. Nach einem geendigten Waldbuß-Tag, weil die ganze Jägerey noch beysammen, wird ein sogenannter Schreibtag gehalten, bey dem sich diejenigen, so Holz verlangen, melden müßen.

Wenn die Anweisung in einem Amte fertig ist, so kommen sämmtliche Forstbediente zusammen und halten eine Kollation, das ist: der Rechnungsbeamte, der Forstamts-Rechnungsführer oder der Forstschreiber und die Forstbediente kollationiren ihre Manuale im Beyseyn der zugegen seyenden Oberen der Jägerey und wo sich einige Irrungen finden sollten, so werden solche berichtiget und sodann erst die Rechnungen ins Reine gebracht.

Auch haben die Forstbediente in ihren Forsten den Zehnten von Eisensteinn und andern Mineralien in Ermangelung eines Bergamts mitzuberechnen und an den Herrn Rechnungsbeamten einzugeben, welcher solche wie die Holz- und Strafgelder einzunehmen und an Herzogl. Kammer zu gewähren hat.

Wir haben schon oben angemerkt, daß sich die Waldungen, welche auf hundert und etlichen dreyßig Bergen befindlich, zu dem übrigen Lande wie 5 zu 3 verhalten und man dieselbe zwey und eine halbe grose Quadratmeile rechnen kann. Diese betragen 62500 Acker Land, den Acker zu 160 Rheinländische Quadratruthen gerechnet. Sollten nun auch die Holzungen, so zu den Ritter- und Bauerngüthern und Gemeinden gehören 12500 Acker betragen, so blieben immer wenigstens 50000 Acker Waldungen, so gnädigster Landesherrschafft, welche unter 13 Forstbedienten vertheilet sind. Diese Forstbediente und ganze Jägerey stehen, so wie im Herzogthum Meiningen, unter den Befehlen des Herrn Oberjägermeisters Georg Eugen August von Bibra, welcher den 22sten April 1743 zu Hildburghausen gebohren und seit 1766 in hiesigen Herzogl. Diensten stehet. Seine

ne nunmehrigen 14jährigen Bemühungen sind die redendsten Beweise der vorzüglichsten Kenntniße im Forstwesen, da die bey seinem Antrit sehr abgeschlagenen Waldungen und kahlen Berge sich wiederum in Umständen befinden, daß sie von Jahr zu Jahren zum Vortheil der Fabricken mehreres Holz abgeben können, wozu der unermüdete Fleiß des Herrn Kammerjunkers und Oberforstmeisters

Friedrich Carl Freyherr von Ziegesar, welcher zu Weimar den 28sten April 1749 gebohren und sich seit 1767 in hiesigen Herzogl. Diensten befindet, unendlich viel beyträgt.

Um aber die Wichtigkeit hiesiger Waldungen noch mehr einzusehen, so wollen wir jeden Forst einzeln betrachten und fangen dahero nach der Karte bey dem

Igelshieber Forst

an. Dieser Forst grenzet gegen Mitternacht an das Fürstl. Schwarzburgische Amt Königsee, gegen Morgen an das Saalfeldische Amt Gräfenthal, gegen Abend an den Steinheider und gegen Mittag an den Steinacher Forst. In diesem Forst befinden sich die Dörfer Igelshieb und Lauscha. Ein groser Theil dieses Forstes hat sehr klesigen und rauhen Boden, weswegen an vielen Orten schlechter Holzwuchs ist, ja der Brand und der grose und kleine Zigeunersberg sind fast völlig kahl und mit hoher Heide bewachsen. Jedoch hat er auch in andern Gegenden den besten Boden und das Holz den schönsten Wuchs. Die Berge, so zu diesem Forst gehören, heißen: Der Bernhügel, der grose und kleine Zigeunersberg, der stelnige Hügel, der Igelshieb, Igelskop, die Küpple, funfzehn Arein, der Brand und das Teufelsholz. Es werden jährlich 5 bis 600 Klaftern Holz geschlagen und 18 Stück Rothwild geschossen, auch wohl manches Jahr einige Stück Schwarzwild. Der jetzige Forstbediente, welcher zu Igelshieb wohnet, heißt Friedrich Theodor Ganz.

Der Steinacher Forst

stößet gegen Mitternacht an den Igelshieber, gegen Abend an den Steinheider und Hämmerer, gegen Mittag an den Mürschnitzer und Judenbacher

cher Forst und gegen Morgen beschränket diesen Forst die Saalfeldische Landesgrenze. Er hat durchgängig einen gewüchsigen Boden. Verschiedene Berge bey Steinach (s. Steinach) sind von den Einwohnern gekauft und zu Feldern gemacht worden; folgende sind aber noch mit Buchen und Nadelholz bewachsen: Der Thierberg, Breitenberg, Trebe, Hirtenrangen, groser und kleiner Fürst, groser und kleiner Mittelberg, die Hohestrasse, Sonnenbergerberg, der Hämmererhieb und das Rotenkämle. In demselben sind folgende Dörfer und Wohnungen: Steinach, Haselbach, Friedrichsthal, Wirbelsburg, die Mermelmühle und der Baumännische Oberblechhammer. Jährlich werden 2000 Klaffter Holz geschlagen, auch 20 Stück Rothwild geschossen. Diesen Forst hat der Herr Wildmeister Christoph Friedrich Gundermann, welchem zur Belohnung seiner 42 jährigen treuen Dienste sein Sohn Philipp Ludwig Friedrich, (welcher zugleich verpflichteter Land-Feldmeister ist) abjungiret worden. Er wohnet in einem schönen herrschafftl. Forsthaus zu Steinach, welches zu dem Ende erbauet worden, daß Durchläuchtigste Herrschafft bey Jagdlustbarkeiten daselbst übernachten können.

Der Judenbacher Forst

grenzet gegen Morgen ans Saalfeldische und Bayreuthische, gegen Mitternacht an den Steinacher, gegen Abend an den Mürschnitzer und gegen Mittag an den Heinersdorfer Forst. In selbigem liegen die Orte, Judenbach, Neuenbau, Sattelpaß, Rottenbach, Jagdshof, Hüttensteinach und Hüttengrund. Die Berge, woraus dieser Forst bestehet, heissen: Der Steinbacherberg, die Mühlleiten, Hütstädt, Steinhügel, die Fichten, Kohlesleiten, Kletnitzberg, Rottenbach, Butzenhieb, Dresssolsbach, Hammerleiten, klein Klettenberg, Rosengarten, Neuwiesen, Sattelleiten, Eschenbach, Kallenberg, Bockesberg, die Leken und der Spitzberg. Er ist der stärkste Forst, welcher durchgehends vortrefflichen Holzboden hat und mit den längsten Bäumen, so wohl an Nadel-Buchen- und andern Holzsorten pranget, worunter auch die von dem derzeitigen Forstbedienten Herrn Johann Friedrich Engelhard auf eigne Kosten angelegten Pflanzschule von dem schönsten Lerchenholze demselben zur Ehre gereichet und als der erste Versuch von der Art merkwürdig ist. Jährlich werden gegen

3000

3000 Klaffter geschlagen, ohne das Holz, so in Stämmen meist an die Heinersdorfer und die mit Holz handelnden Unterthanen verkauft wird. Groß Wildpret giebt es so gar viel nicht, deswegen auch nicht leicht über 12 Stück gepürscht werden, hingegen desto mehr Rehwildpret, wovon jährlich über 60 Stück geschossen werden.

Der Heinersdorfer Forst

grenzet gegen Morgen ans Bayreuthische, gegen Morgen und Mittag ans Bambergische, gegen Abend an das Amt Neuenhaus und gegen Mitternacht an den Jubenbacher Forst. Die Dörfer, so zu diesem Forst gehören, sind folgende: Heinersdorf, Mönchsberg, Steinbach. Die Berge, so hierzu gehören, heißen die Sommerleiten und Kriegsleiten. Die hohe Jagd in dem Gehege, so ein Stück Waldung im Amt Neuenhaus ist, gehöret auch zu diesem Forst. Das meiste Holz, so aus diesem Forst verkauft wird, gehet als Bauholz, Pfaden, Breter und Latten zu Wasser nach Kronach und von da auf dem Mayn nach Frankfurth und bis Holland. Wildpret giebt es sehr wenig, so daß manches Jahr kaum 3 Stück geschossen werden. Diesen Forst hat der Herr Oberförster Johann Paul Sembach, welcher zugleich Forstschreiber im Herzogl. Forstamt zu Sonnenberg ist und dahero die Forstrechnung in diesem Amte führen muß, er wohnet in einem herrschafftlichen Forsthaus.

Der Mürschnitzer Forst.

stößet gegen Morgen an den Steinacher und Jubenbacher Forst, gegen Mittag ist der Landfluß oder die Steinach von Köppelsdorf an die Grenze, gegen Abend das Untergericht Neustadt, gegen Mitternacht das Amt Schalkau und der Hämmerer Forst. In diesem Forst lieget die Stadt Sonnenberg, die Dörfer Neufang, Köppelsdorf, Mahlmerz, Oberlind, Niederlind, Heubisch, Bettelhecken, Mürschnitz. Und die Berge heißen: der grose und kleine Mittelberg, Hohestraße, Losbrand, Schlefenberg, Stadtberg, Hüttenleiken, Schönberg, Plösenberg, Oberschaar, Jsack und Eichberg. Jährlich werden 2000 Klaffter Holz geschlagen, 16 Stück Großwild und 30 bis 40 Rehe gepürschet. Die Niederjagd zwischen Sonnenberg, Lind und Hönbach gehöret gleichfalls dazu. Der Forst-

Forstbediente Johann Christoph Siebel, so über 40 Jahr diesen Forst versehen, hat seinen Sohn Johann Balthasar Siebel noch bey seinem Leben zum Nachfolger erhalten. Zu Mürschnitz ist ein Forsthaus, wozu ein Bauerngut geschlagen, welches einen Theil des Forstbedienten Besoldung ausmacht.

Der Hämmerer Forst

lieget wie der Mürschnitzer mitten im Lande und stößet gegen Morgen an den Steinacher, gegen Mittag an den Mürschnitzer Forst, gegen Abend an das Amt Schalkau und gegen Mitternacht an den Steinheider Forst. Hämmern und Augustenthal liegen in diesem Forst. Die Berge, so darzu gehören, heißen: Ehnesleiten, Mühlberg, Rotenkämle, Gelersberg, Fellberg, allwo der Griffelbruch, das Brändel, Redberg, woselbst ein vortrefflicher Wetzsteinbruch ist, Gelerskam, Breitenberg, Kallenberg, Mullenbach, Rotenberg, Wasserberg, Jabelsberg, Frenze und Birkenberg. Es werden jährlich 1000 Klaffter Holz geschlagen und 20 Stück Rothwild geschossen. Der Forstbediente heißt Carl Heinrich Philipp Kniesel. In dem Dorf Hämmern ist ein kleines aber artiges Forsthaus, so er bewohnet.

Der Steinheider Forst

grenzet gegen Mitternacht ans Fürstlich-Schwarzburgische, gegen Morgen an den Igelshieber, gegen Mittag an den Steinacher und Hämmerer Forst, gegen Abend ans Gericht Rauenstein. Die Berge dieses Forstes heißen: Saarberg, Petersberg, in welchem das Haupt-Goldbergwerk war, der Sandberg, Weitelehre, Eisenberg, Görizberg, Kalteleiten, große und kleine Kerben, Klaren, Naheleren, Pöpelhölzle, Kieserle, Weisbach, Rittersberg, Breiteberg, Schwarzholz, Brandhölzle und Schaumbergische Gehren. Steinheide, die Porzellanfabrik zu Limbach und die Glasfabrik zu Glücksthal liegen in diesem Forst. Das Terrain dieses Forstes ist zwar sehr beträchtlich, aber größtentheils schlechter, steiniger, scharfer, kiesiger Boden, wo das Holz sehr langsam wächst und doch keine Bäume giebt, so einige Länge hätten, weshalb der Holzschlag nur 12 bis 1500 Klaffter beträgt. Hingegen ist die Wildbahn am stärksten: denn es werden jährlich wenigstens etliche 30 Stücke Rothwild gepürschet. Der Forstbediente heißt Johann Gottlieb Sembach, und wohnet in einem herrschafftlichen Forsthaus zu Steinheide.

Das Amt Neuenhaus
bestehet nur aus einem Forste. Der Boden ist durchgängig sandig, so wohl auf den Bergen als in der Ebene, dahero auch sehr viel Kiefernholz anzutreffen, welches guten Wuchs hat. Die Berge heißen der Schottenberg, die Biena, das Gerinne, die Hofleiten, der Kunrett, der Distelacker, der Heinersbach, der Arlesgraben, der Wirtenberg, die Buchleiten und der Eschenbach. Die hohe Jagd ist von gar keiner Erheblichkeit, weil das Wild keinen ruhigen Stand hat. Der Forstbediente heißt Johann Jacob Sembach.

Im Amte Schalkau
ist gleichfalls auch nur ein Forstbedienter, so Johann Nickolaus Beß heißt und zu Schalkau wohnt. Die Holzungen sind ganz unbeträchtlich und bestehen nur mehrentheils aus Laubholz. Die hohe Jagd wird nicht oft exerciret, wenn sich nicht von ungefähr ein Stück Wild verirrt, die niedere aber ist gut.

Das Gericht Rauenstein
theilet sich in zwey Forste, davon der eine

Der Sigmundsburger
heißt, weil der Oberförster Herr Haberfang auf der Sigmundsburg wohnet. Dieser Forst stößet gegen Mitternacht ans S. Hildburghäusische Amt Eißfeld, gegen Morgen an den Steinheider, gegen Mittag an den Rauensteiner Forst und gegen Abend ans Amt Schalkau. Darinnen liegt das Dorf Theuren, die Sigmundsburg, die Hüffenberger Häuser und das Zairenhaus. Die Berge heißen: Der Hüffenberg, Glasberg, großer und kleiner Bärenbach, Blößberg, Boßleiten, Ehrhardsberg, große und kleine Mittelberg, Steigerskehr, Steinbach, Johannisseufzt, die dürre Fichten, die Werra an der Grenz, an dessen Fuß auf dem Hildburghäusischen die Werra entspringe, die Tann beym Mörtetle, der Bloß,

die Kohlleken und der Steiger. Klafterholz wird wenig geschlagen, sondern das meiste zu Blöchern an Holzhändler verkauft und von diesen in den Schneidemühlen dasiger Gegend zu Dielen geschnitten und auf der Werra und Weser nach Holland geschafft. Es werden jährlich gegen 30 Stück Großwild und 20 Rehe geschossen. Der zweyte

Der Rauensteiner Forst

stößet gegen Mitternacht an den Sigmundsburger, gegen Morgen und Mittag an den Steinheider und Hämmerer und gegen Abend ans Schalkauische. Die Dörfer Rauenstein und Grümpen liegen darinnen. Es bestehet aus folgenden Bergen: die Heuleiten, sächsische Gehren, Grümpenleken, der Strasserberg, der Burgberg, die Haterrleiten, kleiner Mittelberg und das Dornthal, welches letztere gleich oberhalb Grümpen im Gefilde liegt. Es werden jährlich in selbigem 400 Klafter Holz geschlagen und 10 Stück Großwild und 20 Rehe geschossen. Der Forstbediente heißt Georg Heinrich Schimmel, wohnt zu Rauenstein. Und endlich ist noch anjetzo ein Forstbedienter zu Rauenstein, so Johann Philipp Wigum heißt, welcher nicht allein die Niederjagd auf dem sogenannten Rauensteiner Eigenthum, sondern auch die Aufsicht über ein Gehölz, so die Müß heißt und größtentheils aus Laubholz bestehet, hat. In diesem Holz ist Kuppeljagd mit dem Amt Schalkau, mit Effelder und Ludwigsburg.

Das Kammerguth Kallenberg

hat einen Forstbedienten, so Johann Christian Grahner heißt und ansehnliches sowohl Nadel- als Laubholz. Die Gegenden, wo das Holz stehet, heißen: der Hahr, der Tügiß, die Buchleiten, der Todemann, der Ubles, das Jäckle und der Hirsch. Jährlich werden 200 Klafter Holz geschlagen, auch manches Jahr 6 Hirsche und ein paar Schweine gepürschet.

Die Kammergüther bey Sauerstadt

haben keinen eigenen Forstbedienten, sondern der Herr Kammerguths-Verwalter Glaser, so sie in Pacht hat, besorget unter der Oberaufsicht des Herrn Oberjägermeisters den Holzschlag, die Jagd aber hat er mit in Pacht.

C) Das

C) Das Militare

hat von den ältesten Zeiten her in dem Land-Ausschuß bestanden, denn was außerdem an regulairen Truppen existirte, war von keiner Erheblichkeit, indem nur die Reichs-Contingenter manchmal, auch in Friedenszeiten, als Garden stehen blieben.

Auf dem Herzogl. Coburg-Meiningischen Antheil dieses Landes kommt mit Zuziehung des auch Herzogl. Meiningischen Amts Salzungen (welches mit zum Obersächsischen Kreis gehöret) eine Kompagnie zu dem Kreis-Regimente, so von den Sächsischen Ernestinlschen Häusern gestellet wird. Der jetzige Hauptmann von dieser Kompagnie ist der H. S. K. Meiningische Kammerjunker, Herr Friedrich Marschall Greif genannt.

In dem 16ten Jahrhundert existirte der Land-Ausschuß schon, wozu alle gesunde, taugbare Mannschafft genommen wurde, welche sich aber selbst mit Kleidung und Gewehr versehen mußten. In dem 30jährigen Krieg wurde er etwas mehr in den Waffen geübt und mit Offizieren aus ihrem Mittel versehen. Er stieß verschiedentlich zu Schwedischen Truppen, halfen auch zweymal die Stadt und Veste Kronach belagern, da aber die dasige Bürgerschafft sich heldenmäßig wehrete, so mußten sie jedesmal unverrichteter Sache abziehen. 1626 und 1641 gelunge es dem Ausschuß besser, denn in dem ersten Jahre streifte eine Parthie Freybeuter von 8 Corneten herum, welche zur Kayserl. Armee zugehören vorgaben, die sich mit nichts als Rauben und Plündern beschäfftigten: diese wurden nicht allein von dem Ausschuß des ganzen Fürstenthums Koburg vertrieben, sondern ihnen auch größtentheils ihr Raub abgenommen. Im letztern Jahre 1641 aber kam eine Parthie Schweden von etlichen 60 Pferden ins Obergericht Sonnenberg, hauseten und plünderten besonders übel zu Judenbach, wo sie allein über 60 Stück Vieh wegtrieben. Der Land-Ausschuß zog sich in der Eil zusammen und nahm ihnen bey der gebrannten Brücke gleichfalls ihre Beute wiederum ab.

1650 wurde der Ausschuß zuerst in ordentlich stehenden Kompagnien vertheilt, wie die beyden Rescripte Nro. 4 und 5. in den Beylagen beweisen. Nro. 4. 5.

1653

1653 erhielten diese Kompagnien Fahnen. Die Kompagnien waren damalen sehr stark, wie eine Liste aus dem Sonnenberger Stadtbuch Nro. 6. beweiset, s. Beylage Nro. 6. Unter Herzog Albrecht wurde der Ausschuß ordentlich montirt und egal bewehrt gemacht, auch eine Kompagnie auf 120 Köpfe festgesetzt und daraus ein Regiment formirt, weswegen 1681 Herzog Albrecht selbsten nach Sonnenberg kam und bey dem Lieutenant Friebel sein Quartier nahm und denen 3 Kompagnien zu Neustadt, Sonnenberg und Neuenhaus auf der Müß bey Oberlind den Obristen Muth und Major Moltke vorstellte.

Zu Schalkau, so damalen zum Herzogthum Hildburghausen gehörete, wurde gleichfalls die dasige Kompagnie von dem Major von Heßberg in Ordnung gebracht und von Herzog Ernst zur Grenadierkompagnie des Hildburghäuser Landregiments erkläret, welches sie auch noch beym Oberländischen Landbataillon ist. Die Montirung des Land-Ausschusses war zuerst weiß und roth.

Bey der provisorischen Theilung von 1735 bestand der Meiningische Landes-Ausschuß aus 4 Kompagnien, nemlich aus der Schalkauer Grenadier-Neustädter-Sonnenberger- und Neuenhäuser-Musquetierkompagnien. Als aber 1742 S. K. Saalfeld sich in Possess des Untergerichts Neustadt setzte und die Dorfschafften Heubisch, Niederlind, Oberlind und Hönbach, so vorhero zu der Neustädter Kompagnie zugetheilt waren, dadurch von jener Kompagnie abgerissen wurden, so wurde die Mannschafft dieser 4 Ortschafften, so aus einem Fähnbrich, 1 Unteroffizier, 2 Korporalen, 3 Spielleuten und 33 Gemeinen bestand, indessen der Neuenhäuser Kompagnie zugetheilt, daß also diese Kompagnie um 37 Köpfe verstärket wurde.

Als 1742 durch Nachläßigkeit der zu Neustadt sich aufhaltenden Meiningischen Kommißion, diese Stadt von Koburg besetzt wurde, (da doch dieses leicht zu verhindern gewesen, weil zu Lind das aus den Niederlanden zurückgekommene Reichs-Contingent im Quartier lag, welche nach Neustadt hätten gelegt werden sollen) so zeichneten sich die Oberländischen Ausschuß-Kompagnien besonders aus, denn als kurz darauf die Meiningischen Truppen zur Wiederwegnahme anruckten, so drangen diese Kompagnien

pagnien zwar in die Stadt ein, wurden aber von den übrigen nicht hinlänglich unterstützt, weshalb sie mit Verlust der Sonnenberger Kompagniefahne und vielen Blessirten sich wieder aus der Stadt, worinnen sie sich schon befanden, zurückziehen mußten.

1754 erhielt der Ausschuß von dem Herrn Herzog Anton Ulrich zum erstenmal blau und rothe Montirung.

1763 marschirten die 3 Kompagnien zur Besatzung nach Meiningen, welche damalen von Gothaisch-Koburgisch- und Hildburghäusischen Truppen berennet war, wobey sie bey einigen Ausfällen Proben ihrer Herzhaftigkeit ablegten. Sie wurden hiebey zuerst von dem Major von Griesheim, als aber derselbe erkrankte, von dem Hauptmann Güttig als einen braven Soldaten angeführt.

1766 starb der Major Griesheim, worauf der Frau Herzogin Obervormünderin und Landesregentin Herzogl. Durchlaucht den Verfasser dieser Topographie (der zuvor in K. K. Kriegsdiensten gestanden) zum Obristwachtmeister und Commendanten des Oberländischen Ausschusses ernannten und in dieser Qualität den 3 Kompagnien durch den Herrn Obristen und Commendanten zu Meiningen von Diemar im September 1767 vorstellen ließen. Und als Höchstdieselben mit einem zahlreichen Hofstaat 1769 im Oberland waren, so geruheten Höchstdieselben diese 3 Kompagnien zu einen Bataillon unter dem Nahmen des Oberländischen Landbataillons zu erklären und mit einer sehr schönen Fahne huldreichst zu beschenken, auf deren einen Seite das ganze Herzogl. Sächßl. Wappen, auf der andern aber Höchstdero verzogener Nahme C. A. befindlich ist und welche unter militarischer Ehrenbezeugung von Durchlauchtigsten Herrschafften und Ihren ansehnlichen Gefolge angeschlagen und sodann bey derselben vom ganzen Bataillon der Eid der Treue abgelegt wurde.

1773 den 26 November geruheten Durchlauchtigste Frau Herzogin den Commendanten aus besonderer Huld mit dem Obristlieutnants-Charakter zu begnadigen und 1776 erhielt der Grenadierhauptmann, Herr Carl Friedrich von Buttlar den Charakter als Major.

Das löbliche Oberländische Landbataillon bestehet also aus 3 Kompagnien
1) Die Grenadierkompagnie zu Schalkau besteht aus — 62 Mann
2) Die Neuenhäuser oder Staabskompagnie (*) — 156
3) Die Sonnenberger Kompagnie — 122

Daß also das ganze Bataillon aus — 340 Mann
bestehet.

Rangliste
sämmtlicher Herren Offiziers.

Christian Friedrich Keßler von Sprengeeysen, Obristlieutenant und Kommendant des löbl. Bataillons.
Carl Friedrich von Buttlar, Obristwachtmeister.
Ernst Friedrich Steinau genannt Steinrück, Hauptmann.
Johann Nicolaus Dietz, Staabskapitain.
Johann Paul Bischoff, }
Johann Michael Windisch, } Oberlieutenants.
Kilian Dietz, }

Johann Nicolaus Lützelberger, }
Johann Christian Egidius Barnickel, } Unterlieutenants.
   welcher zugleich Bataillons-Adjutant ist. }
Johann Nicolaus Escher. }

D) Das

(*) Wenn die Neuenhäuser Kompagnie nur aus Amtsunterthanen bestünde, so würde sie nur etliche 60 Köpfe stark seyn. Als aber 1681 die Kompagnien egalisirt wurden; so wurden von dem starken Amt Sonnenberg die Dörfer Heinersdorf, Mönchsberg, Steinbach, Köppelsdorf und Mahlmes noch darzu geschlagen, um die 120 Mann vollzählig zu machen. Nach der Zeit kamen, wie schon gesagt annoch die Dorfschafften darzu, die sonst zu der Neustädter Kompagnie geschlagen waren. Sie würde aber noch um 3 Mann stärker seyn, wenn Herzogl. Regierung nicht diese zu Förtz auf immer frey gesprochen hätte.

D) **Das Marschkommissariat**
besorget der jedesmalige Kommendant des Oberländischen Landbataillons, wobey nöthigen Falls die Herren Offiziers als Unterkommissarien gebraucht werden.

E) **Rechnungsämter.**

Im Amte Sonnenberg ist die Amtskästnerey die wichtigste Einnahme im ganzen Lande: denn unter den ordentlichen Kammereinkünften macht die Forsteinnahme den größten Artickel, der öfters des Jahrs über 30000 fl. Fränkl. betragen hat, und bey dem jetzigen starken Anwachs des Holzes wieder betragen wird. Vor der gewaltsamen Wegnahme des Untergerichts Neustadt war hier keine Amtskästnerey, sondern die hiesigen Kammereinnahmen wurden von dem Neustädter Amtskästner mit verrechnet. Da alle Einnahmen des Amts hier zusammen laufen; so zahlen die Unterthanen auch die ordinairen Steuern hieher, welche aber wiederum an die Landschaffseinnahme zu Neuenhaus abgegeben werden.

Johann Christian Starck war der erste H. S. R. Meiningsche Amtskästner, welcher aber 1742 zu Neustadt zurücke blieb und seinen Dienst boshaffter weise verließ. Es wurde also indessen dem Rechnungsrevisor Blümlein die Amtseinnahme übertragen, bis Michaeli nemlichen Jahres diese wichtige Einnahme der damalige Küchenschreiber zu Meiningen,

Johann Nicolaus Rippel, erhielte. Als aber des Herrn Herzogs Anton Ulrichs Durchl. der alleinige Besitzer der Meiningischen Lande wurden; so fanden Höchstdieselben vor gut alle Einnahmen (bis auf die Landschafftskasse zu Neuenhaus) mit hiesiger Einnahme zu vereinigen, da er denn auch 1751 zum Obereinnehmer ernannt wurde. Jedoch er lebte nicht lange, sondern starb den 21 März 1759 in seinem 42 Jahr. Da nun Herzog Anton Ulrich diesen treuen Diener sehr geliebet hatten; so übertrugen Höchstdieselben noch im nemlichen Jahr dieses wichtige Amt seinem Sohn

Johann Caspar Rippel, welcher noch nicht 20 Jahr alt war und auf der hohen Schule zu Jena sich befand. Dieser entsprach auch der

Erwar-

Erwartung des Höchstseel. Herzogs und in der Folge der Frau Herzogin Charlotte Amelie Durchl. vollkommen, weswegen er 1769 zum Rentmeister ernannt wurde und 1776 das Prädikat eines Herzogl. Raths erhielte.

Zur Erleichterung dieses weitläuftigen Rechnungswesens hat Herzogl. Kammer einen Unterrechnungsführer angestellt, welcher die Tranksteuereinnahme und die Berechnung der Wildpretskammer zu besorgen hat und Herr Johann Martin Hopf heißt.

Im Amte Neuenhaus
ist die Amtskaßnerey mit dem Justizamt vereiniget. S. Justizpflege im Amte Neuenhaus.

Im Amte Schalkau
ist gleichfalls die Amtsvoigtey mit der Justizpflege im Gericht Rauenstein anjetzo verbunden, so wie dieser Beamte auch zugleich

Das Gericht Rauenstein
zu verrechnen hat. S. Justiz- und Rechnungsbeamte zu Rauenstein.

F) Physikate.

Derer sind zwey im Lande, nemlich erstlich das Physikat zu Sonnenberg, zu welchem das Amt Neuenhaus mitzugetheilet ist. Physikus ist der H. S. R. Meiningische Rath und Doktor, Herr Johann Friedrich Schütz, er wurde den 12 Oktober 1723 zu Meiningen gebohren, studirte auf der hohen Schule zu Leipzig, promovirte zu Erfurth 1748 und erhielt kurz darauf das hiesige Physikat. Er hat sich durch folgende Schriften bekannt gemacht:

1) Disputat. medic. inaugural. de oculis ut signo, Erford. 1748, 4.
2) Abhandlung von dem Nutzen und Schaden der Salate überhaupt und der gewöhnlichen Salatpflanzen insonderheit, Leipzig, 1758, 4.
3) Gründliche Anweisung zur Hebammenkunst, Hildburghausen, 1769, 8.

3) Ge-

4) Geschichte einer zwölfmonatlichen Schwangerschaffe, Koburg, 1779, 8.
5) Abfertigung der vermeinten kritischen Beurtheilung seiner Geschichte einer zwölfmonatlichen Schwangerschafft, welche in der 94sten und 95sten Nummer der Frankfurther gelehrten Anzeigen 1779 befindlich ist, Koburg 1780, 8.
Der ihm zugetheilte Wundarzt ist Johann Michael Windisch.

Zweytens das Physikat zu Schalkau, bey welchem als Physikus stehet, der Herr D. Amelius Gottlieb Christian Schauer, gebohren zu Schleusingen den 11 Oktober 1724, kam hieher 1771, der hierzu gehörige Wundarzt ist Wilhelm Christoph Fischer.

G) Amtsvoigtey zu Sonnenberg.

So lange die beyden Gerichte des Amts Neustadt mit Sonnenberg oder Sonnenberg mit Neustadt beysammen waren; so war ein Amtsvoigt nothwendig: denn er hatte nicht allein auf den Ortschafften des Obergerichts die Niedern oder voigteylichen Gerichte zu besorgen, weswegen sich auch ein Amtsknecht hier befand, da denn bloß die wichtigern Gerichtshändel vor das Amt selbsten gezogen wurden; sondern er hatte auch zu jener Zeit, wie jetzund noch, auf die Polizey in der Stadt ein wachsames Auge zu richten. Fallen Schlägereyen und grosse Injurien unter den Bürgern vor, so untersucht er solche, wobey 2 Rathsglieder, doch ohne Stimme, Beysitzer sind. Die eine Hälfte der Strafe gehört alsdenn gnädigster Herrschafft und die andere dem Stadtrath. Er ist Oberzunftmeister vieler Zünfte, weswegen bey ihm die meisten Handwerksstreitigkeiten anhängig werden. Von Handwerksstrafen gehöret meistens ⅓ gnädigster Herrschafft, ⅓ dem Stadtrath und ⅓ dem Handwerk, unter welchem die Streitigkeit war.

Diese Stelle wurde in den ältern Zeiten allezeit von einer eigenen hierzu angestellten Person besorgt. Er hatte eine eigene Wohnung nebst einigen Feldern auf der Weth, welches das Schössergüthchen hieß und anjetzo ein Bauer Nahmens Dietz besitzt; so wie eine Wiese die Schösserspitze genannt beym Hof Eichberg, so anjetzo der Herr Oberamtmann benutzet nuhet. Nach der Zeit aber erhielt diesen Dienst als eine Verbesserung der Amtsaktuarius mit dem Titel eines Amtsekretairs, doch wurden ihm die meisten Emolumente entzogen. Anjetzo ist es wiederum von dem Amtsekretariat getrennet und versiehet es der Hofadvokat Herr Baptist Ludwig Richter, welcher auch

Die Zoll- und Geleitssachen

mit zu besorgen hat. Bey der wunderbaren Theilung dieser Lande blieb der Zoll im Amt Neustadt dem Herzogl. Haus S. R. Saalfeld zugetheilt, welches denn sogleich Anlaß gab, daß dieses Herzogl. Haus auch das Geleit prätendirte. Es erfolgte aber gleich den 15 December 1735 ein Kayserl. Conclusum, worinnen das Geleite dem hohen Haus S. R. Meiningen im Obergericht gänzlich, im Untergericht gemeinschafftlich mit S. Saalfeld zugesprochen wurde. Denn nach diesem soll das Nürnbergische freye Reichsgeleit, so alle Jahre 6mal durchgehet, durchs Amt Koburg von S. Saalfeld alleine, durchs Untergericht Neustadt mit S. Meiningen gemeinschafftlich und durch das Obergericht von S. Meiningen alleine geführt werden, weswegen auch in diesem Concluso bestimmt ist, daß die Trankgelder, so die Nürnbergische Kaufleute gewöhnlich an die Geleitsreuter bezahlen, auf dem Weg von Nürnberg nach Leipzig, in Koburg bis nach Sattelpaß bezahlt werden sollen, hingegen auf dem Rückweg bezahlen sie die Trankgelder, von Sattelpaß bis Koburg an die Meiningischen Geleitsreuter zu Judenbach. Auch wurde dieses durch ein neues Kayserlich Conclusum vom 19 April 1745 nochmalen bestätiget. Weswegen noch jederzeit das hiesige Geleite, bis an die Koburger Amtsgrenze entgegen gehet, ungeachtet des K. Saalfeldischen Protestirens und mit selbigem das Geleit durchs Untergericht Neustadt führet; hingegen an der gebrannten Brücke, als der Grenze zwischen beyden Gerichten, protestiret man gegen die fernere Begleitung des S. R. Meiningischen Geleitsmann, auf welches aber sehr wenig Achtung gegeben wird, und endlich folgt auf dem Sattelpaß eine Menge von Protestationen und Reprotestationen; und dieses wird auf dem Zuruckweg des Geleits von Leipzig nach Nürnberg wiederum auf dem

Sat-

Sattelpaß angefangen, auf der gebrannten Brücke fortgesetzet und zu Oeslau als der Koburger Amtsgrenze beschlossen.

Die Zolldefraudationen im Amt Sonnenberg werden von dem hiesigen Geleitsmann, ungeachtet der Zoll nach Koburg bezahlet wird, bestrafet und die Strafe an Herzogl. Kammer nach Meiningen verrechnet.

Im Amt Neuenhaus aber gehöret Zoll und Geleit ganz unter dem Geleitsmann zu Sonnenberg, so wie im Amt Schalkau der dortige Herzogl. Rechnungsbeamte die Einnahme hiervon in seiner Rechnung zu führen hat.

Alte

Alte Schlößer
Im Amte Sonnenberg.

Das Schloß Sonnenberg wurde auch die Burg Sonnenberg, auch das Haus zu Sonnenberg in alten Dokumenten genannt. Im Jahr Christi 480 erbauete Süne oder Süno, Herzog zu Franken, diese Burg wegen der Thüringischen Einfälle, da sie denn den Nahmen Sünoburg von ihrem Erbauer erhielt; dieses scheinet mir wenigstens der natürlichste Ursprung des Nahmens Sonnenberg zu seyn. Denn wenn auch Christoph Arnold, Professor des Gymnasiums zu Nürnberg, aus diesem Nahmen Sonnenberg den Sonnendienst der alten Franken beweisen will; so scheinet mir dieses mehr Wiz als Gründlichkeit zu verrathen.

Wenn aus Burg, Berg entstanden, ist zwar unbekannt, jedoch ist die Verwechselung dieser beyden Worte sehr oft geschehen; selbst Koburg giebt uns hiervon den nächsten Beweiß: denn ursprünglich als die Stadt noch Trufterstorf hieß; wurde der Ort, wo anjezo die Vestung liegt, der Kuhberg genannt. So gut nun aus dem Nahmen Kuhberg in der Folge Kuhburg oder Coburg wurde, eben so leicht konnte aus der Benennung Sünoburg der Nahme Soneberg und endlich Sonnenberg entstehen: und was mich hierinnen noch mehr bestärket, so hat Spangenberg in seiner Mannsfeldischen Chronick, als er Seite 385 die Vertreibung der Apel Vizthumschen Parthey beschreibet, unser Sonnenberg, Sönenburg, hingegen die beyden Schlößer, so anjezo Camburg und Dornburg heißen, Camberg und Dernberg genannt.

Die öftere Verwechselung der hohen Landesherrschafft, so wohl in den ältern als neuern Zeiten, verursachet, daß die Geschichte der Pflege oder des Herzogthums Koburg und also auch von diesem Schlosse in sehr vielen Archiven sich vertheilt befindet und also daher eine Lücke von fast 800 Jahren entstanden, binnen welchen dieses Schlosses nicht gedacht wird.

1260 stiftete ein Graf von Henneberg, Heinrich von Sonnenberg, (weil sie meistentheils nach dem Ort, wo sie residirten, sich nannten)

ten) nebst seiner Gemahlin, das adeliche Frauenkloster Cistertienser Ordens, bey dem Marktflecken Hofstädten, welches er zum Gedächtniß, daß es ein Herr von Sonnenberg gestiftet, Sonnenfeld nannte.

1341 und 1349 als Jutta gebohrne Marggräfin zu Brandenburg, vermählte gefürstete Gräfin zu Henneberg, deren Andenken so merkwürdig für das Fürstenthum Koburg ist, dem Städtlein zu Rotin unter dem Hause Sonnenberg wiederholte Freyheitsbriefe gab; wird dieses Schlosses wiederum gedacht, so wie

1350 da diese Burg Sonnenberg nebst dem Gericht Neuenhaus von gedachter Jutta an ihren Schwiegersohn Burggraf Albrechten zu Nürnberg für 3000 Pfund Heller zum Unterpfand versetzt wurde.

1451 wurde dieses Schloß, weil es von Apel Vitzthums Parthey, so wie die ganze Pflege Koburg, besetzt war, von Herzog Wilhelm dem Tapfern mit Hülfe der Erfurther eingenommen, auch diese Parthey mit gewaffneter Hand aus der ganzen Pflege vertrieben.

1596 den 7 März brannte dieses Schloß mit einem grosen Theil des Städtgens ab. Da nun das Schloß in seinem Schutt liegen blieb; so benutzten die Bürger von diesem Schloß die Mauersteine zu Grundmauern ihrer Häuser und zu den Gewölben ihrer Keller, bis 1662 sowohl die Kuppe des Berges, wo diese Burg gestanden, als auch die herumliegenden Gärten, Wiesen und Felder an Hanns Augustin Kohlhaas, Forstknecht (oder wie wir ihn jetzo nennen, Forstbedienten) zu Mürschnitz vor 400 fl. Fränkl. verkauft wurde. Seine Erben haben hiervon ungefähr den dritten Theil vereinzelt und wenigstens 7000 fl. daraus gelöset, woraus man eines theils ersehen kann, wie selten das baare Geld nach dem dreyßigjährigen Krieg in hiesiger Gegend muß gewesen seyn, andern theils aber auch wie angenehm Grundstücke denen Bürgern von Sonnenberg sind. Kohlhaas bauete 1664, wie er solches beym Kauf hatte versprechen müssen, ein artiges Haus und Wirthschafftsgebäude an dem Fuß der obersten Schloßbergkuppe, welches seine Nachkommen noch besitzen. Der jetzige Besitzer Elias Schlesinger, welcher durch die Heyrath einer Urenkelin jenes Forstknechts zu dessen Besitz gelanget, hat öfters an den noch übrigen Rest der Grundmauern der alten Burg graben lassen, theils um nach und nach den

J Platz

Platz oben zu erhalten, theils auch schon zugearbeitete Steine zu bekommen, aber niemals (so sehr ich zugleich Achtung gegeben) etwas entdeckt, so in der Geschichte dieses Schlosses mehreres Licht verbreiten könnte.

Anjetzo da fast alles Mauerwerk bis auf den Grund weg ist, so kann man nur noch die Hauptabtheilungen und Größe daran bemerken. Auf der größten Höhe des Berges lag das eigentliche Schloß oder Burg; gegen Morgen und Mittag, wo unten am Berge die Stadt liegt, ist der Berg so steil, daß wenige Mannschafft einen Sturm von tausenden abhalten konnte; gegen Abend, wo die Stücken verschiedener Berge an diesen anstossen, war eine Vorburg, welche durch einen tiefen gemauerten Graben von der Hauptburg abgeschnitten wurde und welche diese Burg vor den Zeiten der Kanonen unüberwindlich machen mußte, und jetzo besteigen es Hirsche und Haasen, so viel sie nur wollen. So sind die Zeiten veränderlich.

Im Amte Neuenhaus.

Das alte Schloß Neuenhaus selbst war, wie man aus den Ueberbleibseln sehen kann, ein sehr grosses weitläuftiges Gebäude auf einem ziemlich hohen Hügel gelegen, worauf man die vortrefflichste Aussicht hat. Es befinden sich annoch sehr schöne Keller unter demselben, wie auch tiefe Gewölbe, die zu Gefängnissen gebraucht worden sind. Im dreyßigjährigen Krieg den 2 May 1634 ist das Schloß und der Flecken angezündet und abgebrannt und von dieser Zeit an nicht wieder erbauet worden. Außen vor dem Thor des alten Schlosses ist noch ein steinernes Gebäude, welches vermuthlich damals, wie jetzo, die Wohnung der Beamten gewesen. Mehreres hiervon s. Beschreibung des Herzogl. Amtes Neuenhaus.

Im Amte Schalkau.

Das alte Schloß Schaumberg liegt eine Viertelstunde von Schalkau auf einem hohen Hügel, zwischen Schalkau, Ehnes und Katzberg. Auf dem Berg selbst ist eine sehr schöne Aussicht. Es befindet sich anjetzo nichts mehr auf dem Berg, als ein tiefer ausgemauerter Graben und die Grundmauern von dem alten Schlosse, so das Stammhaus der alten adelichen Familie derer von Schaumberg war. In dem dreyßigjährigen

Krieg

Krieg wurde es abgebrannt und ist nicht wieder aufgebauet worden. Dieses Schloß war bis 1330 Reichslehn, wurde aber von K. Ludwig aufgelassen und Graf Bertholden. von Henneberg aufgetragen. Nach einem Vergleich von 1352 zwischen dem Landgraf Friedrich in Thüringen und denen von Schaumberg mußte das Schloß Schaumberg ersterem zu allen Zeiten eröffnet werden, auch Besatzung einnehmen. Dieses Schloß ist von der Schaumbergischen Familie so lange besessen worden, als man nur Nachrichten von hiesigen Landen hat und also gewiß über 600 Jahre. Ich glaube, hier ist ein schicklicher Ort, etwas von dieser alten Familie zu sagen.

Sie schrieben sich vor Alters Schorvenberg, Scavvenberg und Schaumberg. Schon im 10ten Jahrhundert findet man sie in den Turnierbeschreibungen, auch waren im Mittel des 15ten Jahrhunderts 2 Bischöffe aus dieser Familie, nemlich Peter von Schaumberg, der Bischoff zu Augsburg und Cardinal und Georg der Bischoff zu Bamberg war. Folgende Strophen aus einem Gedichte, so in den Fränkischen Actis eruditis & curiosis dritte Samlung Seite 159 ganz stehet und einen Hanns von Schaumberg zum Verfasser haben, zeigen was für vorzügliche Männer bis gegen Ende des 15ten Jahrhunderts aus dieser Familie entsprossen.

In dieser Geschichte hast du gelesen,
Daß zween von Schaumberg Bischoff gewesen,
Zu Bamberg und Augsburg geführt das Regiment,
Und auch darinnen neun Dumeherrn behend,
Darzu fünff Mönnich ohne Nonne,
Haben verlassen ihr Leben gar schone.
Das Geschlecht sich durch Lob ausbreit,
Und die neun tapfere Ritter gent
Gezieret so hoch mit Adel Sitt
Sieben und funfzig Edelleut nimm auch mit
Die sich all flissen redlicher Art,
Und dennoch bezwungen durch den Tod rc.

Auch

Auch haben nachstehende in Verwaltung öffentlicher Aemter in diesem Land sich bekannt gemacht. Heinrich, Voigt zu Koburg 1362, Veit, Stadthalter zu Koburg 1492, Georg, Ritter und Rath zu Koburg 1513, Simon, 1441, Hanns, 1529, Adam, 1547, Christoph Ludwig, 1632, waren insgesammt Hofgerichts-Assessores zu Koburg.

Sie besassen die meisten Rittergüther in der Pflege Koburg, als Schaumberg, Ehnes, Almerswind, Effelder, Rahberg, Rauenstein, nebst der halben Stadt Schalkau, Lauter, Lauterburg, Schney, Mupperg, Niederlind, Dondorf, Streffendorf, Gereuth, Einöd und auch viel andere.

Die protestantischen Schaumberge bis auf einen, dem das Rittergut Ziegenfeld gehöret, und sich in Fürstlich-Bambergischen Diensten als Oberforstmeister befindet und verheyrathet ist. Von den katholischen sind mir keine mehr bekannt, als ein Domherr zu Bamberg und der Fürstl. Bambergische Herr Oberjägermeister, so auch verheyrathet ist.

Noch ein altes Schloß

muß sich in diesem Amte befunden haben, indem die Ueberbleibsel davon unweit Bachfeld auf einem Berg an der Hildburghäusischen Grenze noch zu sehen, an dessen Fuß die Wüstlunggrub gewesen, aber aller mir gegebenen Mühe ungeachtet, habe ich nicht die mindeste Nachrichten erhalten können. Es hat mit den Schlössern Schaumberg und Rauenstein im Triangel gelegen. Was ich noch etwa davon entdecken sollte, wird man unter der Rubrick Grub im Amt Schalkau finden.

Im Gericht Rauenstein

ist das alte Schloß Rauenstein oder Ravenstein. Es lieget auf einem Felsen hart am Dorfe Rauenstein und mag zu seiner Zeit sehr feste gewesen seyn, weil es rings herum mit in Felsen gehauenen tiefen Graben umgeben war. Anjetzo findet sich von selbigem weiter nichts, als Reste von Grundmauern und einen alten runden Thurm, welcher vor einigen Jahren, durch einen Wetterstrahl sehr beschädiget worden ist. Außen vor dem alten Schloß, jedoch noch auf dem nemlichen Felsen, lieget die Schloß-

Schloßkapelle oder Kirche, welche noch unterhalten wird und worinnen der Schulmeister des Orts alle Sonntag Nachmittags eine Predigt verliest und einige Lieder singet. Vor der Reformation wurde ein Geistlicher an dieser Schloßkapelle gehalten, auch war bis gegen Ende des 16ten Jahrhunderts ein protestantischer Vicarier daselbst, von welchem in den Visitationsacten 1528 stehet.

„Der Vicarier zum Rauenstein im Schloß predigt anstatt der Meß das Evangelium, ist auf Erforderung vom Burgvoigt Wolfen von Schaumberg vor den Visitatoren zu erscheinen beschieden, der in der Examination ziemlich respondiret; nachdem er aber in der Unehe sizt, ist ime sich christlich zu halten gerebt, darzu den Burgvoigt geschrieben, mit ime zu verschaffen, die Köchin zu ehlichen oder sie von Ime zu thun."

Peter von Schaumberg, Cardinal und Bischoff von Augsburg, hat dieser Kapelle einen Ablaßbrief ertheilet, welcher ihm in einem Jahr 20000 fl. eingetragen, er stehet unter den Beylagen Nro. 7. In der Nro. 7. Kirche selbst findet sich nichts von Alterthümern, nicht einmal Epitaphia, außer des letztern Burgvoigts, Hanns Sigmunds von Schaumbergs, seiner Frau und seiner Tochter, so von Eisen, aber von Rost sehr beschädigt sind.

Die Zeit der eigentlichen Verheerung dieses Schlosses ist unbekannt, aber so viel weiß man, daß es im Bauernkrieg geschehen ist. Vermuthlich ist die Kirche bei dieser Gelegenheit mit ruiniret worden; da aber 1690 ein neues Schloß unter dem alten im Grunde am Fuße des Felsen erbauet wurde; so mag die Kirche zugleich mit reparirt worden seyn. Mehrere Nachrichten, s. Gericht Rauenstein.

Herzogliche Kammergüther.

Zuerst wollen wir die beyden Kammergüther, so in den Herzogl. S. K. Saalfeldschen Antheil liegen und in dem provisorischen Vergleich von 1735 dem Herzogl. S. K. Meiningischen Haus zugetheilt worden, kürzlich bemerken, wegen welcher noch unter beyden hohen Häusern einige Jurisdictionsstreitigkeiten obwalten.

1) Das

1) Das Schloß und Kammerguth Kallenberg.

Das Schloß liegt auf einem hohen Berg, eine Stunde von Koburg. Es hat die allervortrefflichste Aussicht: denn nicht allein die Stadt Koburg, sondern auch eine grose Menge von Dörfern, niedrigere grün bewachsene Berge, Flüße, Auen und in der Ebene liegende Felder verschönern dieselbe aufs herrlichste, daß man gewiß nicht leicht eine angenehmere und prächtigere sehen kann.

In den alterältesten Nachrichten des Herzogthums Koburg wird dieses Schlosses gedacht, dessen erste Erbauung gehet also in die Zeiten zurück, wo uns nichts als dicke Finsterniß umgiebet. Wir müßen uns dahero mit wenigen Nachrichten begnügen.

Es ist das Stammhaus des gräflichen Geschlechts derer von Callenberg zu Muska in der Oberlausitz, und selbige besaßen es noch im 12ten Jahrhundert, da Udalrich und Poppo zu Kallenberg sich in einem Schenkungsbrief des Grafen Sigerids von Orlamünde an das Kloster Langheim als Zeugen unterschrieben haben. Wenn und wie dieses Geschlecht diese Besitzung verlohren hat, ist mir unbekannt.

1260 warf Marggraf Heinrich zu Meißen in dem Krieg, welchen er wider die verwittwete Herzogin zu Braband, Landgraf Ludwigs Tochter, wegen ihres Sohnes, um die Landgrafschafft Thüringen geführet, das Schloß, so von der Stadt Koburg eine Stunde entlegen, der Kallenberg genannt, nebst andern über den Haufen.

1352 verglichen sich Gottschalk und Fritz, Gebrüdere von Sternberg mit Friedrich und Balthasar Landgrafen zu Thüringen, dergestalt, daß diese dem Landgrafen zu Thüringen jederzeit zu Diensten stehen und ihre Veste Kallenberg eröffnen, auch nach Ableben Frau Jutten, Gräfin zu Henneberg, solche gegen Erlegung 400 Pfund Heller von ihnen in das Lehn nehmen wollten. S. Hönns Kronick.

1380 erhob sich zwischen Landgraf Friedrichen und seiner Gemahlin an einem, und denen von Sternberg andern Theils, wegen des dritten Theils der Veste Kallenberg Streitigkeiten und Krieg, welchen Marggraf

71

Graf Friedrich zu Nürnberg dahin bewegte, daß die Landgrafen denen von Sternberg angeregtes Drittheil des Kallenbergs verleihen sollten.

1592 fiel es von Hannsen von Sternberg, als dem letzten dieses Geschlechts, unter der Regierung Herzog Johann Wilhelms dem hohen Hause Sachsen anheim.

1735 kam es nach dem in diesem Jahre getroffenen provisorischen Vergleich an das hohe Haus Meiningen.

Außer dem Schloß befindet sich noch eine schöne Kirche, worein viele Dörfer eingepfarrt sind und in welcher der Pfarrer von Neuses den Gottesdienst wechselsweis halten muß. Zu Anfang dieses Jahrhunderts wurde die Kirche mit Zimmern überbauet, weil Ihro Königl. Hoheit die verwittwete Herzogin von Meiningen Ihren Wittwensitz daselbst nehmen wollten; weil aber diese Kirche durch das neue Gebäude zu sehr gedruckt wurde, so wurde es 1780 wiederum abgetragen.

Die Wirthschaffsgebäude des Kammerguths stehen etwas niedriger am Berge und sind wohl unterhalten. Auf dem Schloß wohnet der Forstbediente Grahner, welcher die Aufsicht auf daßselbige hat.

2) Das Kammerguth Gauerstadt

bestehet aus drey heimgefallenen adelichen Güthern, als Gauerstadt, Karlshan und Niederndorf. An allen drey Orten befinden sich herrschafftliche Wirthschaffsgebäude und sind schon einzeln verpachtet worden, anjetzo aber sind sie seit langer Zeit zusammen verpachtet.

Im Amte Sonnenberg

ist das Kammerguth oder Hof Eichberg das einzige, welches eine Viertelstunde von Sonnenberg liegt und auch daselbst eingepfarret ist. Es hat guten Feldbau und auch vortrefflichen Wieswachs, obgleich nicht überflüßig. Jedoch halten die Pachter einen Stall von 40 Stück Rindvieh und eine starke Schäferey.

Der stärkste Beweeß wie unglaublich rar gleich nach dem dreyßigjährigen Krieg das Geld gewesen ist, kann daraus abgenommen werden, daß bald nach selbigem diesen Hof zu verkaufen beschlossen wurde: man
ließ

ließ ihn fragen, er würde vor 1300 fl. Fränkl. geschätzet, es fand sich aber niemand, der mehr als 1100 davor geben wollte.

Die unangenehmste Beschwerde, so dieses Kammerguth hat, ist daß es von dem Ritterguth Niederlind gezehndet wird. Sonst wohnete der Fallmeister in einem Hauße mit dem Schäfer an diesem Hofe; Seit einigen Jahren aber ist die Fallmeisterey auf die andere Seite des Eichbergs gegen Mürschnitz verleget worden.

Seit 16 Jahren sind so wohl des Pachters Wohnung als die Wirthschafftsgebäude neu gebauet worden.

Bey diesem Hof befindet sich noch ein Haus mit ein paar Gärten, welches anjetzo dem Hrn. Hofadvokat Hertel gehöret. Es war sonst das Fohlenhaus, wo die herrschafftlichen Fohlen überwintert wurden, des Sommers befanden sie sich auf dem Wald, weswegen ein Fohlenhaus sich da befand, wo anjetzo die Wirbelsburg stehet, auch war auf dem grosen Fürst ein Fohlenstall, wo sie des Nachts hineingethan wurden, wenn sie daselbst weideten.

Im Amte Neuenhaus

sind alle Güther an Unterthanen verlassen worden, bis auf die Teiche und einige Wiesen, von welchen letzteren das Heu oder Gras verkauft wird. Das wenige Feld, so annoch herrschafftlich ist, hat der jedesmalige Beamte als ein Theil seiner Besoldung zu benutzen, wie auch die Gärten, so bey dem Amthaus liegen.

Im Amte Schalkau

ist das Kammerguth Schaumberg, von welchem des Pachters Wohnhaus und die Wirthschafftsgebäude am Ausgang des alten Schlosses erbauet sind. Es war von den alerältesten Zeiten ein Guth derer von Schaumberg, von welchen sie sich in die umliegende Gegenden verbreiteten. Der letztere von der sogenannten Knochenlinie derer von Schaumberg, so dieses Guth besessen hat, hieß Hanns Ludwig und war Hauptmann von der Grenadierkompagnie zu Schalkau. Er trat es 1732 noch bey seinem Leben an gnädigste Herrschafft ab, wofür er außer seiner Gage einen jährlichen Gehalt genoß, bis er 1762 starb.

Im

Im Gericht Rauenstein

befindet sich auch ein Kammerguth, welches sonst das Guth der Burg-voigtey zu Rauenstein war und durch die beyden Käufe von 1729 und 1776 an das Herzogl. Haus gelanget ist. S. Gericht Rauenstein. Es ist daselbst ein ganz artiges 1690 neu erbauetes kleines Schloß, welches am Fuße des Rauensteins lieget, in welchen anjetzo der Pachter und Schulmeister wohnet und woben die übrigen Wirthschafftsgebäude stehen. Die dabey befindliche Schäferey (so sehr ansehnlich ist) ist, wie das Brauhaus, am Ende des Dorfes neu erbauet. Die darzu gehörigen grosen Waldungen stehen unter dem Herzogl. Forstamt. S. Forstwesen.

Rittergüther
Im Amte Sonnenberg.

1) Niederlind.

Dieses Rittergut ist Söhn- und Töchterlehn, zu demselben gehören 4 Bauerngüther zu Niederlind und eins zu Oberlind; ferner der Rohof, oder wie er sonst geheißen zu Rot, welcher Kloster-Banzisch Lehn ist. Auch hat es eine Menge Lehnschafften in vielen Orten der Aemter Neustadt, Sonnenberg und Neuenhaus, nicht weniger viele Zehnden, worunter der im Sonneberger Stadtflur und der von dem Herzogl. Kammerguth Eichberg sehr einträglich ist. Dieser Zehnden gehörte sonst dem Kloster Banz, kam aber durch Kauf an die Rittergutbs-Besitzer von Niederlind.

Es pfarret nach Oberlind, woselbst es seinen eigenen Kirchenstand und Erbbegräbniß hat. Die ganz besondere Schönheit dieses Rittergutbs ist ein zu Anfang dieses Jahrhunderts erbautes steinernes Landhaus nebst einem wohl angelegten und gut unterhaltenen Lustgarten. Ueber den Eingang dieses Landhauses hat der Herr Erbauer folgendes mit lateinischen Anfangsbuchstaben eingraben lassen:

Im Namen Gottes und aus treuer Zuneigung zu dem uralten Erfaischen Geschlecht bauet dieses Haus der Reichsfreyhochwohlgebohrne Herr, Herr Georg Hartmann von Erfa auf Nieder-Lind, Rodach, Erkenbrechtshausen und Sindelsheim, des hochlöblichen fränkischen Creysses General-Feldzeugmeister und Obrist eines Regiments zu Fuß auch Hochfürstlich-Brandenburg-Onolzbachischer Geheimder Rath MDCCX.

Was Tugent erwirbt	Recht bleibt am längsten
Das Laster verdirbt	Fürchte Gott diene dem
Halt wohl Haus	Vaterland
Sonst muß du zum	So zierst du deinen Adel-
Hause hinaus.	stand.

Die Besitzer so viel ich ihrer habe aus alten Dokumenten zusammen bringen können, waren.

1530 Wolf von Schaumberg, dieser verkaufte es
1536 an Hanns Schotten von Hellingen, dieser wiederum
1539 an Wolf von Schaumberg, Burgvoigten zu Rauenstein, welcher es im nemlichen Jahre an seine Schwäger, Heinzen von Gich und Valentin von Lichtenstein verkaufte, bey diesen drey adelichen Familien, von Schaumberg, von Gich und von Lichtenstein blieb es bis

1648 da es Hanns Hartmann von Erfa, Kommendant auf der Veste Koburg, von Brigitten von König, Marien Amalien und Annen Corbulen allen dreyen von Schaumberg kaufte.

In dem Geschlechtsarchiv zu Niederlind firdet sich von dem Alter dieses adelichen von Erfaischen Geschlechts, daß schon im Jahr 836 unter K. Ludwigen eines Rittmeisters von Erfa gedacht wird. Ferner daß 964 K. Otto der erste, einen von Erfa auf der Burg zu Wallhausen in Thüringen zum Ritter geschlagen. Unter K. Heinrich den dritten, blieben auf einem Zug gegen die Wenden einige von Erfa. 1227 gieng ein Hartung von Erfa unter dem Landgraf Ludwig zu Thüringen mit dem Kayserl. Heer gegen die Türken. 1355 wurde Hartung von Erfa mit zu einem Schiedsrichter in den Irrungen zwischen Landgraf Friedrichen in Thüringen

gen und Johann Grafen zu Henneberg erkohren und als 1463 ein Graf von Schwarzburg das Bißthum Bremen erhielt, so wurde zu Braunschweig ihm zu Ehren ein Turnier gehalten, wobey Friedrich von Erfa sich besonders hervorthat. Dies mag genug seyn, das Alter dieses adellchen Geschlechts darzuthun. Ihr Stammhaus war das ohnweit Gotha liegende Schloß Friedrichswerth, welches sonst Erfa hieß. Nach dieser kurzen Ausschweifung wenden wir uns wieder zu den Besitzern aus Niederlind von diesem Geschlecht.

1661 verlieh es Herzog Friedrich Wilhelm, Hanns Georgen von Erfa, ältestem Sohn obigen Hanns Hartmanns, als aber dieser starb, so gab er es

1668 den sämmtlichen Brüdern, Hanns Heinrichen, Hartmann Friedrichen, Georg Hartmann und Hanns Friedemann ins Lehn.

1682 erhielts Georg Hartmann durch Vergleich von seinen übrigen Brüdern und dieser ist der Erbauer des oben beschriebenen neuen Schlosses. Als derselbe 1720 starb, so überkam es sein Sohn, Herr Johann Friedrich Krafft von Erfa, Königl. Großbrittannischer und Churhannöverischer Geheimder Rath; und als dieser 1741 diese Zeitlichkeit verließ, so verglich sich dessen Sohn, Herr Georg Hartmann von Erfa, Marggräflich-Onolzbachischer Geheimder Rath und dirigirender Minister zu Bayreuth, mit seiner Frau Schwester Eleanoren Luisen, so an den H. S. K. Saalfeldischen Geheimden Rath von Hendrich vermählt war und empfieng es 1763 von der Durchl. Frau Herzogin Charlotte Amelie zu Lehen. Aber sehr kurz waren seine Lebensjahre, denn schon in seinem 44sten Jahr 1770 verließ dieser verdienstvolle Minister die Welt und hinterließ drey noch unter der Vormundschafft stehende Kinder, nemlich Herrn Karl Lebrecht Hartmann, so den 12 Januar 1760 gebohren und H. S. K. Saalfeldischer Kammerjunker ist und sich denen Studien widmet, weswegen er sich anjetzo auf der hohen Schule zu Jena befindet; Herr Gottlob Friedrich Hartmann, so den 6. November 1761 gebohren, hat den Degen erwählt und stehet in K. Französischen Diensten, als Lieutenant beym Regiment Elsaß; und Fräulein Friederike

Caroline, welche den 20 März 1769 gebohren, sie genießet das Glück unter den Augen ihrer Frau Mutter, gebohrnen Marschall Greif genannt, der Frau Geheimde Räthin von Dürkheim erzogen und gebildet zu werden.

2) Die Kemmate zu Sonnenberg.

Dieses Guth, so Söhn- und Töchterlehn, hat ein paar hübsche Häuser in der Stadt, wovon das eine der jetzige Besitzer im Jahr 1751 erbauet, das größere aber stehet seit 1597 nebst einem grosen Garten, außerhalb derselben einen Teich, gute Felder und schöne Wiesen. Es besucht die Landtage. Hat zwar anjetzo keine Waldungen mehr: denn als dieses Guth gegen Ende des 17ten Jahrhunderts an Herzog Albrechten heimfiel, so verkaufte es derselbe 1694 an Georg Heinrich von Redtwitz ohne die sonst darzu gehörigen Waldungen, versicherte aber den künftigen Besitzern in dem deshalb ausgestellten Lehnbrief eine jährliche Abgabe von 15 Klafftern Buchen- und 15 Klfftr. Tannenholz aus den herrschafftl. Waldungen, welches sie auch bis 1768. stets richtig erhalten. Da aber bey dem Regierungsantritt der Durchl. Frau Herzogin Charlotte Amelie die Waldungen sehr ruinirt befunden worden, so wurde diese Holzabgabe mit der huldreichsten Versicherung, so bald diese Waldung wieder im guten Stand sich befände, das ganze Quantum wieder abgeben zu lassen, auf die Hälfte herunter gesetzt.

Zu Ende des 16ten Jahrhunderts war der Besitzer Wolf Christoph von Göttfarth ein vortrefflicher Mann; von diesem kam es auf die von Rosenau, welche aber durch ihre Ausschweifungen um alle das ihrige kamen, daß also auch dieses Guth an Herzog Albrecht, wie wir schon oben gesagt, zurückfiel, welcher es 1694 an den Hauptmann Georg Heinrich von Redtwitz als ein freyes Rittergut verkaufte, aber dieser verkaufte es bald wiederum, an Frau Christina Dorothea von Erb, gebohrne von Egloffstein und diese wiederum 1697 an Frau Anna Barbara verwittwete Heublein, von dieser kam es an Herrn Johann Friefer von Miespach, von welchen es sein Sohn Paul Andreas erhielt. Dieser überließ es wiederum 1732 an Herrn Johann Christian von Uttenhoven käuflich, welcher es an Herrn Erhardt Wilhelm von

von Urtenhoven vertauschte, von demselben kaufte es 1738 Herr Johann Christian Holzhey Kaufmann zu Neustadt, von welchem es seine Kinder erbten, da nun der jetzige Besitzer der Herr Hauptmann Johann Nickolaus Dietz, eine Tochter vom obigen Holzhey hatte, so kaufte er es 1747 denen übrigen Interessenten ab und dieser ist auch jetzo der Besitzer.

3) Die Kemmate zu Oberlind.

Dieses freye Rittergüthchen bestehet größtentheils aus Lehnschafften, inn- und außerhalb dem Flecken. Es ist Söhn- und Töchterlehn und hat eine Stimme bey Landtägen. Von den uraltesten Zeiten bis 1600 besaß es die alte adeliche Familie der Kemniater, da aber in diesem Jahre der letztere seines Geschlechts seinen einzigen Sohn ermordete, so wurde er zu Koburg geköpft und sein zerbrochenes Wappen in sein Grab geworfen. Seine sämmtlichen ansehnlichen Lehngüther fielen Herzog Johann Casimir anheim, welcher dieses an einen Herrn von Wolfskehl verliehe und von dieser Familie erkaufte es Herr Georg Hartmann von Erfa auf Niederlind, zu einen Wittwensitz vor seine Gemahlin. Nach deren Absterben kaufte es Herr Christian Baumann und vermachte es seiner Wittwe, welche einen K. Preußl. Parthengänger den Rittmeister Zschlack heyrathete und mit ihm nach Leipzig zog, da es denn der Hofadvokat Herr Christoph Gotthelf Hertel erkaufte. Von diesem übernahme es wiederum käuflich 1767 die Herzogl. Kammer zu Meiningen zu einer Wohnung für den jedesmaligen Oberforstmeister, jedoch den 10ten August 1778 kam unweit davon im Flecken Feuer aus, wodurch es ein Raub der Flammen wurde.

4) Das Muffrische Freygüthchen zu Hönbach.
S. Hönbach.

Im Amte Neuenhaus.
befinden sich anjetzo keine Rittergüther mehr.

Im Amte Schalkau,
nach alphabetischer Ordnung.

1) Das Rittergut Almerswind

bestehet aus 4 einzelnen Güthern, nemlich 1) aus dem eigentlichen Ritterguth, welches zur Hälfte dem Herzogl. Haus Sachsen von je her als Söhn- und Töchterlehn und zur andern Hälfte dem Burgguth Rauenstein zu Lehn gehet. 2) Aus dem Hübleinsguth, welches Schönstädtisches (jetzo Koburgisches) Lehn ist. 3) Aus dem Balzenguth, so Rauensteiner Lehn ist, und 4) aus dem Fischersguth, welches 1708 von Hanns von Schaumberg von dem Herzogl. Haus Hildburghausen erkauft worden ist. Das erste und vierte Guth sind Steuerfrey, die beyden mittlern aber als gewesene Bauerngüther steuerbar.

Es war, wie alle die Rittergüther im Amte Schalkau, ein Schaumbergisch Guth; als aber Hanns Sigmund von Schaumberg nur eine Tochter Sophie Magdalene hinterließ, welche der Obrist von Hanstein auf Einberg heyrathete, so erbte sie dieses Guth, welches ihr einziger Herr Sohn Johann Adam Wilhelm von Hanstein K. Preußl. Obristlieutenant von ihr erbte, welcher es auch noch besitzet.

Der adeliche Hof bestehet aus einem steinernen Schloß, welches mit einem Graben umgeben, aus einem neuen grosen von Holz erbaueten adelichen Wohnhaus, welches aber noch ehe es ausgebaut worden, wiederum eingehet und denen nöthigen Wirthschaftsgebäuden. Ob es gleich in einem Thal liegt, so ist doch seine Lage sehr angenehm, indem der Itzgrund auf zweyen Seiten daran stößt und grün bewachsene Anhöhen die übrige Gegend verschönern. Es ist nach Schalkau eingepfarrt, allwo ein eigner Kirchstand und Erbbegräbniß ist.

2) Das Rittergut Effelder

wurde von den ältesten Zeiten her den Besitzern als ein freyes Mannlehn verliehen, soll aber seit den 11 December 1700 durch eine Resolution von Herzog Ernst zu Hildburghausen in ein putes und wahres Eigenthum oder Erblehn verwandelt worden seyn.

Der

79

Der herrschafftl. Hof nebst Zubehör ist Kloster-Banzisch Lehn, wie ein altes Lehnsbekenntniß von Abt Conrad zu Banz von 1336 am Freytag vor St. Urbanstag, nach welchem auf erfolgtes Absterben Frau Mechtild von Schawenberg und Jungfer Agnes ihrer Tochter der Sohn Eberhard mit der Voigtey zu Effelder belihen werden sollte, bezeuget. Es erhub sich aber über diese Lehnbarkeit und andern Differenzien mit Kloster Banz bey dem K. Reichskammergericht zu Wezlar ein Streit, welcher aber 1777 zwischen dem Herzogl. S. Gothaischen Haus gütlich beygelegt wurde.

Dieses Rittergut besitzet in den meisten Dörfern des Amts Schalkau zent- und unzentbare Lehnschafften. Hat die Erbgerichte zu Effelder und voigteyliche Obrigkeit über seine anderweitige Lehnschafften. Das Jus Patronatus. Die hohe und niedere Jagd, nach einer vorhandenen Jagdgrenzbeschreibung. Die Brau- und Schenkgerechtigkeit über die beyden Schenken zu Effelder und Mengersgereuth. Eine starke Schäferey. Viele Teiche und einen etlich Stundenlangen Forellenbach. Sechs beträchtliche Zehnden zu Effelder, Blatterndorf, Söldendorf, Fichtag, Mengersgereuth und Forschengereuth, nebst dem lebendigen und Kleinobzehnden, ferner ansehnliche Gülten und Erbzinsen. Theils gemessene und ungemessene Geschirr und Handfrohnen.

Aus der ältesten Geschichte erhellet, daß Alberadis, Graf Hermanns von Vohburg eheliche Hausfrau, diesen Ort dem Kloster Banz 1071 gab. Wie und wenn selbiges aber an die von Schaumberg gekommen, ist ungewiß. Doch beweiset ein vorhandener Auszug aus einem Lehnbrief von 1487 daß Georg von Schaumberg, das Dorf Effelder, etliche Güther zu Blatterndorf, die alte Meilschniz von Sachsen zu Lehn erhalten. Dieser Auszug beweiset ferner, daß durch die Lehnbriefe von 1532, 1543, 1547, nemliche Orte denen von Schaumberg sind verliehen worden. Ein Lehnbrief von Churfürst Johann Friedrich zu Koburg, ausgestellt am Freytag nach Lätare 1553 für Adam und Christophen, Hannsens von Schaumberg, seel. Sohne, und Hanns Ludwigen, Martins von Schaumberg, seel. Sohne, Gebrüdern und Vettern, reichet das Dorf Effelder etliche Güther zu Blatterndorf,

die

die alte Mellschnitz nebst Dorfsgericht denselben zu lehn. Der Lehnbrief vom 4. December 1578 bezeuget, daß die gesammte von Schaumberg, außer obigen annoch die Lehen von Fürstengereuth und Mengersgereuth ingleichen Schichtshöhn darzu erhalten.

1599 erhielte Wolf Christoph von Schaumberg zu Lehn, als er aber 1607 starb, so theilten sich seine 5 Söhne 1618 in seine sämmtlichen Güther, da denn Wolf Christoph der Sohn, Effelder mit Zubehör erhielt, dieser verkaufte es 1665 an den Geheimden Rath und Cantzler D. August Carpzov, von welchem es 2 Jahr darauf, der Rittmeister Christoph Lorenz von Reitzenstein, auf Goldkronach käuflich erhielt und von Herzog Friedrich Wilhelm den 5 Jul. 1670 die Lehn empfieng. Diesen kaufte es Wolf Christoph von Bronsart ab, und erhielt von Herzog Friedrich zu Gotha vor sich und seine Herren Brüder den 7 November 1678 die Lehn. Da nach seinem ohne Leibeserben erfolgten Tode die Lehne anheim gefallen waren, so erhielt der S. Saalfeldische Oberstallmeister Johann Friedrich von Beust, den 22 Januar 1699 von dem Abt Eucharius zu Banz die Lehen und den 28 Januar 1705 wurde er von Herzog Ernst zu Hildburghausen investirt. Den 28 April 1725 verkaufte er es an Ihro Königl. Hoheit die verwittwete Herzogin von S. Meiningen, gebohrne Prinzeßin von Preußen rc. die es aber den 3 September 1725 an ihren ältesten Prinzen, Prinz Ernst Ludwig wieder abtraten, in dessen Nahmen es auch den 1 October durch Notarien und Zeugen in Possess genommen wurde. Als aber Prinz Ernst Ludwig den 24 Febr. 1729 starb, erbte dieses Guth sein Herr Bruder Herzog Carl Friedrich, welcher es bis den 28 März 1743 besaß, da er ihm in der Ewigkeit nachfolgte, vorhero aber durch ein errichtetes Vermächtniß, seine Durchl. Frau Schwester die regierende Herzogin Luise Dorothee, zu S. Gotha und Altenburg zur Erbin einsetzte; welche auch den 1 April 1745 von diesem Rittergut Possess nehmen ließen. Als aber den 22 October 1767 Ihro Herzogl. Durchlaucht diese Zeitlichkeit verließen, so erbten Höchstdero Durchlauchtigster Erbprinz, der anjetzo huldreichst regierende Herzog Ernst zu Sachsen-Gotha und Altenburg dieses Schatullenguth.

Das

Das alte Schloß ist nicht sehr bewohnbar, es liegt auf einem Hügel nebst den um sich her liegenden Wirthschaffstgebäuden, weswegen es auch eine angenehme Aussicht hat.

3) Das Ritterguth Ehnes

sammt den beyden Höfen und Sölden, ist ein lauter frey Eigenthum. Vor Alters befand sich allhier ein Schloß, wovon der alte mit einem Graben umgebene Keller noch stehet, hierbey befand sich ein Thurm, welcher der Ehnesthurm genannt wurde.

In den ältern Zeiten waren die Herren von Schaumberg auf Schaumberg die Eigenthümer dieses Ritterguths. Die erste Besitzerin, so einen andern Nahmen führte, war Anne Rosine von Wallenrath (vermuthlich eine gebohrne Schaumberg, so es als ein Heyrathsgut erhalten) diese verkaufte es an Hanns Friedrich Schencken von Simau, dieser aber im Jahr 1600 an Wolf Christoph von Schaumberg zu Almerswind. Dieser überließ es 1632 an Christoph von und zu Schaumberg, von welchem es Ebrecht Christoph Wilhelm von Schaumberg 1648 durch Erbrecht erhielt. Nach dessen Absterben 1654 erhielten seine 4 Schwestern seine Güther, da denn Sophie Susanne, so an Wolf Christoph von Reitzenstein auf Unter-Jüllbach verheyrathet war, dieses Guth bekam und vermuthlich unbeerbt starb, weil es auf Cordula Johanna gebohrne von Schaumberg, verheyrathet an Sigmund Ludwig von Dobeneck auf Kaulsdorf, kam, von welcher es ihre Tochtermänner 1686 erbten, nemlich Carl Heinrich Boseck zu Troplee, Christoph Thomas von Boseck auf Anschuen, Heinrich Wilhelm von Beulwitz auf Burg-Lomnitz, Johann Nicolaus von Könitz auf Eyba, und Adam Reinhard von Röder auf Dörnfeld. Diese verkauften es 1688 den 5 Jul. an Johann Dietrich von Könitz, welcher es aber den 8 März 1689 schon wiederum an Wilhelm Christian von Geißmar, Hofrath und Amtshauptmann zu Neustadt abtrat, dessen Wittwe Polixene verkaufte es 1696 an Friedrich Wilhelm Carpzov, Amtmann zu Volkeroda, von dessen Erben erhielt es den 15 April 1710 D. Johann Paul Sönn, Rath und Amtmann zu Roburg käuflich; Nach seinem Tod übernahm es sein ältester Sohn Johann Paul Sönn verkaufte es aber 1747 an den Pfarrer Carl Christoph Eselium, da aber über dessen Vermögen ein Concurs entstund, so erhielte als der stärkste Creditor der Hoffactor Andreas Grosch selbiges sub hasta und wurde ihm 1752 von preißwürdiger Regierung zu Meiningen zugesprochen, dieser und seine Erben besassen es bis 1772, da es die jetzige Besitzerin, die verwittwete Frau Räthin Johanne Sophie Dorothee Rost, eine gebohrne Marzlußin erkaufte.

Dieses Ritterguth hat vorzügliche Gerechtigkeiten und Freyheiten; denn ob es gleich zur Ritterschafft gehöret und zu Landtägen schrifftlich eingeladen werden muß, so ist es doch von allen Ritterdiensten befreyet und wird nur bey Veränderungsfällen mit einem Homagio belegt, weilen es ein pures Eigenthum ist.

Das ganze Dorf und Flußr ist zendfrey, da sich das Guth im Besitz der Erbgerichte befindet und ob zwar das Guth von Einquartierung frey ist, so muß doch das Dorf gleich andern Dörfern im Amte an gemeiner Last tragen. Die meisten Einwohner des Dorfs haben ungemessene Dienste, jedoch gegen festgesetzten Lohn und Kost; auch müßen sie hergebrachtes Schutzgeld an den Guthsbesitzer zahlen, nicht weniger beym Wegziehen und Lehnsfällen 10 von 100 entrichten. Auf der Ehneser Flußr, wo nicht Kuppel ist, hat der Guthsbesitzer alle Jagd, auch die Fischerey ein Stück in der Iß, von dem Brückensteg zu Schalkau bis an den Almerswinder Brunnen, nicht minder im Kutschenbach einem kleinen Bächelgen. Ingleichen Huth- und Triftgerechtigkeit mit dem Rindvieh und 300 Stück Schaafen in der Ehneser Flußr und in Ehnes. Auch endlich den Frucht- und Kleinobszehnden in der Ehneser Flußr, außer einigen wenigen Aeckern, welche zehndfrey sind, wie auch auf dem Ehneser Berg in einem Stück der Schalkauer Flußrmarkung, von allen was daselbst gebauet wird.

Das Ritterguth und Dorf ist nach Schalkau eingepfarrt, woselbst es einen eigenen Kirchstand hat.

Dieses Ritterguth hat zwar einen artigen Garten und Gartenhaus, aber noch kein bequemes Wohnhaus.

4) Das

4) Das Rittergut Katzberg,

ebenfalls ein altes von Schaumbergisches Guth, welches mit seinen Perti-
nentien nach Schleusingen lehnet. Es blieb mit am längsten bey der
Schaumbergischen Familie, denn erst in diesem Jahrhundert erkaufte es
der H. S. Hildburghäusische Herr Obrist von Bose von einem Herrn
von Schaumberg, von diesem erhielt es der Hochfürstl Hessencasselsche
Herr Hauptmann von Bose, welcher bis jetzo der Besitzer dieses Ritterguths ist.

Topographie

des Herzogl. Amtes Neustadt mit Sonnenberg oder Sonnenberg mit Neustadt, wie von Alters her wechselsweise geschrieben worden und sie von undenklichen Zeiten zusammen gehöret haben (*) und zwar zuerst:

die

Dorffschafften des Untergerichts (**)

nach alphabetischer Ordnung,
wir fangen aber mit der Stadt an.

1. Neustadt.

Zum Unterschied derer vielen Städte, so diesen Namen führen, Neustadt an der Heyde. Es ist ein artiges freundliches Städtchen, so

---

(*) Dieses grose ansehnliche Amt war in zwey Gerichte getheilet, nemlich in das Obere oder Gericht Sonnenberg und in das Untere oder Gericht Neustadt. Es hatte meistentheils einen Amtshauptmann, welcher gemeiniglich, so lange das Schloß Sonnenberg stand, seine Wohnung darauf hatte. Der Amtmann, der Rechnungsbeamte, Amtssekretair und die Schreiber wohnten aber zu Neustadt und zu Sonnenberg befand sich nur ein Amtsvoigt (s. Amtsvoigtey zu Sonnenberg.) Als aber 1636 die ganze Stadt Neustadt bis auf wenig Häuser abbrannte, so wurde das Amt von da nach Sonnenberg verlegt, wo es bis 1660 und also 14 Jahr verblieben ist. Ueberdies hatte dieses Amt die hohe Gerichtsbarkeit über das jetzige Herzogl. Hildburghäusische Amt Sonnenfeld, indem bis zur Theilung von 1723 nur ein Kastenamt mit Voigteylichkeit daselbst befindlich war.

(**) Kann ich auch in den Orten dieses Gerichts weder so weitläuftig noch

pünkt-

so anjetzo ohngefähr aus 130 bis 40 Häusern bestehet. Es lieget am Fuße des Muckberges (Wupperges) 3 Stunden von Koburg und eine starke Stunde von Sonnenberg, dahero man im Sprichwort zu sagen pflegt: Wenn man sich eine gute Stunde machen wollte, so müße man von Neustadt nach Sonnenberg gehen. Es hat einen ansehnlichen Marktplatz mitten in der Stadt, an welchem das Rathhaus und seine Bürgerhäuser stehen. Durch die Vorstadt fließet der von Sonnenberg kommende Fluß Röten, nachdem er gleich vor der Stadt, von dem Linder Flößgraben verstärket worden, weswegen vor dem Koburger Thor eine grose steinerne Brücke darüber befindlich ist. Es hat vier Thore, wovon das Koburger und Sonnenberger am meisten paßirt wird, weil die grose Heerstrasse von Leipzig nach Nürnberg durchgehet und dem Ort viel Nahrung verschafft. Unter die ausgezeichneten Häuser gehören die beyden Amtshäuser vor dem Sonnenberger Thor; in dem größten wohnete (nachdem das Sonnenberger Schloß abgebrannt) der Amtshauptmann, welches anjetzo sehr eingegangen, in dem kleineren der Justizbeamte, das Rathhaus, die Superintendur.

Die Kirche, so 1507 zu erbauen angefangen worden, ist mit einer Mauer umgeben, welche denen Bürgern im dreyßigjährigen Krieg sehr oft Gelegenheit gegeben, ihre in die Kirche geflüchtete Sachen männlich zu vertheidigen. Auch ist unter der Regierung Herzog Franz Josias eine schöne Gottesackerkirche vor dem Koburger Thor neu erbauet worden.

Die Geistlichkeit bestehet aus einem Superintendenten und einem Diakonus. Die Schule, aus einem Rektor, einem Kantor, welche die Knaben, dem Organisten, so die Mädgen und dem Kirchner, so die eingepfarrten Kinder unterrichten.

Der Magistrat ist schrifftsäßig und gehört zu dem engern Ausschuß der Landstände. Hat außer den Einkünften, so der Rath zu Sonnenberg genies-

L 3

pünktlich seyn, wie in den übrigen Orten des Obergerichts, so habe ich doch das, was ich angeführt, aus solchen Quellen geschöpft, welche als öffentliche Dokumente gelten. Und man wird hieraus die Wichtigkeit des Projekts vor das H. K. Meiningische Haus, um so mehr einsehen können.

genießet, ein schönes eigenthümliches Stück Waldung und bey 30 Teiche, deren jährlicher Ertrag wichtig ist.

Die Bürgerschafft hat das Glück, daß ihre Flußr zehendfrey ist, indem sie solchen von einem Besitzer desselben für 100 Stück Goldgülden eines Gepräges erkauft hat. Der Kaufbrief hierüber wird um größerer Sicherheit willen in der Sakristey bey andern Kirchengeräthen verwahret.

Die Nahrung der Bürgerschafft ist vorzüglich Ackerbau, Bierbrauerey und die Strasse, jedoch haben sich auch verschiedene Bürger mit der Handlung in Sonnenberger Waaren abgegeben. Die sechs Jahr- und Viehmärkte sind beträchtlich.

Zum Beschluß will ich nur noch etwas weniges, so zu der Geschichte dieser Stadt gehöret, anführen. Das Alter dieser Stadt beweiset ein Bestätigungsbrief vom Jahr 1273 welchen die drey Brüder Berthold, Heinrich und Hermann, Grafen zu Henneberg, dem Kloster Trostadt ausgestellet, wegen eines Zehnden zu Neustadt an der Heyde. Obwohlen der Nahme selbst erweiset, daß sie jünger seyn müße als Koburg und andere benachbarte Städte.

1620 wurde eine Münze allhier erbauet, worinnen man auch so fleißig prägete, daß man 1622 wiederum gutes Geld einführen konnte, denn die damaligen Geldsorten waren so schlecht, daß ein alter Groschen auf einen Pfennig neuen Geldes gesetzt wurde und ein Dukaten hat 18 auch 25 Gülden Fränkisch gegolten. Ein paar Schuh wurden mit 10 fl. und eine junge Kuh mit 170 fl. dieses schlechten Geldes bezahlt.

1636 den 17 May hatte diese gute Stadt das Unglück, daß sie bis auf wenig Häuser völlig abbrannte.

1684 den 15 Januar war ein solches Regen und Sturmwetter, daß die meisten Teichdämme durchbrachen und dadurch die Stadt grosen Schaden erlitte.

2. Aſig.

Ein einzelner unzertrbarer Hof und eine unzertbare Wüstung.

3. Bir-

3. Birfig.

Ein Rittergut, welches denen von Speßhardtischen Erben zu Mupperg gehöret, es hat schöne Teiche und eine hübsche Jagd. Es hat die Bolgteylichkeit, das Amt aber die hohen Gerichte. Das Dörfchen ist zentbar und nach Mupperg eingepfarrt.

4. Blumenrot.

Ein kleines Dörfchen, ist Koburger Stadtrathslehn, pfarrt nach Fechheim.

5. Boberndorf.

Ein kleines nahrhafftes Dörfchen. Es ist Amtslehnbar bis auf den nach Niederlind gehörigen Hof, gehet nach Fechheim in die Kirche.

6. Brix.

Ein kleines Bergdörfchen, gehöret zum Kastenamt Mönchröten, da es aber nach Neustadt eingepfarrt ist, so gehöret es unter das geistliche Untergericht Neustadt.

7. Culm.

Eine zentbare Wüstung.

8. Ebersdorf.

Ein kleines Dorf am Fuß des Muckbergs gegen Niederlind, bestehet aus Neustädter Raths-Kaplaney auch Erfalschen Lehnen; ist aber zentbar und nach Neustadt eingepfarrt.

9. Einberg.

Das Dorf und Rittergut erkennet den Herrn Obristlieutenant von Hanstein für seinen Lehnsherrn und Besitzer, doch so, daß seine Lehnleute zentbar sind. Es hat eine eigene Kirche und Pfarrer.

10. Fechheim

wird in dem Untergericht Neustadt das größte und beste Dorf seyn, es hat ganz vortrefflichen Feldbau. Es ist daselbst sehr vielerley Lehn. Der Stadtrath zu Koburg hat allhier einen Hof und eigne Brauerey. Hat eine eigene Kirche und Pfarrer. Das Wirthshaus gehet der Kirche zu Lehn.

11. Fürth

11. Fürth am Berg

bestehet aus 14 Bauerngüthern. Nach dem Lichtenfelsischen Receß von 1601 haben die Herzoge zu Sachsen alle hohe Obrigkeit, Landeshuldigung und andere hohe Rechte, wie denn das Dorf zur Neustädter Ausschußkompagnie Leute stellen muß. Hingegen hat das Hochstift Bamberg die Lehne und Voigteylichkeit, wie auch ein Fürstl. Landhaus daselbst. Das Dorf ist ganz protestantisch und nach Mupperg eingepfarrt.

12. Gneiles auch Kneiles.

Ein aus lauter Waldrötern neu angelegtes Guth, so anjetzo den Schelerischen Erben zu Koburg gehöret.

13. Grosengarnstadt.

Ein ansehnliches Dorf. Hat eine Kirche und Pfarrer. Es sind vielerley Lehne daselbst, doch exerziret Neustadt alle hohe Rechte.

14. Haarbrücken

bestehet aus 13 Güthern, welche theils nach Niederlind und anderwärts lehnen, aber nach Neustadt zu Gericht gehen, sie sind auch nach Neustadt eingepfarrt.

15. Höhn.

Ein Bergdörfchen wie Brix.

16. Kemmaten.

war das Stammguth der alten adelichen Familie der Kemmater. Anjetzo gehört es zum Kastenamt Mönchröten.

17. Ketschenbach.

Ein Rittergut so von uralten Zeiten her denen von Rosenau gehöret hat; der letztere dieses Geschlechts verkaufte es an seinen Schwager den Herrn von Rauchhaupt. Der jetzige Besitzer ist der H. S. K. Saalfeldische Kammerjunker und Lieutenant Franz Friedrich Anton von Rauchhaupt. Das Rittergut hat bis auf 2 Häuser die Voigteylichkeit. Ist nach Neustadt eingepfarrt.

18. Kipfendorf.

Ein feines Dorf, so theils nach Mönchröten, theils ins Amt und nach Rotenhof lehnet. Ist nach Jechheim eingepfarrt.

In hiesiger Flubr gräbet man einen Thon, welcher ganz vortrefflich ist, indem er das allerstärkste Feuer aushält, derohalben wird er von den Glas- und Blaufarbfabricken zu ihren Häfen und von den Porzellanfabricken zu ihren Kapseln weit und breit hin verführt. Auch sind die Stubenöfen, so aus diesem Thon gemacht werden, fast so dauerhaft als eiserne; wenn auch die Kacheln dünne gemacht werden, so verbrennen sie doch nicht. Der Herr Hofrath Pensel zu Schauberg hat von diesem Thon Trockenöfen bauen lassen, worzu ihm die sogenannten Herrnhuther Stubenöfen die Idee gegeben haben. Diese Oefen, welche ich ihrem Erfinder zu Ehren die Penselische Trockenöfen nenne, diese sollten bey jeder wohl eingerichteten Landwirthschafft eingeführt werden, da man mit wenigem Holze und der vollkommensten Sicherheit für Feuersgefahr auf selbigen Malz dörren, Obst trocknen und Stuben heitzen kann; so wie auch seine aus diesem Thon gemachte Stubenöfen, wegen ihrer Holzersparung und anderer Vorzüge, der Welt bekannt gemacht zu werden verdienen.

Kneiles s. Gneiles.

19. Lützelbuch.

Ein adeliches freyes Ritterguth und Dorf, so von uralten Zeiten denen von Brandenstein gehöret. Der jetzige Besitzer ist der H. S. K. Saalfeldische Kammerjunker, Obristlieutenant und Marschkommissarius Herr Adam Sigmund von Brandenstein. Ist nach Seidmannsdorf eingepfarrt.

20. Meilschnitz

bestehet aus 11 Frohngüthern, so Koburgisch Amtslehn sind, aber ins Amt Neustadt gehören. Das Dorf liegt am Walde, wo der Fahrweg von Neustadt und Sonnenberg über die Berge nach Schalkau gehet. Man muß von da aus einen hohen Berg paßiren, welcher fast wie eine Treppe aus abwechselnden Sand und Steinlagen bestehet, welcher besonders im Herunterfahren sehr beschwerlich ist. Dieser Weg ist unter dem Nahmen der Bänke so bekannt als fürchterlich. Das Dorf ist nach Neustadt eingepfarrt.

M   21. Mönch-

21. Mönchröten.

Das Schloß oder vielmehr alte Mönchskloster liegt auf einem ziemlich hohen Berg. Es ist wegen der vielen darzu gehörigen Lehnschafften, Güthern, Zehnden und Gülten, so sich sowohl in Koburgischen als Neustädtischen Amtsdorfschafften befinden, zu einem Kastenamt gemacht worden. In denen darauf befindlichen Gebäuden wohnet der jedesmalige Oberforstmeister, Amtskastner und Forstbediente. Das Dorf selbst, so am Fuß des Schloßberges und an zwey sehr grosen Teichen lieget, davon der größte Neustädter - der kleinere aber Koburgisch Amtslehn waren (als sie noch dem Kloster gehörten) sind anjetzo herrschafftlich. Die Einwohner befinden sich in guten Umständen. Sie sind nach Einberg eingepfarrt.

22. Mogger

pfarret ganz und lehnet zum Theil nach Mupperg, weil auch Niederlind lehne daselbst hat. Die Einwohner haben von ihrem Feldbau und Viehzucht, besonders aber von ihren Schaafen gute Nahrung. 7 Einwohner müßen die Gerichte zu Neustadt besuchen.

23. Mupperg

liegt nicht nur in einer schönen, sondern auch fruchtbaren Fluhr, sowohl in Ansehung der Felder als auch der Wiesen. Das Ritterguth selbst, als auch ein ansehnlicher Theil des Dorfs, rechnet sich zur Reichsritterschafft. 7 Bauerngüther nehmen Recht zu Neustadt, auch hat das Amt eine Schutzfahne daselbst stehen.

Der letztere Besitzer war der Fürstl. Bambergische Herr Geheimbde Rath von Speßhardt, er hinterließ 2 Herren Söhne, so noch unter der Vormundschafft stehen.

Es ist eine Kirche und Pfarrer daselbst, welche unter der Superintendentur Neustadt stehen. Die Kirche zu Gefell im Amt Neuenhaus ist eine Tochter von dieser Kirche.

24. Nedersdorf.

Ein zinsbares Dörfchen.

25. Neu-

25. Neuhof.

Ein freyes Rittergut nebst einem kleinen aus einigen Häusern bestehenden Dörfchen, gehöret dem Herrn Hof- und Jagdjunker Friedrich Sigmund von Schauroth. Es liegt noch unter der Zent Neustadt und ist nach Einberg eingepfarrt.

Oberwasungen s. Wasungen.

26. Oeslau.

Ein grofes Dorf, worinnen ein Herzoglich Kammergut befindlich. Die Brücke, welche über die Iß gehet, ist die Grenze zwischen den Aemtern Neustadt und Koburg, weswegen der Geleitsmann zu Sonnenberg mit den Meiningischen Geleitsreitern das Nürnberger Geleit daselbst empfängt und wiederum dahin begleitet.

Das Schloß bey dem Kammergut ist so repariret worden, daß Durchl. Herrschafft darinnen zum Vergnügen sich aufhalten können. Auch ist der Schloßgarten recht artig. Auf der daran stoffenden grofen Wiese ist eine Allee zu einen vortrefflichen Spaziergang angelegt. Das Kammergut selbst ist wichtig und der Wieswachs weitläufig und vortrefflich, dahero die Viehzucht und Schäferey sehr beträchtlich ist. Das Dorf hat seine eigene Kirche, welche eine Tochter von Einberg ist.

Der Nahme Oeslau oder eigentlich Oechslau soll daher entstanden seyn, weil damalen, als die Veste Koburg der Ruhberg, das Schloß Kallenberg der Kalbenberg war, dieses Kammergut der Ort gewesen, wo die jungen Ochsen erzogen worden. Diese Etimologie scheinet der Lage dieser Orte angemessen zu seyn und beweiset das hohe Alter des Kammerguts und des Dorfs.

27. Pleßten

auch Pleßen. Ein Dorf so größtentheils Schaumberg-Rauensteiner Lehn ist.

28. Rögen.

Ein Dorf von 11. gesessenen Mann, davon 6 nach Itzelbuch lehnen. Müssen dem inneren Thorwärter im Schlosse zu Koburg 17 Laib Brod oder 7 Pfennig für den Laib bezahlen. Gehen nach Einberg in die Kirche.

29. Rotenhof.
Ein Rittergut gehöret den von Rauchhauptischen Erben. Ist nach Einberg eingepfarrt.

30. Rückmannsdorf.
Ein Bergdörfchen in allen wie Brix und Höhn.

31. Schaafhausen.
Ein zentbarer Hof und Guth zum Kastenamt Mönchröten gehörig.

32. Spittelstein
gehet dem Koburgischen Stadtrath als Verwalter der Probstey und Hospitalämter zu Lehn. 9 Häuser aus diesem Dorf gehen nach Neustadt zu Gerichte. Sind nach Fechheim eingepfarrt.

33. Tanne
ist ein Koburgisch Amtslehn. Hat 20 Frohngüther, ein eigenthümliches Gehölz, feinen Ackerbau und Viehzucht. Ist nach Neustadt eingepfarrt, wohin es auch zentbar ist. Der Schultheiß dieses Orts hat im Untergerichte mit dem in Oberlind im Obergerichte gleiche Verrichtungen und Vorzüge und reguliert mit dem Amtsknecht die Frohn.

34. Thierich.
Ein Hof, so mit zum Rotenhof und also den von Rauchhauptischen Erben gehöret.

35. Waldsachsen.
Ein Dorf und freyes Rittergut. Hat seine Aufnahme und Schönheit größtentheils dem um das Fürstenthum Koburg sehr verdienten Minister D. Johmann, welchen Kayser Ferdinand wegen seiner vielen Verdienste in den Adelstand erhob, zu verdanken. Von dieser Zeit an haben dessen Nachkommen dieses Guth besessen. Der jetzige Besitzer ist der Herzogl. Hildburghäusische Kammerjunker Herr Friedrich Carl Sigmund von Johmann. Es liegt unter der Zent Neustadt und ist nach Einberg eingepfarrt.

36. Wa-

36. Wasungen. (Ober-)
Dieses Dorf bestehet aus 13 Güthern, davon 10 nach Mönchröden und 3 nach Sonnenfeld lehnen, nach Fechheim aber eingepfarrt sind.

37. Weitmersdorf.
Ein ansehnlich Dorf so zentbar ist, aber dem Amt Koburg zu Lehn gehet. Ist nach Fechheim eingepfarrt.

38. Wildenheyd.
Ein Rittergut nebst einem Dorf. Es gehöret anjetzo dem H. S. K. Saalfeldischen Herrn Kammerkommissair Bröhmer. Die vielen Teiche, so sich daselbst befinden, sind sehr einträglich, da die Karpfen wegen des Sandbodens sehr wohlschmeckend sind. Es ist nach Neustadt eingepfarrt.

39. Wörlsdorf.
Ein unzentbares Dorf, so denen Herren von Erfa zu Niederlind gehöret.

Zweytens
die Ortschafften des Obergerichts.

1. Sonnenberg.

Eine alte Stadt, welche bis gegen das Ende des 14ten Jahrhunderts das Städtlin zu Rotin beym Haus Sonnenberg genennt wurde. Das Flüßchen, so durch die Stadt lauft, hatte der Stadt ihren Nahmen gegeben, es wurde damalen Rotin geschrieben und heißt anjetzo die Röten. S. Flüße. Der neuere Nahme dieser Stadt Sonnenberg ist ihr von dem alten Schloße zu Theil worden, welches auf einem Berg nahe an der Stadt stand, so noch der Schloßberg heißet. S. alte Schlößer.

Das Wappen der Stadt ist ein aufrecht stehender schwarzer Löwe im goldnen Feld, welches es mit denen Städten Koburg, Hildburghausen, Eißfeld, Neustadt und Robach gemein hat.

Wie alt die Stadt eigentlich sey, ist unbekannt, aber aus dem Privilegio von 1343, so ihr Jutta, gebohrne Marggräfin zu Brandenburg ertheilte, siehet man, daß sie schon damalen eine Stadt war: denn sie nennet es unser Städtlin zu Rotin. In diesem Privilegio wurden ihr die Rechte und Gerechtigkeiten der Stadt Neustadt geschenkt, welche hauptsächlich darinnen bestanden: Jahr- und Wochenmärkte zu halten und unter ihrem selbst gewählten Magistrat zu stehen. Im Jahr 1349 am Obersten, das ist am heil. drey Königstag, begnadigte eben diese Frau Jutta die Stadt mit einem neuen Privilegio, worinnen nicht allein das vorige bestätiget, sondern ihr auch das Recht gegeben wurde, nicht unter Neustadt, das ist dem Amte daselbst, zu stehen, sondern ihr Recht zu Koburg, das ist, der Landesregierung, zu suchen, welches Vorrecht sie auch noch bis jetzo genießet. Zu dieser Stadt mag wohl die Stadt außen in der Ebene, zwischen dem Kapellenberg und dem Kreutzpöhl gelegen gehört haben, weil in dieser Gegend noch verschiedene Felder Benennungen von der alten Stadt haben. Als aber in dem Hußitenkrieg hiesige Gegend

und

und besonders diese Stadt als ein offener Ort verheeret wurde, so baueten sich die Bürger in das Thal am Fuße des Sonnenbergs unter die Frohnbaren an, dahero befinden sich auch noch fünferley Lehnschafften allhier, nemlich 1) Canzleysesshafte oder lehnbare, so weder unter dem Amt noch Stadtrath stehen. 2) Amtslehnbare, welche sich auf herrschafftlichen Grundstücken anbaueten. 3) Burglehnbare, welche sonst tägliche Frohndienste auf dem Schlosse verrichteten und besonders das Wassertragen, welches durch Esel verrichtet wurde, besorgen mußten, welches vermuthlich die ältesten Einwohner in dem Thal, wo anjetzo die Stadt lieget, sind. 4) Adelichlehnbare, deren wenig sind. 5) Rathslehnbare, oder die eigentliche Bürger, welche auch nur alleine in dem Besitz der bürgerlichen Nahrung, als brauen, backen, Brandtewein brennen, Wein schenken und in dem Genuß des Holzes sich befinden, so von Herzogl. Kammer das Gnaden- von der Bürgerschafft aber das Gerechtigkeitsholz genennt wird. Wir werden in der Folge noch Gelegenheit erhalten, von diesen Lehnschafften weitläufiger zu sprechen. Vorjetzo aber wenden wir uns zur Geschichte dieser Stadt.

1454 wurde Churfürst Friedrich vom Kayser Friedrich mit der Stadt Sonnenberg und den übrigen Städten der Pflege Koburg beliehen.

1463 regierte die Pest in Thüringen und Franken, weshalb sich Herzog Wilhelm der Tapfere eine Wohnung in dieser Stadt, wegen ihrer reinen gesunden Luft, erbauen ließ, woselbst er sich bey diesen gräßlichen Zeiten aufhielt. S. mehreres von diesem Haus unter Canzleylehnbare Häuser.

1510 den 8 Julius wurde ein Rezeß errichtet, nach welcher der Stadtrath von neuen vor Schriftsäßig erkläret, auch die Befreyung ihm ertheilet wurde, daß er auf immediates Vorladen Fürstl. Amtes nicht erscheinen darf, er müßte denn selbst etwas vorzubringen oder zu klagen haben. Nach selbigen dictirt er auf geringe Scheltworte, so wie auch für die Fuhrfrevler, die Strafe, dirigirt seine Lehnschafften, verrichtet die Actus executionis bey Schuldsachen der Bürger, erhält die Hälfte der Strafen, so der Amtsvoigt erkennet, so wie auch von dem Wander- und

Mei-

Meistergeld ein Drittheil, giebt mit Achtung aufs Brauwesen. Feuer-beschauer, Bier-Brod- und Fleischschätzer werden gleichfalls vom Stadt-rath erwählt, anjetzo vom Herzogl. Amt vi Commissionis in Pflichten genommen: und was dergleichen mehr wird nicht allein hierinnen, son-dern auch in folgenden von 1570, 1607, 1657, 1658 erneuert und be-stätiget.

1533 Montags in der Osterwoche bestätigte Churfürst Friedrich von neuem der Stadt alle Freyheiten und Privilegien, besonders die ihr von Frau Jutta von Henneberg am Obersten ertheilet worden, durch ei-genhändige Unterschrift.

1575 als in hiesigen Gegenden die Pest aufs schrecklichste wütete und selbige auch durch einen Krämer aus Seßlach hieher gebracht wurde, so wurden doch so gute Anstalten getroffen, daß nicht mehr denn zwey Häu-ser ausstarben.

1585 brachte es nach vielen Schwierigkeiten der Hr. Bürgermeister Johann Förster dahin, daß eine Mädgenschule errichtet wurde. Ich glaube, daß dieser Mann verdient der Vergessenheit entrissen zu werden.

1591 war eine solche Theurung, daß ein Viertel Korn 23 Schil-ling und 1 Simra Waitzen 3 Thlr. kostete; hingegen war es 1592 wie-derum so wohlfeil, daß 1 Viertel Korn 5 Schilling und 1 Simra Wai-tzen 1 fl. kostete.

1594 wurde ein Landtag gehalten, wozu 2 Glieder des Raths ge-schickt wurden. Auf diesem Landtag wurde zur Unterhaltung des Gesand-ten zu Regensburg 5000 fl. verwilliget, wozu hiesige Stadt 150 fl. be-zahlen mußte. Dieses war, wie ich mehrmalen gefunden, die Proportion, nach welcher die Stadt zu den Verwilligungen gezahlt hat.

1594 den 24 Februar war ein so schnelles Thauwetter, daß die Röten ein ganz Haus wegriß, viele aber beschädigte.

1596 der 27 März ist ein Tag, welcher dieser Stadt unvergeßlich seyn muß, da nicht allein ein großer Theil der Stadt nebst der Kirche und dem adelichen Hof abbrannte, sondern auch ihre alte Zierde das Schloß Sonnenberg ein Raub der Flammen wurde und dadurch für sie völlig verlohren gieng.

Auch

Auch gereichet zu ganz besonderm Ruhm hiesiger Stadt, besonders aber des damaligen Junkers und Rittergutbbesitzers Wolf Christoph von Göttfarth und des Herrn Pfarrer Nickolaus Helwigts, daß, da am Ende des 16ten Jahrhunderts die armen alten Weiber unter dem damalen so fürchterlichen Nahmen Hexe mit Feuer und Schwerd verfolget wurden, keine solche Opfer des Aberglaubens zu finden sind, sondern als 1596 doch einige Personen allhier wegen Hexerey in Verdacht kamen, so wurde durch obgenannte beyde Herren diese Sache in der Güte beygelegt; welches im Kirchenbuch angemerkt ist.

1597 waren 104 Bürger allhier, welche den Herzog Johann Casimir huldigten. Im nemlichen Jahr wurde die Kirche wiederum erbauet, wobey die Herren Kaufleute zu Nürnberg sich sehr freygebig bezeigten.

1610 den 20. Jul. brannten abermal 40 Wohnhäuser allhier ab.

1621 kaufte der Stadtrath ein Haus auf dem Markt, zum Rathhaus, weil das alte 1596 mit abgebrannt war, wozu Herzog Johann Casimir 100 fl. zu schenken geruheten.

1633, 34, 35 und 36 war die Stadt von Geflüchteten aus den benachbarten Landen so angefüllt, daß in dem Kirchenbuch von diesen Jahren sich die Gestorbenen und Getauften sehr auszeichnen. Denn obschon dieses Städtchen kein haltbarer Ort war, so verursachten doch die an die Stadt stoßende Berge, welche mit den dicksten Wäldern bewachsen waren, daß man sich bey starken Ueberfällen in dieselben retiriren konnte, bey geringern wehrete man sich von denen am Ende der Stadt gegen die Ebene errichteten Schanzen.

1635 verlohr durch eine entsetzliche Plünderung die hiesige Stadt größtentheils ihre Schriften, Dokumente und Begnadigung. Der Verlust, so diese Stadt ohne die Kirche, Pfarr- und Edelhof hierbey erlitten, ist auf 7232 fl. berechnet worden.

Das 1640ste Jahr war das schrecklichste unter allen in dem ganzen dreyßigjährigen Krieg für diese Stadt, denn 6mal wurde sie von den Kayserl. geplündert, ja als den 17 März des Nachts eine Parthey von etwa 1000

1000 Mann in die ganz verlassene Stadt kamen und bemerkten, daß auch Schweden sich mit Plündern beschäfftigten, so ließ der Kayserl. kommandirende Offizier ein Haus oberhalb der Kirche anzünden, um die Schweden desto besser observiren zu können: doch zum Glück verließen beyde Partheyen die Stadt und die in der Nähe sich befindenden Bürger eilten herzu zum löschen, daß also doch nicht mehr als 12 Häuser ein Raub der Flammen wurden. Ueberhaupt war die Noth in diesem Jahre in allem Betracht auf den höchsten Gipfel gestiegen: denn verschiedene Monate mußten diese armen Leute als Thiere herumirren, wobey sie oft in vielen Tagen keinen Bissen Brod hatten, auch wirklich viele in den Wäldern vor Hunger starben.

1641 den 6 März kam ein Kayserlich Lager unter dem General Mercy bey der Stadt zu stehen, das Hauptquartier war in selbiger.

1642 kamen 2 Regimenter Bayern hieher, so alles mitnahmen und über 4000 Thlr. Schaden thaten.

1644 war wiederum das Hauptquartier des General Hatzfelds in der Stadt, wobey entsetzlich gehauset, auch einige Bürger und Weiber erschossen wurden.

1646 wurde die Stadt und herum liegende Dörfer abermal ausgeplündert; man nahm sogar das Eisenwerk aus den Häusern und an verschiedenen Orten die Glocken von den Kirchthürmen.

1648 übertraf die Hungersnoth alle vorhergegangene Jahre: denn die Einwohner so wohl in der Stadt als den Dorfschafften suchten sich durch allerley unnatürliche Dinge zu sättigen, und wenn ja noch etwas hier oder da wuchs, so nahmen es die noch herum streifenden Kayserl. und Schwedischen Partheyen weg.

Der zwar wieder gedruckte aber doch immer fortgehende Handel brachte, nachdem der Friede hergestellt war, nicht nur die Stadt, sondern auch die herumliegenden Dörfer bald wiederum in bessere Umstände; wozu noch überdies die guten Erndten das ihrige beytrugen: denn da die Felder größtentheils wüste gelegen hatten, so trugen dieselben desto reichlicher.

1650 den 24 October veränderte sich das Fürstl. Amt und zog wiederum nach Neustadt.

1667

1667 war es so wohlfeil, daß ein Simra (*) Korn 7 Batzen galt.

1681 sind 7 Herren des Raths und die 5 Schultheißen der Dörfer Mürschnitz, Bettelhecken, Hönbach, Malmerz und Steinbach, als das gewöhnliche Hohe-Stuhl-Stadt-Land- und Rügegericht des Obergerichts, in Coburg auf öffentlichem Markt zu Gerichte gesessen, wegen eines Mörders Martin Fischer, so einen Italiänischen Kaufmann von Nürnberg bey Seidmannsdorf ermordet hatte. Es wurde ihm das Rad zuerkannt, auch das Urtheil an ihm vollzogen.

1682 war die Nöten wieder so groß, daß alle Brücken und Stege weggerissen wurden, auch an vielen Häusern Schaden geschahe.

1696 den 6 März brannten abermalen 6 Häuser ab, der Schrecken war um so größer, da gerade vor 100 Jahren fast die ganze Stadt ein Raub der Flammen geworden wäre.

1697 den 18. Februar nahm die hiesige Bürgerschafft mit Bewilligung Fürstl. Amtes den Bettelheckern 4 Eimer frembdes Bier weg und da diese sogleich wiederum welches einführten, so wurde ihnen den 6 März zum zweytenmal 14 Eimer von der Bürgerschafft weggenommen.

1698 den 22 Junius brannten wiederum 9 Häuser ab.

1720 wurde eine Kindermörderin von Perleberg auf dem Markt geköpft, weil sie ihrem Kinde zu Oberlind die Kehle abgeschnitten.

1726 wurde die Kirche um ein ansehnliches Stück verlängert und dazu den 19. Jul. der Grundstein gelegt; der Thurm und der hintere Theil der Kirche blieb stehen. Auch bey diesem Bau haben die Nürnberger Herren Kaufleute besonders die Herren Döbriche, so von hier gebürtig waren, sich sehr freygebig bezeiget.

1731 den 18 October wurde die neuerbauete Stadtkirche solenniter eingeweihet.

1735 den 4 August wurde von Kayserl. Kommißion die hiesige Stadt und das Obergericht an das Herzogl. S. K. Meiningische hohe Haus überwiesen.

1735 den 26, 27, 28 October schenkten Herzog Friedrich Wilhelm der Stadt ihre hohe Gegenwart.

N 2   1737

(*) Ein Simra ist ohngefähr so viel als ein Berliner Scheffel.

1737 wurde Herr Dreſſel Oberbürgermeiſter, auch wurde im nämlichen Jahr Catharina Köhlerin, weil ſie ihre 5jährige Tochter im Oelſentümpfel erſäufet, bey hieſigem Gerichte mit dem Rade hingerichtet.

1740 war der erſtaunlich harte Winter, welcher hieſigen Orts von Michaeli 1739 bis Walpurgis 1740 und alſo 7 Monat gedauert.

1745 wurde C. B. Häuslerin von Steinach mit dem Schwerd hingerichtet, weil ſie ihren Ehemann mit Gift vergeben hatte.

1751 wurde eine neue Glocke auf hieſigen Kirchthurm gehangen, ſo 17 Zentner wiegt.

1754 erhält die Stadt 2 metallene Feuerſprützen, weswegen auch ein Sprützenhaus erbauet wurde. Zugleich gab der Stadtrath eine vortreffliche und vom Herrn Herzog Anton Ulrich Durchlaucht confirmirte Feuerordnung heraus, welche dem damaligen Magiſtrat viel Ehre machet, und deren pünktliche Befolgung gewiß jederzeit von dem größten Nutzen ſeyn wird.

1765 im Jullo hatte die Stadt die hohe Gnade unſere Huldreichſte Landesmutter Charlotte Amelie, verwittwete Herzogin zu Sachſen, Jülich, Cleve und Berg, gebohrne Landgräfin zu Heſſen ꝛc. Obervormünderin und Landesregentin nebſt denen Durchlauchtigſten Prinzen und Prinzeßinnen einige Zeit allhier zum erſtenmale devoteſt zu verehren.

1768 und 69 waren Höchſtdieſelben wiederum im Oberland, jedoch nahmen Höchſtdieſelben Dero Aufenthalt in dem Schlößchen zu Oberlind, wobey die Stadt öfters die Gnade hatte, Durchlauchtigſte Herrſchafft zwiſchen ihren Bergen zu ſehen.

1771, 72 und 73 waren ſchreckliche Sterb- und Hungerjahre. Das Sra. Korn hat verſchiedenemal 4 Dukaten gekoſtet und war nicht einmal dafür zu haben.

1776 genoß die Stadt abermalen die hohe Gnade Durchlauchtigſte Landesherrſchafft einige Wochen perſönlich zu verehren und weil Durchlauchtigſter Herzog Carl zum erſtenmal als regierender Herr hier waren, ſo errichtete hieſige Stadt verſchiedene Ehrenpforten und gab ſich nach ihren Kräfften alle Mühe um ihre Freude an den Tag zu legen.

Höchſt-

Höchstdieselben logirten im Oberamthaus und das Herzogl. Gefolge bey der Herzogl. Dienerschafft und Bürgern.

1780 geruheten Durchlauchtigste Frau Herzogin Frau Mutter, mit des Prinz Georgs und der Prinzeßin Amalie Durchlaucht Durchlaucht die hiesige Stadt wiederum auf einige Tage mit ihrer höchsten Gegenwart zu beglücken.

Nach dieser kurzen Geschichte der Stadt, wenden wir uns zur Beschreibung derselben selbst. Sie liegt nach Wurzelbauers Berechnung unter dem 50 Grad, 35 Minuten Norder Breite und unter dem 28 Grad, 50 Minuten der Länge, in einem schmalen Thale, welches an den breitesten Orten 3 bis 400 und an den schmälsten 100 Schritt breit ist und dahero größtentheils nur aus einer Strasse bestehet, welche 2200 ordentliche Mannsschritt lang ist. Sie bestand 1672 und bestehet 1780

aus 4   4 Canzleylehnbaren
     20   27 Burg- und Amtslehnbaren
     3   5 Kemmaterlehnbaren
     1   1 Rauensteinerlehnbaren
     2   2 Abjunkturlehnbaren
     117   209 Rathslehnbaren
     147   248 Wohngebäuden.

worunter 3 Mahlmühlen, 2 Weißgerberwalkmühlen, 1 Lohmühle, so alle Amtslehnbar sind, 3 Wirthshäuser. Ferner sind in und bey derselben 1 Brauhaus, 4 Malzdarren, 1 Sprützenhaus, 2 Kienrußhütten und eine herrschafftliche Pechhütte.

Unter den Gebäuden zeichnen sich besonders aus: 1) Das Herzogl. Oberamthaus, in welchem in dem untern Stock, die Amts- und Expeditionsstuben sind, woben artige wirthschafftliche Gebäude und ein kleiner Lustgarten ist. 2) Der Dresselsche Hof. 3) Das von Hrn. Bürgermeister Motschmann neu erbauete Haus von 3 Stockwerken. 4) Das Musälsche Haus, welches besonders wegen seines daran stossenden vom Herrn Abjunktus Musus neuerdings angelegten schönen Garten, sich auszeichneten. 5) Die beyden Wohnhäuser des Ritterguths Kemmate. 6) Das schöne

Haus des Hrn. Rath und Rentmeister Rippels mit sehr gut angelegten Wirthschaftsgebäuden, aus deren Dach man in ein artiges Gärtchen, so an den steilen Schloßberg angelegt worden, kommt.

An öffentlichen Gebäuden findet sich hier eine ganz artige Kirche, so aber für die starke Gemeinde zu klein, ob sie gleich 1726 ansehnlich vergrößert worden. Das Kirchenvermögen ist anjetzo 2182 fl. Fränkl. die dazu gehörigen Vermächtnisse 2392 fl. 12 Batz. 13½ Pf. von deren Interessen die Herren Geistlichen und Schuldiener ihre Besoldungen, die Armen und Schulkinder Geschenke erhalten. Zu diesen Kapitalien hat die Döbrichische Familie alleine 620 fl. die Liebermännische 289 fl. und die Dresselsche 240 fl. hergegeben. Ueberhaupt muß man verschiedenen Kaufleuten, so von hier gebürtig und anderwärts ihr Brod gefunden, zum Ruhme nachsagen, daß sie ihre Dankbarkeit gegen Gott zu bezeugen, an hiesiger Kirche, Adjunktur, Rektorat und Schulwohnungen viel Gutes gethan und daß besonders Paul Heublein zu Stockholm und die Gebrüder Döbrich zu Nürnberg bey Reparirung und Erbauung dieser Gebäude Tausende geschenket. 2) Die Gottesackerskirche ist vom Herrn Heublein aus Stockholm im Jahr 1790 durch Hrn. Bürgermeister Heybach erbauet worden. 3) Das Adjunkturgebäude. 4) Das Rektorat. 5) Die Kantorey und Mädchenschule. 6) Das Rathhaus, welches im verflossenen Jahre gründlich reparirt worden, worinnen im untern Stock ein Gasthof befindlich. 7) Das Gewandhaus, worunter die Rathswaage, ein Gewölbe zum Rathsarchiv und die Fleischbänke sich befinden und endlich das Siechhaus, so hieher gerechnet werden muß, ob es gleich am Fuße des Judenbacher Berges hart an der Straße und folglich eine kleine Stunde von hier liegt. Man hat von Errichtung dieses Hauses keine authentische Nachricht als die, so sich unter den Beylagen Nro. 8. befindet. Die Tradition hingegen erzählet uns, es sey gegen Ende des 15ten Jahrhunderts ein Kaufmann aus Nürnberg von Leipzig zurückgekommen, da er denn auf dem Platz, wo das Haus stehet, umgeworfen worden und beyde Beine gebrochen. Man brachte ihn nach Lind, allwo er von Sonnenberg aus mit vielem Guten versehen und glücklich kuriret

tiret wurde. Als er das Jahr darauf wiederum auf den Platz kam, so besorgte er, daß dieses Haus gebauet wurde und verordnete, daß aus den beyden Orten Sonnenberg und Oberlind 2 Vorsteher, welcher jeder eine eigne Kasse hat und verrechnet, angestellt würden. Das Sonnenberger Kapital ist 2049 fl. Fränkl. stark, das Ünder aber nur 625 fl. Anjetzo werden 4 Personen darinnen erhalten, welchen erlaubet ist, sowohl von denen Vorbeyreisenden Allmosen zu bitten, als auch an verschiedenen Orten, an den hohen Festtagen, Geld und Nahrungsmittel zu sammlen.

Die Hauptnahrung dieser Stadt ist die Handlung. Wir wollen die Professionisten nach dem Alphabet durchgehen und sowohl die Anzahl ihrer Meister bemerken, als auch zeigen, daß ihre Nahrung größtentheils von der hiesigen Handlung entstehet.

1 Apothecker, 1 Bader, 17 Becker, welche von den Waarenliefernden Landleuten ihre stärkste Abnahme haben, 1 Braumeister, 4 Brieftaschenmacher, leben ganz allein von der hiesigen Handlung, 1 Buchbinder, 1 Konditor, 7 Drechsler, davon etwa 2 sich mit etwas anders als Spielsachen beschäfftigen, 4 Flaschner, so ihre Waaren größtentheils im Ganzen verschicken, 2 Färber, 2 Glaser, 1 Goldschmied, 2 Geigenmacher, so bloß von hiesiger Handlung leben, jedoch werden die meisten Geigen auf dem Lande zu Köppelsdorf, Hüttengrund, Neufang und Bachfeld gemacht. 10 Großbüttner, welche außer den Bierfäßern, sich von Verfertigung der Verschlagfäßer zu Verschickung hiesiger Waaren nähren, 5 Guckguckmacher, diese Spielerey wird größtentheils auf dem Lande gemacht und ungemahlt in die Stadt geliefert. Hievon werden des Jahres viele 1000 Dutzend verschickt, 4 Gürtler, deren fast einzige Beschäfftigung ist, meßingene Blättchen auf die Nägel zu löten, 3 Huffschmiede, 2 Huthmacher, 2 Knopfmacher, 4 Kupfer= und Schwarzblecharbeiter, deren und ihrer Zunftgenossen auf dem Land, Arbeit Judenweis weggeführet wird, 1 Kürschner, 9 Leineweber, 7 Lohgerber, diese haben nicht nur allein durch das häufig in die Stadt kommende Landvolk einen starken Abgang, sondern sie schicken auch viel Leder nach Leipzig auf die Messen, 7 Maurer und Steinmetzen, welche Winterszeit mit ihren Gesellen Wetzsteine von grö-
bern

bern Sandsteinen für die Schuster auch wohl andere Steinwaaren verfertigen, 1 Melmer, 18 Menger oder Fleischer, welche größtentheils sich gut stehen, wegen des starken Abgangs, so die Waaren liefernde Landleute verursachen, 3 Müller, 11 Nagelschmieden, worinnen in jeder wenigstens 4 Mann arbeiten und noch außer diesen werden auf dem Lande besonders zu Oberlind, Steinheid und Schalkau ebenfalls sehr viel Nägel gemacht, 2 Peruckenmacher, 1 Sattler, 1 Schieferdecker, 15 Schneider, 27 Schuhmacher, 1 Schlotfeger, 35 Schreiner oder Tischler, wovon die meisten 1 auch 2 Gesellen haben, davon die Hälfte nichts als Spiegelrahme von allen Arten machen, welche größtentheils, da sie sehr wohlfeil sind, ins Brandenburgische und nach Nürnberg ohne Spiegel an die Spiegelfabricken und Kaufleute so damit handeln, verschickt werden, ferner Spielbreter und vielerley fournirte Arbeit, nicht weniger sogenannte Drehorgeln, deren Werth von 3 bis 100 fl. steiget, ungerechnet der vielen Kisten, so zu Verschickung der Waaren verfertiget werden, 8 Schiefertafelmacher, welche aber bey weitem nicht so viel verfertigen können, als deren von den hiesigen Kaufleuten verschickt und dahero von andern Orten bezogen werden müßen, 1 Schieferbüchleinsmacher, eine Art Schreibtafeln, welche aus vielen Schieferblättern von allerley Größe verfertiget werden, die meisten hiervon werden in Hämmern und Mengersgereuth gemacht, 11 Schiefergriffelmacher oder Steinreiber, diese Griffel, womit man auf die Schiefertafeln schreibet, werden bis jetzo ganz allein hier verfertiget, 2 Schlosser, 1 Strumpfwirker, 1 Töpfer oder Häfner, 1 Tuchhändler, 3 Tüncher, 1 Trommelmacher, welcher nichts als Kindertrommeln macht, 9 Weißgerber, wovon die meisten verschiedene Gesellen haben und doch nur einen sehr geringen Theil von denen weißen Schaaflebern verfertigen, welche von ihnen ins Oesterreichische, besonders nach Wien, geschafft werden, 19 Wißmuthmahler, die mahlen die Schachteln, Nehpültchen, Guckgucks und dergleichen und verfertigen zugleich die schönsten Spielsachen für Kinder, als Menschen, Thiere, Kutschen und was man ihnen nur für Zeichnungen giebt; sie verfertigen Stücke, die ihnen mit 30 fl. bezahlt werden, 6 Zimmermeister und 1 Ziegler. Jedoch was hier in der Stadt verfertiget wird, ist der geringste Theil der Handlungswaaren, so verschickt werden.

ben. Schachteln von allen Arten, Feuerspritzen, Breterchen, Bänder und seidene Zeuche darauf zu wickeln, Buchbinderbreter, Degenscheiden und Schusterspäne, Siebläufte, die meisten Geigen, alle Arten von Pfeifen, Kinderwägelchen, Schubkästen, Nähpulte, Kommödchen, Schränkchen und was dergleichen mehr, werden alle vom Lande herein in die Stadt geliefert und allhier gemahlt, eingebunden, gepackt und verschickt.

Damit sich meine Leser deutliche Begriffe von dergleichen Verschickungen machen können, so setze ich hernach ein paar Bestellungen nach Engelland und Rußland bey. S. Beylagen Nro. 9.   Nro. 9.

Die Herren Kauf- und Handelsleute werden allhier in 2 Klassen getheilet. I) In die, so blos Handlung treiben, diese heißen anjetzo Bauerfachs Johann Dietrich, treibet Handlung nach Danzig, Königsberg in Preußen und nach Pohlen. Bischoff Martin, Bischoff Georg Michael, treiben blos Kommißionshandlung. Bischoff Johann Paul, geht nach Frankfurt am Mayn. Bischoff Joh. Gottlieb seel. Wittib, geht nach Braunschweig und Leipzig. Bock Joh. Martin, geht nach Leipzig, Frankfurt an der Oder, Stettin und Berlin. Dietz Kilian, geht nach Leipzig und Braunschweig. Herpich Nickolaus Friedrich, geht nach Braunschweig. Herpich Joh. Heinrich, geht nach Leipzig und Braunschweig. Heubach Christian Justus, treibt blos Kommißionshandlung. Heublein Joh. Paul, nach Leipzig, Schlesien und ins Brandenburgische. Liebel Andreas, nach Leipzig und Braunschweig. Liebermann Joh. Gottlieb, geht nach Leipzig, Frankfurt an der Oder und Breßlau. Metzler Oswald, nur Kommißionshandlung. Alle diese Kaufleute treiben auch Kommißionshandlung nach Engeland, Holland, Dänemark, Schweden, Rußland, Frankreich, Spanien und Nordamerika.

II) In diejenigen, so Professionen dabey haben.

a) Wißmuthmahler,

Dreßel Joh. Philipp, gehet nach Frankfurt am Mayn. Escher Joh. Christoph eben dahin. Herpich Joh. Ferdinand, nach Dreßden. Kiesewetter Oswald, nach Nürnberg und Bamberg.

O   b) Stein-

b) **Steinmacher,**

Herpichböhm Joh. Nicolaus, nach Frankfurt am Mayn, Augsburg, ꝛc.
Heublein Joh. Heinrich, geht nach Schwaben und Bayern.

c) **Weißgerber,**

Motschmann Joh. Andreas, Motschmann Joh. Philipp, Walther Joh. Christian, Kommerzienkommissarius. Diese drey handeln hauptsächlich mit weißen auch andern Ledern nach Oesterreich, Ungarn und in die Türkey. Motschmann Joh. Wolfgang, geht nach Leipzig und Hamburg.

Der jährliche Betrag der Waaren, so aus der Stadt verführet werden, beläuft sich über 16000 Zentner.

Die Handlung dieser Stadt muß schon sehr alt und ansehnlich gewesen seyn, denn in Frankfurt am Mayn hat man bey Errichtung der dortigen Messen, um die hiesigen Kaufleute dahin zu locken, ihnen besondere Freyheiten von den gewöhnlichen Abgaben zugestanden, welche sie auch noch bis jetzo ununterbrochen genossen haben und genießen. Denn sie zahlen von einer Kiste oder Packfaß, sie mögen so groß seyn als sie wollen, nicht mehr als an der Ostermesse 8 Kreuzer und an der Mar. Geburtsmesse noch einmal so viel. Müßen aber dafür in Römer zum Geschenke liefern: 3 Dutzend hölzerne Teller, 3 Sätze Achterkasten, 3 Dutzend Kochlöffel, 3. Sätz gemahlte Salzfässer, 3 Pack Weinzähne, 3 Stück Gewürzladen. Der Ueberbringer dieses Römergeschenks wird von dem Rathsbinder nicht allein in dem Rathskeller mit Wein traktiret, sondern noch überdies erhält der Kaufmann, (denn sie wechseln unter sich jede Messe um der das Römergeschenk abliefert,) einen grosen Kölnischen Krug mit Wein von dem Stadtrath zu Frankfurt zum Gegengeschenk.

Vor 60 bis 80 Jahren waren die hiesigen Kaufleute fast in dem alleinigen Besitz des Flintensteinhandels in Deutschland, welcher um so beträchtlicher war, da sie ganze Armeen damit verlegten. Sie führen sie zwar noch und machen davon einen ziemlichen Absatz, doch ist dieser Artickel gegen jene Zeiten von keiner Erheblichkeit mehr. Ferner führen sie Sächsische fifche, Nürnberger, Berchtolsgadner (*) und Salzburger Waaren. Und da sie viel Handlungsgeist besitzen, so können ihre Herren Korrespondenten versichert seyn, daß sie gewiß nicht leicht etwas von deutschen Waaren verlangen können, so ihnen nicht durch die hiesigen Kaufleute geschafft werden sollte.

Ein ebenfalls wichtiger Nahrungszweig ist die Bierbrauerey, welcher aber wegen gewisser Polizeyfehler sehr herunter gekommen ist. Diese Wahrheit zu beweisen ist nicht schwer. Schon seit zehen Jahren geschehen 105 höchstens 114 Gebräude. (**) Im Jahr 1734 brauete man 120 Gebräude, da doch wenigstens 4 bis 500 Menschen weniger in der Stadt wohnten und das Herzogl. Oberamt, Amt und Einnahme noch nicht hier war, folglich alle die, so in dem Amt und Einnahme zu thun hatten, ihren Krug Bier in Neustadt tranken: (denn wie viele gehen wohl aus der Stadt ohne sich vorhero mit einem Trunk gelabt zu haben?) gleichwohl hat zum äußersten Schaden Herzogl. Kammer und der Bürgerschafft dieser Nahrungsartickel, so wie das Bier selbst an seiner Nutzbarkeit und Güte, abge-

(*) Es ist außerordentlich zu bedauren, daß man 1732 die gute Gelegenheit aus den Händen gelassen, die Berchtolsgadner Emigranten in das Land zu ziehen; da doch durch das Anerbieten der hiesigen Kaufleute, sie unentgeldlich hieher zu schaffen und für ihr Unterkommen und Wohnung zu sorgen (wozu sie auch schon 300 Thlr. beysammen hatten) viele sich hieher zu wenden entschlossen waren. Weil aber die Berchtolsgadner Beamten von Fürstl. Gesammtkammer zu Coburg, von dem Kopf so hieher ziehen würde 5 fl. verlangten und die Kammer auch dieses Geld der Kaufmannschafft zu geben zumuthete; so blieb dieses vor das Land so höchstnützliche Unternehmen liegen und unsere Kaufleute haben vielleicht seitdem mehr als 100000 fl. nach Berchtolsgaden geschickt, so im Lande hätten verbleiben können.

(**) In einem solchen Gebräude Bier wird 21 Simra Malz und 3 Simra oder 21 bis 24 Pfund Böhmischer Hopfen genommen, und hiervon soll nicht mehr als 52 oder 54 Eymer Bier gebrauet werden.

abgenommen. Statt also nach Proportion der viel mehrerern Trinker sich wenigstens die Anzahl der Gebräude seit 1734 von 120 auf 200 Gebräude hätten vermehren sollen, so haben sie sich so merklich verringert, welches vor die herrschafftliche Einnahme jährlich einen Schaden von mehr als 1000. fl. Fränkl. verursachen muß.

Ein Schatten von einem alten Vorrecht dieser Stadt ist das Hohe-Stuhl-Stadt-Land- und Rügegericht, welches zwar noch jährlich einmal gehalten wird, aber anjetzo bis zu einer blosen Ceremonie herabgewürdiget ist, da doch vor Alters über Leben und Tod dabey gesprochen wurde, wie wir unter dem Jahr 1681 in der Geschichte der Stadt gesehen haben. Es bestehet solches aus dem Rügemeister oder anjetzo aus dem regierenden Bürgermeister, 2 alten Bürgermeistern, 4 Rathsherren und den 5 Schultheißen der Dörfer Bettelhecken, Mahlmerz, Steinbach, Köppelsdorf, Mürschnitz und Hönbach, wobey Nahmens gnädigster Landesherrschafft, der Zentgraf und Schößer seyn sollte, anjetzo aber nur der Zentaktuarius dabey ist.

Die Roburger Statuten sind von je her die Norm gewesen, wornach man sich auch bey hiesiger Stadt und noch bis jetzo unabänderlich richtet.

Die ordentlichen Einnahmen der Stadt sind 1) Pachtgeld vors Wirthshaus im Rathhause, vors Sonnenwirthshaus und vor das Fischwasser, so alle drey Jahre verpachtet worden. 2) Die Rathswaage, auf welcher ein Bürger vom Zentner 1 Kreutzer und ein Fremder 2 Kreutzer bezahlen muß. 3) Die Fleischbänke. 4) Das Abzugsgeld, sowohl vom Mobiliar- als Immobiliarvermögen 10 von 100. 5) Uebergebräugeld, wenn nemlich ein Bürger mehr als 2 Gebräude thut, so muß er von jedem, so er darüber thut 1 Thlr. bezahlen. 6) Brau-Antrittsgeld. 7) Standgeld an Jahrmärkten. 8) Bürgergeld von Fremden. 9) Bürgergeld von Bürgerssöhnen. 10) Conservationsgeld. Ein Bürger, so aus der Stadt ziehet und sein Bürgerrecht erhalten will, muß jährlich 5 ggr. geben. 11) Schutzgeld. Wer als ein Schutzverwandter hier wohnt, giebt jährlich 10 ggr. 12) Vom Meister-Muth- und Wandergeld der Bürger ½. 13) Einfuhrgeld, vor fremden Wein, Bier, Breyhan und

Brand-

Brandtewein, vom Eimer 21 Pf. 14) Strafgelder, so wohl die so von der Amtsvogtey als auch dem Stadtrath anerkannt worden, die Hälfte der Strafe müßte denn nicht über 5 ggr. seyn, da sie die Stadtkasse allein erhält. 15) Einzugsgeld der fremden Weibspersonen, so in die Stadt zu ziehen die Erlaubniß bekommen. 16) Pflasterzoll. 17) Pfannengeld von denen so brauen. 18) Schießgeld, so von den neuen Bürgern, so nicht schießen wollen, entrichtet werden muß. Alle diese Einnahmen betragen ungefähr jährlich 500 fl. Fränkl.

Die Volksmenge ist in der Stadt außerordentlich: es giebt kleine Häuser, worinnen 20 bis 30 Seelen wohnen und damit die Vermehrung desto deutlicher in die Augen fällt, so werde ich 1) Eine Volkszählung so auf Befehl Herzog Ernst des Frommen 1672 gemacht worden, 2) Die Zählung so 1771 auf Befehl der Frau Herzogin Charlotte Amelie Durchl. geschehen, und 3) die so ich selbst im Monat März 1780 gemacht habe, hersetzen

	Erwachsene,	Kinder,	Summe.
Im Jahr 1672 waren	742	244	986
Im Jahr 1771 waren	1121	448	1569
Im Jahr 1780 waren	1178	579	1757

Folglich hat sich die Stadt in 108 Jahren um 771 Seelen vermehrt. Im Jahr 1672 waren 168 Familien, anjetzo 416.

In hiesige Kirche sind folgende 3 Dorfschafften eingepfarrt, Mürschnitz, Bettelbecken, Neusang und das Kammerguth Eichberg. Im Jahr 1672 bestand das ganze Kirchspiel aus 1188 Seelen, indem die Eingepfarrten 202 Seelen, nemlich 128 Erwachsene und 74 Kinder waren: Anjetzo sind 2087 Seelen, als 1402 Erwachsene und 685 Kinder; folglich sind die Eingepfarrten 330.

Die vorhandenen Kirchenbücher fangen im Jahr 1574 an, aus welchen erhellet, daß

in den erſten 10 Jahren
im Durchſchnitt jährl.
ſind · 29 getauft, 22 begraben, 9 getrauet worden.
100 Jahr darauf von
1674 bis 1683   39 — 30 — 11 — —
50 Jahr darnach von
1724 bis 1733   49 — 41 — 16 — —
20 Jahr darauf von
1744 bis 1753   79 — 60 — 19 — —
und in den letztern 10
Jahren von 1770
bis 1779   81 — 71 — 16 — —

Wenn man nun wie billig die ſchrecklichen Hunger- und Sterbjahre 1771, 72 und 73 in welchen 281 Menſchen in dieſem Kirchſpiel geſtorben ſind, mit in Anſchlag bringet, ſo ſiehet man auch hieraus, wie anſehnlich die Stadt von Jahr zu Jahren zugenommen hat. Denn der Unterſchied, ſo von dem Anwuchs der Dörfer entſtehet, iſt nicht ſo ſehr beträchtlich, wie wir oben geſehen haben.

In denen 206 Jahren von 1574 bis 1779 ſind 9245 Menſchen gebohren worden, hingegen ſind nur 7043 geſtorben und da anjetzo 2087 Seelen in dem Kirchſpiel ſich befinden, ſo ſind aus demſelben in einer ſo langen Zeit, nicht mehr als 116 Menſchen verlohren gegangen.

Da 2087 Menſchen ſich im Kirchſpiel befinden und in den letztern 10 Jahren, 71 Geſtorbene aufs Jahr kommen und man die 3 Sterbjahre mit in Anſchlag bringen muß, ſo ſtirbt ungefähr der 30ſte oder 31ſte Menſch; dieſes Verhältniß fand ſich ſchon 1672, denn damalen waren 935 Seelen im Kirchſpiel, es ſtarben zu jener Zeit in einem gemeinen Jahr 30, folglich ſtarb auch wie anjetzo noch der 31ſte Menſch.

Außer dem Nationalcharakter, da ſie Oberländer ſind, haben die Einwohner das beſondere, daß ſie durch vieles Reiſen größtentheils manierlich worden, vielen Stolz beſitzen, welcher, wenn ſie ihn recht anwenden, geſchickte Leute aus ihnen machet. Einer ihrer Hauptfehler iſt die Be-
gierde

glerbe zu spotten, weswegen auch die meisten Einwohner aufgegebene Bey=
namen haben und dieses muß mit unter ihre Erbsünden gehören, wie ein
alter Reim beweiset:

  Wer in Steinheid ist, und fühlt keinen Wind,
  Durch Steinach geht und sieht kein Kind,
  Von Sonnenberg kommt ohne Spott,
  Der ist ein Gesegneter von Gott.

 Den Weibern kann man, wie den Engländerinnen, die Gerechtigkeit
widerfahren lassen, daß sie das Ruder vom Hauswesen führen, auch
wohl wo nöthig mit Gewalt zu behaupten wissen.

 Der Fleiß der Einwohner zeichnet sich auch dadurch aus, daß
man um die Stadt herum kein Plätzchen findet, das nicht benutzet wird;
dahero die steilen Berge, welche die Mauern der Stadt ausmachen, auf
beyden Seiten mit Gärten bedeckt sind, welches der Stadt ein anmuthi=
ges Ansehen giebt.

 Folgende Personen aus hiesiger Stadt haben sich durch Industrie,
Geschicklichkeit und Herzhaftigkeit außerhalb ihres Vaterlandes be=
kannt gemacht.

 Durch Industrie haben sich besonders die Döbriche ausgezeichnet;
denn Johann Nickol Döbrich errichtete zu Lübeck ein großes Handlungs=
haus, hatte verschiedene Schiffe in der See, wovon sein größtes die Stadt
Sonnenberg hieß. Er wurde anfänglich sehr reich, so daß er verschie=
dene Tonnen Goldes kommandirte, aber noch vor seinem Ende kam er
durch viele Unglücksfälle dahin, daß er von der Milde seiner vorherigen
Korrespondenten leben mußte, welches aber auch den redendsten Beweiß
giebt, daß er kein Verschwender, sondern ein Unglücklicher gewesen ist.

 Nickol Döbrich kam zu einer ansehnlichen Handlung in Stockholm:
er ließ einen Anverwandten Paul Heublein zu sich kommen; dieser
heyrathete nach seinem Tode seine Wittwe und setzte die Handlung fort.

 Christian Döbrich errichtete eine Handlung zu Riga und

 Dietrich und Paul Döbrich hatten zwey der ansehnlichsten Hand=
lungen zu Nürnberg. Aber auch andere, als

              Fried=

Friedrich Hütt zu Kopenhagen, Paul Heublein zu Christianla in Norwegen, Balthasar Wagner zu London und Andreas Metzler zu Mietau besassen ansehnliche Handlungen.

Durch Geschicklichkeit wurde ein hiesiges Stadtkind so Maundorf hieß, bey Karl dem XII Oberfeldpostmeister, begleitete den König nach der fatalen Schlacht bey Pultawa mit nach Bender. Der König schickte ihn mit wichtigen Briefschafften von da nach Schweden, nebst dem Befehl, daß ihm seine Rückstände bezahlt werden sollten, diese betrugen 6000 Thlr., man verzögerte ihm die Auszahlung, er starb vor Verdruß noch ehe sein gnädigster Herr in sein Königreich zurückkam. Auch brachte sich durch Geschicklichkeit einer Nahmens Herrwig bis zu den wichtigen Posten des ersten Sekretärs bey dem berühmten Fürst Menzikoff. Seine Geschichte ist kürzlich diese. Er gieng als ein junger Mensch, der schreiben und rechnen gelernet hatte, mit hiesigen Kaufleuten nach Wien, allda fand er Gelegenheit bey dem damaligen Rußischen Gesandten Herrn von Urbig als Schreiber eine Stelle zu erhalten. Sein Fleiß und Geschicklichkeit machte ihm diesen Herrn so werth, daß er ihm bey einer wichtigen und angenehmen Gelegenheit als Kourier nach Petersburg sandte. Menzikoff lernte ihn bey dieser Gelegenheit kennen und behielt ihn bey sich. Hier genoß er das ganze Vertrauen dieses zuletzt unglücklichen Fürsten, hatte aber noch das Glück vor seinem Fall wegen einer gethanen Heyrath, sich auf die Güther seiner Frau in Liefland retiriren zu können, woselbst er aber nicht lange lebte. 1714 kam er um seinen alten Vater noch einmal zu sehen hieher, hielte sich 18 Wochen hier auf, wobey er sich sehr prächtig aufführte. Er kaufte seinem Vater ein Haus und beschenkte ihn und seine Geschwister reichlich.

Durch Herzhaftigkeit brachte es Hanns Liebermann zu Anfang des 17ten Jahrhunderts so weit, daß er sich in Kayserlichen Diensten, bis in die Stelle eines Staabsoffiziers empor schwung, vom Kayser geadelt wurde und den Nahmen Liebermann von Sonnenfels genannt erhielt. Ein Enkel von ihm befindet sich annoch als Hauptmann in Königl. Preussischen Diensten.

Noch

Noch bis jetzt habe ich keine Gelegenheit gefunden, von der Eintheilung der Stadt nach den Lehnschafften meinem Versprechen gemäs etwas zu sagen, ich will also beym Schluß der Beschreibung dieser Stadt es noch kürzlich nachholen. Wir haben gleich anfänglich gesehen, daß es fünferley Abtheilungen der Lehen giebt, nemlich Canzley-Amts-Burg-Adelich- und Rathslehnbare.

Die 4 Canzleysäßigen oder lehnbare Häuser sind die beyden Wohngebäude, so zu dem Rittergut oder der Sonnenberger Kemmate gehören; und die beyden Wohngebäude auf dem Dresselschen Hof, welche vom Graf Heinrich VIII, der des Sommers auf dem Sonnenberger Schloß wohnete, zuerst als eine Winterwohnung erbauet, von Herzog Wilhelm dem Tapfern aber erneuert worden: wozu noch ein Fleck, Feld und Wiesen gehöret, so hart an den Hof von hinten stößet, die Eller heißt und vermuthlich ein Lustgarten der ersten Durchlauchtigen Erbauer oder Erneuerer gewesen seyn mag. Auf diesem Grundstücke hat weder der Stadtrath noch auch das Amt, wenn es nicht Kommißion von Herzoglicher Regierung erhält, etwas zu gebieten.

Herzog Wilhelm der Tapfere vermachte seiner Gemahlin einer gebohrnen von Brandenstein diesen Hof zum Wittwensitz, der ihr aber wieder entzogen wurde. Als 1596 das Schloß abgebrannt war, bewohnten ihn verschiedenemal die Herren Amtshauptleute. 1671 den 19 December wurde derselbe unter Churfürstl. Vormundschafft Herzog Friedrich Wilhelm des jüngern an Egidius Friedeln, Kaufmann und Mitglied des Raths allhier mit den grosen Freyheiten verkauft, daß es niemalen einige Abgaben, sie mögen Nahmen haben wie sie wollen, entrichten soll, ja selbst bey Lehnsfällen entrichtet es nichtes weiteres, als bey Herzogl. Lehnhof die Canzley-Jura, erhält aber das grose Lehnssiegel an die Lehnbriefe. Von Egidius Friedel kam dieser Hof durch Erbrecht und Kauf an verschiedene Besitzer, bis endlich die Frau Räthin Rost zu Ehnes denselben den 12 December 1764 an den jetzigen Besitzer Herrn Johann Philipp Dressel verkaufte.

Die 27 Amts- und Burglehnbare Wohnhäuser stehen unter dem Herzogl. Amt, bey welchem sie selbige wie andere Grundstücke im

Amtsbezirk bey Kauf-Tausch- und Sterbfällen mit 5 von 100 verlehnen müßen. Da diese Häuser alle von Bürgern bewohnt werden, so stehen solche zwar für ihre Person unter dem Magistrat, in Ansehung ihrer Häuser aber unter dem Burgschultheißen, welcher aus ihren Mitteln erwählt und vom Herzogl. Amte bestätiget wird; dieser fordert die Steuern und Erbzinsen ein und beobachtet die Lehnsfälle und zeiget solche bey Amte an. Dafür ist er Jagd-Frohn- und Wachtfrey.

Die 6 abelich-lehnbaren Häuser bewohnen zwar ebenfalls nur Bürger, welche für ihre Personen unter dem Magistrat stehen, ihre Häuser aber bey ihren Voigteyen mit 10 von 100 nach ihrem Werth verlehnen müßen. Zu dieser Klasse rechnet man auch die Adjunkturlehnbaren in der obersten Stadt.

Die 209 Rathslehnbaren Häuser entrichten nicht nach dem Werth, sondern nach der Anzahl der Gebäude die Lehnsgebühren und zwar für jedes 1 fl. rhnl. Sie können wie ich schon im Anfang gesagt habe, alle bürgerliche Nahrung treiben und dahero stehet jedem Hause frey, jährlich 2 Gebräude zu thun, wofür sie an die gemeine Stadt nichts zu zahlen haben. Will einer aber mehrere thun, so giebt er in gemeine Stadtkasse für jedes 1 Thlr. Ein Bürger so zum erstenmal brauet, muß als ein neuer Brauer einen Dukaten in gemeine Stadtkasse zahlen. Nur 190 alte Rathslehnbare Wohnhäuser erhalten das von Herzogl. Kammer sogenannte Gnadenholz, die neuen Gebäude haben aber keinen Antheil daran. Ein solches Haus bekommt eigentlich 4 Klaffter Holz, wegen des Holzmangels aber ist es anjetzo auf die Hälfte heruntergesetzt worden.

Ein Bürgerssohn, so Bürger wird, giebt nicht mehr als 7 Gr. 6 Pf. an gemeine Stadt und 8 Gr. 6 Pf. Gebühren. Ein Fremder aber bezahlet für das Bürgerrecht, nach den vorwaltenden Umständen und seinen besitzenden Vermögen oder Handthierung 15, 18 bis 20 fl. Fränkl. die Rathsgebühren mit eingeschlossen. Jedweder, so Bürger wird, muß einen ledernen Feuereimer machen laßen. Ferner muß jeder junge Bürger 2 Jahre in die Schützengesellschafft treten, oder dafür 1 fl. in Herzogl. Obereinnahme und 1 fl. an gemeine Stadtkasse entrichten.

Das

115

Das Schießhaus mit der Vogelstange ist außen vor der Stadt in der Ebene am Köppelsdorfer Weg. Es muß von der Stadt unterhalten werden. Gnädigste Herrschafft lassen der Schützengesellschafft 6 fl. baar aus der Obereinnahme bezahlen, und über dies 1 Gebäude Bier-Tranksteuerfrey paßiren. Gemeine Stadt aber giebt 5 fl. so in denen Wochenschließen abgeschossen worden. Diese Lustbarkeit wird jährlich unansehnlicher und bald, wenn sie nicht ein lebhaffter Beschützer empor bringet, wird man ihrer nicht mehr gedenken.

Das Weichbild der Stadt ist gehörig mit Steinen vermarkt und wird alle Jahre vom Herzogl. Amte und Magistrat umzogen.

Da wir uns jetzo auf einmal außer der Stadt und ihrem engen Thale befinden, so müßen wir uns etwas verweilen, denn das Auge so zeithero nur nahe Gegenstände sahe, erblickt hier auf einmal die schönste Aussicht. Gleich vorne rechter Hand sind Wiesen, worinnen ein Teich sich befindet und der schlängelnde Bach aus der Stadt, welcher im Frühjahr fast eine unübersehbare See gemacht hatte, blinket hie und da aus seinen engen Ufern hervor. Die rechts an dieser Fluße hinziehenden Hügel und Berge, bringen die Aussicht in ein schmales Thal, in dessen Anfang die Stadt Neustadt zu sehen, dessen Ende aber von der Vestung Koburg geschlossen wird, welche 4 Stunden weit von hier entfernt ist. Ziehet der Blick sich wiederum im Thale bis Neustadt zurück, so überschaut er zuerst den Muckberg und verliehret sich links in eine grose ausgebreitete Ebene, worinnen Felder, Wiesen, Teiche und Gebüsche aufs angenehmste abwechseln und von niedern Bergen, so mit Dörfern besäet sind, begrenzet ist. Hinter diesen siehet man die Klöster Banz und Langheim und die prächtige Kirche zu 14 Heiligen besonders deutlich auf denen bey der Stadt, liegenden hohen Bergen. Ferner siehet man die Berge Staffelstein, Lichtenfels und mehrere sich erheben, aber doch verwehren sie dem Auge nicht bis in die Wälder bey Nürnberg und an die hohen Bayreuthischen Gebirge zu bringen, von welchen es über die Gebirge bey Kronach zurückkommen muß, weil es der Schönberg weiter zu gehen verhindert.

Kein schönerer Platz, ein Herzogliches Lust- und Jagdschloß anzulegen, kann wohl nicht leicht gefunden werden, als einige hundert Schritt

P 2

über

über dem Schießhaus an den aufsteigenden Fuß des Schönbergs; hier würde man nicht allein die erst beschriebene ganz vortreffliche Aussicht stets vor sich haben; sondern der Bau würde dadurch sehr erleichtert werden, weil die Steinbrüche hart dabey, das Bauholz nicht weit entfernt und die nöthigen Fuhren und Handfrohnen um so bereitwilliger würden gethan werden, weil der Unterthan dadurch die Hoffnung erhielt seine Durchlauchtigste Landesherrschafft öfters bey sich zu sehen, auch daß ein Theil seiner Abgaben ihm wiederum zu Theil würde, welche zeithero für die hiesige Gegend fast gänzlich verlohren gegangen. Die Stadt würde auch hieben ansehnlich gewinnen und in kurzem würde sie sich bis an das Schloß ausdehnen und dadurch neue schöne Gassen gewinnen. Die ganz außerordentlich reine und gesunde, allen ansteckenden Krankheiten widerstehende Luft dürfte übrigens auch ein starker Beweggrund zu sothanem Schloßbau seyn.

Zum Oberländischen Landbataillon und besonders zur sogenannten Sonnenberger Kompagnie giebt die Stadt 7 Unterofficiers, 2 Fourierschützen, einen Zimmermann und 36 Spielleute und Gemeine.

2. Augustenthal.

Ein kleiner Ort so aus 6 Wohnhäusern bestehet, welcher durch Erbauung eines hohen Ofens entstanden, er lieget eine Viertelstunde über Hämmern. Es war vorhero daselbst eine Schneidemühle; als aber dem Kaufmann zu Koburg Hrn. Johann Sommer, als Besitzern von dem Muckberger Hammer, die Herbeyschaffung des Eisensteins und der Kohlen aus dem Gebirge zu kostbar fiel, so verschaffte er sich um sein rohes Eisen wohlfeiler zu erhalten, den 17 September 1719 ein Privilegium, worinnen ihm erlaubet wurde, einen hohen Ofen allhier zu erbauen, ihm auch die Abgabe des benöthigten Holzes aus den Hämmerer und Stelnacher Forsten zugesichert wurden. 1727 den 30 Januar verkaufte er seine Werke an Herrn Georg Christoph von Uttenhoven, welcher den Hammer zu Muckberg wieder an seinen Herrn Vater Johann von Uttenhoven zu Obersteinach käuflich überließ und für sich den hohen Ofen, zu seinem neu erkauften Hammer zu Schwarzwald behielt, auch noch einen Hammer gleich unter dem hohen Ofen, wo anjetzo der Zähnhammer stehet,

nebst

nebſt nöthigen Wohnhäuſern erbauete. Er ſtarb 1758 und hinterließ 2 Söhne, wovon der ältere Herr Johann Anton Ferdinand Ludwig von Uttenhoven, jetziger H. S. K. Meiningiſcher Kammerjunker und Kammerrath die Werke 1762 übernahm und ſie mit neuen Gebäuden verſchönerte, auch einen neuen Zahnhammer erbauete. In dieſem hohen Ofen werden anjetzo jährlich 2250 Zentner Eiſen geſchmolzen, wovon wenigſtens 1000 Zentner Zahneiſen für die Nagelſchmiede und ungefähr ſo viel Zentner Stab- und Schleneiſen zu Schwarzwald verarbeitet und 250 Zentner gegoſſene Arbeit verkauft werden. In denen 6 Wohnhäuſern ſo zu dieſem Werke gehören und alle dem Herrn von Uttenhoven eigen ſind, wohnen 35 Menſchen, 27 Erwachſene und 8 Kinder, welche nach Mengersgereuth eingepfarrt ſind.

Da hier der ſchicklichſte Ort von der adelichen Familie derer von Uttenhoven zu reden, ſo verweiſe ich den Leſer auf die Beylage Nro. 18.   Nro. 18.

Baumänniſche Hammerwerke, ſ. Hüttenſteinach.

3. Bettelhecken

wird auch von manchen Bettenecken geſchrieben, da aber ſowohl in den älteſten Nachrichten, als auch im Herzogl. Amte dieſes Dorf Bettelhecken geſchrieben wird, ſo behalte auch ich dieſen Namen bey, um ſo mehr da die Tradition von der Etimologie folgende Nachricht giebt. Als noch die Stadt Sonnenberg ſich außen in der Ebene befand und alſo ein groſer Theil der Herrnaue zur Stadt gehörte, ſo ſoll dieſes Dorf ein Theil der Vorſtadt geweſen ſeyn, welches die Bettelhecke genannt wurde, weilen die herumziehenden Bettler an denen daſelbſt befindlichen Zäunen oder Hecken, ihre Garderobe in Ordnung zu bringen beliebten.

Das Dorf beſtehet aus 12 frohnbaren Bauerngüthern, wovon das eine in 2 halbe Güther getheilt iſt. Ueberhaupt hat das Dorf 17 Wohnhäuſer und eine Mahlmühle. Es befinden ſich daſelbſt 65 Erwachſene und 36 Kinder, und alſo 101 Seelen. Es liegt eine kleine halbe Stunde von Sonnenberg und einen Büchſenſchuß von Mürſchnitz. Es gehören hübſche Walbungen dazu, welche anjetzo meiſt aus jungem Holze beſtehen. Ihre Felder ſind ſehr ſandig, dahero ſie zwar gutes aber weniges Getraide bauen, deſto beſſer iſt ihr Wieswachs und dahero macht die Viehzucht eiᛋnen

nen wichtigen Artickel ihrer Nahrung aus. Es ist nach Sonnenberg eingepfarrt. Giebt zur Sonnenberger Kompagnie des Landbataillons 2 Mann.

4. Eichberg.

Siehe Herzogl. Kammergüther. Bestehet aus des Pachters Wohnhaus, des Schäfers Wohnung und dem gewesenen Johlenhaus. Es befinden sich daselbst 12 Erwachsene, 7 Kinder, in allen 19 Seelen. Als was besonderes ist hier noch anzumerken, daß es auf diesem Hof keine Sperlinge giebt, da es doch im Gefilde liegt: nach der Tradition sind sie durch einen Seegensspruch vertrieben worden.

5. Friedrichsthal

bestehet nur aus 2 Häusern, so auf hiesigem Territorio stehen und an das auf Saalfeldischen Gebiet stehende Baumännische Hammerwerk Friedrichsthal angebauet sind, auch auf diesem Werk ihr Brod verdienen. Sie rechnen sich mit zu dem Dorf Haselbach. In diesen 2 Häusern befinden sich 10 Erwachsene und 5 Kinder so nach Steinach eingepfarrt sind.

6. Glücksthal.

Eine ansehnliche Glasfabrick nahe an der Fürstl. Schwarzburgischen Grenze, eine Stunde von Steinheid. Ist 1737 neu erbauet und von denen Herren Herzogen Friedrich Wilhelm und Anton Ulrich mit besonderen Freyheiten begnadiget. Die Erbauere Hr. Stephan und Hr. Johann Greiner waren beyde aus Lausche gebürtig. Den Anbau dieses Werks verursachte hauptsächlich ein Unglück, so in dasiger Gegend viele und grose Berge betraf, indem ein fliegendes Insekt, die Bäume, so es benagte, zugleich so vergiftete, daß sie alle abstarben. Da nun hierdurch diese Bäume ohne Nadeln und Blätter da standen und anstatt grüne zu seyn, grau aussahen, auch noch überdies die hefftigste Sturmwinde, den grösten Theil umgerissen und übereinander geworfen hatte, so daß man kaum zu Fuse durch diese Verwüstungen mehr durchbringen und nicht anders als mit der grösten Mühe und schwersten Kosten wieder, die Wege durch dieselben öffnen konnte: so läßt sich das fürchterliche Aussehen dieser abgestorbenen und verwüsteten Wälder kaum lebhafft genug beschreiben.

Um

Um das viele dürre Holz zu benutzen, wurde nun diese Fabrick anzulegen erlaubt und die beyden Unternehmer trieben aller Schwierigkeiten und Unannehmlichkeiten der rauhen Lage, welche durch die an der Mittagsseite befindliche Moräste vermehret wurden, ohneracket, ihre Arbeit mit solchem Fleiß, daß den 13 August 1738 schon das erste Glas geblasen und in kurzer Zeit diese wilde Gegend in eine angenehme umgeschaffen wurde. Die damaligen Moräste sind jetzt die grasreichsten Wiesen, da man diese Moräste, welche mannshohe Stöcke völlig bedeckten, mittelst Ableitung des Wassers durch Gräben ausgetrocknet und diese zum Vorschein gekommene Stöcke ausgerottet. Eben so sind die damaligen wüsten Hügel, jetzt die fruchtbarsten Felder und Gärten. Bey dieser Bewohnbarmachung ist noch bemerkenswerth, daß man, als man den Grund zu den Häusern legte, überzeugende Beweise fand, daß auf den nemlichen Plätzen, Wohnungen und besonders eine Schmiede gestanden habe, welches vermuthlich ein Wirthshaus, an der vor Alters aus Thüringen über Steinheld nach Franken gehenden Strasse gewesen seyn mag. Man fand ferner Ueberbleibsel von Pechhütten und zurückgelassenes Pech, so tief in der Erde lag und durch die Länge der Zeit weiß geworden war; auch wurden in den nahe dabey gelegenen Thälern sichere Merkmale von Hammerwerken gefunden. Mit einem Wort, es zeigte sich deutlich, daß diese Gegend (Gott weiß wenn) schon bevölkert und angebaut gewesen waren. So lange das dürre Holz daurete, auch die Hildburghäuser Flöse noch nicht alles Holz jener Gegend entzogen, giengen diese Fabricken Jahr aus Jahr ein; aber von 1768 an, trafen dieselbe harte Schicksale; sie konnte kaum den dritten Theil des sonst erhaltenen Holzes bekommen, so daß sie nur des Jahrs 20 Wochen arbeiten konnte. Es fielen die entsetzlichen Hungerjahre von 1771 bis 73 ein; die in Brandenburgischen, Preußischen und Rußland errichteten Glasfabricken kamen dazu, und hemmeten auf eine außerordentliche Art, den bis daher so gut gegangenen Glashandel. Ob nun zwar schon seit einigen Jahren, dieser Fabrick so viel Holz gegeben wird, daß sie wiederum des Jahrs 9 Monat lang arbeiten lassen können, so machet doch die enorme Theurung der Potasche, da sie mit den Preisen des Glases nicht verhältnißmäsig steigen dürfen, daß der Ueberschuß nicht mehr so beträchtlich ist, als er sonst war, obschon der jährliche Betrag desjenigen, was diese

Fab-

Fabrick außerhalb Landes versendet, sich dennoch gegen 16000 Thlr. beläufet.

So lange der Glasofen gehet, beschäfftigen sich täglich 24 Mann damit, ohne die übrigen Handarbeiter und Holzmacher, so dabey in Arbeit stehen, und für sich und die ihrigen Unterhalt finden. Fast alles, so allhier verfertiget wird, gehet nach Hamburg, Holland, Chur-Lief- und Rußland, Spanien, Portugall und nach der Türkey, der einheimische Absaß ist ganz unbeträchtlich.

Das Glas, so hier gemacht wird, behält gewiß vor vielen andern den Vorzug, ist viel härter als das Böhmische, wird nicht blind und verliehret niemalen seine Reinigkeit und Glanz, seine Härte aber verhindert, daß man bis jetzo weder Fenster noch Spiegelglastafeln daraus machen kann.

Sie haben sehr geschickte Glasschneider und Mahler und ihre Vergoldung ist schön und dauerhaft.

Die jetzigen Besitzer dieser Fabrick sind 1) Der Fürstl. Schwarzburgische Hofagent Herr Joh. Georg Greiner, ein Sohn des Hrn. Stephan Greiners und 2) die Erben des seel. Hofglasmeisters Herrn Johann Greiners, deren Handlung gehet, unter der Firma Johann Paul Greiner.

Es befinden sich außer der Glasofenhütte und andern Wirthschaffts-gebäuden, 3 Wohnhäuser daselbst, wovon 2 als die Wohnungen der Eigenthümer ansehnlich sind. Sie sind nach Lausche eingepfarrt, wohin sie eine gute Stunde zu gehen haben. Anjetzo befinden sich 31 Seelen daselbst, als 27 Erwachsene und 4 Kinder. Die meisten Arbeiter wohnen zu Lausche.

Die Lage ist, ob es gleich mitten im Wald liegt, recht angenehm, rings um sich her haben sie ihre Felder und einen grosen Theil ihrer Wiesen und vor sich gegen das hiesige Land verbreiten sich eine Menge Thäler, Berge und Waldungen, welche man wegen der Höhe, worauf sie lieget, alle übersehen kann.

7. Hämmern.

Dieses Dorf hat seinen Namen von denen vor einigen Jahrhunderten daselbst befindlichen Hammerwerken. Die Plätze, wo selbige gestanden, ben, sind noch bekannt und heißen der obere- mittlere- und untere Hammer. Ihr Untergang ist unbekannt. Es ist ein ziemliches, ansehnliches aber armes Dorf; nur einige wenige von den Einwohnern können Zugvieh halten, womit sie zu den von Uttenhovischen Hammerwerken, Eisenstein und Kohlen fahren. Die übrigen leben von Bergarbeit, Holzschlag, Kohlenbrennen und von der Verfertigung Sonnenberger Handlungswaaren. Es bestehet aus 62 Wohngebäuden, worunter ein herrschafftliches Forsthaus, ein Wirthshaus, 3 Mühlen und ein Bauernguth befindlich. Herr Vetter hat hier seine Farberdfabrick.

Die wenigen Felder, so die Einwohner besitzen, sind rauh und steinigt, jedoch tragen sie vortreffliche Kartoffeln, so die Hauptnahrung der Einwohner sind, guten Haber und etwas weniges Sommerkorn. Die Einwohner belaufen sich auf 347 Seelen: als 210 Erwachsene und 137 Kinder. Sie sind in das Schalkauische Dorf Mengersgereuth eingepfarrt, haben aber einen eigenen Schulmeister und Schulwohnung, so in diesem Jahre neu erbauet worden: der Schulmeister stehet unter dem Herrn Adjunktus zu Sonnenberg.

Es liegt in einem engen Thal, durch welches die Effelder laust, auf beyden Seiten sind steile, größtentheils mit Holz bewachsene Berge, welche dem Dorf ein wildes und unfreundliches Ansehen geben. Der Weg durch das Dorf und das Thal bis Augustenthal ist an vielen Orten durch Felsen so enge gehauen, daß man fast mit keinem andern Fuhrwerk, als ihren Ochsenwagen durchkommen kann.

Zur Sonnenberger Kompagnie giebt es 6 Mann.

8. Haselbach.

Ein ganz neues Dorf, welches im Jahr 1660 nur noch aus einem Haus bestand, das im dreyßigjährigen Krieg, zu Bewahrung der Wege von Ernstthal und Hasenthal herein, war erbauet worden. Anjetzo bestehet es aus 22 Wohngebäuden, worunter eine Mahl- und Schneidmühle die giftiger Mühle genannt, sich befindet. Hierinnen wohnen 130 Seelen, 85 Erwachsene, 45 Kinder.

Die Einwohner nähren sich und zwar 7 Familien vom Feldbau und Viehzucht, 6 Familien von Profeßionen, als 4 von Huffschmidsarbeit, als Aexten, Beilen, Hufeisen u. s. w. welche sie im Ganzen verkaufen, 1 Schneider und 1 Schuhmacher und 15 Familien von Holzarbeiten, das heißt, im Sommer von Holz fällen, Klaffterholzmachen und Köhlenbrennen, im Winter aber von Verfertigung Sonnenberger hölzerner Waaren. Sie sind nach Stelnach eingepfarrt, wohin sie eine halbe Stunde haben. Sie halten sich einen Schulcandidaten für ihre Kinder. Ihre Felder sind sehr steinigt, ihre Wiesen aber desto besser. Das Dorf selbst liegt in einem Thal, so sehr von dicht bewachsenen Bergen umgeben, daß man nicht leicht ein Dorf daselbst suchen wird.

9. Heinersdorf.

Ein Marktflecken so aus 20½ Bauernguth bestehet, welche aber, bis auf 5, in halbe, viertel und achtel Güther vertheilt sind. Im Jahr 1680 waren in allen 49 Brandstätten, anjetzo aber 103, worunter ein herrschafftlich Forsthaus, eine Pfarr- und Schulwohnung, ein Wirthshaus, 2 Mahl. 8 Schneidmühlen und eine Ziegelhütte, auch hat der Herr Oberförster Sembach das Dorf mit einem wohlgebauten Wohnhaus verschönert; In allen diesen wohnen 500 Seelen, nemlich 326 Erwachsene und 174 Kinder.

Die Lage des Flecken ist ziemlich angenehm, da es in einem breiten Thal liegt, jedoch kann man aus hiesigem Lande nicht dahin kommen, ohne sehr hohe Berge zu übersteigen. Außer der Nahrung von ihren Bauerngüthern, haben sie nicht allein selbst schöne Holzungen, sondern sie kaufen auch jährlich aus den herrschafftlichen Waldungen ansehnliche Quantitäten, womit sie auf allerlei Art, theils als Bau- und Pfadenholz, theils als Dielen und Latten nach Kronach starken Handel treiben, von wannen dasselbe auf den Mayn und Rhein nach Holland geflößet wird. Sie haben des Jahrs 5 Jahrmärkte.

Die besondere Aussprache der Einwohner, machet sie unter allen übrigen Einwohnern des Landes kenntbar, denn wenn ein paar hundert Menschen beysammen sind, so werden sich die Hainersdörfer so auszeichnen, daß

daß man sie heraus finden wird, ohne daß man nöthig hat zu fragen: Wer ist ein Heinersdorfer? Ihr Hauptfehler, so sie verhindert reich zu werden, ist ein angebohrner Hang zu Prozessen; denn außerdem müßten sie die wohlhabensten Unterthanen im ganzen Lande seyn. Ihre Felder und Wiesen sind gut, sie bauen alle Arten von Feldfrüchten, sie haben eigenes Holz, sie verdienen sich viel mit dem Holzhandel und doch werden sie von Jahr zu Jahr ärmer. Die ärmere Einwohner nähren sich im Frühjahr vom Holzfällen und Flößen, im Sommer aber gehn sie größtentheils auf den Harz, um Heu daselbst zu hauen, wodurch sie sich so viel verdienen, daß sie den Winter davon leben können.

Da dieser Ort hart an der Bambergischen Grenze liegt, so haben sie in dem dreyßigjährigen Krieg, nach den damaligen intoleranten Grundsätzen der Kriegführenden, ganz außerordentlich viel erlitten. Im Jahr 1634 den 2 May fielen die Kronacher heraus und brannten den Ort gänzlich ab, daß nichts als die Kirche und Schulhaus stehen blieb.

Bis 1493 war nur eine Kapelle allhier, welche nicht allein der heil. Jungfrau Maria gewidmet war, sondern es befand sich auch ein hölzernes Bildniß von ihr darinnen, welches unter die wunderthätigen gerechnet wurde, selbiges befindet sich noch in der jetzigen Kirche linker Hand der Kanzel, wobey noch mancher eiferiger Katholicke in der Stille seine Andacht verrichtet. Im obengenannten 1493sten Jahre wurde diese Kapelle zu einer Kirche umgeschaffen, welche mit einem Pfarrer versehen wurde. Der Fundationsbrief ist von Bischoff Heinrich zu Bamberg den 14 Februar 1493 ertheilet worden; das Original hiervon liegt seit 1691 in dem Konsistorialarchiv zu Koburg. Die Mutterkirche Rothkirchen erhielt für den Abtritt ihrer Tochter 50 fl. 1748 wurde die Kirche reparirt.

Die Kirchenbücher gehen von 1557 an; in diesen 222 Jahren sind 2384 gebohren und 1778 begraben worden: da nun also 606 Menschen mehr gebohren als begraben worden sind, anjetzo aber nur 500 Seelen sich daselbst befinden, so sind in dieser langen Zeit nicht mehr als 106 Menschen von diesem Ort verlohren gegangen.

In den ersten 10 Jahren
von 1557 bis 1566 sind 79 gebohren 64 gestorben 15 P. kopul. word.
— 1600 — 1609 —   138   —   69   —   34   —
— 1700 — 1709 —   83   —   57   —   18   —
— 1730 — 1739 —   133   —   93   —   19   —
— 1770 — 1779 —   185   — 112   —   42   —

Aus dieser Liste siehet man, daß sich der Ort in den ersten 43 Jahren fast verdoppelt hatte, nun aber kam der dreyßigjährige Krieg, dieser entvölkerte den Ort wieder so, daß er bey Anfang des 18ten Jahrhunderts nicht stärker war, als er vor anderthalb hundert Jahren gewesen. In den dreyßiger Jahren dieses Säculi fieng er an merklich zuzunehmen und dieser Anwuchs hat von Jahr zu Jahren fortgedauert, daß also der Ort sich seit Anfang dieses Jahrhunderts mehr als verdoppelt hat. Die Gesundheit der Luft beweiset sich nicht allein daraus, daß es viele alte Leute da giebt, sondern weil der etlich vierzigste Mensch nur stirbt.

Als eine Seltenheit muß man hier anmerken, daß der jedesmalige Pfarrer das Recht hat, Eimerweis Bier zu verschenken. In einem alten Pfarrregister von 1630 stehet folgendes. „Der Pfarrer hat auch Macht zu seiner Haushaltung genugsamlich zu brawen, aber keine offene Tabern, in Pfarrhof aufzurichten. Da er aber niemand mit seinen brawen, verlaufen und ausschenken, hinderlich und schädlich wäre, mag ihm solches nicht gewehret werden und ist der Tranksteuer befreyet. Hat ferner Macht und Gerechtigkeit 6 Körblein in das gemeine Fischwasser einzulegen und auf den Freytag mit dem Ham zu fischen." Auch darf wohl nicht vergessen werden, daß der berühmte Straßburger Gottesgelehrte D. Rebhan von hier gebürtig war.

Zur Staabscompagnie giebt der Ort 3 Unteroffiziers, 1 Tambour und 20 Gemeine.

10. Heubisch.

Ein schön gebautes an der Steinach oder dem sogenannten Landfluß sehr angenehm liegendes Dorf. Es hat auf der Mittagsseite seine Felder in der schönsten und fruchtbarsten Ebene, auf der andern Seite seine fetten

Wie-

Wiesen. Die Gärten so rings um das Dorf herum liegen, prangen mit dem besten Obst und die durch das Dorf und die Wiesen dahin rauschende Steinach, welche letztere durch ihre Wäßerung noch grasreicher werden, ist voll der schmackhaftesten Fische und Krebse, so wie die Brachfelder voll des muntersten kirschbraunen Rindviehes und der fettesten Schaafe sind. Diese Gemeine hat die Gerechtigkeit eine Schäferey zu halten, wofür sie an die Obereinnahme etwas gewisses bezahlt, oder den 10ten fettesten Hämmel abgiebet. So nützlich die Schaafzucht dem Lande ist, welche man keinesweges, wie es geschiehet, behindern sollte, so glaube ich doch, daß es diesem Dorf gut seyn würde, wenn es keine hielte; dann da sie dieser Schaafe wegen, alle Jahr den dritten Theil ihrer guten Felder müßen liegen lassen, indem sie außer diesem keine Hütung haben; so würden die Felder durch die Früchte mehr eintragen, als die Schaafe durch ihre Wolle. Ich habe mit verschiedenen verständigen Einwohnern dieses Dorfes gesprochen, sie waren auch meiner Meinung, furchten sich aber, daß wenn sie einen Versuch damit machen und auf einige Jahre die Schaafe abschaffen wollten, man ihnen die Gerechtigkeit Schaafe zu halten entziehen mögte. Auch ist sehr zu bedauern, daß die Einwohner ein grosses Stück (wohl von etlichen 100 Morgen) morastigen Landes liegen lassen, welches doch urbar zu machen wäre.

Das ganze Dorf, nebst denen in ihrem Fluhr liegenden Mühlen, bestehet aus 51 Wohngebäuden und zwar 24 Bauernhöfe, 8 Sölden, 7 Mahl- und Schneidmühlen, einem Wirthshaus, 8 Tropfhäusern und 3 Gemeindehäusern, als Schmieds-Schäfers- und Nachwächterswohnungen. Bey ihren Gemeindeanlagen, machen sie ihre Eintheilung auf 21 Bauerngüther oder 35 Gemeindetheile. Die ganze Gemeinde bestehet aus 255 Seelen und zwar 178 Erwachsenen und 77 Kindern. Sie pfarren nach Mupperg, so eine Viertelstunde davon liegt. Sie halten aus Liebe zu ihren Kindern einen Schullehrer, welcher ihnen auf ihr Verlangen vom geistlichen Untergericht zu Sonnenberg gegeben wird.

Die Einwohner sind eine Friedliebende Art Menschen, welche man selten wegen Streitigkeiten vor Gericht siehet. Sie würden gewiß auch die wohlhabendsten seyn, wenn nicht die Kloster-Banzische, von Erfalsche, von Rauchhauptische, Rauensteinische und andere Lehne und Zehnden sie ziemlich stark mitnahmen.

Zu dem Landbataillon stellet das Dorf 1 Unterofficier und 7 Gemeine und da selbige vorhero zur Neustädter Kompagnie gehöret haben, so ist die Staabs- oder Neuenhäuser Kompagnie damit vermehret worden.

11. Hombach auch Honbach

wurde in ganz alten Zeiten auch Haimbuch geschrieben. Die Lage dieses Dorfs ist malerisch schön. Man siehet, wenn man sich nach der Mittagsseite wendet, rechter Hand den grün bewachsenen kleinen Muckberg, links bis an die weiter entfernte höhere Gebirge, worunter ganz besonders, der wirklich schöne sogenannte Schönberg prächtig sich auszeichnet, eine wallende See von Getraide. Wendet man sich so dann auf die andere Seite des Dorfs, so stehet man auf einer kleinen Anhöhe, zu deren Füßen eine fast unübersehbare grose Wiese verbreitet ist, durch welche der kleine von Sonnenberg und Mürschnitz kommende Fluß sich schlängelt; rechter Hand schließen Dörfer und einzelne Häuser die Aue, hinter welcher Berge bis an die Wolken empor steigen. Gerade vorwärts erblickt man kleine mit Getraide und grünem Gebüsch bewachsene Hügel, über welche, höhere mit Wäldern bedeckte Berge hervorragen: und wenn das Auge links in vielen Teichen die Sonne sich spiegelnd erblicket, erreichet es das Dörfchen Wildenheyd, wo endlich im Wäldchen sich wiederum an den Muckberg anschliesset. Und was das angenehme dieses Dorfes vermehret, ist die grose Landstrasse von Leipzig nach Nürnberg, die ganz nahe vorbeygehet, ohne daß dadurch die ländliche Stille etwas leidet.

Das Dorf bestehet aus 10 Bauerngütern und einer Sölben und in allen aus 23 Wohngebäuden, unter diesen befindet sich ein freyes Guth, so ein Herr von Schott besaß, so sich selbst den Schaafhund nannte: da er wegen seiner geschwinden und trolligten Einfälle, beym Herzog Albrecht sehr beliebt war, so befreyete ihn derselbe aus besonderen Gnaden von Frohndienst und andern Abgaben und schenkte ihm einen kleinen District zur Hasenjagd, nicht weniger ein Stück Fischwasser in der Röten; es gehören auch einige kleine Lehnschafften dazu. Von dem Herrn von Schott

Schott kaufte es ein Herr von Muffel, von welchem es auch noch den Namen des Muffelschen Gütgens führet, anjetzo besitzet es der herrschafftliche Zehndner Walter.

Die Nahrung des Dorfs bestehet aus Ackerbau und Viehzucht, auch hat die Gemeinde Teiche, worinnen die Karpfen wegen des Sandbodens sehr wohlschmeckend sind. Im Derf befinden sich 119 Seelen: als 82 Erwachsene und 37 Kinder, für welche sie einen Schulkandidaten halten. Eingepfarrt sind sie nach Oberlind. Zum Landbataillon geben sie 4 Mann, welche wie die Heubischer für jetzt zur Staabskompagnie gehören.

12. Hüttengrund.

Hierunter werden diejenigen Häuser verstanden, welche in dem Grund oder Thal, wo der Steinachfluß herunter fließet, sich befinden und zwar von da wo die Engnitz in die Steinach fällt, bis an die Brücke bey Köppelsdorf. Jedoch machen sie eine Gemeinde aus und haben einen Schultheißen. Die Häuser liegen alle einzeln und sind mit den Baumännischen Hammerwerken vermischt. Es sind ihrer 20, worinnen meistentheils Profeßionisten aber auch Holzmacher wohnen. Ferner 3 Schneid- und eine Fourniermühle, auf welcher die guten Hölzer zu Ebenierarbeit so dünne geschnitten werden, als man sie zu dergleichen Arbeit braucht. Der Schreinermeister Berger hat sie nach vielen mißlungenen Versuchen endlich zu Stande gebracht, nur Schade, daß diese Erfindung wegen eines ausschließenden Privilegii, für die übrigen Schreiner nicht gemeinnützig gemacht werden kann. In diesen Häusern wohnen auch verschiedene Schwarzblecharbeiter, deren Arbeit in grosen Ladungen versandt wird. Aecker besitzen sie nicht mehr, als daß sie ihre nothdürftigen Kartoffeln darauf bauen können. Sie sind sehr steinigt und an den steilen Abhängen der Berge angelegt. Wiesen haben sie etwas mehr. In diesen Häusern befinden sich 120 Erwachsene und 73 Kinder, zusammen 193 Seelen. Sie gehören mit in das Linder Kirchspiel.

13. Hüttensteinach,

oder die Baumännischen Hammerwerke, waren schon 1464 wüste
Ham-

Hammerwerke, welche Herzog Wilhelm der Tapfere in diesem Jahre einigen Bürgern von Nürnberg als eine Schmelz- und Seigerhütte übergab. S. Beylagen Nro. 2. Als aber auch diese wieder eingegangen war, so kaufte sie Hanns Stauch, Hammerschmied von Schwarzwald vor 1575 fl. Fränkl. von Wilhelm von Reitzenstein und Konsorten und legte sie wiederum zu einem Hammerwerk an, worüber er auch vom 2 Januar 1596 ein Privilegium auch 1600 und 1601 landesfürstliche Bestätigung erhielt. Von diesem Hanns Stauch erkaufte es Thomas Paul, ein Erulant aus Villach in Kärnten unter herrschafftl. Vorschub und Bestätigung den 3 Jul. 1604. Jedoch noch vor 1612 muß dieses Paullsche Unternehmen ins Stecken gerathen seyn und von dieser Zeit an fehlen alle Nachrichten von diesem Hammerwerk, bis Andreas Gottfried, Hammermeister und Erulant aus Böhmen, es von Georg Hartmann von Erfa den 20 Sept. 1681 erkaufte, auch darüber von Herzog Albrecht den 18 Januar 1682 die Bestätigung erhielte. Als aber um die Zeit der Freyherr von Born, Kayserl. Reichshofrath und Sächßl. Geheimbde-Rath, seine grose Projekte auszuführen suchte, so kaufete er auch diese Werke zu den Obersteinachischen und erhielt den 28 September 1691 ein ausgezeichnetes Privilegium. S. Obersteinach. Jedoch da dieser Freyherr von Born 4 Jahr darauf mit Tod abgieng, so kauften sämmtliche Bornische Werke Johann Christoph Baumann zu Friedrichsthal und Georg Sebastian Gottfried, ein Sohn des obigen Gottfrieds, doch ohne das übertriebene Privilegium von 1691 mit zu erhalten, sondern Herzog Albrecht gab ihnen ein neues vom 28 September 1696, welches noch bis jezo die Gerechtigkeiten der sämmtlichen Steinacher Hammerwerke bestimmt. Beyde Käufer theilten sich bald darauf, nemlich 1698, Gottfried nahm die Obersteinach; Baumann aber erhielt die Hüttensteinacher oder domalen sogenannte Erfaischen Hammerwerke mit den beyden Blechhämmern, ober und unterhalb den Oelsentümpfel, Zinnhaus, Mahl- und Schneidmühlen, Schlacht-Back-Brau- und Wirthschaffts-gerechtigkeiten und Privilegien, Wiesgründen, Feldern, Gebäuden, Bergwerken, Wasserläuften, Holzgerechtigkeiten und so weiter, für 6500 fl. Fränkl. ganz zu Erb und eigen: welcher dagegen dem bisherigen Kompagnon, den zum Erfaischen Werken vorhin gehörigen hohen Ofen

unter

unter der Lauscha zu den Oberſteinacher Werken abtrat und überließ. Als Joh. Chriſt. Baumann geſtorben, ſo wurden von dem damaligen geſammten Lehnhof zu Coburg, deſſen noch lebende 10 Kinder mit der ihnen angefallenen Hüttenſteinach und Zubehör den 12 Sept. 1731 beliehen, welche Gemeinſchafft 14 Jahr fortdaurete, in welcher Zwiſchenzeit ein anderer hoher Ofen ſtatt des abgetretenen Lauſchner in dem Oelſengrund erbauet wurde. 1745 kauften die beyden Brüder, Hr. Joh. Gabriel Baumann, Fürſtl. Brandenburgl. Kommerzienrath und Joh. Heinrich Julius, ihren noch 6 lebenden Geſchwiſtern ihre Etheile an dem Werk für 20166 Thlr. 16 gr. ab und betrieben von dieſer Zeit an dieſe ſämmtlichen Werke gemeinſchafftlich, erhielten auch vom Herrn Herzog Anton Ulrich eine Beſtätigung ihrer Privilegien den 1 Auguſt 1748 in welcher die noch Amtslehnbaren Grundſtücke und neuen Werke zu Canzleylehn gemacht wurden.

Des Jüngſten aus dieſer erſtgemeldten Kommunion 1756 verſtorbenen Bruders Hr. Joh. Heinrich Julius Baumann nachgelaſſene 3 Kinder, welche während ihrer Unmündigkeit mit ihrem Oheim dem Kommerzienrath unter Vormundſchafft ihrer Frau Mutter in Gemeinſchafft betrieben, waren 1) Frau Johanne Sophie Friederike, verheyrathet an den Herzogl. Rath und Rentmeiſter Hrn. Joh. Caſpar Rippel zu Sonnenberg, 2) Herr Wilhelm Ludwig Chriſtoph Baumann zu Neuſtadt und 3) Frau Juliane Friederike Catharine, verheyrathet an den D. Medic. Hr. Joh. Chriſtoph Milius, dermaligen erblichen Beſitzer der Hammerwerke Oberhall-Wurzbach.

Dieſe 3 Geſchwiſter kauften 1768 ihrem Oheim ſeinen Antheil gänzlich ab, ſo daß ſie nunmehro die einzigen Beſitzer dieſer weitläuftigen Werke ſind. Sie ſtehen in Anſehung der, auf dieſen Werken verfertiget werdenden gegoſſenen und geſchmiedeten Eiſengattungen, ſchwarz und verzinnten Blechen ſowohl, als bey ihrem in S. Saalfeld. Landen gelegenen und dieſe Werke angrenzenden Hammerwerke zu Friedrichsthal in einer Maſcopey, welche, ſo wie die weitläuftige Oeconomieverwaltung von ihnen alternative jedoch communi nomine beſorget wird. In denen hierzu gehörigen 9 Wohnhäuſern wohnen 45 Erwachſene und 20 Kinder, in allen 65 Perſonen, welche (bis auf den hohen Ofen und obern Blechhammer, so nach Judenbach eingepfarrt sind,) nach Oberlind in die Kirche gehen.

Weil die in S. Saalfeldischen belegene Werke mit den hiesigen vollkommen vereiniget sind, so läßt sich die Menge des hier fabricirten Eisens nicht wohl bestimmen.

14. Jagdshof.

Herzog Casimir hatte hier ein Jagdhaus oder Jagdshof, um welches sich nach und nach Leute anbaueten und Felder und Wiesen erhielten, wodurch dieses Dörfchen entstand. Es liegt auf einem hohen Berg, welcher aber einen ziemlich breiten Rücken hat, der größtentheils zu Feldern und Wiesen gemacht worden. Außer Haber und Flachs die ganz besonders gut sind, und dem Manna der Oberländer, den Kartoffeln, wird auch anderes Sommergetraide gebauet. Die Viehzucht ist von Wichtigkeit und da sie selbst Holz haben und hierzu mehreres aus herrschafftlichen Waldungen kaufen, so erhalten sie auch hierdurch einen Nahrungszweig der nicht geringe ist. Dieses Dörfchen, so wie die Heinersdorfer und Mönchsberger, schälen meist alle ihr Holz und verkaufen die Rinde an die Rothgerber zur Lohe nach Koburg und Sonnenberg. Die hiesigen Einwohner, wie die zu Mönchsberg, sind meistens gute Wirthe, weßhalb viele wohlhabende Leute daselbst sind. Das Dörfchen bestehet aus 17 Wohnhäusern, worinnen sich 82 Erwachsene und 10 Kinder, in allen 92 Seelen befinden. Sie sind nach Oberkind eingepfarrt und haben einen weiten und beschwerlichen Kirchgang. Sie geben 3 Mann zur Sonnenberger Kompagnie.

15. Igelshieb.

Hart an der Fürstlich-Schwarzburgischen Grenze; es bestehet aus 15 Wohnhäusern, wovon eines der Forstbediente bewohnet und eines das Wirthshaus ist. Es liegt sehr hoch, aber doch sehr traurig zwischen düstern Tannenwäldern verstecket, einen Büchsenschuß weit von dem Schwarzburgischen Dorf Neuhaus, allwo ein Fürstlich Jagdhaus sich befindet, wohin es auch eingepfarrt ist; siehe den deshalb errichteten Reyeß unter den

Beyla-

Beylagen Nro. 11. Es befinden sich daselbst 41 Erwachsene und 22 Kinder, in allen 63 Seelen.

Die Entstehung dieses Orts geschahe auf folgende Art. Als 1624 ein entsetzlicher Brand in den Fürstlich-Schwarzburgischen angrenzenden Waldungen ausbrach, so ergriff auch das Feuer die hiesigen Wälder, welche bis an das Dorf Lauscha und bis in die Gegend, wo anjetzo Glücksthal stehet, verdorren mußten. Die Köhler, so in diesem abgestandenen Holz ihre Nahrung fanden, baueten sich anfänglich in dieser Gegend, wo jetzt das Dorf stehet, Hütten an, weil sie aus dem nächst dabey gelegenen Ort Neuhaus am ersten Lebensmittel erhalten konnten, woraus denn im Mittel des 17ten Jahrhunderts Häuser wurden. Die armen Einwohner leben blos von ihrer Hände Arbeit, denn sie haben kaum so viel Feld ihre nothdürftige Kartoffeln zu bauen. Es gehet hier eine Strasse durch von Sonnenberg ins Thüringische.

16. Judenbach.

Ist vermuthlich einer der ältesten Orte in hiesiger Gegend. Es hat seinen Namen von den vielen Juden, welche ehedem hier wohneten. Dieses auf seinen Nutzen so aufmerksame Volk, mogte diesen Ort um so vortheilhaffter finden, als dieses die Hauptpassage aus den nordlichen in die südlichen Gegenden von Teutschland war, wodurch sie Gelegenheit fanden, wichtige Geschäffte zu machen. Als aber 1198 aus übertriebenem Religionseifer, alle Juden aus Franken verjagt und erschlagen wurden, so traf es sie auch allhier und sie mußten den ihnen so vortheilhaften Posten verlassen; und da in der Folge durch wiederholte Landesgesetze, ihnen aller Aufenthalt abgeschnitten wurde, so konnten sie sich nie wiederum daselbst festsetzen.

Ehe noch von Nürnberg und Bamberg aus, neue Strassen nach Sachsen angelegt wurden, war die Strasse, welche durchs Dorf mittenhin gehet, die einzige von Leipzig nach Nürnberg. Folglich war, wie leicht zu erachten, dieselbe fast stets voll von Extraposten und Fuhrwesen. Anjetzo gehet sie nicht mehr so häufig, jedoch bleibet sie immer noch eine starke Strasse, welche besonders durch die vielen Vorspannen, dem Dorf sehr vortheil-

vortheilhaft ist; und daß um so mehr, da auch eine Poststation allhier befindlich. Ferner gehet die Jenaische Landkutsche, der Nürnberger reitende Bote, nicht weniger jährlich sechsmal das Nürnberger Geleit und die schwer belasteten Augsburger Silberwagen hierdurch; deßhalb sich denn 2 wohlbestellte Wirthshäuser hier befinden, wovon das eine, so dem Hrn. Posthalter Bauersachs zustehet, gewiß unter die vorzüglich guten gehöret. Schon vor Alters müßen diese Wirthshäuser gut gewesen seyn, denn wenn Herzog Wilhelm der Tapfere von Weimar nach Koburg gieng, logirte er zu Judenbach; und nach einer Kammerrechnung zu Saalfeld von 1457 verzehrte er mit seinem Gefolg auf einen Mittag 8 Gr.

Dieses starke Fuhrwerk bringet den Handwerksleuten daselbst gute Nahrung; und da viele von deh Einwohnern Pferde halten, um von Gräfenthal und Köppelsdorf herauf vorzuspannen, so verdienen sie auch hierdurch ansehnlich Geld. Eben diese Pferdehalter pflegen nicht allein im Winter mit einer sehr bequemen Art Schlitten, welche unter dem Namen Judenbacher Schlitten bekannt sind, Fremde fortzuschaffen, sondern auch im Sommer ihre Pferde zum Reiten, bis Braunschweig, Hamburg, Leipzig, Berlin, Nürnberg und Augsburg um sehr wohlfeile Preise zu verleihen. Sie werden auch des guten Rufs, in welchen sie wegen ihrer Redlichkeit stehen, zur Sicherheit von diesen Fremden mitgenommen, da sie denn, es mag auch noch so weit gehen, als Laufer beyher laufen; sie sind ferner durch die Gesetze verbunden, wenn die Extraposten zu stark kommen, augenblicklich einzuspannen. Was aber noch von diesen Leuten als etwas besonderes anzumerken, so gehen sie im Winter wie im Sommer in einem groben flächsenen Kittel, unter welchem sie nichts als einen tuchenen Brustlatz anhaben und der Kälte und Hitze auf diese Art trotzen.

Das Dorf selbst bestehet aus 110 Wohnhäusern, worunter das Pfarr-Schul- und Forstbedientenhaus und 2 Wirthshäuser mit begriffen sind: worinnen sich im Jahr 1770, 577 Seelen befanden, anjetzo sind 490 Erwachsene und 210 Kinder, in allen 700 Seelen daselbst. Es liegt an dem Abhang eines Berges, welcher etliche 100 Schritte über Köppelsdorf anfängt und bis an das obere Ende des Dorfs fortdauert und eine Stunde der Heerstraße nach hoch ist; wovon das Dorf den dritten Theil

(von

133

(von der höchsten Höhe herab auf beyden Seiten der Straffe) mit Gebäuden besetzet. Bey den obersten Häusern gehet die Straffe auf den Rücken der Berge bey Neuenbau vorbey, durch den Sattelpaß, auf das Neuewirthshaus und sodann einen hohen Berg herunter auf die Saalfeldische Stadt Gräfenthal. Einem Reisenden, so der Gebirge nicht gewohnt ist, kommt diese Gegend äußerst wild und fürchterlich vor, jedoch verursachen die viele Leute, welche ihre selbst verfertigten Holzwaaren nach Sonnenberg tragen, ferner die Holzarbeiter und Hirten in den Wäldern, daß man nicht die geringste Unsicherheit bemerket. Die Gegend von Judenbach nach Rottenbach und von da nach Sattelpaß, Hasenthal, Henriettenthal, Igelshieb und dortiger Gegend sind die allerwildesten und wenn man von dem alten Teutschland Gemählde entwerfen wollte, so würden diese Gegenden Originale von allerley Art dazu geben. Die größte Beschwerlichkeit, so dieses Dorf hat, ist der gänzliche Mangel an Mühlen; sie müßen alles Getraide zum Backen und Brauen, den hohen Berg nach Köppelsdorf und Hüttengrund hinunter und wieder herauf schaffen, ja da sie das meiste aus dem flachen Lande kaufen, so müßen sie sehr vieles davon 4 mal den Berg hinauf und hinunter tragen, ehe sie etwas davon genießen können. Meines Erachtens wären ein paar Windmühlen, so Herzogl. Kammer daselbst anlegen ließ, gewiß vom beträchtlichen Nutzen, ohne daß sie wichtige Unkosten verursachen würden.

Außer oben beschriebenen Pferdverleihern und den ordentlichen Professionisten ernähren sich sehr viele Holzarbeiter als Sprützenbrechsler, Bierstutzen-Salz- und Mehlfäßermacher oder Kleinbüttner, Kinderwagenmacher; ferner verfertigen sie eine grose Menge Buchbinder-Degenscheid- und Schusterspäne auch Siebläufte. Ihre Viehzucht ist beträchtlich und ihre Butter gehört unter die allerschmackhaftesten. Obgleich ihre Felder wenig Korn und Waitzen tragen, so ist ihr Haber, besonders aber ihr Flachs sehr gut. Ihre Erndte ist wegen der Höhe, worauf ihre Felder liegen, gemeiniglich erst im September, wobey öfters der Schnee ihnen beschwerlich fällt.

Zu dem Kirchspiel von Judenbach gehöret das neue Dorf Neuenbau, der Sattelpaß nebst dem Sattelgrund, der Baumännische hohe Ofen und

und obere Blechhammer und der Rottenbach. Die jetzige Kirche ist 1705 unter der Aufsicht des damaligen Hrn. Oberförster Engelhardts, größtentheils von den wichtigen Geschenken der Nürnberger und Augsburger Herren Kaufleute erbauet worden, weßwegen auch die Schule jedesmal, wenn das Nürnberger Geleite zur Neujahrsmesse durchgehet, denen sich dabey befindlichen Herren Kaufleuten mit Gesängen, Namens der Gemeinde, ihre Dankbarkeit bezeugen muß. Ganz besonders aber hat sich wegen der grosen Freygebigkeit gegen die Kirche ausgezeichnet, die seel. Frau Heyerin, welche eine ansehnliche Handlung zu Nürnberg hatte: denn sie ließ nicht allein 1729 eine schöne Orgel von 10 Registern verfertigen, sondern auch im nemlichen Jahre auf ihre Kosten die ganze Kirche mahlen.

Die Kirchenbücher, welche 1598 angehen, als zu welcher Zeit es eine eigene Pfarrey wurde, indem es vorhero ein Filial von Oberlind war, bezeugen, daß in den ersten 100 Jahren 953 gebohren worden, folglich auf ein gemein Jahr 9½ kommt, in denen darauf folgenden 30 Jahren, sind schon 480 gebohren, daß also aufs Jahr 16 kommen. In den letztern 49 Jahren aber, ungeachtet der 7jährige teutsche Krieg von 1756 bis 63 und die Hunger- und Sterbjahre von 1771 bis 73 sich darunter befinden, sind dennoch 1141 gebohren und folglich kommen auf 1 Jahr 22 Gebohrne: hingegen sind gestorben in den ersten 100 Jahren 829, aufs Jahr also 8, in den darauf folgenden 30 Jahren 314, also aufs Jahr 14 und in den letztern 49 Jahren 988 und also aufs Jahr 20. Da nun aber in den letztern 10 Jahren von 1770 bis 1779, 281 getauft worden, zu Ende des 16ten Jahrhunderts aber nur 9½, so hat sich die Gemeinde in 180 Jahren verdreyfältiget und es leben in diesem Kirchspiel überhaupt über 900 Seelen. Diese Vermehrung hat sich mit dem jetzigen Jahrhundert angefangen, von den dreysiger Jahren aber, von Jahr zu Jahr sehr merklich zugenommen, wozu nicht allein der Anbau des Dorfs Neuenbau, sondern besonders die Waldröder zu Judenbach das meiste beytragen, welches lauter Arbeiter in den Sonnenberger Handlungswaaren sind und sich fast allein hiervon nähren müßen, welches wohl hinlänglich beweiset, wie viel eine hinlängliche Abgabe und billige Preise des Holzes zur Glückseligkeit und zur Bevölkerung der Oberlande beytragen. Auch ist bemerkenswerth, daß

nur

nur der 39 oder 40ste Mensch stirbt, ein groser Beweiß der gesunden Luft, und des guten Nahrungsstandes der Einwohner.

Zu dem besondern Charakter dieser Dorfseinwohner gehört eine ausgezeichnete Dreistigkeit, welche hauptsächlich daraus entstehen mag: weil sie nicht allein stets mit Reisenden umgeben, sondern auch in Kriegszeiten, (wegen der öftern Durchmärsche fremder Truppen) fast stets Soldaten da sind; so werden sie dadurch mit jedermann frey umzugehen gewöhnt, welches den Landleuten sonst sehr fehlt.

Da dieses Dorf so hoch liegt, so ist die Kälte im Winter gemeiniglich sehr groß, und doch ereignete es sich, daß 1584 am Neu-Jahrstag ein solches Donnerwetter daselbst war, daß 7 Personen davon erschlagen wurden.

Zur Sonnenberger Ausschußkompagnie stellet es 1 Korporal, 1 Tambour und 16 Gemeine.

17. Köppelsdorf.

Es schreiben es auch manche Köppersdorf. Hierdurch gehet die grose Landstrasse und hart am Dorf fließet der Steinachfluß vorbey, welcher es auch öfters überschwemmet. Es liegt am Ende der Ebene, am Fuß des Gebirges, weßwegen seine Lage recht angenehm ist. Es bestehet aus 33 Wohnhäusern, worunter 1) die schöne 1778 von Sr. Excellenz dem würklichen Herrn Geheimden Rath und Oberamtmann von Donop neu erbaute Spiegelfabrick, worinnen 4 Schleif- und 6 Politirische von Wasser getrieben werden, dem Dorf die schönste Zierde giebt. In dieser wichtigen und vor die Sonnenberger Handlung so nützlichen Fabrick werden nicht allein kleine sogenannte Judenmaase, woraus alsdenn die noch kleineren Sorten geschnitten werden, gemacht, sondern auch alle grose Sorten, wie sie nur verlangt werden. Ja Se. Excell. der Herr Eigenthümer, um dieses Werk zur höchsten Vollkommenheit zu bringen, lassen alle mögliche Arten von Rahmen verfertigen, worunter die vergoldeten und nach den besten Geschmack mit Bildhauerarbeit versehene aufs vortrefflichste sich ausnehmen und um die billigsten Preise und wohlfeller als zu Nürnberg zu haben sind.

2) Ei-

2) Eine Mahl- und 2 Schneidmühlen, auch 9) ein Wirthshaus, welches aber kein Fuhrwerk, so auf der Heerstrasse sich befindet, sondern nur die auf den Seitenwegen kommende aufnehmen darf. Ansonst bestehet dieses Dorf aus 5 ganzen und 2 halben Bauerngüthern, außer diesen ist ein geschickter Wagner, ein Schmied, ein Häfner, verschiedene Geigen- und Kinderwagenmacher daselbst wohnhaft. Die Bauerngütherbesitzer haben ansehnliche Holzungen, wovon so wohl als besonders von ihrer Viehzucht und Ackerbau sie ihr gutes Auskommen haben. Den Zehnden von ihren Feldern müssen sie den Sonnenberger Herren Geistlichen entrichten, ob sie gleich nach Oberlind eingepfarrt sind. Mit dem Dorf Mahlmerz halten sie gemeinschafftlich einen Lehrer für ihre Kinder. Die sämmtlichen Einwohner belaufen sich auf 138, als 90 Erwachsene und 42 Kinder.

Zur Staabskompagnie giebt es einen Unteroffizier und 7 Gemeine.

Rußkopfische Hammerwerke, s. Steinacher Hammerwerke.

18. Lauscha.

Dieses Dorf entstund auf folgende Art. 1595 baueten 2 Glasmeister Hanns Greiner aus Schwaben und Christoph Müller aus Böhmen eine Glashütte auf das Gräfenthaler Gebiet, so damalen Gräflich Pappenheimisch war, an den Ort bey Lauscha, wo anjetzo die Saalfeldische Glashütte Henriettenthal liegt; als sie aber mit dem Grafen Verdruß erhielten, ließ solcher den Müller zum Gefängniß bringen. Es traf sich aber, daß just zu der Zeit, als dieser seines Arrests entlassen war, Herzog Johann Casimir in der Gegend auf der Jagd war, da sich denn diese beyden Glasmeister an ihn wendeten und um Aufnahme baten, welches ihnen gar gerne bewilliget wurde. Sie baueten sich also da an, wo anjetzo das Dorf stehet und der Glasofen befindet sich noch auf dem nemlichen Platz, wo der erstere hingebauet worden war. Sie theilten den Glasofen in zwey Theile. Die Seite gegen Abend gehörte den Greinern, die Seite gegen Morgen den Müllern, welche Eintheilung auch bis jetzo noch bestehet, da die Nachkommen dieser beyden Männer die Besitzer dieser Glashütte geblieben sind.

sind. Sie bekommen aus den herrschafftlichen Waldungen gemeinschafftlich ihr nöthiges Holz; bezahlen es auch mit einander, und jede von diesen Familien setzet 6 Häfen (*) ein, woraus ein jeder aus seinen Häfen, die ihm gefällige Gläser verarbeitet. Aus diesen beyden Familien erwuchs nicht allein dieses Dorf, sondern nach und nach fast alle Glashütten in Teutschland, und nunmehro auch in dem Königreich Preußen und in Rußland. Die meisten Einwohner des Dorfs, wenigstens alle Glasarbeiter bis auf einen, so sich Böhm nennet, sind entweder Greiner oder Müller, und nur diejenigen, so entweder Profeßionen treiben, oder diejenigen, so Schachteln machen, oder sich durch andere Holzarbeiten nähren, führen andre Namen. In der gemeinschafftlichen Glashütte des Dorfs werden maistentheils Arzneygläser für die Apothecker, und so genanntes Beinglas gemacht, welches wie Milch aussiehet und worauf mit bunten Glasfarben gemahlet wird. Ferner wird eine sehr grose Menge Glasperlen von allerley Farben verfertiget, welche besonders stark nach Holl- und England gehen und von da nach Amerika versendet werden. Ferner werden daselbst sehr schöne Rockknöpfe von farbigten Glas verfertiget, welche gewiß von jedermann würden getragen werden, wenn die witzigen Franzosen uns selbige um theure Preise verkaufen wollten.

Gleich vom Anfang an hielten sich die Einwohner zur Kirche nach Steinheid; als aber die Gemeinde zu stark wurde, so ließen sie den Pfarrer von da zu sich holen, welcher ihnen predigte und die Sacra administrirte, zu welchem Endzweck sie sich ein Schul- und Bethaus erbaueten, und von 1689 ihr eigenes Kirchenbuch haben, bis sie endlich nach vielen Schwierigkeiten 1730 mit landesherrlicher Bewilligung eine Kirche erbaueten. Nach diesem Kirchenbuch ersiehet man, daß in den ersten 10 Jahren von 1689 bis 99. 60 getauft und 19 begraben worden: von dieser Zeit an wuchs die Gemeinde von Jahr zu Jahren bis 1769; denn in denen 10 Jahren von 1760 bis 69 wurden 240 getauft und 130 begraben, woraus deutlich zu ersehen, daß in 90 Jahren, die Gemeinde sich mehr als

---

* Ein Hafen ist ein ungefähr 1 Elle hoher und 3/4 breiter viereckigter Schmelztiegel, worinnen das Glas geschmolzen wird.

als vervierfältiget hat. Da aber ungefähr um diese Zeit verschiedene Fatalitäten zusammen kamen, als Mangel des Holzes, jedoch noch mehr Mangel des Absatzes von Glas und endlich die grose Theurung und Hungersnoth; so suchten verschiedene Familien anderwärts ihr Brod und vermöge des Kirchenbuchs von 1770 bis 79 wurden nur 167 getauft und 126 begraben, woraus erhellet, daß das Dorf in einer Zeit von 8 oder 9 Jahren ansehnlich abgenommen hat und es stehet zu befürchten, daß theils wegen Mangel des grosen Schachtelholzes, besonders aber wegen Wohlfeile des Glases, dieses Dorf ehender ab- als zunehmen werde, wenn ihnen nicht auf eine oder die andere Art unter die Arme gegriffen wird. Anjetzo bestehet das Dorf aus 64 Häusern und 490 Seelen als 290 Erwachsenen und 200 Kindern. Und da ich mir vorgenommen, die Landeskinder, so sich ganz besonders ausgezeichnet zu bemerken, so kann ich nicht umhin überhaupt von der Greinerischen Familie anzumerken, daß sich viele von ihnen durch Geschicklichkeit in ansehnliche Umstände gesetzet, ganz besonders aber, daß der H. S. Weimarische Geheimde-Rath von Greiner, welcher 1767 zu Weimar verstorben, von hier gebürtig war.

19. Limbach.

Dieser Ort ist 1730 von Gottfried Greiner und seinen 2 Brüdern zu einer Glashütte erbauet worden. 1752 kaufte Gottfried Greiners ältester Sohn, Herr Gotthelf Greiner die anderen Theile darzu, als aber uns Jahr 1770 die Abnahme des Glases so schwer hielt, so legte er mit hoher Bewilligung gnädigster Landesherrschaft eine Porzellanfabrick an, welche auch bis 1780 gänzlich hergestellet war, so, daß anjetzo 50 erlernte Fabrikanten ohne die Handwerker, Holzmacher und Taglöhner täglich darinnen arbeiten. Vorjetzo wird außer Thee- und Kaffegeschirr, wenig anderes Geräthe gemacht, da jenes so stark abgehet, daß dessen nicht genug verfertiget werden kann. Der Absatz dieser Fabrick beträgt 16 bis 20000 Rthlr.

Die Glashütte stehet auch noch, jedoch wird in selbiger jetzo nicht gearbeitet. Zur Fabrick selbst gehören folgende Gebäude, 1) ein Wohn- und Vorrathshaus des Hrn. Gotthelf Greiners, 2) das schöne Fabrickhaus, worin-

worinnen die Dreher, Former und Mahler arbeiten, 3) das darzu gehörige Wirthshaus, 4) zwey Brennöfen, 5) die Hütte, die Maſſe zu präpariren und ſodann noch verſchiedene Wirthſchaffsgebäude, auch unten im Theurer Grund die Glaſurmühle. Außer dieſen befinden ſich 4 andere Wohngebäude um ſelbige, ſo aber mit zu Limbach gerechnet werden. In dieſen 7 Wohnhäuſern wohnen 47 Erwachſene und 22 Kinder und alſo in allen (ohne die anderwärts wohnende Fabrikanten und Arbeiter) 69 Perſonen. Die Lage iſt vor einen Waldort ziemlich angenehm, da das alte Städtgen Steinheid vor ihren Augen und hinter ihnen die Schwarzburgl. ſche Glashütte Ausbach, an welcher Hr. Gotthelf Greiner den größten Antheil hat. Es iſt nach Steinheid eingepfarrt, Hr. Gotthelf Greiner hält aber einen Schullehrer für ſehe und die anderen Kinder. Wenn der Debit dieſer Fabrick noch einige Zeit ſo wie bisanhero fortdauert, ſo wird dieſer Ort bald mit mehreren Häuſern vergrößert werden, da das Auswärtswohnen denen Fabrickanten ſehr beſchwerlich iſt.

20. Marmor- und Mermelmühle.

Mermel, Schuſſer oder Schnelkäulchen, ſind marmorne Kügelchen, womit geſpielet wird, welche aber in Oſt- und Weſtindien ſehr viele Liebhaber haben müſſen, da die Holl- und Engländer jährlich viele Millionen brauchen. Ihre ordinäre Größe iſt im Durchſchnitt ein reichlicher halber Zoll, doch werden auch etwas größere und kleinere mit angenommen. Manchmal werden auch welche von 2 bis 3 Zoll im Durchſchnitt verlanget. Je ſchöner der Marmor iſt, deſto theurer werden ſie bezahlt, die ganz weißen ſind die theuerſten.

Es gehören hierzu 2 Häuſer, worinnen 7 Perſonen wohnen, 5 Erwachſene, 2 Kinder; die Arbeiter ſind meiſtentheils aus Steinach. Sie liegt in einem engen wilden Thal und iſt nach Steinach eingepfarrt.

21. Mahlmerz.

Ein ſehr angenehm liegendes Dorf, da nicht allein der größte Theil des Steinachfluſſes durch ſelbiges fließt, auch eine ſehr ſchöne Wieſe das Dorf faſt ganz einſchließet; an dieſe ſtoſten gute Felder, welche bis hoch auf den Schönberg hinauf steigen, und auf der andern Seite des Dorfs liegen auch Felder auf einer kleinen Anhöhe, die aber etwas sandig sind. Das Dorf bestehet aus 7 ganzen und 2 halben Bauerngüthern und überhaupt aus 19 Wohnhäusern, worunter 2 Mahl- und Schneidemühlen sich befinden. Der Einwohner sind 106 Seelen: 76 Erwachsene und 30 Kinder.

Es ist nach Oberlind eingepfarrt, wovon es eine Viertelstunde weit entfernt lieget; der Kirchsteig dahin geht durch die vortrefflichsten Wiesen. Sie halten mit dem Dorf Köppelsdorf einen gemeinschaftlichen Schullehrer. Die Hauptnahrung dieses Dorf ist Ackerbau und Viehzucht, jedoch träget ihr starker Breterhandel sehr vieles zu ihrem Wohlstand bey. Zur Staabskompagnie giebt es 4 Mann.

22. Mürschnitz.

Eines von denen am besten sich befindenden Dörfern: denn ob es gleich sandig und steinigte Felder, auch vielen sauern Wieswachs hat, so besitzet es dennoch einen schönen, unter der rühmlichsten Aufsicht erhaltenen Wald, in welchem man das stärkste Holz antrifft. Das Dorf lieget in einem breiten Thal zwischen den holzreichen Jfak und den Sonnenberger Bergen. Es bestehet aus 9 Frohngüthern, einem dergleichen Guth, so herrschafftlich ist, und welches der Herzogl. Forstbediente mit als ein Stück seiner Besoldung benutzet und einer Sölden, so für ein halbes Guth gerechnet wird. Das ganze Dorf bestehet aus 19 Wohnhäusern, worinnen sich 106 Seelen befinden, nemlich 76 Erwachsene und 30 Kinder. Es ist nach Sonnenberg eingepfarrt, wovon es über dem Berg eine gute Viertelstunde entfernet ist. Seit dem Ende des 16ten Jahrhunderts ist in einem Hause, wovon der jetzige Besitzer Oberender heißt, eine Kronick fortgeführet, in welcher außer einigen öffentlichen, hauptsächlich Dorfs- und Familiennachrichten befindlich sind, eine Sache welche in verschiedenen Betracht nachahmenswerth wäre.

1624 kam durch ungelöschten Kalch, so in eine Scheuer geschüttet worden, Feuer aus, wodurch verschiedene Häuser abbrannten.

-Zur

Zur Sonnenberger Kompagnie giebt dieses Dorf 2 Mann.

23. Mönchsberg.

Ein kleines Dörfgen, so aus 8 Bauerngüthern und in allen aus 9 Wohnhäusern bestehet. Es liegt hoch auf dem Berg, auf dem Weg von Sonnenberg nach Heinersdorf, hat aber doch dem ohngeachtet keine Aussicht. Ihre Nahrung ist theils der Feldbau, so größtentheils in ganz vortrefflichen Haber bestehet, die vortreffliche Viehzucht, theils aber auch, daß sie aus herrschafftlichen Waldungen Bäume kaufen, und wie die Jagdhofer und Heinersdörfer nach Kronach zur Flöße bringen.

Es ist zwar eigentlich nach Oberkind eingepfarrt, wovon es aber über eine starke Stunde entfernet ist; weil es aber nur eine halbe Stunde von Heinersdorf entfernt liegt, so gehen sie gemeiniglich dahin zu Anhörung der Predigt. Es befinden sich daselbst 50 Seelen: 31 Erwachsene und 19 Kinder.

Zur Neuenhäuser oder Staabskompagnie giebt es 3 Mann.

Muckberger Hammerwüstung.

Dies war sonst ein Hammer, so zwischen Niederlind und Heublich erbauet war und jenseit des Landflußes am Fuße des Muckbergs stand; Er gehörte zuerst einem Kaufmann zu Koburg, Johann Sommer und zuletzt zu den Obersteinacher Hammerwerken, welche die daraus gewordenen Wiesen verpachten. Siehe mehreres bey Augustenthal.

Mühlberg.

Eine Wüstung oberhalb Forstengereuth, wovon anjetzo nur noch der Name bestehet.

24. Neuenbau.

Dieses Dorf ist etwa in Mittel des 17ten Jahrhunderts zu bauen angefangen worden und bestehet aus 15 Wohnhäusern, worinnen sich 126 Seelen befinden, als 84 Erwachsene und 42 Kinder. Die Häuser liegen ziemlich weit aus einander, indem ein jeder auf sein gerottetes Feld ge-

gebauet hat. Sonst lieget es mitten im Wald, in einer unangenehmen Gegend, jedoch geht die Heerstrasse von Judenbach nach Sattelpaß bey ein paar Häusern vorbey. Die Nahrung der Einwohner bestehet in Holzarbeit zu Sonnenberger Handlungswaaren, die meisten sind Drechsler, welche sehr viel Feuerspritzen machen, wovon viele tausend nach Holland gehen. Ferner die Körper zu den Puppen, so in Sonnenberg mit Teig pouß iret werden, auch sehr viel dergleichen Kinderspielzeug, so aus dem Ganzen gedrehet ist; als Butterfäßgen, Zübergen, Handkörbgen, Fäßgen, Stützgen und dergleichen. Sie sind nach Judenbach eingepfarrt. Ihren Kindern halten sie einen Schullehrer.

25. Neufang.

Ein sehr altes Dorf, welches vermuthlich dadurch entstanden, weil die alte Hohe-Strasse von Nürnberg nach Niedersachsen, hier aus der Ebene den ersten Berg erstieg und auf den Rücken der höchsten Berge des Thüringer Waldes bis Altenstein fortgieng, allwo sie wiederum in die Ebene kam. Es liegt gleich oberhalb Sonnenberg auf den Rücken eines so hohen als steilen Berges, welchen die Waldleute zwar in einer Viertelstunde ersteigen, wozu aber andere gute Fußgänger mehr als eine halbe Stunde brauchen. Anjetzo liegt es außer aller Strasse, hat aber doch noch zum Andenken ein Wirthshaus und mit selbigem 20 Wohnhäuser. Außer den 10 Bauerngüthern, so aber sehr spröde's Feld haben, wohnen einige Profeßionisten daselbst, das übrige sind Holzarbeiter. Außer ihren geringen Feldbau nähren sich die Bauern davon, daß sie Brennholz in die Städte führen, auch den Sonnenbergern sonst Fuhren thun, und ihre Felder bestellen. Sie sind nach Sonnenberg eingepfarrt. Sie halten ihren Kindern einen eigenen Schullehrer. Die Gemeine bestehet aus 68 Erwachsenen und 30 Kindern, in allen aus 98 Seelen. Zur Sonnenberger Kompagnie giebt es 2 Mann.

Neumannsmühl

liegt im Theurer Grund, kommt unter der Rubrick Steinheid, wohin sie eingepfarrt ist, wieder mit vor.

26. Nie=

26. Niederlind.

Ein angenehm liegendes Dorf, welches von dem adelichen Erfa-schen Rittersitz und dem dabey angelegten Garten (s. Rittergüther) seine größte Zierde erhält. Es bestehet aus 29 Wohnhäusern, worunter eine Mahlmühle und Schenke sich befindet; wegen des guten Feldes und der schönen Wiesen ist der Feldbau und die Viehzucht sehr einträglich. Die Gemeinde hat in dem Arm von dem Steinachfluß, so durchs Dorf läuft, die Fischerey. Es ist nach Oberlind eingepfarrt und hat 130 Erwachsene und 61 Kinder, in allen 191 Einwohner und giebt 4 Mann zur Staabs-Kompagnie.

27. Oberlind.

Ein schöner ansehnlicher Marktflecken, bestehet aus 120 Wohnhäusern, worunter 1 Pfarrhof, 1 Schulwohnung, 1 Badstube, 2 Gasthöfe, 3 Mahl- und Schneidmühlen, ein Ziegelofen befindlich. Der Ort selbst liegt in der angenehmsten Ebene und hat seine guten Felder und Wiesen um sich herum liegen. Es war sonst ein herrschaftlich Schlößgen hier, welches aber 1778 abbrannte. (S. unter Rittergüther die Oberlinder Kemmate.)

Die grose Heerstrasse gehet durch den Flecken (der Postweg aber auf der Anhöhe zwischen Sonnenberg und Oberlind) die Strasse bringet dem Ort viele Nahrung, dahero es auch fast alle Profeßionisten daselbst giebet. Die 11 eingepfarrte Ortschafften als Niederlind, Hömbach, Mahlmery, Köppelsdorf, Hüttengrund, Steinbach, Jagdshof, Mönchsberg, Föritz, Weldhausen, Rottmar und der Bauernhof, so Föritzer Berg genannt wird, welche letztere 4 ins Amt Neuenhaus gehören, bringen gleichfalls viele Nahrung in den Ort, nur Schade, daß vermöge der wunderbaren Theilung dieses Landes, die Tranksteuer von diesem Ort nach Koburg gezahlt werden muß.

Außer den Nagelschmieden und einen Schlosser, so Schlößer an die Nähpulte macht, wird allhier nichts für die Sonnenberger Handlung geliefert.

Die

Die Einwohner haben zu ihrer Hauptnahrung den Ackerbau, die Viehzucht die sehr beträchtlich ist, und die Brauerey, welche durch die 6 Jahr- und Viehmärkte und die vielen Eingepfarrten wichtig wird. Die Viehmärkte waren noch vor kurzen so beträchtlich, daß manchmal 3 bis 400 Stück Rindvieh zum Verkauf dahin getrieben wurden, welche aber anjetzo etwas abgenommen haben, da in der Nachbarschafft deren zu viel angelegt worden sind.

Seit 1598 hat dieses grose Kirchspiel einen einzigen Geistlichen, vor dieser Zeit aber war ein Kaplan da, der zugleich das damalige Filial Imbenbach versah und in der Folge Pfarrer daselbst wurde, und als die katholische Religion noch die herrschende war, so war außer diesem ein Frühmeßner daselbst. Die Kirchenbücher gehen von 1585 an. Und nichts ist wohl ein deutlicher Beweiß wie wenig die Orte die nur vom Feldbau leben, zur Bevölkerung eines Landes beytragen, als dieses Kirchspiel, wenn man dessen Vermehrung gegen die Vermehrung der übrigen Kirchspiele dieses Amts hält, welche sich wenigstens verdoppelt haben. Alle die daselbst eingepfarrten Dorfschafften, wie der Ort selbst, haben zu ihrer Hauptnahrung den Feldbau und von 1585 an, bis in die Jahre wo man zum Trutz der Städte denen Ländern eigne Innungen gab, blieb die Mittelzahl der Gebohrnen 49; da aber diese Innungen viele Profeßionisten auf die Dörfer und besonders nach Lind zog, so wurde dadurch die Mittelzahl 63 Gebohrne. Wäre dieses nicht geschehen, so würde die Mittelzahl bey allem Anwuchs des übrigen Landes, kaum auf etliche 50 gestiegen seyn, daß also die Vermehrung in diesem grosen Kirchspiel kaum bemerklich worden wäre. Von 1600 bis daher und folglich in 180 Jahren sind 8916 gebohren worden, hingegen 7247 gestorben, es sollten also 1669 Menschen da seyn, das Kirchspiel ist aber 1814 stark, welches gewiß eine sehr geringe, noch dazu nach obigen auf die Profeßionisten zu rechnende Vermehrung ist. Da nun in den letztern 10 Jahren 49 die Mittelzahl ist, so sieht man, wenn obige 1814 damit dividiret werden, wie gesund auch hier die Luft ist, da nur der 37ste Mensch stirbt. Im Flecken selbst befinden sich 616 Seelen als 410 Erwachsene und 206 Kinder.

Der

Der Schultheiß von Oberlind ist (jedoch ohne den Titel davon zu haben) der Oberschultheiß des Obergerichts, wie der Tonner im Untergerichte. Wenn sämmtliche Schultheißen vor Amt gefordert werden, so führet er das Wort, so wie sie auch bey ihm zusammen kommen, wenn sie Berathschlagungen halten, und endlich ordnet er mit dem Landknecht die Frohnen.

Was dem Ort ein besonderes gutes Ansehen giebt, sind nicht allein die durchgängig hübsche, sondern auch größtentheils zweystockwerkigte Häuser, ferner die breiten und seit 1770 mehrentheils gepflasterte Strassen. Was hingegen diesen Ort sehr mitnimmt, sind die gar zu häufigen Einquartierungen in Kriegszeiten, besonders weil es gemeiniglich die Haupt-General- und Staabsquartiere erhält, so oft ein Marsch aus Franken nach Sachsen oder aus Böhmen ins Reich geschiehet.

Bey der Austheilung ihrer Abgaben legen sie außer dem Erfaischen Bauerngut, 14½ Guth zum Grunde, wovon aber die meisten gänzlich zertheilet sind.

Bis hieher gehet das Flößholz auf dem Steinachfluß; am Ende des Dorfs ist in den 1730 Jahren ein Flößgraben geführet worden, welcher bis an die gebrannte Brücke auf dem Gebiete des Obergerichts geführet worden, der das Flößholz auf dem Herzogl. Flößholzplatz oder sogenannten Flößrasen auf der Müß, bringet. Es wird auf diesen Graben aus den Sachsen-Saalfeldischen Waldungen das Flößholz nach Neustadt und Koburg gebracht, worüber zwischen beyden Herzogl. Kammern ein Vergleich obwaltet. Auch ist noch von diesem Graben anzumerken, daß er von dem Rechen zu Oberlind bis an die gebrannte Brücke dem jedesmaligen Justizbeamten als ein Besoldungsstück zugetheilet worden, welches aber ganz unbeträchtlich ist.

Zum Landbataillon giebt es 2 Unterofficier, 1 Pfeiffer, 2 Tambour, 1 Fourierschützen und 17 Gemeine, welche sonst zur Neustädter Kompagnie gehöret haben und anjetzo der Staabs- oder Neuenhäuser Kompagnie zugetheilt sind.

Obersteinach s. Steinacher Hammerwerke.

T 28. Roh-

28. Rohhof.

Ein adeliches Erfaisches Vorwerk. Ist Kloster-Banzisch lehn und nach Mupperg eingepfarrt. Siehe mehreres hier unter Ritter-Guth Niederlind.

29. Rottenbach.

Ein blau Farbwerk, so der Blaufarbmeister Pingitzer 1757 anlegte, 1769 aber wiederum an Hrn. Schmidt nach Koburg verkaufte, welcher es 1772 zu einer Spiegelfabrick umänderte, jedoch selbige sehr kurz betrieb und da er seine Rechnung nicht dabey finden mogte, wiederum gänzlich liegen ließ, daß also selbiges anjetzo zu gar nichts gebraucht wird, als, daß die in des Herrn Hofrath Penseis' gleich über dem Wasser liegenden Blaufarbwerk angestellte Arbeiter in selbigem ihre Wohnung haben. Es sind daselbst 2 Wohnhäuser, in welchen 6 Menschen wohnen, welche nach Judenbach eingepfarrt sind.

30. Saarhäuser

sind drey Wohnungen mit etwas wenigem Felde und Wiesen, welche noch auf Sonnenberger Grund und Boden stehen, und zwischen der Schwarzburgischen und Rauensteiner Grenze, neben der Sigmundsburg liegen; die Bewohner sind Holzmacher, welche ihr Brod auf der Porzellanfabrick und sonsten verdienen. Sie sind nach Steinheide eingepfarrt; In allen befinden sich 16 Personen daselbst, 10 Erwachsene und 6 Kinder.

31. Sattelpaß

oder der Paß auf dem Sattel mag schon von den allerältesten Zeiten her eine kleine Vestung gewesen seyn. Denn die Thüringer führeten stets Krieg mit den Franken; da nun bey den damaligen undurchbringlichen Wäldern sehr selten irgendwo durchzukommen war; dieses hier aber eine Hauptstrasse von Franken nach Sachsen war; so bewachten die Franken diesen engen Paß, der daher entstehet, daß verschiedene sehr tiefe Thäler von entgegen stehenden Seiten zusammenlaufen und nur diesen schmalen Berg gleich als eine Brücke stehen lassen. Anjetzo wird noch stets ein Kommando von einem Unterofficier und 4 Mann hier gehalten, welche

che das Thor und den Schlagbaum bewachen, wobey ersterer die Fremden zu examiniren und auf die Zoll- und Geleitsfrevler Achtung zu geben hat. Die Soldaten stehen zwar vor ihre Personen unter dem Befehlshaber des Oberländischen Bataillons, da aber die meisten sich Waldröder gekauft, so sind sie deshalb vor Amte zu erscheinen schuldig. An Gebäuden sind daselbst 5 herrschaftliche Häuser, worinnen die Soldaten wohnen und 1, so sich unten im Thale an der Tettau angebauet, worinnen Holzmacher wohnen. Es sind in allen daselbst 48 Seelen 34 Erwachsene und 14 Kinder, welche nach Judenbach eingepfarrt sind.

Zur Geschichte dieses Passes muß ich erzählen; daß als in den 1720er Jahren ein Delinquent von der Stadt Leipzig der Stadt Nürnberg ausgeliefert wurde, so brachten ihn die Leipziger mit Zuziehung der Beamten jeden Distrikts bis auf den Sattelpaß, da denn die Leipziger ihn denen Nürnbergern übergeben, so wie der Gräfenthaler Beamte ihn dem Neustädter übergab, welcher ihm bis Deslau brachte, allwo ihm der Centamtmann von Koburg übernahm.

32. Schwarzwalder Hammerwerk.

Gehört dem Herrn Kammerrath von Uttenhoven zu Augustenthal. Es ist eines der ältesten Hammerwerke im Lande. Hat bis 1695 gnädigster Landesherrschaft gehört, welche es in diesem Jahre den 22. Jun. an den Münzmeister zu Koburg Joh. Georg Angerstein verkauft, von diesem erhielt es 1727 Georg Christoph von Uttenhoven und 1762 übernahm es sein Sohn der obengenannte Herr K. R. von Uttenhoven von seinen Geschwistern.

Dieses Hammerwerk erhielt bey dem Kauf von 1695 auch ein Privilegium von Herzog Albrecht, durch welches der Käufer und seine Erbnehmer berechtiget wurden, zu diesem Hammer einen hohen Ofen, an einen schicklichen Ort zu erbauen, auch in den sämmtlichen Herzogl. Landen nach Eisenstein zu schürfen, fremden Eisenstein Zoll- und Geleitsfrey beyzuschaffen, jedoch von im Lande gewonnenen Eisenstein den Zehnden abzugeben und gleich den übrigen Hammerwerken das benöthigte Holz aus den Herzogl. Waldungen, nach der unter den Hammergewerken eingeführten

Proportion zu erhalten. Das zu den Fluthwehren und sonst zu den umgehenden Werken nöthige Holz bekommt es unentgeltlich, es kann so viel mit Eisen umgehende Handwerker aufnehmen, als zu bessern und mehrern Betrieb des Eisens nöthig: Alles im Lande verkaufte Eisen ist Zoll- und Geleitsfrey. Ferner sind der Besitzer und seine Arbeiter und bey ihm Handwerker, von allen Einquartierungen, Durchzügen, außerordentlichen Steuern, Kriegsanlagen, Folge, Musterung und dergleichen befreyet. Der Besitzer hat Jurisdiction über seine Arbeitsleute und daben ein- und ausgehende, nach Vorschrift der Landesordnung; jedoch darf nicht über 5 fl. gestrafet werden. Er hat die Freyheit zu backen, zu brauen, zu schlachten, Brandtewein zu brennen und Wein einzulegen und diese Getränke auszuschenken und zu verzapfen. Als einen freyen Tischtrunk hat der Besitzer 24 Simra Malz zu brauen und 6 Eimer Wein einzuführen. Bey Aecker und Wiesen, so sonst zum Werk gehöret oder denselben wohl gelegen, hat er das Vorkaufsrecht. In dem Fluß Effelder hat der Besitzer die Fischerey, von der Kleinmühl an bis oben an den Aschebach bey Augustenthal. Er bekommt 20 Klaffter Brenn- nebst dem Leseholz, Waldmieth frey, darf 12 Schock Schlingen unentgeltlich stellen, hat auch freye Huth vor das Vieh. Dahingegen muß der Besitzer 3 fl. Tristgeld, 5 fl. Erbzins vom Hammer und Mühlberg und 10 fl. vom hohen Ofen (wenn es einen erbauet) und 1½ fl. zu einer ordinären Steuer ins Amt Sonnenberg entrichten, das Kohl- und übrige Holz, so weit solches nicht frey abgegeben wird, in den gesetzten Preisen bezahlen, Eisensteinzehend, Trankstuer, Zoll und Geleit von den außerhalb Landes geschafften Eisen entrichten, auch die Lehn beym Amt Sonnenberg recognosciren.

Es befinden sich 8 Wohnhäuser daselbst, wovon 3 auf Schalkauischen Grund und Boden, nemlich die so auf der Forschengereuther Flußr stehen, 5 aber als 3 noch zum Hammerwerk gehörige und 2 (davon 1 eine Mühle) sind von dem Hammerwerk verkauft worden und gehören dahero ins Amt Sonnenberg, obwohl wegen der Mühle einige Einwendungen vom Amt Schalkau gemacht werden. Denn daß das Hammerwerk und was damalen darzu gehörig, nicht nach Schalkau gehöret hat, ist wohl nicht zu bezweiflen, weil Herzog Albrecht es verkaufte und das

Amt

Amt Schalkau damalen Hildburghäusisch war, auch im Privilegio mit
ausdrücklichen Worten stehet, daß nicht allein dieser Ort an der Schalkauer Gränze im Amt Neustadt liege, sondern auch die Besitzer
alle herrschafftliche Abgaben, Steuern, Accis, Tranksteuern und dergl.
ins Amt Sonnenberg entrichten müßen. Das auf den beyden Hämmern
und Frischfeuern verfertigte Stab- und Schieneisen, wozu das rohe Eisen
anjetzo von Augustenthal geliefert wird, beträgt jährlich etwas über 1000
Centner. In den 8 Häusern wohnen 24 Erwachsene und 10 Kinder.
Sie sind nach Mengersgereuth eingepfarrt, die Kinder der 5 Sonnenberger Häuser gehen nach Hämmern, die 3 aber nach Mengersgereuth in die
Schule.

33. Steinach.

Ein neues, aber sehr ansehnliches und groses Dorf, welches den re-
denbsten Beweiß abgiebt, wie sehr Fabricken und Manufakturen zur Bevölkerung und Wohlstand eines Landes beytragen und mit demselben sich
vermehren und abnehmen. Denn obschon im 15ten und 16ten Jahrhundert Hammerwerke an den Flüßen, Göritz und Steinach sich befanden,
so waren sie doch immer von keiner Erheblichkeit, daß also wenig Menschen ihr Brod daben fanden, bis Thomas Paul zu Anfang des 17ten
Jahrhunderts diese Werke fabrickmäßig zu treiben anfieng, (s. Obersteinacher Hammerwerke) da denn der erste Anfang zu diesem Dorf geleget wurde. Jedoch der eigentliche starke Anbau erfolgte erst mit dem Eintrit dieses Jahrhunderts, als der Herr von Uttenhoven die Steinacher Hammerwerke in Flohr brachte, welcher von Jahr zu Jahren besonders aber in
den 1740er Jahren stieg, als die französische Armee, welche von diesen Hammerwerken mit Kugeln, Bomben und andern Eisenwerk versehen
wurde, in Teutschland und besonders in Böhmen sich befand.

Von 1567 bis 1660 war das Dörfgen Steinach oder vielmehr das
Hammerwerk Obersteinach in die Kirche nach Effelder eingepfarrt, jedoch
weil schon 1651 die Gemeinde aus 118 Erwachsenen bestand, so erbauten sie sich ein Schul- und Bethaus, worinnen sie Sonntags Nachmittags Betstunde hielten, welche 1652 am Tage Matthias von dem Hrn.

T 3   Pfarr

Pfarr zu Effelder Johann Fischern eingeweihet wurde. Da aber die Einlegenheit des Orts von Effelder viel Unbequemlichkeiten hervorbrachte, so daß nicht allein solchen Monat lang wegen tiefen Schnees unbegraben stehen bleiben mußten, sondern auch ein Kind, so zur heil. Taufe gebracht wurde, erfroren war; so geruheten Herzog Friedrich Wilhelm der ältere 1660 ihnen einen eigenen Pfarrer zu geben, welcher in dem Bethaus den Gottesdienst hielt, bis sie sich 1684 eine schöne Kirche erbaueten, deren Grundstein Herzog Albrecht den 21 August selbsten zu legen geruheten. Da ich nun einmal mich in der Kirche befande, so will ich meinen geehrtesten Lesern sogleich die Kirchenbücher vorlegen und sodann erst das Dorf betrachten wie es anjetzo beschaffen ist.

In den ersten 10 Jahren, das ist von 1660 bis 1670 starben 57 Menschen; folglich in einem gemeinen Jahr 6 Menschen. 40 Jahr darnach von 1700 bis 1709 starben 120 Menschen, folglich hatte sich das Dorf reichlich verdoppelt. Im Jahr 1760, also in 100 Jahren war das Dorf mehr als versechsfältiget: denn von 1550 bis 60 kommen auf gemeine Jahre $37\frac{1}{2}$ Gestorbene; und als 1775 die Seelen allhier gezählet wurden, so befanden sich 799 Erwachsene und 330 Kinder im Dorfe, und 269 Eingepfarrte, daß also das ganze Kirchspiel aus 1401 Seele bestand, dividirt man nun diese Summe mit den 37 Gestorbenen, so findet man daß der 38ste Mensch stirbt. Von 1768 an hat die Gemeine nicht mehr zugenommen; denn weil die Hammerwerke in den letztern 10 Jahren nicht wie sonst betrieben werden konnten, so bestund 1779 das Kirchspiel nur aus 1337 Seelen, folglich war die Gemeinde um 97 Seelen schwächer, welches auch das Taufregister bestätiget, denn

von 1660 bis 1670 wurden getauft 95, folglich aufs Jahr $9\frac{1}{2}$
- 1700 - 1710   -   -   240   -   -   24
- 1750 - 1760   -   -   524   -   -   52
- 1770 - 1780   -   -   446   -   - $44\frac{1}{2}$

Es ist also diese Liste mit obiger Todtenberechnung vollkommen einstimmig. Zu dem hiesigen Kirchspiel gehöret nicht nur das Obersteinacher Hammerwerk, sondern auch das Dorf Haselbach, die beyden Häuser zu Friedrichsilchofthal, die Mermelmühl und die Wickelsburg. Da nun in diesem Kirchspiel seit seiner Errichtung und also in 120 Jahren 3795 gebohren worden und nur 2758 gestorben sind, so bleiben also 1037 lebendige übrig: da nun aber, wie wir oben gesehen, anjetzo 1337 Seelen hierinnen befindlich; so müssen wenigstens 300 Auswärtige sich hier niedergelassen haben, da doch gewiß auch welche außerhalb dem Kirchspiel gestorben sind.

Das Dorf ist über eine Viertelstunde lang und liegt zwischen hohen Bergen, in einem Thal, welches so breit ist, daß noch rechter Hand des Dorfes, wenn man am Wasser hinauf gehet, neben demselben eine schöne Wiese sich verbreitet. Außer den Hammerwerksgebäuden befinden sich daselbst 151 Häuser, worunter ein ansehnliches herrschafftliches Forsthaus, ein schönes Pfarrhaus, eine Schulwohnung und ein Gasthof: in diesen wohnen 386 Verehlichte, 13 Wittwer, 37 Wittwen, 102 junge Purschen, 91 unverheyrathete Mädgen, 240 Schul- und 205 kleine Kinder, also in allen 1072 Seelen, nemlich 627 Erwachsene und 445 Kinder. Die Einwohner nähren sich größtentheils von Profeßionen und Arbeiter für die Sonnenberger Handlung. Aus folgenden wird man am leichtesten die Art ihrer Nahrung sehen, weil darinnen die Nahrung der Hausväter bestimmt ist. 1 Bader, 5 Becker, 3 Büttner, 12 Huffschmiede, welche Ketten, Beile, Hufeisen, gute Messerklingen und andere Schmiedswaaren zu grosen Verschickungen verfertigen. 5 Leineweber, 4 Mahler, so Sonnenberger Waaren mahlen. 2 Maurer, 1 Wagner, 2 Zimmermeister, 2 Handelsleute, welche mit Schachteln und andern Holzwaaren auf die Messen gehen und Kaffe, Zucker und Gewürz wieder mit zurückbringen. 6 Schachtelmacher, 14 Bauern, welche Zugvieh besitzen, aber keine Bauerngüther besitzen, 54 Holzarbeiter, welche Sommerszeit in den Wäldern Holz schlagen und verkohlen, außerdem aber auch allerley Sonnenberger Holzwaaren besonders Brötgen zu selbenen Waaren und Bändern vor die Seidenmanufakturen verfertigen und 2 Schindelmacher. Auch sind 3 Mahl- und 1 Schneidmühle, 2 Bier- und 6 Brandtweinschenken daselbst.

Die

Die Viehzucht ist gleichfalls von Wichtigkeit, da nur alleine gegen 200 Stück Kühe daselbsten befindlich. Der Ackerbau ist aber nicht beträchtlich, doch wird etwas Sommerkorn, Gerste und Haber, besonders aber Kartoffeln, Flachs, Kraut und Rüben gebaut. Ihre meisten Felder liegen auf dem Lerchenberg, den Kräutlesberg und auf dem dritten Theil des Berges, so der Hirtenrangen heißet, welches sie von der Herrschafft gekauft und ausgerottet haben.

Zur Sonnenberger Kompagnie giebt es 1 Korporal, 1 Tambour, 16 Gemeine.

Da wir an andern Orten, die sich ausgezeichnete Personen angemerkt haben, so dürfen wir auch des gewesenen H. S. Weimarischen Hrn. Hofrath Langguths nicht vergessen, dessen Vater eine geraume Zeit allhier Schultheiß gewesen.

34. Steinacher Hammerwerke,
oder
die Obere Steinach genannt.

Der erste Ursprung ist gewiß weit über 300 Jahr: denn schon 1464 und 1487 sind schon darüber Freyheitsbriefe ertheilt worden und wer weiß wie viel ältere da gewesen sind. Vermuthlich waren es geringe Werke, welche nach den Kräften der Besitzer bald empor kamen, bald wieder zu Grund giengen. Man findet an der Steinach und Göritz hinauf Beweise genug, daß viele Hammerwerke an selbigen gelegen, aber wenn sie angefangen oder wieder aufgehört haben, kann durch nichts bestimmet werden. Wir müßen also blos bey den neuern Zeiten bleiben, da wir aus richtigen Quellen schöpfen können.

Im Anfang des 17ten Jahrhunderts kam Thomas Paul hieher, welcher wegen des evangelischen Glaubens aus Kärnten war vertrieben worden. Er bekam das Casimirianische Bergwerksausschreiben zu Nürnberg zu sehen und dieses lockte ihn sich die Gegend bekannt zu machen. Er fand mächtige Wälder, Eisensteinhaltige Gebirge und den stärksten Wasserfall. Dieses bestimmte ihn bey Herzog Johann Casimir um Freyheitsbriefe nachzusuchen. Mit Freuden wurde er aufgenommen und erhielt den 16

August 1604 ein Privilegium nach seinem Wunsche. Zuerst kaufte er Hans Strauchen den 3 Jul. 1604 seinen Eisenhammer, die Hüttenstell nach, am Fuße des Judenbacher Bergs ab. Sodann wollte er (wie noch vorhandene Nachrichten erweisen) an dem ganzen Steinachfluß sich ausbreiten. Sein stärkster Verkehr war nach Italien, besonders aber nach Venedig, und daher ist zu schließen, daß er sich besonders auf Verfertigung der Bleche gelegt, ob er aber auch verzinnte gemacht, ist ungewiß, wenigstens würden solche die ersten in hiesiger Gegend gewesen seyn. Außer ihm legten aber auch noch Claus und Hans Leithäuser an der Stelnach ein Hammerwerk (welches aber vermuthlich nur ein Zerrenfeuer * gewesen) und eine Schneidmühle an, wie die Conceßion vom 5 Januar 1612 besaget. Um diese Zeit verlieren sich alle Nachrichten wieder und man findet nur, daß nach der Mitte des 17ten Jahrhunderts die Steinacher Hammerwerke Durchl. Herrschafft besessen hat und durch Pachter betreiben ließ. Bis endlich ein Pachter Georg Sebastian Gottfried den 16 März 1683 die Obersteinacher Werke um 3000 fl. Fränkl. kaufte. Sie bestunden aus einem hohen Ofen, einem Frischfeuer ** und einem Blechhammer und da noch kein Zinnhaus da war, so erhielt er die Erlaubniß, in dem Herrschafftl. Zinn- oder Verzinnhaus zu Schwarzwald seine Bleche verzinnen zu dürfen. Gottfrieds Kräffte giengen aber nicht weit, er sahe sich genöthiget, die Werke noch im nemlichen Jahre zu verlassen, indem er dem Reichshofrath und Sächsl. Geheimden-Rath Friedrich, Freyherrn von Born eine ansehnliche Summe Geldes schuldig war und dieser dagegen sich im Besitz der Werke setzte. Born kaufte auch noch von Andreas Gottfrieden obigen Gottfrieds Vatern die

* Zerrenfeuer ist eine Art Eisenstein in kleinen Quantitäten schmelzen zu können. Jedoch ist das geschmolzene Eisen nicht so flüßig, daß man Gußwerk daraus machen kann.

** Frischfeuer ist dasjenige Feuer, worinnen das rohe aus dem hohen Ofen gestossene Eisen nochmalen geschmolzen und von den Schlacken durch Hämmer gänzlich gereiniget wird.

die Hüttensteinach, oder, wie sie damalen genannt wurden, die Erfaische Werke dazu. Der Plan des von Born war groß, er wollte nebst allen möglichen Fabriken und Manufakturen, eigene Innungen und Gewerkschaften anrichten — und das ganze Land sollte jubeln. Dieses Versprechen mit der Versicherung, daß die Herrschafftl. Einnahmen im Amte Neustadt jährlich wenigstens um 2000 fl. Fränkl. durch ihn vermehret werden sollten, bewogen den Herzog Albrecht dahin, daß er ihm ein unumschränktes freyes Privilegium ertheilte. Er wurde auch den 28 sten September 1691 nicht allein mit den drey Gründen Steinach, Oelsniß und Regniß, sondern auch mit den beyden Dörfern Steinach und Köppelsdorf erb- und eigenthümlich beliehen; ihn über alles die hohen und niedern Gerichte in bürgerlichen und peinlichen Sachen, das Ius patronatus und was dem anhängig ertheilt, kurz ihm alles verstattet, was nur ein Vasall erhalten kann. Indem nun besagter von Born mit Anbau und Vergrößerung sämmtlicher Werke beschäftiget war, kam der Tod und vereitelte sein ganzes großes Vorhaben.

Die von Bornischen Erben wollten sich nicht ferner mit diesen Projekten abgeben und suchten ihre Besitzungen wieder zu veräußern. Nun schlug sich der vormalige Besitzer der Obersteinacher Werke ins Mittel und kaufte mit Johann Christoph Baumann zu Friedrichsthal sämmtliche von Bornische Werke gemeinschafftlich. Ihnen aber wurden jene Bornische Privilegia nicht gelassen, sondern sie erhielten von Herzog Albrecht ein neues unter dem 28 sten September 1696, dessen die nachherigen Besitzer sich bis diese Stunde noch zu erfreuen haben. Die beyden Gottfried und Baumann betrieben diese sämmtlichen Werke nicht lange in Gemeinschafft; denn schon unter den 15. Jun. 1698 theilten sie sich dergestalt, daß Baumann die gewesenen Erfaischen Werke oder die Hüttensteinach, und Georg Sebastian Gottfried die Obersteinacher Werke übernahm, welche in 2 hohen Oefen, 1 Blechhammer, 1 Frischfeuer, 1 Stabhammer, 1 Zerrenfeuer nebst Brau- und Wirthshaus und andern darzu gehörigen Gebäuden bestanden. Inzwischen fehlte es Gottfrieden immer an hinlänglicher Unterstützung, so daß er sich weiter nicht mehr zu helfen wußte und seine Werke abermalen verkaufte. Dieses geschahe 1699 an Herrn Johann von Uttenhoven, dieser vergrößerte und verbesserte sie viele Jahre; als er aber sahe, daß wegen der vielen Kinder, so ihm Gott geschenket hatte, sich sein Vermögen sehr vertheilen würde, so verkaufte er es noch bey seinen Lebzeiten 1734 an Hrn. Johann Tobias Otto, dieser hatte viel Glück und viel Erfahrung, deshalb zu seiner Zeit diese Werke im stärksten Flor standen. Nach seinem Tod, welcher 1767 erfolgte, übernahm sein Sohn Hr. Philipp Johann Preißgott Otto diese Werke, da er aber außer verschiedenen Fatalitäten, worunter der schlechte Abgang und Preiß des Eisens die größte war, auch zu wenig praktische Erfahrung hatte, so verpachtete er 1772 sämmtliche Werke seiner Schwester, der verheyratheten Frau Henriette Wilhelmine Rußkopfin zu Magdeburg, welche diese sehr zu Grunde liegenden Werke wieder empor brachte, ihm auch unterm 26sten October 1779 gänzlich abkaufte, auch den 8ten April 1780 ins Lehn empfieng. Zu diesen also nunmehro Rußkopfischen Hammerwerken gehöret: Ein hoher Ofen eine Viertelstunde oberhalb des Dorfs, wobey ein Zähnhammer nebst des Zähnschmieds Wohnung, ferner ein steinernes Wohnhaus für den hohen Ofenmeister, worinnen ein Bad angeleget ist. Das Badwasser wird durch glühende Schlacken heiß gemacht, und ist vortrefflich zu Stärkung der Nerven. Weiter am Flusse hinauf stunde zu Hrn. J. T. Ottos Zeiten noch ein hoher Ofen, welcher aber eingegangen ist und stehet nur noch ein Haus daselbst. Die Obersteinach selbst bestehet aus folgenden Gebäuden, welche alle der Frau Besitzerin des Werks eigenthümlich zugehören: Eine ganz von Steinen aufgebaute Mahlmühle, ein Malzhaus, 4 Wohnhäuser vor Arbeitsleute, das steinerne Zinnhaus von 2 Stock, worinnen die Bleche gebeizt, abgerieben und verzinnt werden, 2 Huf- und Nagelschmieden, 2 Frischfeuer- und 2 Stabhämmer, ein großes Kohlenhaus nebst Polirkirche, ein großes ganz steinernes Wohnhaus nebst zwey Flügeln und einem Thurm, alles was nur möglich, ist darinnen von Eisen, so gar ist ein Zimmer mit Blech tapeziret, ein Brauhaus, wobey ein Felsenkeller, ein Wirthshaus, wo Rußkopfisches Bier geschenket wird. Im Dorf gehören darzu 2 Wohnhäuser und eine Schneidmühle mit Wohnung. Unter dem Dorf ist der Blechhammer nebst einem Wohnhaus für die Hammerschmiede, wobey ein Felsenkeller.

Zu den Zeiten des Hrn. J. T. Otto sind wohl 10 bis 12000 Zentner * verarbeitet worden. Anjetzo werden wenig über 3000 Zentner gefertiget. Aus diesen 3000 Zentnern werden ungefähr folgende Sorten verfertiget: 150 Zentner Gußwerk, 1100 Zentner Bleche, 1100 Zentner Stabeisen und 650 Zentner Zähneisen für die Nagelschmiede.

Zu diesem Hammerwerk hat auch noch der Muckberger Hammer gehöret, welcher, da kein überflüßig Holz mehr vorhanden, gänzlich eingegangen ist.

Außer oben angezeigten Häusern, so alle Canzleylehnbar sind, gehören auch noch viele Canzley- und Amtslehnbare Grundstücke dazu, welche einzeln hieher zu setzen nicht für nöthig finde. Bey diesen weitläuftigen Hammerwerken finden über 150 Menschen ihr Brod und in den dazu gehörigen Häusern wohnen in allen 121 Menschen, als 86 Erwachsene und 35 Kinder.

Auch befindet sich noch in Obersteinach die Berliner Blaufabrik. S. Berliner Blaufabrik.

35. Steinbach.

Ein sehr angenehmes und etwas erhaben liegendes Dorf am Fuße des Jagdshofer Berges, welcher mit Holz bewachsen ist und ihren Rücken deckt. Vorwärts haben sie die vortrefflichste Aussicht. Gleich zu ihren Füßen liegt Köppelsdorf, sodann verbreitet sich die schöne Ebene, worinnen Felder und Wiesen mit den Dörfern Mahlmerz, Weidhausen und Oberlind abwechseln, welche mit Bergen und Wäldern eingefaßt sind. Ihre Nahrung bestehet in Ackerbau, Viehzucht und Holzhandel. Sie besitzen eigne Waldung und stehen größtentheils in guten Nahrungsumständen. Das Dorf bestehet aus 12 Bauerngütern und hat überhaupt 27 Wohn-

---

* Ein Zentner rohes Eisen, so wie es aus dem hohen Ofen kommt, wird zu 140 Pfund gerechnet, da nun im Frischofen 40 Pfund abgehet, wenn es rein ausgeschmiedet wird, so bleibt die Zahl nerzahl auch bey dem ausgearbeiteten Eisen unverändert.

Wohnhäuser, worinnen sich 96 Erwachsene und 44 Kinder, in allen 140 Seelen befinden.

In den 1740er Jahren sollte dieses Dorf eine Kirche erhalten, wozu sie auch schon vieles Geld beysammen hatten; da aber nichts daraus wurde, so kauften sie vor dieses Geld von D. Döbnern zu Dreßden, ihren Zehnden, daß sie also anjetzo ihre Felder zehnfrey genießen.

Sie sind nach Oberlind eingepfarrt, halten sich aber vor ihre Kinder einen Schullehrer. Das Dorf stellet zur Staabskompagnie 1 Korporal und 5 Gemeine.

36. Steinheide.

Eine sehr alte Bergstadt, so auf der Kuppe eines der höchsten Berge im Thürnlager Wald lieget, welcher unserer lieben Frauen Berg genennet wird; deshalb auch in ganz alten Zeiten dieser Ort das Städtlein auf unser lieben-Frauenberg genannt wurde. Es führet auch zum Stadtwappen ein Marienbild mit dem Jesuskindlein auf dem Arm und zu ihren Füßen, stehet ein Schild, worauf Schlegel und Eisen Creutzweis als die Bergwerksinsignien befindlich sind. Darum herum stehet: S. AVF: UNSER: FRAVE: BERG: CUX: Vor Alters als noch die Wallfahrten ins gelobte Land und nach Jtalien mehr Mode waren, hatten die hiesigen Gerichte eine starke Einnahme für Päße, die sich die Pilgrime von weiten her geben ließen, aber anjetzo ist diese Einnahme so schwach, wie diese Andachtsübung selbst.

Bis ins 15te Jahrhundert war diese Stadt und besonders die Bergwerke in den besten Umständen, aber der Hußitenkrieg und überhaupt die damaligen kriegerischen Zeiten verheereten alles und setzten diesen sonst vollreichen Ort, da allein mehr als 1000 Bergleute daselbst wohnhaft waren, in die erbärmlichsten Umstände. Das 1430ste Jahr war diesem Orte das allerschrecklichste. Denn nicht allein daß die Stadt geplündert und größtentheils abgebrannt wurde, sondern auch die Schmelzhütten, Wasserkünste, ja selbst die Stollen und Schächte erlitten die äußerste Verwüstung und die Münze, wie alle herrschafftliche Gebäude, wurde gänzlich demoliret. Von dieser Zeit an fehlen alle authentische Nachrichten, bis

Churfürst Johann Friedrich das Aufkommen dieser Stadt ernstlich zu Herzen nahm und nicht allein der Stadt durch eine Kommißion Statuten
Nro. 11. ertheilte s. Beylagen Nro. 11. worinnen der Bergmeister, der Zehndner, ein Richter und 12 Schöpfen zur Obrigkeit von Steinheid bestellet wurden, sondern 1534 gab er auch dem Bergamt eine weitläuftige Bergordnung. Diese weise Verordnungen wurden auch mit reichen Segen begleitet, wie ein von Herzog Albrecht 1690 herausgegebener Grubenbericht bezeuget. S. Beylagen Nro. 3. Der teutsche Krieg, die stets fortdaurenden Religionsunruhen und der dreyßigjährige Krieg, setzten dieses vortreflichste Bergwerk wiederum gänzlich zurück. Hierzu kam noch daß verschiedene Brände die Stadt sehr verheereten, ja endlich wurde sie im Februar 1635, weil sie ihre Contribution nicht ablieferten, durch ein kayserlich Kommando ganz abgebrannt bis auf die Kirche, Schule und etliche Häuser, wobey auch die Schmelzhütten und andere Berggebäude nicht verschonet wurden. Da nun zugleich ein gänzlicher Geldmangel in hiesigen Landen herrschete, so blieben die Bergwerke abermal liegen. Herzog Johann Casimir, Herzog Ernst der Fromme und Herzog Albrecht suchten zwar auf alle mögliche Art dieselben wieder in die Höhe zu bringen, weshalb auch Bergordnungen, Freyheiten und alles ertheilt wurde, um nur diesen Endzweck zu erhalten, aber es blieb leider alles dieses ohne besondern Erfolg. Herzog Ernst der Fromme ließ gleich im ersten Jahr seiner Regierung 1672 ein Hauptbefahren derer Steinheider Bergwerke halten, wovon der
Nro. 12. Bericht sich unter den Beylagen Nro. 12. befindet: Ferner habe ich zwey Berichte von 1719 und 1723 den Nachkommen aufbewähren wollen,
Nro. 13, welche sich in den Beylagen Nro. 13. und 14. befinden und die besten
u. 14. Zeugnisse geben, daß die Goldbergwerke zu Steinheide allerdings sehr bauwürdig sind. Eine Gewerkschafft, so einige 1000 Thaler zusammenschösse, die in jenen Berichten angemerkten Stollen und Strecken aufräumen, Brennhäuser und Pochwerke anlegen ließen, würden ganz gewiß in kurzer Zeit den Reichthum dieser Erzte erfahren.

Nachdem, wie wir oben bemerket haben, Churfürst Johann Friedrich der Stadt Berg- und Stadtordnungen gegeben; so baueten alle Städte des Herzogthums Koburg und gewissen viele Ausbäute. Daßero so ist es eine ganz wunderbare Anmerkung in Hohns Coburgischer Kronick, daß 1571 nur 45 Kuxe oder Bergtheile wären verwerft gewesen, da dazumalen mehr als 20 Zechen bearbeitet wurden; wie kann man also sagen, es hätten noch 85 Kuxe zu verwerfen gefehlt. Es kann also wohl bey einer neuen Zeche dieser Mangel gewesen seyn, aber von denen Steinheider Bergwerken überhaupt, läßt sich dieses nicht sagen.

Als 1552 eine sehr schnelle Theurung einfiel, daß also die Gewerken höhern Lohn geben mußten, so erlaubte Herzog Johann Ernst, daß die Gewerkschafft, so lange solche währte, den freyen Goldverkauf haben sollten. In den 1580er Jahren waren diese Bergwerke in dem besten Flor. Die darauf folgenden Kriegsunruhen haben uns aber aller fernern authentischen Nachricht gänzlich beraubt. Seit dem 30jährigen Krieg sind zwar wiederum häufige Versuche gemacht worden, diesem Städtgen, so wie den Goldbergwerken, wieder aufzuhelfen, aber die Armuth des Landes nach diesem schrecklichen Krieg und in den neueren Zeiten die Lotteriesucht, haben alle von den Landesregenten getroffene vortreffliche Anstalten stets vereitelt.

Anjetzo ist dieses Städtgen bis zu einem armen Flecken herabgesunken und die fast noch einzig übrig gebliebene Nahrung ist das Schachtelmachen, und seit der zu Limbach errichteten Porzellanfabrick finden verschiedene Einwohner ihr Brod dabey, auch haben einige Fabrikanten ihre Wohnung daselbst genommen.

Der Ort selbst bestehet aus 69 Wohngebäuden, worunter 1 Pfarr- 1 Schulwohnung, 1 herrschafftlich Forsthaus, 1 Wirthshaus und die Neumannsmühle im Theurer Grund: darinnen befinden sich 300 Erwachsene und 120 Kinder.

Der ganze Flecken ist Gotteskastenlehn, (bis auf 4 Häuser, davon eines der Herzogl. Kammer und 3 dem Amt zu Lehn gehen) weßhalb die Lehntage in der Pfarrwohnung gehalten werden. Das Lehngeld ist vom Gülden ½ Batzen.

Die Kirche befindet sich in baufälligen Umständen; sie ist von Holz, und zu Anfang des 16ten Jahrhunderts erbauet: denn vorhero bis 1528
war

war Steinheid ein Filial von Schalkau; es befande sich nur eine geweihnte Kapelle daselbst, worinnen ein Meßner täglich Messe las. Nachdem aber in diesem 1528sten Jahr die erste Kirchenvisitation zu Schalkau gehalten worden; so erhielt sie einen eignen Pfarrer. S. mehreres unter der Rubrik Schalkau. Die Kirchenbücher fangen sich erst von 1641 an; da die vorherigen in den Kriegsläuften verlohren gegangen. Aus selbigen erhellet, daß von 1641 bis 1720 die Gemeine am schwächsten war, indem auf ein gemein Jahr 12 Gebohrne und 8 Gestorbene kommen. Von 1720 bis 41 kommen auf 1 Jahr 18 Gebohrne und 13 Gestorbene; von 1749 bis 58 war die Gemeine am stärksten, denn in diesen 10 Jahren, waren 280 gebohren und 180 starben. Von 1770 bis 79 hatte die Gemeinde so abgenommen, daß nur 200 gebohren und hingegen 203 gestorben waren, welches größtentheils den schrecklichen Hungerjahren von 1771 bis 73 zuzuschreiben ist. Diese Hungersnoth zeigte sich hier und zu Lauscha auf die allerfurchtbarste Art; denn als die armen Einwohner schon in dem ersten und zweyten Jahr alles, was sie hatten, vors Brod dahin gegeben; so mußten sie sich in den letztern von den hervorwachsenden jungen Gras nähren, welches sie kochten, mit Glasgalle salzten und mit geriebenen Kartoffeln schmelzten. Diese elende Kost verursachte einen Geschwulst am ganzen Körper und ihre Gesichtsfarbe war wie eines Ertrunkenen, welcher schon in die Fäulung zu gehen anfängt, doch starben von diesen Elenden immer sehr wenige, und als im May des 1773sten Jahres durch die Vorsorge unserer Durchl. Frau Herzogin Charlotte Amelie vom Rhein herauf Getraide geholet und ihnen Brod verschaffet wurde; so erholten sie sich größtentheils wieder. Was diesen und andern Armen des Gebirges zu jener Zeit als ein besonderes Lob angerechnet werden muß, ist, daß bey allen diesem äußersten Elende sie sich nicht verleiten ließen, Hand an ihres Nächsten Gut zu legen.

Da dieser Ort auf der höchsten Bergkuppe liegt und von nichts bedecket wird, sondern allen Winden, besonders dem Nordwind gänzlich offen stehet: so werden hier die Menschen am allerwenigsten alt, und man kann rechnen, daß in dem Ort selbst der etlich und zwanzigste Mensch stirbt.

Ein-

161

Eingepfarrt sind folgende Orte: Limbach, die Saathäuser und 2 Mühlen und 1 Haus im Theurer Grund aus dem Amt Sonnenberg, Alsbach, eine Glashütte, und Scheube ein Oertgen von 14 Wohnhäusern im Schwarzburgischen, welche nach einem Rezeß von 1740. S. Beylagen Nro. 10. hieher, hingegen Jgelshieb nach dem Schwarzburgl. Neuhaus eingepfarrt worden. Ferner gehören zu hiesigem Kirchspiel, Sigmundsburg und die Hüfftenberger Häuser aus dem Gericht Rauenstein. Und endlich ist Laufcha ein Filial von dieser Pfarrey, wohin die Glasfabrick Glücksthal gehöret.

Sie haben einen Jahrmarkt, welcher den Tag nach Johanni gehalten wird. Zur Sonnenberger Kompagnie geben sie 1 Korporal, 1 Tambour und 17 Gemeine.

Strohberg
eine Wüstung oberhalb Mengersgereuth, so ganz wüste liegt.

Von Uttenhovische Hammerwerke.
S. Augustenthal und Schwarzwald.

Weth,
so heißt ein Theil der Stadt Sonnenberg, so außer dem Thal, worinnen die Stadt neben dem Schloßberg hinauf liegt. Sie bestehet aus 9 Wohngebäuden, wovon 5 Amtslehnbar, 3 Remmater Lehn, und das 9te die Frohnveste.

37. Wiebelsburg.

Ein einzelner Hof, durch welchen der Weg von Sonnenberg nach Steinach gehet und auf der höchsten Höhe des Berges lieget. Anfänglich war es ein herrschafftlich Fohlenhaus, in welchem die Fohlen den Sommer über waren, nachher erhielt den 4ten Januar 1737 Johann Nikol Wiebel, Schulmeister zu Steinach, die Erlaubniß ein Wirthshaus daraus zu machen und Bier brauen und schenken zu dürfen; und weil Wiebel ein lustiger Kauz war, welcher die zu Neustadt befindliche Meiningische Kommißion manchmal unterhielt, so gaben sie diesem Hause den Namen Wiebelsbelsburg. Da aber Wiebel den Profit seines Bierö vertrunk, so war er schon 1739 genöthiget, es an Gabriel Wittig zu verkaufen, und von diesen kam es noch im nämlichen Jahre an seinen Schwiegersohn, den jetzigen Besitzer, Johann Bernhard Steiner, welcher es mit einigen 20 Acker Feld und Wiesen, so er neu ausgerottet, verbessert, und mit verschiedenen Wirthschaffts-Gebäuden vergrößert und das jetzige artige Haus neu erbauet hat. Es ist nach Steinach eingepfarrt. Anjetzo befinden sich 7 Erwachsene und 5 Kinder daselbst, in allen 12 Personen.

Topographie
des Herzoglichen Amtes Neuenhaus.

Dieses Amt war sonst ein adeliches Gericht oder Herrschafft, welches aber, wie wir in der Folge ersehen werden, verschiedentlich dem Haus Sachsen anheim gefallen, und endlich als ein Herzogl. Amt beybehalten worden. Die erste authentische Nachricht, die wir hiervon haben, ist, daß 1315 Heinrich von Erbenbret seine Burg und Gericht dem Grafen Bertholden von Henneberg zu Lehn auftrug. Diese Erbenbretische Familie muß bald darauf ausgestorben seyn, weil die berühmte Jutta 1350 die Burg Sonnenberg und Neuenhaus an ihren Schwiegersohn Burggraf Albrecht von Nürnberg um 3000 Pfund Heller versetzte.

1496 verkaufte es Herzog Sigmund zu Sachsen als eine Allodialherrschafft an Heinz und Günther von Rosenau, Münzmeister genannt. Zu Ende des 15ten Jahrhunderts fiel es wiederum an das hohe Haus Sachsen. Als aber Hans Georg Gottsmann, so zuerst Amtmann zu Königsberg gewesen, sodann Regierungsrath zu Koburg geworden war, bey den ersteren Religionsstreitigkeiten der evangelischen Kirche nach Speyer geschickt wurde und seine Aufträge vortrefflich ausgerichtet hatte: so schenkte ihm Churfürst Johann Friedrich der Großmüthige dieses Gericht als eine Belohnung seines Eifers und Treue. Es blieb auch bey der Gottsmännischen Familie fast 100 Jahr, bis 1611 den 15ten September Hans Friedrich der letzte Gottsmann starb, wodurch es wiederum an das hohe Haus Sachsen kam und bis jetzo dabey geblieben ist.

1634 den 2ten May wurde das Schloß und der Flecken Neuenhaus von den Kronachern, als eine Vergeltung, daß der Land-Ausschuß den Schweden bey den Belagerungen von Kronach beygestanden, angezündet und gänzlich abgebrannt.

1735 erhielt das Herzogl. Sachsen-Coburg-Meiningische Haus dieses Amt in der provisorischen Theilung.

1. Neuenhaus.

Anjetzo ein Marktflecken, soll einst ein Städtgen gewesen seyn, wenigstens nennen sich die Einwohner Bürger und haben einen Burgemeister, wie das Gottsmannische Amts-Erb-Buch von 1562 bestätiget. S. Nro. 15. Beylage Nro. 15. Der Flecken lieget am Fusse des Hügels, worauf das alte meist verfallene Schloß, das Amthaus nebst den darzu gehörigen Wirthschaffts-Gebäuden, die Kirche, und Frohnveste stehet. Das Amthaus liegt sehr angenehm oben auf dem Berge außen vor dem alten Schloß und hat die vortrefflichste Aussicht, da Felder, Wiesen, Teiche, Bäche, Orte, Wälder und in der Ferne Berge verbreitet liegen; den Hügel, worauf es stehet, hat der jetzige Beamte, der Herr Rath Meticke zu einem Garten gemacht, worinnen er etliche hundert Bäume gepflanzet, da vorhero das allermeiste ein kahler unbenutzter steiler Hügel war.

Die Gottsmänner ließen noch im 16ten Jahrhundert, die jetzige Kirche als eine Schloßkapelle bauen, in welcher ein schöner herrschafftlicher Stand befindlich, in welchen man ohne die Kirche zu betreten, aus dem Amthaus gehen kann. Vorhero befand sich die Pfarrkirche zu Schirschnitz, allwo noch die Pfarrwohnung, der Gottesacker und eine kleine Gottesackerkirche befindlich ist. Als nun 1633 die Kronacher das Dorf Schirschnitz abbrannten; so verbrannte die eigentliche Pfarrkirche mit, und gnädigste Landesherrschafft gab dagegen die Schloßkirche ein; und obgleich das Jahr darauf der Flecken selbst auch angezündet und, so wie das Schloß vom Feuer verzehret wurde; so blieb doch das jetzige Amthaus und die Kirche unbeschädiget stehen. Das merkwürdigste in dieser Kirche ist das Begräbniß des letzten Gottsmann; solches ist in der Sakristey, in welcher ein metallenes Epitaphium sich befindet, auf welchem der letztere Gottsmann mit seiner Frau in Lebensgröße gegossen ist. Um selbige stehet herum:

Der Edle Gestrenge und Veste Hanns Friderich Gottsmann, auf Neuhaus, Bug, Thurn und Brand, hat seiner herzliebsten Hausfrauen der Edlen viel Ehr und Tugendsamsten Frawen Magdalenen gebornen von Eblehen aus dem Haus Tannenstein zum

zum Gedechtnisſ irer im bis ins XXXXIII lar geleiſteter Ehlichen Lieb und treu dieſes Grabmahl legen laſſen. do sie Anno MDCV. den XVIII December ein viertel Stunde nach X Uhr in der nacht in Gott chriſtlich ſelig und ſanfft entſchlafen. Ihres Alters in LVIII lar derer Leichnam hier ruhende einer frölichen Aufferſtehung wartet Amen.

Anno. 1611. den XVIII Septembris. ist. in. Gott. ſelig. eingeſchlafen. der. Edle. Geſtrenge. und. Veſte. Hans. Friderich. Gottsmann. auf. Neuenhaus. Bueg. Thurn. und. Brandt. der. lezte. ſeines. Stammens. und. Namens. und. ſeines. Alters. im. 80. Iahr. hat. im. Ehſtand. mit. Frauen. Magdalenen. von. Ebleben. gelebt. 43. Iahr. darinnen. zwo. Tœchter. gezeuget. und. in. Witwenſtand. 6. Iahr. iſt. in. dieſer. Kirchen. welche. er. Gott. zu. Ehren. Ihme. zu. ſeinem. Ruhe-Bettlein. und. Gedüchtnus. von. Grund. auff. ſeine. Uncoſten. New. erpauet. mit. Schild. und. Helm. begraben. worden. einer. Frölichen. Auferſtehung. zum. ewigen. leben. erwartend. und. hat. ſeine. einige. nachgelaſzene. Tochter. Magdalena. von. Bunau. 1. Wittfrau. auff. Treben. Ihren. Herzlieben. Vatern. dicz. Grabmahl. zum. Gedächtnus. verfertigen. laſſen.

Auch erzählet man von dieſem letztern. Gottsmann, daß er einen ſehr beträchtlichen Schatz, theils an baarem Geld, theils an einer ſehr ſchweren goldnen Kette in ſein Grab zu ſeinem Sarg habe legen laſſen, wovon einſt wenn die Kirche verunglücken ſollte, dieſelbe wieder hergeſtellet werden könnte; bey der Plünderung von 1634 ſey aber alles geraubt worden.

Das Kirchenbuch fängt ſich im 30jährigen Krieg an, binnen welcher Zeit das Kirchſpiel ſehr ſchwach war, ja von 1633 bis 1640 konnten nur verſtohlner weiſe Geiſtliche hinkommen. Am Michaelitag 1633 wurden allein zu Neuenhaus und Schleſchnitz 13 Perſonen ermordet, es iſt alſo kein Wunder, wenn man im Mittel des 17ten Jahrhunderts auf das Jahr nur 20 Gebohrne und 21 Geſtorbene rechnen kann. Zu Anfang des 18ten Jahrhunderts fieng ſich das Kirchſpiel etwas zu vermehren an, indem 24 getauft wurden, aber nur 14 ſtarben. In den 10 Jahren von 1760

1760 bis 69 wurden 248 gebohren und 247 starben. In den letztern 10 Jahren aber sind 296 gebohren, 254 gestorben und 75 Paar getrauet worden. Weil nun in diesem Kirchspiel alt und jung, 700 Seelen eingepfarrt sind, hiervon aber jährlich 25 sterben; so stirbt ungefähr der 30ste Mensch (welcher starke Abgang besonders bey den Kindern vorwaltet) und der 50ste wird getraut. In 150 Jahren sind 3478 gebohren, und 2798 gestorben; folglich haben sich in den eingepfarrten Orten einige 20 Fremde niedergelassen.

Folgende Oete sind eingepfarrt: Buch, Gessendorf, Schwärzdorf, Eichitz, Mark, Sichelreuth, Lindenberg und Schirschnitz und die 3 Wüstungen, Altenberg, Kerners und Velten Wüstung. Der Flecken selbst bestehet, aus 53 Wohnungen, worunter die Wohnung des herrschafftl. Forstbedientens, ein großes Wirthshaus, ein 1775 neuerbautes Schulhaus, und ein Hof, welcher sonst herrschafftlich war, aber vererbet worden ist.

In diesen wohnen 192 Erwachsene, 75 Kinder, in allen 269 Seelen.

Sie haben 4 Jahrmärkte, welche wegen des Bierschanks, einen ansehnlichen Theil ihrer Nahrung ausmachen; denn dieser und der Ackerbau geben ihnen ihr Brod. Der Verdienst der Professionisten ist wenig beträchtlich, denn bey ihnen heißt es, wenn die Bauern auf dem Felde sind; so sind wenig Bürger zu Hause.

Zum Landbataillon giebt der Flecken 2 Unterofficiers, 3 Spielleute und 20 Mann.

2. Altenberg.

Eine Wüstung, so nach Neuenhaus eingepfarrt ist, es stehet nur 1 Haus da, worinnen 9 Menschen wohnen.

3. Bayersburg auch Neuburg.

Eine Wüstung zwischen Lindenberg und Burggrub, wohin es auch eingepfarrt ist. Es bestehet aus 2 Häusern, worinnen 13 Seelen sich befinden.

4. Buch.

4. Buch.

Ein kleines Dörfgen von 7 Wohnhäusern. Es wird in den Anlagen des Amts zu 2½ Bauerngut gerechnet. Ist von Neuenhaus eine Viertelstunde entfernt, wohin es auch eingepfarrt ist. Es befinden sich daselbst 23 Erwachsene und 13 Kinder. Ihre Nahrung ist der Feldbau.

Sie geben zur Neuenhäuser Korporalschafft 2 Mann.

Burggrub.

Ein schönes freyherrlich von Würzburgisches Dorf. Da zwischen dem Herzogl. Haus Sachsen und dem Stift Bamberg öftere Streitigkeiten über selbiges, weil es auf der Sächsischen und Bambergischen Grenze liegt, entstanden; so ist 1601 zu Lichtenfels ein Vertrag errichtet worden, worinnen man sich in 7 §. folgendergestalt verglichen:

7) „Dann fraischliche Obrigkeit zu Burggrub, allda den Stiffte
„ Bamberg derselben berechtiget zu seyn vermeinet, dagegen aber
„ vorgewendet, daß solche fraischliche Obrigkeit Sachsen alleine zu-
„ ständig, und dieselbe Hanß Velten von Würzburgck, neben den
„ dritten Theil von bemeldem Dorf Burggrub gantz verliehen wor-
„ den; Ist dieser Streit mit Wissen und Bewilligung des von
„ Würzburgck dergestalt beygelegt, daß dem Stifft Bamberg, wel-
„ ches ohne das an dem Dorf Burggrub ⅔ hat, und förter dieselben
„ Hanß Veiten von Würzburgck zu Lehn verleihet, hinführo und
„ inskünftige auch die fraischliche Obrigkeit, zum halben Theil, das
„ andere halbe Theil aber Sachsen zustehen und solchergestalt auch
„ mehr gedachten Hanß Veit von Würzburgck, jedoch sonst jeden
„ Theil dern Orten habenden Rechten und Gerechtigkeiten unschädlich
„ gelassen und darauf von beeden Herrschafften, die Lehnbriefe ge-
„ reicht werden sollen."

Es befindet sich daselbst eine Schutzfahne, so von dem Herzogl. Amt Neuenhaus seit zwanzig Jahren zweymal gesetzt worden, wobey der Autor das letztemal nebst der Staabskompagnie zugegen gewesen.

Das Dorf, so wie der Pfarrer, sind evangelischer Religion.

5. Eichitz.

Ein kleines aus 6 Häusern bestehendes Dörfgen, welches auch aus 6 Bauerngüthern bestehet. Es liegt an einer Anhöhe recht angenehm, von welcher es eine reizende Aussicht beynahe über das ganze Amt hat. Die Hauptnahrung bestehet aus Ackerbau, jedoch treiben sie auch einen ziemlichen Holzhandel nach Kronach. Es ist nach Neuenhaus eingepfarrt, und bestehet aus 37 Seelen, als 24 Erwachsenen und 13 Kindern. Giebt zur Staabskompagnie mit Förih 3 Mann.

6. Förih.

Ein Dorf, so aus 14 Wohngebäuden bestehet, bey den Amtsanlagen aber zu 8½ Bauernguth gerechnet wird. Es nähret sich wie Eichitz. Ist nach Oberlind eingepfarrt. Es sind 66 Seelen daselbst, als 46 Erwachsene und 20 Kinder.

Giebt mit dem Dorf Eichitz 3 Mann zur Staabskompagnie.

7. Förihzer Berg.

Heißt auch Streffenhausen, ist ein einzelner Hof, welcher zwischen Förih und Mönchsberg liegt. Hält sich zu dem Dorf Förih, geht auch mit diesem nach Oberlind in die Kirche. Es wohnen daselbst 4 Erwachsene und 2 Kinder.

8. Gefell.

Das größte Dorf im Amte, bestehet aus 31 Wohnhäusern. Es wird zu 13¾ Bauernguth gerechnet. Es hat eine eigene Kirche, welche ein Filial von Mlupperg ist. Es war sonst ein herrschafftlich Guth daselbst, welches an zwey sogenannte Hofbauern vererbet worden; auch ist eine Schulwohnung und Mühle daselbst. Ihre Nahrung bestehet aus Feldbau und Viehzucht. Es befinden sich 138 Seelen daselbst, als 93 Erwachsene und 45 Kinder. Es giebt zur Staabscompagnie 1 Korporal und 17 Gemeine mit Rotmar.

9. Gef-

9. Gessendorf.

Bestehet aus 4 Wohnhäusern, so mit ihren Höfen einzeln liegen; nach dem Amts Anschlag wird es vor 2½ Bauerngut gerechnet. Sie leben vom Ackerbau und Holzhandel. Es wohnen daselbst 18 Erwachsene und 10 Kinder, welche nach Neuenhaus eingepfarrt sind. Gehören mit zur Neuenhäuser Korporalschaft.

10. Keilsroth.

War sonst ein herrschaftliches Vorwerck, welches aber anjetzo vererbet ist. Es liegt an der Amts Gränze gegen Fürth am Berge, und bestehet aus einem Hof worinnen 12 Seelen wohnen.

11. Körnerswüstung.

Eine Wüstung, worauf noch 2 Höfe stehen, worinnen 18 Menschen wohnen: sie sind nach Neuenhaus eingepfarrt. Sie liegt hinter Sichelreuth gegen Süd.

Lindenberg.

Ein abliches Rittergut, nebst einem Dorf von 14 Häusern, wird zum Gericht Hassenberg gerechnet, ob es gleich ganz dem Augenschein nach in dem Neuenhäuser Territorio liegt. Es ist auch nach Neuenhaus eingepfarrt, und hat daselbst einen ablichen Kirchenstand. Es gehöret anjetzo dem Herrn Cammerjuncker von Kanne auf Hassenberg.

12. Marck.

War vor diesen ein herrschaftliches Gut, welches in 3 Bauernhöfe vererbet worden, welche sich vertrefflich befinden. Sie sind nach Neuenhaus eingepfarrt. Es sind daselbst 23 Erwachsene und 13 Kinder. Sie sind frey, wie alle Hofbauern, von Montur tragen und Einquartirung.

Neuburg siehe Beyersburg.

13. Rottmar

Bestehet aus 12¼ Bauerngut, oder 13 Wohnhäusern, sie leben vom Ackerbau. Es liegt mit seinen Feldern in einer sumpfigen, nassen Gegend, doch stehen sie sich so ziemlich gut. Sie sind nach Oberlind eingepfarrt. Die Gemeinde bestehet aus 45 Erwachsenen und 18 Kindern. Es stellet mit Gefell 17 Mann zur Staabscompangnie.

14. Schirschnitz

War vermuthlich, wenn es wahr ist, daß Neuenhaus eine Stadt gewesen, ein Theil von derselben; denn es befind sich sonst die Kirche alhier, so wie der Gottesacker, nebst einem Kirchlein und der Pfarrwohnung noch da sind. Es bestehet anitzo aus 4 Bauerngut oder 18 Wohnhäusern und 1 Mahlmühle. Auch war sonst ein herrschaftlicher Hof alhier, welcher aber an einen Hofbauer vererbet worden. Es wohnen daselbst 56 Erwachsene und 24 Kinder, und also in Allen 80 Seelen. Giebt mit dem Dorf Sichelreuth 13 Gemeine zur Staabskompagnie.

15. Schwärzdorf.

Ein aus 11 Wohnhäusern bestehendes Dorf, welches nach Neuenhaus eingepfarret ist. Nach der Anlage im Amt wird es zu 7¾ Bauerngut gerechnet. Es liegt nicht angenehm, doch stehen die Einwohner ganz gut, da sie ausser ihren Ackerbau auch noch Holzhandel nach Kronach treiben. In dem Dorf befinden sich 48 Erwachsene und 20 Kinder. Sie stellen ihre Mannschaft mit zu der Neuenhäuser Korporalschaft.

16. Sichelreuth

auch Siegelreuth. Bestehet aus 13¾ Bauerngut. Das Dorf hat in allen 22 Wohnhäuser. Es ist nach Neuenhaus eingegepfarrt. Sie leben vom Ackerbau. Es befinden sich daselbst 100 Erwachsene und 44 Kinder. Zur Staabskompagnie giebt es mit dem Dorf Schirschnitz 1 Korporal, 1 Tambur, 16 Gemeine.

Stressenhausen siehe Feritzerberg.

17. Veitenwustung.

Liegt hinter Sichelreuth, bestehet nur aus einer Wohnung, worinnen 8 Menschen wohnen, und sind nach Neuenhaus eingepfarrt.

18. Weydhausen.

Ein kleines angenehm liegendes Dörfgen, indem die Ebene von Köppelsdorf auf Sonnenberg bis an den Muckberg vor ihnen lieget. Es bestehet aus 10 Wohnhäusern, worinnen 24 Erwachsene und 9 Kinder wohnen. Es wird in der Anlage zu 7½ Bauerngut gerechnet. Sie sind nach Oberlind eingepfarrt, und geben 3 Mann zur Staabskompagnie.

Topographie des Herzoglichen Amtes Schalkau.

Vor ganz alten Zeiten soll das Gericht, nunmehro Amt Schalkau, denen von Schaumberg ganz zugehöret haben, welches ein Lehnbrief von Kayser Carl IV. von 1351 beweisen soll, darinnen er dem Schaumbergischen Geschlecht geliehen das Gericht zu Schalkau mit samt Zoll, Geleit und Wildbahn, mit aller Herrlichkeit, den Thüringer Wald, so weit die Länge reichet, mit aller seiner Zu und Eingehörung nichtes davon ausgenommen." Nachgehends aber soll das halbe Gericht Schalkau von denen von Schaumberg an Jutta gebohrne Marggräfin von Brandenburg (kurz vor ihrem Ende) verkauft worden seyn, da es sodann an ihre Tochter Catharina und durch dieser Vermählung mit Marggraf Friedrich dem Strengen mit dem Fürstenthum Koburg verknüpft worden. Da aber zwischen denen Marggrafen und denen von Schaumbergen noch Streitigkeiten obwalteten; so wurde eine Theilung unter ihnen verabredet, und darüber ein Dokument ausgefertiget, welches unter den Beylagen Nro. 16 befindlich, auch habe ich Nro. 17 a eine Gränzbeziehung von 1557 beygefügt. Diese Dokumente bestimmen die Gränzen, wegen der Jurisdiktion aber verglichen sie sich dahin, daß die Herzoge zu Sachsen mit denen Schaumbergischen einen gemeinschaftlichen Beamten anstellten, welchen die Herzoge annahmen, der aber auch zugleich denen von Schaumberg Pflicht leisten mußte, und in den 2ten und 4ten §pho. des an. 1770 errichteten recessus vid. Beylagen Nro. 17 b. ist diese gemeinschaftliche Amtsbesetzung auf das neue bestätiget worden. Dieses Amt blieb stets bey allen vorfallenden Theilungen bey Koburg bis nach dem Tod Herzog Ernst des Frommen; da dieses Amt zu dem Fürstenthum Hildburghausen geschlagen wurde. Als aber nach dem Tod Herzog Albrechts dessen Antheil wiederum getheilet wurde, und das Amt Sonnenfeld an Hildburghausen fiel, die

Uebermaſe davon aber S. Meiningen erhalten ſolte, ſo verglichen ſich beyde hohe Häuſer dahin, daß S. Meiningen vier Dörfer in Grabfeld, und eine Summe baaren Geldes an S. Hildburghauſen gab, hingegen aber dafür das ganze Amt Schalkau erhielt. Wir wenden uns nun zur Topographie des Amtes, und zwar erſtens zur Stadt

1. Schalkau

Soll in ganz alten Zeiten Salkari auch Salzkowie geheiſen haben, welches nicht unwahrſcheinlich zeiget, daß es ein wendiſcher Ort, wo Salzwerke waren, geweſen iſt.

Im Jahr 1362 ſoll dieſer Ort von Landgraf Friedrich zu Thüringen das Stadt- und Marktrecht gleich als die Stadt Neuſtadt und Rodach erhalten haben. Da aber 1505 bey einem groſſen Brand, alle Dokumente und Nachrichten verlohren gegangen; ſo iſt das hiſtoriſche Fach ſehr leer. In dem dreyſigjährigen Krieg gieng es dieſer armen Stadt erbärmlich; denn

1641 den 14ten Januar wurde ſie von 300 Schweden ſo aus, geplündert, daß etliche 100 Einwohner zu Betteleuten wurden. Im nehmlichen Jahr bekamen ſie auch noch ſchwediſche Einquartirung, welche alles gänzlich aufzehrten.

1646 im März wurde es von den Kayſerlichen Völkern aus, geplündert. 164- im November betraf es das nämliche Unglück, und damit es ganz vollkommen ſeyn mußte, ſo kamen im December die Schweden und machten es nicht beſſer.

1691 den 18ten März iſt der Grundſtein zum Schalkauer Amthaus geleget und ein ſchönes Gebäude aufgeführt worden, welches aber den 20 Auguſt mit der Stadt wiederum abgebrant. Es ſind von der Stadt nur einige wenige Häuſer im Kauerbach über den Waſſer und in der Schmidtsgaſſe, imgleichen die ſogenannte Brückenmühle ſtehen geblieben. 1763 den 20 October wurde der Schaumbergiſche Stadtrath nebſt denen Rauenſteiniſch Reichs- und Sächſiſchen Mannlehnen an Durchlauchtigſte Landesherrſchaft überwieſen, ſo wie auch alle Rauenſteiniſche Ortſchaften.

1764 den 9 October wurde ein Mörder so Trummer hieß, von Hatraß gebürtig und 5 Jahr gesessen hatte, geköpfet.

1765 den 26 April wurde eine Kindermörderin Barbara (Richnin) Döhlerin von Gundelswind, durchs Schwerd hingerichtet.

1765 den 2 Julii war unsere jetzige Landes Herrschafft zum erstenmal hier, so dann haben sie allemal, so oft sie in Oberland waren, die Stadt mit ihrer hohen Gegenwart begnadiget.

Den 5 May 1773 schlug Früh um 4 Uhr ein Gewitter in die Kirche, wobey der Thurm, die Orgel und Chor sehr viel Schaden litten, auch alle Fenster in selbiger eingeschlagen waren.

Der Magistrat, so aus 12 Gliedern bestehet, ist wie die Bürgerschaft getheilt, und halb Sächsisch halb Rauensteinisch, oder wie es sonst hieß Schaumbergisch. Die ersteren 6 werden von denen 36 Sächsischen Gütern, und die letzteren 6 aus denen Rauensteinischen Bürgern gewählet, wie denn auch alle andere in das Stadtwesen einschlagende Bedienungen halb mit Sächsischen, halb mit Rauensteinischen besezt werden. Dem Sächsischen Stadtrath gehen die 36 Güter zu Lehn, wovon derselbe die Lehngelder erhebt, und darüber die Voigteilichkeit hat. Der Rauensteinische hat keine Lehnschafften, und daher auch keine Voigteilichkeit, wie solches den 27 § des Recesses von 1710 „Soll dem Schaumberg. Rath zu Schaltau die Beschei„nigung über das Stemvel Papier nicht weiter zu gemuthet werden, „indem sie wegen Mangel der Voigten dergleichen nicht brauchen „ deutlich ergiebet, doch sind ihm von Durchl. Herzogin Charlotte Amalia zur Bestreitung der gemeinen Stadt onerum die Erbzinsen zum Term. Mich. und das Abzuggeld vn denen in dem Weigbild gelegenen Rauensteinische Lehnschaften bis auf Widerruf zur Nuzung eingeräumt worden.

Eigene Statuten hat die Stadt nicht, sondern man richtet sich theils nach den Koburger Statutis, theils nach hergebrachten Gewohnheiten. Die in Krünigs Bürgdges zur Historie derer Chur und Fürstl. Sächsischen Lande im zweyten Theil, Seite 236 be-

befindliche Statuten, sind niemalen gänzlich anerkant, noch weniger von gnädigster Herrschaft bestätiget worden. Die Einkünfte der Stadt sind 1) Die Einnahme oder Manung des gesamten Raths. 2) Das Einzugsgeld von der Person 6 fl. 3) Das Hintersiz Geld ⅓ fl. so von denen bezahlet wird, so keine eigene Güter haben. 4) Das Bürger Geld, von denenjenigen so ausserhalb der Stadt gezogen, aber ihr Bürgerrecht behalten wollen 4 fl. 5) Das Abzuggeld von fahrend, und liegenden Gütern, da die Sächsischen 5 von 100, die Rauensteinischen aber 10 von 100 entrichten müssen. 6) Niederlagsgeld von fremden Bier und Wein von Eymer 1 gr. 3 Pf. 7) Das Kesselgeld und 8) Das Stätt oder Standgeld an Jahrmärckten. In der Stadt sind 4 Jahr- und Vieh-Märckte als Matthäi, Trinitatis, Bartholomäi, und Simon Juda.

Die Nahrung des Städtgens ist schlecht, da sie größtentheils von den ziemlich schlechten Feldern ihr Brod nehmen muß. Die viele Wolle in Anite könte eine ertlecliche Quelle geben, wenn solche nicht roh ausser Landes verkauft würde. Die Professionisten haben fast gar keinen Verdienst, nur der Huter Heubach treibet seine Profession fabrikmäßig, und machet ziemlich starcke Versendungen von seinen Hüten nach Franckfurth.

Die Braueren welche sonst der Stadt sehr vortheilhafft war ist, neuerer Zeit aus verschiedenen Gründen sehr in Verfall gerathen.

Die Rathsherren, Viertels-Meister und andere zu öffentlichen Aemtern nöthige Personen werden in Gegenwart des Herzogl. Beamten gewählet und von demselben verpflichtet.

Die Stadt hat 110 Wohnhäuser, worunter 1) das Herrschaftl. schöne Amthaus 2) das Rauensteinische Gerichtshaus, welches 1765 von Herzogl. Kammer erkaufft, und in dem darauf folgenden Jahr zur Wohnung eines herrschaftl. Beamten zu rechte gemachet wurde; 3) das Rath oder so genante Zehn Haus, welches Amts lehnbar, cenfibar ist. 4) Die Superintendentur. 5) Die Kirchen, das Rectorey und Kantorat sind ansehnliche Gebäude. Ferner sind daselbst

1 Wirths-

1 Wirthshaus, das Schild genannt, 3 Mühlen, 1 Hofbauern Gut, so sonst Herrschafftl. war, aber 1597 von Herzog Johann Casimir an Claus Maren erblich verkauft worden. Es ist frohnfrey, hat Brau- und Schenckgerechtigkeit, genießet gleich andern Einwohnern gemein Recht und Nuzbarkeit, an Wasser, Wonn und Weide. Giebt 80 Shr. von allerley Getraide, Gilte. Ferner 1 Salzgut so dem Forst bedienten Bäz eigenthümlich gehöret, 1 Ziegelhütte, 1 Frohnveste und 1 Fallmeisterey.

Die Stadt Kirche ist ein ansehnliches steinernes Gebäude, so wohl unterhalten ist, so wie auch die Gottes-Acker Kirche vor der Stadt. In der Stadt befinden sich 638 Seelen, als 465 Erwachsene und 173 Kinder.

Die Geistlichkeit bestehet in einem Superintendenten, und einen Diakono, so vom Herzogl. Consistorio präsentiret und confirmiret, von dem Magistrat aber vociret worden. Die Schule bestehet aus einem Rector, Kantor, Organisten und Mädgen Schulmeister. Das Städtgen hat stets das Glück gehabt gute Schullehrer zu haben.

Die Kirchenbücher gehen von 1587 an, nach selbigen wurden von 1587 bis 1596 — 675 getauft und 468 begraben.
— 1614 — 1623 — 704 — — — — 648 — — —
— 1650 — 1659 — 672 — — — — 256 — — —
— 1710 — 1719 — 512 — — — — 340 — — —
— 1721 — 1730 — 464 — — — — 368 — — —
— 1770 — 1779 — 539 — — — — 478 — — —

Woraus man ersiehet, daß vor dem dreysigjährigen Krieg das Kirchspiel am stärcksten gewesen, daß es zu Anfang dieses Jahrhundert bis in die dreysiger Jahre abgenommen, und noch jetzo nicht wieder so starck worden, als es vor 200 Jahren gewesen. Da das Kirchspiel etwas über 1200 Seelen starck ist, und in den lezteren 10 Jahren 47 bis 48 jährlich gestorben sind, so stirbt ungefehr der 26te Mensch; dieses stärkere Sterben kann nicht anders erkläret werden, als weil es es den Nord Winden gantz offen lieget. Jedoch hat es auch nicht an alten Leuten gemangelt: denn 1589 starb ein Mann von 112 Jahren zu Grümpen, 1591 eine Frau von 107 Jahren zu Bachfeld, 1660 eine Frau zu Schalkau von 87, 1770 zwen Weiber zu Schalkau, eine von 83 und eine von 80, 1771 si..6 ein Rathsherr, von 80, 1772 ein Bürger von 81, und 1776 eine Frau von 85 Jahren zu Schalkau.

In basiges Kirchspiel sind folgende Orte eingepfarrt: Bachfeld, Ehnes, Gundelswind, Grümpen, Katzberg, Schaumberg, Sölbendorf, Halbtruckendorf, Truckenthal, Theuren und Rauenstein.

Auch hat Vermöge der Visitations-Acten von 1528 und 1535 das Bergstädtgen Steinheide nach Schalkau gepfarrt, welches folgender Auszug aus denen Acten beweiset:

„Die Steinheider haben bisher gein Schalka gepfarrt, „weils aber zu weit entlegen, haben sie um einen eigenen Pfarrer ge= „beten, darauf ist Wolf Hern, welchen die Universität zu Witten= „berg an Churfürstl. Gnd. den Visitatoren bevolhen, denen auf der „Stennenheyd zu ein prediger und pfarrer zu geordnet. Und soll „ime jerlich von den verfallenen 2 lehen zur Neustadt, als D. Ul= „richs von Denstats und Er Erharharden Kempnaters 18 fl. zu „zween fristen Walpurgis und Michaelis gegeben werben. Ein je= „des Haußgesell soll Ime jehrl. Neun Pfennig geben, daßjenige „halb so vormals ein Briester bey Inen gehabt.

Die Gegend um die Stadt ist ziemlich angenehm, da sie in ei= nem ziemlich breiten und eine kleine Stunde langen Thale liegt. Die Seite gegen den Wald ist unangenehm, weil die fordern Berge gantz kahl und aus dünnen Kalksteinlagen bestehen, worinnen größtentheils Conchilien anzutreffen sind. Die kleinern Berge aber, so auf der Abend=Seite liegen, worunter der Schaumberg der höchste, sind an= genehm und mit Laub=Holz bewachsen. Die Wiesen sind sehr gut, die Felder aber bestehen größtentheils aus klarem zerfallenen Kalk= stein, und doch bauen sie viel Weitzen, besonders aber Dünkel.

Die Land=Ausschuß=Kompagnie, welche die Grenadiers von löbl. Oberländischen Land=Bataillon sind, bestehet mit prima plana aus 42

3 Köpfen,

Köpfen, welche nicht, wie im Amte Sonnenberg, auf die Ortschaften repartiret sind, sondern aus dem ganzen Amt ausgehoben werden. Zeithero sind diese wenige Mann schwerlich aufzubringen gewesen, da die Vasallen nicht etwan nur ihre centfreyen, sondern auch ihre centbaren Lehnleute zu stellen, sich geweigert, welches doch wider alle im Herzogthum Hildburghausen eingeführte Observanz ist.

Da alle authentische Nachrichten wegen der in sehr alten Zeiten da gewesenen Salzwerke fehlen, so beziehe ich mich auf das wenige, das ich unter der Rubrik Salzquellen gesagt habe.

2. Almerswind.

Ein Dorf, das aus 4 Bauerngütern und 13 Sölden bestehet. Es sind in allem 25 Wohnhäuser daselbst, worunter 2 Mahlmühlen sich befinden. Es liegt in einem schmalen, recht angenehmen Thale am Itzfluß. Es gehöret, so wie das Ritterqut, dem Herrn Obristlieutenant von Hanstein. Der eine Theil mit dem Ritterqut ist nach Schalkau, der andere Theil aber nach Weisenbrunn eingepfarret. Es befinden sich in allem 106 Seelen, als 72 Erwachsene und 34 Kinder daselbst. Ihre einzige Nahrung ist der Feldbau.

3. Bachfeld.

Ein in dem Schalkauer Thal an der Itz und den daran stossenden Wiesen angenehm liegendes Dorf. Es bestehet aus 11 ganzen, 25 halben, 21 viertels und 2 achtels Bauergütern, und in allen aus 44 Wohnhäusern, worunter 2 Mühlen, 1 Schul- und 1 Wirthshaus befindlich. Die Einwohner belaufen sich auf 243 Seelen, als 150 erwachsene und 93 Kinder. Sie haben eine eigne Kirche, welche eine Tochter von Schalkau ist, und woselbst der Diaconus von Schalkau als Pfarrer den Gottesdienst verrichten muß. Man siehet aus den Visitationsacten von 1528, daß von Alters her nicht nur eine Kirche, sondern auch noch eine Kapelle daselbst gewesen, worinnen die Pfarren Schalkau den Gottesdienst wöchentlich 2mal, nehmlich Sonntags und

Frey-

Freytaas verrichten lassen müssen. Mir kommt wahrscheinlich vor, daß diese beyden Gotteshäuser beweisen, daß dieser Ort viel ansehnlicher müsse gewesen seyn, welches vermuthlich die daselbst befindlich gewesene Salzwerke können verursacht haben. Die Einwohner stehen ganz gut, da sie viel Ackerbau haben, welcher durch die Felder, die zur Wüstung Grub gehört, vermehret worden ist.

4. Blatterndorf.

Dieses Dorf macht die Vorstadt von Effelder aus, weil die Gärten und Häuser dieser beyden Dörfer zusammen stossen. Es bestehet aus 2 ganzen, 5 halben und 2 viertels Bauerngütern und in allen aus 14 Häusern, worunter 2 Höfe und 1 Mahlmühle; auch war vor ganz alten Zeiten ein Hammerwerk da. Die Einwohner, die aus 113 Seelen, als 70 Erwachsenen und 43 Kinder-bestehen, befinden sich in guten Umständen und sind in Effelder eingepfarret. Sie haben ein besonderes Recht, daß bey ihnen ein Rügegericht gehalten werden muß, das jedoch in langer Zeit nicht ausgeübt worden ist. Im Amtserbbuch stehet folgendes davon:

"Daselbst haben Ihr. gnädste und gnädige Herren mit dem Schau-
"berg die Obrigkeit, was Hals und Hand anbetriff.. Sonst haben
"Ihro Gnaden daselbst umb Schuldt, Scheltwort und Schmehe,
"es sey was es wolle, ausgeschlossen was Hals und Hand anbetrifft,
"ein Aigen Gericht zu machen und darob zu helffen."

5. Lorberoth auch Korbenrod.

Ein kleines Bergdörfchen von 4 Häusern, worinnen 12 Erwachsene, und 9 Kinder wohnen, sie gehn nach Effelder in die Kirche, leben vom Ackerbau. Dieses Dörfchen lehnt nach Sonnenfeld, und wurde 1344 von Carin von Schaumberg an das dasige Kloster verkauft.

6. Doch-

6. Dochlau

lieget in einem Thale, wodurch die Effelder lauft, ganz angenehm. Es bestehet aus 4 Bauerngütern, 2 Sölden und 2 halben Höfen. Es sind 13 Wohnhäuser daselbst, worinnen sich 78 Erwachsene und 21 Kinder, in allem 99 Seelen befinden. Sie haben vielen Feldbau, auch schönen Wiesenwachs, und gehen nach Effelder in die Kirche.

7. Effelder

wurde auch in den ältesten Zeiten Affaltern geschrieben. Es ist eines der stärksten Dörfer im Amte, stehet unter den Erbgerichten, des daselbst befindlichen Ritterguts, das Sr. Durchl. dem regierenden Herrn Herzog zu Sachsen Gotha und Altenburg als ein Chatoulleigut gehöret.

Es sind daselbst 48 Wohnhäuser, worunter des herrschaftlichen Pachters Wohnung, 1 Pfarrhaus, 1 Schulhaus, 1 Forstbedienten Wohnung, 1 Papiermühle, die eine viertel Stunde davon befindlich, 1 Mahlmühle, 1 großes Wirthshaus und 1 Schenke mit gerechnet sind. Daselbst leben 166 Erwachsene und 86 Kinder, in allem 252 Seelen. Es befindet sich auch eine Ziegelhütte daselbst.

Das Kirchspiel ist weitläufig, indem auffer dem Ort selbst 10 große und kleine Orte eingepfarret sind, nemlich Blatterndorf, Lorberoth, Dochlau, Melchersberg, Rabenausig, Rückerswind, Schlichtshöhn, Seltendorf und Welchendorf. Diese betragen zusammen etwas über 800 Seelen. Hierzu gehöret ferner das Filial Meschenbach. Von 1567 bis 1660 und also 93 Jahre lang gehörte das jetzige große Dorf Steinach zum dasigen Kirchspiel; Ferner gehörten bis 1726 dahin: Mengersgereuth, Forstengereuth, Hämmern, Schwarzwald, welche nunmehro eine eigne Kirche zu Mengeregereuth haben.

Die Kirchenbücher fangen sich 1599 an. In den ersten 61 Jahren bis 1660 wurden 3358 Kinder gebohren, und starben 2825 Menschen, daß also auf ein gemein Jahr 55 Geborne und 46 Gestorbene kamen. In den darauf folgenden 10 Jahren, nachdem das Dorf

Stei-

Steinach abgerissen worden, wurden 312 gebohren und 221 starben, es kamen also auf ein gemeines Jahr 31 Gebohrne und 22 Gestorbene, welcher große Unterschied nicht sowol von dem abgerissenen Dorf Steinach herkam, als vielmehr, daß damalen die Orte sich noch nicht von der Verwüstung des 30jährigen Kriegs wieder erholt hatten. Im Anfang dieses Jahrhunderts von 1716 bis 1726, hatte sich das Kirchspiel wiederum ansehnlich vermehret: denn auf ein gemein Jahr kommen 42 Gebohrne und 33 Gestorbene. In den letztern 53 Jahren, nachdem auch die Gemeinde Mengersgereuth abgegeben war, nemlich von 1727 bis 1779 kommen auf ein Jahr 30 Gebohrne und 22 Gestorbne. Dividirt man nun die Volksmenge durch die Zahl der Gestorbenen, so findet man daß der 36ste Mensch stirbt, welches wenige Sterben meine schon Anfangs gemachte Reflektion sehr bestätigt. Denn dieser nur eine Stunde von Schalkau entfernte Ort, der in Ansehung aller Umstände so viel gleiches mit der Gegend von Schalkau hat, ist blos dadurch unterschieden, daß es mit seinen eingepfarrten Dorfschaften, mehr vor den scharfen Nordwinden gedeckt ist. Im Jahr 1630 hatte die dasige Kirche das Unglück, daß sie von einem Wetterstrahl fast gänzlich zerschmettert wurde.

Die vortrefliche schöne und große Linde nahe am Pfarrhaus, worauf ein Tanzboden ist, verdient mit angemerkt zu werden, und beweiset daß man vor Alters dem gemeinen Mann das erlaubte Vergnügen nicht geraubet, sondern nur unter den Augen der Geistlichen zu mäßigen gesucht hat, und dies mag auch wol die Ursache seyn, daß an den meisten Orten, wo Kirchen sind, die Wirthshäuser sich nahe dabey befinden.

8. Ehnes.

Ein kleines Dörfchen, das sich unter den Erbgerichten des dasigen Ritterguts befindet. Es bestehet aus 11 Wohnhäusern, worinnen 68 Seelen befindlich sind. Sie gehen nach Schalkau in die Kirche, wovon das Dorf eine viertelstunde entlegen ist. Die Einwohner haben meist ungemessene Frohndienste. Es befindet sich ein Ziegelofen daselbst.

9. Einstadt.

Ein Dörfchen von 10 Häusern, worinnen sich 48 Erwachsene und 22 Kinder befinden. Es liegt hart an der Koburger Amtsgrenze und gehört nach Weisenbrunn in die Kirche. Die Einwohner leben vom Ackerbau.

10. Fichtig.

Ein Oertchen von 3 Häusern, worinnen 14 Erwachsene und 6 Kinder sind. Es liegt hart am Walde. Die Leute stehen sich ganz gut. Sie gehen nach Mengersgereuth in die Kirche.

11. Forstengereuth, auch Forschengereuth.

Ein Dorf von 23 Wohngebäuden. Die Einwohner, deren 152 sind, befinden sich in guten Umständen, da sie nicht allein von ihrem Feldbau und Viehzucht, sondern auch von Verfertigung Sonneberger Waaren leben. Es sind daselbst 2 ganze und 11 halbe Bauerngüter, bey welchen sich auch Waldung befindet. Von den Häusern auf diesem Fluhr zu Schwarzwald, siehe Swarzwald. Das Dorf ist nach Mengersgereuth eingepfarret.

12. Foßloch.

Zwey halbe Höfe, die auf der Höhe von Almerswind liegen, und nach Weisenbrunn eingepfarret sind. Es befinden sich daselbst 6 Erwachsene und 2 Kinder.

13. Görsdorf, auch Görelsdorf

liegt unweit der Koburger Grenze, weswegen es auch nach Rottenbach eingepfarret ist. Es besteht aus 13 Wohnungen, welche sich in 15 Güter getheilt haben, und sich dahero recht wohl befindet, worinnen 41 Erwachsene und 15 Kinder, in allem 55 Seelen leben.

Grub

Grub Wüstung

ist ein Dorf gewesen, von welchem man aber so wenig, als von dem Schloß, weitere zuverläßige Nachrichten hat. Auf der Höhe dabey lag das alte Schloß, das ich unter den alten Schlössern des Amts Schalkau angemerket habe. Auf dem Platz wo das Schloß gestanden, ist eine ganz vortrefliche Aussicht; man kan die Gegenden von Schallau, Hildburghausen, Eisfeld und Schleusingen übersehen. Gegenüber liegt bey Hirschendorf im Hildburghäusischen, der sogenannte Burgberg, auf welchem vor Alters auch ein Schloß gestanden. Die Felder, die dazu gehören, sind zum Theil Heßbergisches Senioratslehn, worüber der Lehnschulz zu Heyd bestellet ist, zum Theil der Pfarrey Stelzen lehnbar, und die Superintendentur hat von einem gewissen Strich den Zehnden zu geniesen.

Das alte Document, das sich ins Schannats Corpore Traditionum Fuldensium Num. DLXVII fol. 233 findet, scheinet dieses Schloß und Dorf anzugehen. Der Inhalt ist kürzlich dieser: "daß (quidam Vir) ein gewisser Edelmann Namens Kristan (sub magno Princip. Henricho) der unter dem Gebiet des grossen Fürsten Heinrichs (vielleicht Henrici aucupis, des Voglers) angesessen war, dem Abt zu Fulda, Hadamarn, aus seiner Stuterey bey Salzungen, etliche junge Fohlen entführet hatte, (ob furto raptos equos indomitos) wie es zu den damaligen Zeiten fast allenthalben Mode war. Er wurde dessen bey angestelltem öffentlichen Landgerichte überzeugt und angehalten, daß er den Schaden ersitzen müste. Er that es und gab zum Unterpfand alles, was er bekannter massen hatte (quicquid habere visus est in Campis & silvis seu pratis, aquis, aquarumve decursibus, & omnibus, quae jure hereditario illic habuit) in der Markung Bachfeld und den Heyderflur (in Bachfeldano marcu & Heidu bivange) in treue Hände Graf Popens, in dessen Grafschaft es auch lag (in manum fidelem Boponi Comitis, in cujus etiam Comitatu jacet, sub pignore tradidit) Graf Popo übergab es sodann weiter dem Kloster Fulda (ipse Boppo Comes tradidit hanc ipsam haereditatem ad S. Bonifacium, ut firmiter illic incontradicta maneat. Illi sunt testes &c. Anno Dominicae

incar-

incarnationis DCCCCXXVIIII Indict. II. anno XI. regni pyssimi regis Heinri. hi." Das ist geschehen im Jahr Christi 929, im eilften Jahr König H nrichs. Wäre es denn was ungereimtes, wenn man das alte Schloß bey Grub sich als den Sitz und Aufenthalt jenes Kristani vorstellen wollte, der sich an der Stuterey des Abts zu Fulda so gröblich vergriffen und damit verschuldet hat, daß seine Güter eingezogen und sein Raubnest zerstöret wurde. Doch dieß sind Muthmassungen, wozu wir durch des Hn. Superint. Krauß Kirchen- Schul- und Landesbistorie 4ten Theil verleitet worden sind.

14. Gundelswind

war vor Alters ein Dörfchen und bis Anfang dieses Jahrhunderts eine Wustung; anjetzo befinden sich 4 Häuser daselbst, worinnen 26 Seelen sind, es liegt zwischen Bachfeld und Truckenthal und ist nach Schalkau eingepfarrt.

15. Heydt.

Ein nahrhaftes Dorf, bestehet aus 5 ganzen 13 halben, 2 viertels Gütern und 1 Hof. Es sind 21 Wohnhäuser daselbst, worinnen 84 Erwachsene und 31 Kinder, in allem 115 Seelen sich befinden, die nach Rottenbach in die Kirche gehen.

16. Hohentann.

Ein Oertchen von 3 Häusern am Walde, gleich oberhalb Mengersgereuth, wohin es auch eingepfarret ist. Es leben 13 Personen daselbst, welche sich ganz gut befinden, da sie Besitzer von 2 Höfen sind.

17. Katzberg.

Ein Dorf von 14 Wohnhäusern, worunter der adeliche Aufsitz, die Schäferwohnung und eine Mühle mitgerechnet sind. Der Ritterguthsbesitzer hat die Vogtheilichkeit daselbst. Es liegt eben nicht angenehm, da die nahe daran liegenden Berge alle Aussicht versperren. Es ist

ist nach Schalkau eingepfarret. Die Anzahl der Einwohner beläuft sich auf 76 Seelen.

Karbenrod siehe Corberoth.

18. Mausendorf.

Ein Dorf, welches an der Hildburghäuser Grenze bey Steinau liegt, auch dahin eingepfarret ist. Es sind daselbst 11 Wohnungen, worinn 36 Personen sind, welche sich vom Ackerbau und Holzarbeit nähren.

19. Melgersberg.

Es sind nur zwey Häuser daselbst, die am Walde liegen. Es wohnen 13 Seelen darinnen, welche nach Effelder eingepfarret sind. Sie haben eine ganz vortrefliche Aussicht. Ausser einigen gerotteten Feldern nähren sie sich eigentlich von Holzarbeit.

20. Mengersgereuth.

Dieses Dorf bestehet aus 3 ganzen, 14 halben und 4 viertels Gütern, ungerechnet der vielen neu gerotteten Felder, und aus 39 Wohnhäusern, worinnen 282 Seelen sich befinden. Außer ihrem Ackerbau werden daselbst viele Sonnenberger Waaren, als: Kästchen, Köfferchen, Komödchen u. dgl. verfertiget. Es liegt ziemlich angenehm, indem es einige Dörfer, als: Schwarzwald, Forstengereuth und einen Theil von Hämmern vor sich siehet, und um sich herum Felder, Wiesen und Wälder hat.

Es hat seit 1726 einen eignen Pfarrer, und da die Kirche daselbst noch nicht fertig war, so wurde der Gottesdienst vom 21sten Trinitatis 1726 bis den 17. Trinitatis 1727 in einem Stadel gehalten. Der Grundstein dieser niedlichen Kirche wurde den 18. August 1726 gelegt, und den 1ten November 1729 als völlig fertig feyerlich eingeweyhet. Ehe die Kirche dahin kam, war die gemeinschaftliche Schule zu Hämmern;

mern; nun verglichen sich zwar die Dorfschaften anfänglich dahin, daß die Schule nur in Mengersgereuth seyn sollte; da sie aber in den folgenden Jahren darüber uneins wurden, und es zum Proceß kam: entschied den des Herrn Herzogs Anton Ulrichs Durchlaucht durch einen Machtspruch kurz vor ihrem Ableben 1763, die Sache dahin, daß die Eingepfarrten, die ins Amt Schalkau gehörten, nach Mengersgereuth, und die, so ins Amt Sonnenberg gehörten, nach Hämmern in die Schule gehen und ihre Schulmeister und Schulwohnungen besolden und unterhalten sollten. Die Visitationskosten aber, (denn die Hämmerer wird vom Ephoro zu Sonnenberg visitirt,) werden aus dem gemeinschaftlichen Gotteskasten genommen. Eingepfarrt sind aus dem Amt Schalkau: Forstengereuth, das Mengersgereuther Rot und die Kleinmühl, Schwarzwald, Hohentann und Fichtag; Aus dem Amt Sonnenberg: Hämmern, Augustenthal, das Schwarzwalder Hammerwerk und die beyden Wastungen Mühlberg und Strohberg, wenn sie wieder aufgebauet werden sollten. Aus dem Kirchenbuch ersiehet man, daß in den ersten 20 Jahren in einem gemeinen Jahr 25 gebohren worden und 21 gestorben sind, in den letzten 10 Jahren von 1770 bis 1779 aber in einem gemeinen Jahr 36 gebohren und 30 gestorben sind, folglich hat sich das Kirchspiel in 54 Jahren fast um ein Drittel vermehrt.

21. Mengersgereuther Rot.

Dies sind sechs Wohnungen, die zwischen Mengersgereuth und Hämmern liegen, wozu eine Mühle, die Kleinmühl genannt, gehöret, worinnen 26 Seelen sich befinden, und nach Mengersgereuth zur Kirche und in die Schule gehen. Sie haben sich etwas Feld gerottet, wovon sie nebst der Holzarbeit leben.

22. Meschenbach.

Ein Dorf, das aus 5 ganzen und 6 halben Bauerngütern und vielen einzelnen Stücken, die die Hintersitzer getrennt haben, bestehet. Es sind daselbst 16 Wohnhäuser, worunter das Schul- und Schäferhaus

haus mitgerechnet sind. Es befinden sich daselbst 74 Erwachsene und 21 Kinder. Sie sind meistens wohlhabend. Sie haben eine kleine Kirche, welche vermuthlich sehr alt ist. Hinter dem Altar ist Churfürst Johann Friedrich und D. Martin Luther ziemlich gut in Lebensgröße in Kalk gemahlt. Ueber ersterem stehet Psalm 119 v. 28 und 43, und über lezterem: Verbum Domini manet in aeternum. Die Jahrzahl, wenn es gemahlt worden ist, findet sich nicht dabey. Eine alte Altarverzierung wird über den Kirchväterstühlen aufbewahret; sie ist sehr schön, jedoch in Gothischem Geschmack; die Vergoldung aber ist ganz vortreflich. Zu dieser Kirche gehöret nicht allein ein ansehnliches Kapital, sondern auch ein schöner Wald, wovon der Pfarrer und Schulmeister ihre Besoldung und ihr Brennholz erhalten. Sie ist ein Filial von Effelder.

Zur Geschichte von Meschenbach gehöret: daß Abt Heinrich zu Banz 1289 dem Kloster Sonnenfeld den dasigen Zehnden gegeben.

23. Neundorf

bestehet aus einem Bauerngut, worein sich 5 getheilt haben, und 2 Sölden, in allem aus 11 Wohngebäuden. Auffer dem Ackerbau nähren sich die Einwohner, wie die Hintersitzer zu Meschenbach, mit Holzmachen und Verfertigung Sonneuberger Waaren. Es sind daselbst 23 Erwachsene und 11 Kinder. Sie gehen nach Stelzen in die Kirche.

24. Rabenaufig.

Ein Ort von 5 Wohnhäusern, worinnen sich 25 Seelen befinden. Ihre Nahrung ist Ackerbau. Sie sind nach Effelder eingepfarrt. Es wurde da 1761 den 20. Apr. ein Mann in seinem Hause von Spitzbuben ermordet.

25. Roth

ist wie der vorige ein kleiner Ort von 5 Häusern, dessen Bewohner vom Ackerbau leben. Es befinden sich 33 Seelen daselbst, die nach Schalkau eingepfarret sind. Im Jahr 1295 wurde es von Sighard Forestario dem Kloster Sonnenfeld verkauft, weshalb es noch ins Amt Sonnenfeld lehnet.

26. Rückerswind

bestehet aus 14 halben Gütern, wovon 2 Herzogl. Kammerlehn sind, 1 Hof und 1 Sölden. In allem bestehet es aus 14 Wohnhäusern, worinnen sich 73 Erwachsene und 42 Kinder befinden, welche vom Ackerbau leben und zum Effelder Kirchspiel gehören.

27. Schaumberg.

Siehe Herzogl. Kammergüter. Die Familie und Gesind des Pachters bestehet aus 10 Personen.

28. Schichtshöhn.

Ein Dörfchen von 11 Häusern, worinnen 56 Seelen wohnen, welche größtentheils von Handarbeit leben, sowol in den Eisensteingruben als Wäldern, machen auch viel Holzwaaren nach Sonneberg und gehen nach Effelder in die Kirche.

29. Schmidsgrund.

Fünf Häuser, die so nahe bey Hämmern liegen, daß man sie zum wirklichen Dorf rechnen würde, wenn sie nicht ins Amt Schalkau gehörten. Es befinden sich daselbst 14 Seelen, die von Holzarbeit leben, und nach Mengersgereuth in die Kirche gehn.

30. Schwarzwald.

Dies sind 3 Häuser und 1 Mühle, welche letztere bey dem Schwarzwalder Hammerwerk, jedoch auf Schalkauer Grund und Boden stehen soll, und über welche die beiden Aemter Sonneberg und Schalkau Strei-

Streit *) haben, da sie von ersterem darinn in Anspruch genommen wird, weil sie sonst zum Hammerwerk gehöret, hingegen letzteres behauptet, daß sie auf Schalauer Grund und Boden stehe. Da ich in diesem Streit nichts decidiren kan, so hab ich sie in Ansehung des Seelenregisters mit zum Hammerwerk gerechnet, weil sie sonst dazu gehöret hat. In den 3 Häusern befinden sich 8 Erwachsene und 6 Kinder, oder 14 Seelen, die nach Mengeresgereuth in die Kirche gehen. Sie leben von Handarbeit.

31. Selsendorf

das auch Selzendorf und Selchendorf geschrieben wird. Ein Dörfchen von 7 Wohnhäusern, worunter 4 Bauerngüter und 2 Güldhöfe, welche leztere 3 Besitzer haben, sind. Es sind daselbst 43 Seelen, die nach Effelder eingepfarrt sind.

32. Söldendorf

auch Seltendorf, bestehet aus 5 ganzen, 1 halben und 5 viertels Gütern, 2 halben Höfen und 1½ Sölden. Es sind 16 Wohnhäuser daselbst, worunter eine Mühle. Es befinden sich allhier 85 Seelen, die nach Schalkau eingepfarrt sind. Sie nähren sich vom Ackerbau und Viehzucht.

33. Truckendorf

bestehet aus 15 geringen Bauerngütern, aus 1 Mühle und 1 Hintersäßer, die 17 Häuser ausmachen; haben keine andre Nahrung als den Feldbau. Es befinden sich daselbst 76 Seelen, die theils nach Schalkau, theils nach Weisenbrunn eingepfarret sind.

A a 3   34. Truk-

*) Es befinden sich noch mehrere Streitigkeiten zwischen diesen beyden Aemtern, über verschiedene Orte im Amtsbezirk von Schalkau, welche ich mit Stillschweigen übergangen habe. Ich würde auch diese oben so übergangen haben, wenn ich diese Mühle nicht zu einem oder dem andern hätte setzen müssen.

34. Truckenthal

hat seinen Namen von dem Thal, so außer großen Regengüssen oder Thauwetter ganz trocken ist. S. unterirdischer Bach bey Truckenthal. Hart am Dorfe kommt der Bach aus dem Berge und treibet 2 Mühlen im Dorf, mit welchen das Dorf aus 28 Häusern bestehet, welche 2 ganze, 1 halbes, 2 viertels, 2 achtels Bauerngüter, 2 halbe 5 viertels Höfe und 5 Sölden Güter besitzen und sich davon nähren. Es befinden sich daselbst 60 Erwachsene und 38 Kinder, die nach Schalkau eingepfarrt sind. Zur Geschichte dieses Dorfs gehört: daß den 15. Julii 1690, als einige Häuser daselbst abbrannten, eine Frau mit ihren beyden Töchtern verbrannten, wovon die älteste 23 Jahr alt war.

35. Welchendorf

bestehet aus 3 ganzen, 7 halben Bauerngütern und 1 gemeinen Haus, also in allem aus 11 Häusern, worinnen 67 Personen wohnen. Sie leben von ihren Gütern. Haben beym Dorf einen Ziegelosen und sind nach Effelder eingepfarrt.

36. Weyhersmühle

liegt hart an der Koburgischen Grenze. Es befinden sich in selbiger 6 Seelen, und pfarren nach Rottenbach.

In diesen Ortschaften befinden sich gegen vierzigerley Lehnschaften und Voigteylichkeiten, weilen sie aber nicht alle vollkommen berichtiget sind, so habe ich, um niemanden zu nahe zu treten, dieselben Hoher mit Stillschweigen übergangen.

Alle Schäfereyen, die sich auf den Dörfern befinden, sind Amtslehnbar.

Topo=

Topographie des Herzogl. Gerichts Rauenstein.

Es ist ein altes Burgfriedgut, welcher Burgfriede von der Gräfin Jutta im Jahr 1350 am Sonntag vor Allerheiligen auf das ihr lehnbare alte Schloß zu Rauenstein geleget worden. Die unter dem Schaumberg. Geschlecht getroffene Verbindungen berechtigten den jedesmaligen Geschlechtsältesten zu dem Besitz und Nutznießung unter dem Namen eines Burgvoigts. Diese Verbindung dauerte bis respective 1688 und 1701, und also über 300 Jahr; denn 1688 überließen die sämtlichen Schaumbergischen Geschlechts-agnaten dieses Burggut und die hierzugeschlagene Reichs- und Sächsischen Lehne an Hanß Sigmund von Schaumberg, welcher Oberstallmeister zu Römhild war, und gaben den Burgfrieden auf. Die Aufhebung des Burgfriedens und die Renunciation der Schaumbergischen Agnaten wurde unter dem 17. Jun. 1688 vom Sächsischen Lehnhof, und den 31. August 1701 von Kaiserl. Majestät confirmirt.

Unter dem 12. Julii 1729 erkauften Herrn Herzogs Anton Ulrichs Durchl. so Reichs- als Sächs. Mannslehne dem Hanß Sigmund von Schaumberg ab, und erhielten noch im nemlichen Jahre den Besitz hiervon. Jedoch überließen Selbige die Nutznießung dieser Lehne der Schaumbergischen Tochter, Sophien Magdalenen, verheyratheten von Hanstein, und deren Sohn, Herrn Johann Adam Wilhelm von Hanstein, auf Almerswind, bis 1763, wo sodann auch die Nutznießung an das Herzogl. Sachsenkoburgmeiningische Haus gediehe.

Im Jahr 1776 verband das Herzogl. Haus mit den Reichs- und Sächsf. Mannlehnen auch das so genannte Rauensteinische Eigenthum, so Höchstdieselben sub hasta erstanden, und durch die im Jahr 1780 erfolgte Zukaufung der Scheelerisch-Hieronymischen

schen Söhn- und Töchterlehne zu Grümpen und Theuren mit Zubehör wurde das Gericht Rauenstein wiederum vollkommen ergänzet, indem diese Lehnschaften wegen darauf haftenden Schuldenlasten von diesem Gericht getrennet, und an die Scheelerischen Erben gelanget waren. Die in Grümpen und Theuren befindliche Söhn- und Töchterlehne waren in ältern Zeiten freyes Eigenthum, als aber 1685 die von Schaumberg dahin antrugen, daß das der geförstet n Graffschaft Henneberg zu Mannlehn rührende Gut Wunfurth in Eigenthum verwandelt werden mögte, so wurde selbigen hierinnen auch gewillfahret, dagegen aber von denen von Schaumberg ihr in den Dörfern Grümpen und Theuren habendes Eigenthum zu Söhn- und Töchterlehn gegeben.

Die Burgvoigtey zu Rauenstein aus dem Schaumbergischen Geschlechte wurden in denen Kaiserlichen Lehnbriefen beliehen:

» Mit dem halben Gericht zu Schalkau, dem Banne, Ge-
»leit und Zoll daselbst, dem thüringer Wald eine Meile
»lang und breit, minder oder mehr, mit dem Torrenthal
»und dem Gehölze, so zu Feld gemacht worden, mit der
»Wildbahn, dem Halsgericht zu Mitwitz und dem Recht
»Juden aufzunehmen.

Auch hatte das Burggut das Jus patronatus zu Rottenbach, Oettingshausen, Allstadt und Grabstadt. Die Waldungen, so zu diesem Gericht gehören, sind von der größten Wichtigkeit; sie bestehen aus 23 Bergen, wovon der Burgberg, Straßerberg und Haberleiten sächsisch Lehn sind. S. Forstwesen.

Wir wenden uns nun zur Topographie des Gerichts nach alphabetischer Ordnung:

Götzenberg.

Eine Wüstung, so auf dem Burgberg lieget, und wovon noch Rudera zu sehen sind.

L. Grüm-

1. Grümpen.

Ein Dorf in einem engen Thale, welches das kleine Dorf von 20 Häusern ausfüllet. Es nähret sich ausser seinem Feldbau an, noch mit Verfertigung Sonnenberger Spielwaaren, daher es auch volkreicher ist, indem 72 Erwachsene und 31 Kinder sich darinnen befinden. Es gehet nach Schalkau in die Kirche.

2. Hüfftenberg

bestehet aus 2 Häusern, worinnen Glasmacher wohnen; sie liegen oben auf der Anhöhe des Berges, wovon sie den Namen haben, an dessen Fuß befindet sich ein Wetzsteinbruch. S. Nutzbare Steinarten.

Es befinden sich daselbst 13 Seelen, so nach Steinheid in die Kirche gehen, in geistlichen Untergerichtssachen aber nach Rauenstein gehören.

3. Rauenstein.

Dieses Dorf ist das stärkste und volkreichste im Gerichte, ob es gleich sehr wenig Aecker und Wiesen hat. Es bestehet in allen aus 33 Wohnhäusern, worunter der Forstbedienten Wohnungen und 1 Wirthshaus mit gerechnet sind; darinnen befinden sich 117 Erwachsene und 59 Kinder. Ihre Hauptnahrung ist die Holzarbeit, als Holz schlagen, verkohlen, und im Winter Waaren nach Sonnenberg zu machen. Sie haben zwar ein Kirchlein, worinnen gegenwärtig Sonntag Nachmittags der Schulmeister eine Predigt verliest, ansonst sind sie nach Schalkau eingepfarrt. Auch befindet sich allhier eine Pechbrennerey, Potaschsiederey und Brauerey, so alle drey herrschaftlich sind.

4. Sigmundsburg.

Den 3ten May 1728 ertheilte Hanß Sigmund von Schaumberg auf Rauenstein dem damaligen Glasmeister und nachmaligen Schloß-

Schloßhauptmann zu Elßfeld, Johann Michael Gundlachen, eine Concession zu Errichtung einer Glashütte und darzugehörigem Gebäude, und schlug hierzu 60 Acker Land zu Feld und Wiesen, nebst verschiedenen Freyheiten und Gerechtsamen. Da aber nach Ableben des Gundlachs diese Glashütte nicht mehr betrieben wurde, so erkauften unter den 17. März 1772 der Frau Herzogin Charlotte Amalie Durchl. die gundlachische Concession und sämtliche Besitzungen und schlugen selbige zu dem Kaiserl. Reichsmannlehn, und wiesen das daselbst befindliche Wohnhaus dem Oberförster Habersang zu seiner Wohnung an. Es sind 2 Häuser und eine Mühle daselbst, worinnen 11 Personen wohnen, welche nach Steinheid in die Kirche gehen.

5. Theuren.

Dieses Dorf liegt auf der Anhöhe am Theurer Grund, am Fuße des Steegers; es bestehet aus 21 Häusern, darinnen 101 Seele wohnen, deren größte Nahrung die Holzarbeit ist. Sie gehen nach Schalkau in die Kirche. Es gehöret zu diesem Dorf eine Mühle, so eine Viertelstunde vom Dorf liegt und herrschaftlich ist.

6. Zairenhaus.

Ein Hof mit 2 Wohnhäusern, hart an der Grenze bey Stelzen, wohin es auch eingepfarrt ist, daselbst befinden sich 7 Erwachsene und 3 Kinder. Dieser Hof liegt am Fuße des großen Bleoberges, von welchem ich im Vorbeygehn anmerke, daß er aus dünnen Kalkflötzen wie die niederern Gebürge bey Schalkau und Effelder bestehet, welche aber nicht mehr wie jene und alle dergleichen Gebürge parallel liegen, sondern fast senkrecht einstürzen, welches eine Erscheinung ist, so die Aufmerksamkeit eines Naturforschers an sich ziehet.

* * *

Wegen des Theurer Grundes, welcher ungefehr eine kleine halbe Stunde unterhalb Steinheid ganz Rauensteinisch wird, und mitten durchs ganze Gericht bis unterhalb Grümpen durchläuft, muß

muß ich noch anmerken: daß nicht nur Goldwäschen in diesem ganzen Grund oder Thale angelegt waren, wovon die Herren von Schaumberge den Zehnden erhielten, sondern es wurden auch in selbigen Bergwerke mit vielen Vortheil getrieben, wovon nicht nur ein Rezeß mit Churfürst Johann Friedrich von 1525 ein guter Beweis ist, sondern es zeigen es auch die an vielen Orten verfallenen Schächte und Stollen, ja man findet noch manchmal, wenn man den Sand in der Grümpen wäschet, ansehnliche Goldkörner.

Nachtrag von dem verflossenen 1780. Jahr:

Namen der Kirchspiele	Gebohrne.			Gestorbene.			Copulirte.	und also	
	Knaben.	Mädchen	In allen	Erwachse.	Kinder.	In allen.		Zuwachs.	Abgang.
Bachfeld, Filial von Schalkau	5	4	9	3	5	8	1	1	—
Effelder mit dem Filial Meschenbach	18	10	28	12	18	30	11	—	2
Gefell, Filial von Rupperg	1	2	3	4	2	6	—	—	3
Heinersdorf	7	9	16	6	2	8	4	8	—
Judenbach	13	12	25	8	12	20	3	5	—
Lauscha, Filial von Steinheid	12	13	25	2	2	4	3	21	—
Mengersgereuth	15	21	36	8	10	18	14	18	—
Neuenhaus	16	16	32	10	6	16	9	16	—
Oberlind	48	33	71	19	13	32	15	39	—
Schalkau	21	28	49	25	51	76	10	—	27
Sonnenberg	50	34	84	29	24	53	21	31	—
Steinach	15	25	40	18	13	31	17	9	—
Steinheid	12	16	28	6	3	9	3	19	—
In allen	223	223	446	150	161	311	117	167	32

Es ist also wegen der im Amt und besonders in der Stadt Schalkau graßirenden Blattern dieses Jahr ein starker Abgang gewesen, und doch bestehet die Vermehrung aus 135 Kindern, ohne die erwachsenen Freunde, welche ins Land gezogen sind. Davon nur allein in der Stadt Sonnenberg 14 Personen, ohne die mitgebrachten Kinder.

Man kann dahero, wenn nicht besondere Unglücksfälle die jetzige Situation des Landes verändern, mit ziemlicher Gewißheit rechnen, daß in hundert Jahren sich die Einwohner wenigstens an vielen Orten, wiederum werden verdoppelt haben.

Auch ist anzumerken, daß den 5. Decembr. des vorigen Jahres der Herr Amtsvoigt und Hofadvocat Baptist Ludwig Richter allhier in Sonnenberg verstorben ist.

Kurze Biographie
derer
Herren Geistlichen,
als
ein Nachtrag zu Thomä Licht am Abend und Kraußens Kirchen- Schul- und Landeshistorie.

Es würde von mir den größten Undank verrathen, wenn ich die Herren Geistlichen, welche mir in verschiedenen Fächern die besten Nachrichten geliefert haben, mit Stillschweigen übergehen wollte. Ich setze also, nach dem Wunsche verschiedener derselben, die kurze Lebensgeschichte dieser Herren fort, wo obige Schriftsteller aufgehört haben, um dadurch einen öffentlichen Beweis meiner Dankbegierde zu geben.

Adjuncti zu Sonnenberg.

Johann Korn, dessen Lebenslauf in Thomä Licht am Abend befindlich, starb den 11. Januar 1729.

Johann Christian Eyring, gebohren zu Fechheim den 30. Octobr. 1677, woselbst sein Vater und Großvater Pfarrer gewesen waren. Er war auch zuerst daselbst Pfarrer: 1729 aber erhielte er hiesige Adjunctur. Unter ihm wurde dieselbe unabhängig. Denn als 1742 Sachs. Saalfeld mit gewaffneter Hand Neustadt wegnahm, so wurde dadurch diese Adjunctur von der Superintendentur Neustadt abgerissen, und ihr die Aufsicht über die beyden Aemter Sonnenberg und Neuenhaus aufgetragen, und unmittelbar an das Herzogl. Consistorium zu Meiningen gewiesen. Er starb 1745, erhielt aber noch einige Monate vorher seinen Sohn

Elias Martin Eyring zum Substituten, jedoch wegen seiner Jugend ohne die Hoffnung ihm im Amte zu folgen. Da aber sein
sanf-

sanftes und liebreiches Wesen ihm sehr viele Freunde erwarb, so erhielt er sie doch nach wiederholten Bitten seiner Pfarrkinder; der Tod aber entriß ihn schon 1757 in seinem 39ten Jahre seiner Gemeine. Darauf erhielt hiesige Gemeine und Diöces den jetzlebenden unermüdeten Herrn Ephorum, M. Johann Georg Musäus, welcher zu Hildburghausen den 4. Junii 1719 gebohren, und nach den frühen Verlust seiner geliebtesten Eltern bey seinem Herrn Großvater, und nach dessen für ihn zu frühen Ableben von seines Vaters Bruder erzogen wurde. Ostern 1740 gieng er nach Jena, wurde 1743 Hofmeister in Oberhessen, kam 1745 mit seinem jungen Herrn zurück. Gleich anfangs hatte er sich kaum ein halbes Jahr in Jena, um selbst zu studiren, aufgehalten, so wurde er schon von andern Studenten ersucht, ihnen im Griechischen und Ebräischen Unterricht zu ertheilen. Dies Zutrauen nöthigte ihn nach etlichen Jahren horas disputatorio-theologicas anzustellen, dadurch er aber vermüssiget wurde in Magistrum den 3. Junii 1747 zu promoviren. Er hatte verschiedene kleine Schriften und besonders de Scriptura S. ante Christum natum inter gentes nota & lecta durch den Druck ausgehen lassen, welche vermuthlich die erste Veranlassung mögen gegeben haben, warum Ihro Herzogl. Durchl., Herzog Anton Ulrich, glorreichen Andenkens, Höchstselbsten ihn unmittelbar zum Inspector des Herzogl. Lycei zu Meiningen 1748 berufen, bis Höchstblieselben ihn 1759 die hiesige Adjunctur zu übertragen geruheten. Er hat gleich von Anfang seiner Ephorie eine gründliche Erkenntniß im Christenthum in seiner Diöces zu befördern gesucht, auch in den meisten Parochien durch den gemeinschaftlichen Eifer seiner Herren Amtsbrüder es weit gebracht.

Und da ich aller derjenigen Landeskinder Erwähnung gethan, so sich besonders ausgezeichnet, so darf ich auch seinen einzigen Sohn, Herrn Johann Daniel Heinrich Musäus, nicht vergessen, welcher den 31. August 1749 gebohren, in Koburg und Meiningen frequentirt, erstlich in Gießen, nachher in Göttingen studiret, auf der letztern Academie 1772 in Doctorem promoviret hat, und jetzo als öffentlicher Lehrer der Rechtsgelehrsamkeit mit Ruhm zu Kiel stehet.

Die

Die Capläne zu Sonnenberg

sind zugleich Rectores der Stadtschule. Vor 1724 waren die Rectores nicht Capläne, sondern nur Kirchner; als sich aber die Gemeine stets vermehrete, und also auch die Adjuncti mehr Arbeit erhielten, so wurde

Johann Andreas Birnstiel von dem Stadtrath zum Rector und Colaborator bey der Kirche berufen, weßhalb er den 14ten November 1724 beym Consistorio zu Coburg ordinirt wurde. Er war aus Coburg gebürtig, und 29 Jahr alt, als er diesen Dienst erhielt. Er kam 1734 als Pfarrer nach Scheuerfeld.

Johann Christoph Riedel. S. unter den Pfarrern zu Heinersdorf.

Johann Erasmus Saalmüller. S. unter den Pfarrern zu Oberlind.

Johann Caspar Lange. S. unter den Pfarrern zu Steinheid.

Johann Sebastian Beyer, gebohren 1704 auf der Zwick einem Gasthof unterhalb der Stadt Wasungen, erhielt das Diaconat und Rectorat 1752. Am Sonntag Palmarum 1756 rührte ihn der Schlag während der Frühpredigt in der Sacristey; und ob man ihn zwar in seine Behausung noch lebend brachte, so waren doch alle Bemühungen, ihn wieder zu sich zu bringen, vergebens.

Johann Ludwig Gottfried Tetzschner. S. unter den Pfarrern zu Steinach.

Johann Moritz Voigt, ein Sohn des Superintendentens zu Schalkau, erhielt diese Stelle 1768, und starb 1770 an einer Auszehrung, da ihm der jetzige Hr. Diaconus

Johann Daniel Jacob Müller folgte. Er ist zu Raß, unterhalb Meiningen gebohren, woselbst sein Hr. Vater Pfarrer war. Er studirte zu Jena, und kam 1770 hieher.

Pfarrer zu Oberlind.

Johann Georg Barnicol, ein Koburger, wurde 1687 Diaconus zu Rodach, 1690 Pfarrer zu Grub am Forst und 1696 nach Oberlind berufen. Er starb 1727. Ihm folgte

Johann Christoph Rannemann, ein Koburger, wurde 1707 Pfarrer zu Heyroth, sodann kam er 1711 nach Buch am Forst, 17-3 erhielt er die Pfarrey zu Oberlind und 1737 den 23. May starb er in einem Alter von 61 Jahren.

Johann Nazmann aus Erbenfeld in der Pfalz, wurde Pfarrer zu Walldorf 1732, kam 1741 nach Oberlind, woselbst er bis 1749 blieb, sodann aber Superintendent zu Wasungen wurde, darauf aber 1755 oder 1756 die Superintendentur zu Römhild erhielt, allwo er noch lebet.

Johann Erasmus Saxlmüller, war zu Römhild 1703 gebohren, wurde 1737 Caplan und Rector zu Sonneberg, 1750 erhielt er die dasige Pfarrey und starb den 11. Apr. 1771.

Ernst Friedrich Scharfenberg, von Untermaßfeld, gebohren den 5. May 1728, kam 1759 als Pfarrer nach Meugeregereuth, von da 1771 nach Oberlind.

Die Wichtigkeit dieser Pfarrey wird am besten unter dem Ort Oberlind zu ersehen seyn. In den Zeiten, da die catholische Religion noch die herrschende war, befanden sich außer dem Pfarrer noch zwey Capläne allda, 1598 wurde zwar das Filial Judenbach zu einer Pfarrey, jedoch blieb bis 1675 der jedesmalige Pfarrer zu Judenbach zugleich Diaconus in Oberlind, woselbst er auch wohnte.

Der erste evangelische Pfarrer allda, ist von D. Martin Luther selbst eingeführet worden.

Cc   Pfarrer

Pfarrer zu Judenbach.

Philipp Schmidt ist gebohren 1661, sein Herr Vater war Adjunctus zu Rodach. Er studirte zu Leipzig und wurde 1692 Pfarrer allhier, starb 1734.

Georg Thomas Schmidt, ein Sohn des vorigen, wurde den 15. August 1695 in Judenbach geboren. 1727 wurde er seinem Hn. Vater substituirt, nach dessen Tod er die Pfarrey erhielt, und starb 1759.

Johann Heinrich Ernst Radefeld, geboren den 19. April 1720 zu Meiningen, wo sein Herr Vater Licentiatus Iuris und Burgermeister war. Er studirte zu Jena von 1741 bis 1744. Im Jahr 1759 erhielt er die hiesige Pfarrey.

Pfarrer zu Heinersdorf.

M. Johann Conrad Reppert wurde 1709 Pfarrer allhier, und 1733 suspendirt. Jedoch als er 1735 nach Gleichamberge versetzt wurde, erhielt er die Erlaubnis seine Abschiedspredigt öffentlich in der Kirche zu halten. Ihm folgte

Nicolaus Stösel von Scherneck; er war zuerst Rector in Kißingen. 1729 wurde er Pfarrer zu Unterflemau, 1735 zu Heinersdorf, und 1742 zu Fechheim. Wegen des Viehlacher Zehnden, worüber vorher stets Streitigkeiten obwalteten, verglich er sich mit den Bayreuthischen Beamten auf ein gewisses Quantum. Er war ein exemplarischer Geistlicher und sehr rechtschaffner Mann.

Johann Christoph Riedel von Hildburghausen, er wurde 1734 Kaplan und Rector zu Sonnenberg. Als 1735 das Amt Neustadt durch die Kaiserl. Commission an S. K. Meiningen überwiesen worden, so war das Diaconat zu Neustadt erledigt; er erhielt es 1736; weil aber 1742 diese Stadt von S. K. Saalfeld weggenommen wurde, so erhielt er das Consilium abeundi. Da nun die Heinersdorfer Pfarrey eben unbesetzt war, so bekam er zwar selbige noch in nemlichem Jahre, wurde

wurde aber, wegen der Streitigkeiten dieser hohen Häuser, erst 1749 investirt. Er starb 1769 alda in einem Alter von 72 Jahren.

Johann Caspar Scharfenberg aus Hünpfertshausen im Meiningischen, ein Bruder des Hn. Pfarrers zu Oberlind. Er war zuerst Conrector in Meiningen, erhielt 1769 die hiesige Pfarrey, wurde 1773 Diaconus bey der Schloßkirche zu Meiningen, und 1776 Superintendent zu Salzungen, wo er sich noch befindet.

Johann Stephan Michael Gundlach, geboren den 18. May 1745 auf der Sigmundsburg im Rauensteinischen. Er studirte zu Erlang und Leipzig, war 2 Jahr Hofmeister bey den jungen Herren von Truchses zu Weßhausen, und erhielt 1773 die Pfarrey zu Heinersdorf.

Pfarrer zu Steinheid.

Georg Friedrich Löhrl wurde gebohren 1668 zu Thurnau, wo sein Vater Pfarrer war. Zuerst wurde er 1696 Pfarrer zu Scheuerfeld, 1712 kam er nach Steinheid. 1736, nachdem er bis ins 24ste Jahr dieser Pfarrey eifrig vorgestanden, verschied er an einem wiederholten Schlagfluß. Ihm folgte sein Sohn

Johann Georg Löhrl, geboren zu Scheuerfeld den 21. Dec. 1696. Im Jahr 1728 wurde er seinem Vater substituirt, und starb den 20. Februar 1752 unverheyrathet.

Johann Caspar Lange wurde zu Meiningen den 16ten März 1716 gebohren, kam 1750 als Caplan und Rector nach Sonnenberg, erhielt die Pfarrey zu Steinheid 1752, und wurde 1772 nach Herpf bey Meiningen versetzt, allwo er 1777 starb.

Johann Jacob Schlothauer geboren zu Salzungen den 20. Decembr. 1744. Er studirte zu Jena, wurde den 24sten Julli 1770 Caplan und Rector zu Sonnenberg und erhielt 1775 die die Steinheider Pfarrey.

Pfarrer zu Steinach.

Johann Martin Seifart, von Leutenberg im Schwarzburgischen gebürtig. Er war 13 Jahr Rector zu Schalkau, und erhielt 1689 die hiesige Pfarrey. Wegen seines hohen Alters wurde ihm sein Sohn

Stephan Seifart 1724 substituirt, welcher bey hiesigem Dienst 73 Jahr alt wurde und 1768 starb.

Johann Ludwig Gottfried Tenschner, von Oberellen, wurde 1768, nachdem er vorhero 2 Jahr Caplan und Rector zu Sonnenberg gewesen war, Pfarrer allhier.

Pfarrer zu Reuenhaus und Schirschnitz.

Johann Blechschmid, aus Neustadt, wurde 1711 dem vorigen Pfarrer Haag substituirt, und nach dessen Tod 1713 erhielt er diese Pfarrey, welche er 33 Jahr rühmlich verwaltet, und 1744 in einem Alter von 75 Jahren starb.

Johann Heinrich Sternberger wurde den 14 August 1703 zu Meiningen geboren. 1738 wurde er dem vorigen Pfarrer substituirt; nach seinem Tod wurde er Pfarrer, und versiehet noch ungeachtet seines hohen Alters sein Amt.

Pfarrer zu Mupperg und Gefell.

Als Pfarrer zu Mupperg stehet er zwar unter dem H. Consistorio zu Coburg; als Pfarrer zu Gefell aber gehört er unter die Adjunctur Sonnenberg, und folglich zu der dasigen Geistlichkeit.

Johann Stephan Besserer von Niederlind gebürtig. Er wurde zuerst 1691 Caplan zu Neustadt, 1694 dem vorigen Pfarrer Füßlein substituirt und erhielt ein hohes Alter, weshalb ihm

Johann

Johann Friedrich Barnikel, der ein Sohn des Pfarrers zu Oberlind war, 1724 substituirt wurde; dieser aber starb 1743 in seinem 45sten Lebensjahre, welchem der jetzt noch lebende Hr. Pfarrer

Johann Christian Schütz folgte. Er war zu Schney den 29. März 1709 gebohren, wurde 1742 Diaconus zu Neustadt und kam 1744 nach Mupperg. Wegen hohen Alters erhielt er seinen jüngsten Hn. Sohn

Johann Heinrich Schütz, der den 22sten Julii 1753 gebohren ist, den 26. Sonnt. nach Trin. 1780, zu seinem Substituten.

Superintendenten und Pfarrer zu Schalkau.

Diese Pfarrey war anfänglich, und gleich nach der Reformation der Universität Wittenberg einverleibt; als aber der Churkreis und folglich auch Wittenberg, an die Albertinische Linie kam, so wurde sie von dieser Abhängigkeit losgerissen.

In Kraussens Kirchen- Schul- und Landeshistorie ist der letztere Superintendent und Pfarrer zu Schalkau

Otto Johann Voigt kam 1746 von Bachdorf hieher und starb den 5. Julii 1772. Er war ein sehr eifriger und hitziger Mann, aus dem Churbrandenburgischen gebürtig, allwo er auch Pfarrer gewesen ist; als aber daselbst ein und anderes in Ceremonien geändert wurde, so nahm er lieber seinen Abschied, als daß er die deßhalb gegebene Befehle befolgte.

Christian Lebrecht Nattermann, aus Meiningen gebürtig, allwo sein Hr. Vater Hofdiaconus war. Er war der erste Instructor bey unserm jetztregierenden Durchl. Herzog, und als Höchstdieselben 1763 von Frankfurt nach Meiningen gekommen, so erhielt er das Hofdiaconat, woben er aber in der Theologie und Moral die Unterweisung fort besiele, bis er den 4. Dec. 1772 die hasige Superintendentur erlangte, und den 24. Jan. 1773 seine Anzugepredigt hielte.

Diaconi zu Schalkau und Pfarrer zu Bachfeld.

Heinrich Gottlieb Reppert, geboren zu Koburg den 20. Apr. 1714. Er wurde 1740 Kabinetsprediger und Pagenhofmeister bey Ihro Königl. Hoheit der verwitweten Frau Herzogin Elisabeth, welche zu Römhild residirte. 1747 erhielt er das Diaconat zu Schalkau und die Pfarrey Bachfeld, und 1763 Steinbach bey Altenstein im Meiningischen, woselbst er kurz nach seinem Anzug starb.

Johann Balthasar Ephraim Forkel, ein Sohn des Pfarrer Forkels zu Mengersgereuth, wurde zu Effelder den 23. Dec. 1723 geboren, studirte zu Jena und hielt am Neujahrstage 1764 seine Anzugspredigt zu Schalkau.

Pfarrer zu Effelder.

Michael Heinrich Krauß, ein Sohn des ersten Superintendenten zu Schalkau; war zuerst Collaborator zu Schalkau, kam nach einer 4jährigen Vacanz 1747 hieher und starb den 11. März 1757.

Johann Georg Hartung, geboren den 31. Decembr. 1722 zu Steinbach im Amt Altenstein. Er kam 4 Wochen nach dem Tode seines Vorfahren dahin. Er starb den 9. Julii 1772 zu Meiningen, woselbst er sich um eine Cur zu gebrauchen befand. Ihm folgte der jetzt lebende Hr. Pfarrer

Christian Friedrich Motschhiedler, ist gebohren den 10. Nov. 1739 zu Meiningen, allwo sein Vater sich in Fürstl. Hofdiensten befand. Er wurde nach vollendetem Studiren 1763 Rector zu Römhild, 1769 Rector zu Koburg, allwo er bis 1773 bliebe, und den 10. Febr. dieses Jahrs sein Amt zu Effelder antrat.

Pfarrer zu Mengersgereuth.

Dieses Kirchspiel erhielt, wie wir schon anderwärts gesehen haben, seinen Anfang am 21. Sonnt. nach Trinitatis 1726. Der erste Pfarrer war

Johann

Johann Jorkel von Unterwolfbach. Er kam im Oct. 1717 als Diaconus nach Effelder, als aber 1726 die obern Dorfschaften von Effelder getrennet wurden, und dadurch das Diaconat daselbst eingieng, so erhielt er diese neue Pfarre. Er predigte das erste Jahr in einem Stadel oder Scheune, bis 1727 die Kirche so weit fertig war, daß darinnen geprediget werden konnte, und starb 1759.

Ernst Friedrich Scharfenberg, S. unter denen Pfarrern zu Obertünd.

Caspar Friedrich Hornung, gebürtig aus Schalkau, war verschiedene Jahre Hofmeister bey einem jungen Herrn von Künsberg, er hielt 1771 die Pfarrey zu Mengersgereuth, verlies aber 1777 seine Gemeinde, und that zu gleicher Zeit bey Herzogl. Consistorio die Anzeige, er habe diesen Entschluß um deswillen gefasset, weil er glauben müsse, daß er seinem Amt nicht mehr mit Nutzen vorstehen könne.

Johann Justus Rößling, gebürtig aus Steinbach im Amte Altenstein. Er wurde, nachdem er von Jena zurück kam, Rector zu Schalkau und 1777 Pfarrer allhier.

Schulanstalten.

Da in diesem Lande die Kirchspiele größtentheils weitläuftig sind, und die Ortschaften auch weit von den Kirchen entfernt liegen; so haben schon vor längerer und kürzerer Zeit viele für ihre Kinder eigene Schullehrer gehalten, welches den Einwohnern zu besonderer Ehre gereichet. In dem Amte Schalkau verbanden sie vor nicht gar langer Zeit sehr oft den Schäfer- und Schullehrerdienst in den kleinen Orten mit einander, da man sich denn freylich die Lehrmethode nicht auf die beste Art eingerichtet zu seyn, vorstellen kan. Jedoch nachdem nach und nach die Herren Geistlichen ihre Gemeinen von der Nothwendigkeit einer guten Kinderzucht überzeugten, nahm die Anzahl dieser Schullehrer zu, so daß nunmehro besonders im Amte Sonnenberg fast kein Ort

Ort mehr ist, wo sie nicht ihre eigene Schullehrer haben. Jedoch es fehlete manchen von diesen kein n sehr an einer Lehrmethode; es wurde daher im Herbst 1777 der Cand. tit Hr. Joh. Georg Michel als Catechet von dem Meiningschen Schulinstitut hieher gegeben, und damit dem Institut die Erhaltung dieses Mannes nicht zu sich verwerden möchte; so übertrugen Se. Excell. der Hr. geh. Rath von Donop ihm zugleich die Aufsicht über Ihre Junkers, wodurch dieses heilsame Unternehmen befördert wurde. Indessen, als verschiedne unverständige Einwohner hörten, daß die Einrichtung dieses Instituts von der Freymäurerloge gemacht worden sey, so giengen sie so weit, daß sie nicht zugeben wollten, daß ihre Schullehrer bey dem Catechet Unterweisung nehmen sollten. Ob nun zwar sich die Sache selbst auch bey diesen Udverständigen als gut legitimiret hat; so will ich doch, da größtentheils mein Buch für hiesige Unterthanen geschrieben, zu ihrer noch größern Beruhigung die Entstehung sowol als die Art der Direction kürzlich erzählen:

Weil jede ächte Freymäurerloge sich zu einer ihrer dringendsten Pflichten macht, sich in dem Lande wo sie Schutz findet, durch eine oder die andere gute Handlung auszuzeichnen; so beschloß die Freymäurerloge Charlotte zu den drey Nelken zu Meiningen sich ihres hohen Schutzes würdig zu machen, ein Schulinstitut zu stiften, worinnen junge Leute geschickt gemacht würden, die Schuljugend nicht allein Leichter zu unterrichten, sondern auch derselben eine ausgebreitetere Kenntnis zu geben. Um nun diesen Endzweck zu erreichen, so schickte die Loge den damaligen Hn. Candidat Walch, nunmehrigen ersten Catecheten des Instituts und Waisenpfarrers zu Meiningen, auf ihre Kosten auf einige Monat in die Oberlausitz, um sich die in den Zadwerzer Stiftsschulen eingeführte Methode bekannt zu machen. Als dieser zurückkam, legte sie Durchl. Landesherrschaft einen Plan devoteft vor, und erhielt huldreichste Bestätigung. Nach diesem Plan wurde dieses Institut einer Commission untergeben, welche aus zwey Gliedern des Herzogl. Consistorii und aus zwey Gliedern der Loge bestehen sollte. Diese sind vom Anfang und noch bis jetzo.

von

Von Seiten des Herzogl. Consistorii
1) der Herr Oberhofprediger und Consistorialrath Volkhardt
2) der Herr Consistorialrath Heim

von Seiten der Loge:
1) Se. Excell. der Herr geheime Rath und Obristhofmeister, Freyherr von Dürkheim,
2) der Herr Regierungsrath und Amtshauptmann von Uttenhoven und als

Secretair:
der Herzogl. Sachsen-Gothaische Secretair Herr Walch.

Bey dieser Commission wird alles untersucht und berichtigt, was einen Bezug auf dieses Institut hat; und Durchl. Herrschaft haben zu mehrerer Bestätigung Ihrer Gnade und Huld befohlen, daß künftig hin niemalen einer einen Schuldienst zu erwarten haben soll, der nicht in Meiningen oder Sonnenberg von denen Herren Catecheten Unterricht empfangen und ihn gehörig genutzet hat.

Wittwen- und Waysenküsten
der
Herren Geistlichen und Schuldiener
im Herzogthum Koburg,
dem H. S. K. Meiningischen Antheil dieses Herzogthums und der gefürsteten Grafschaft Henneberg und dem Herzogthum Hildburghausen.

Ich werde blos eine generelle Beschreibung dieser Institute beyfügen, da man die speciellen Einrichtungen aus zwey deshalb zu Koburg gedruckten Ordnungen von 1695 und 1758 ausführlich nachsehen kan.

Diese löbliche Institute sind schon im Jahr 1670 gestiftet worden. Die Hauptkasse ist zu Koburg, wohin die übrigen Generalephoren nicht allein ihre Rechnungen und Ueberschuß ablegen, sondern auch ihren etwa entstehenden Mangel bey allzustarkem Anwachs ihrer Wittwen, ersäntzt erhalten.

Das erste Institut

ist blos für die Wittwen und Waisen der Herren Geistlichen. Diese Kasse erwächst aus folgenden Einnahmen:

1) Muß jeder, wenn er ein geistliches Amt erhält, und nicht zum Institut tritt, zu mehrerer Aufnahme der Kasse, 12 Rthlr. zahlen.

2) Muß jeder, wenn er zum Institut tritt, und zwar, wenn er ganz beytritt, 8 Rthlr. entrichten, doch kan er auch nur zur Hälfte beytreten.

3) Hat

3) Hat ein jeder bey Veränderung seiner Stelle 2 Rthlr. zu geben und

4) muß ein jedes Mitglied jährlich 2 Rthlr. in zwey Terminen entrichten, wenn es aber 20 Jahr diese 2 Rthlr. gegeben hat, so giebt es die noch übrige Zeit seines Lebens jährlich nur die Hälfte.

Hingegen erhalten die Wittwen, Kinder oder Kindeskinder eines verstorbenen Geistlichen, wenn er ganz beygetreten, 100 Rthlr., und zwar in vier gleich auf einander folgenden Jahren, jedes Jahr 25 Rthlr. im andern Fall aber nur die Hälfte dieser Summe. Ferner soll auch eine Wittwe, wenn sie sich nicht wieder verheyrathet, zeitlebens; die Kinder aber, wenn sie noch unmündig sind, drey Jahre, jährlich 14 Rthlr. erhalten, es müßten denn der Wittwen und Waisen zu viel werden, da dann eine Anzahl festgesetzt wird, die nach den Umständen der Kasse verhältnismäßig ist. Einer der nur der Hälfte beygetreten, dessen Erben erhalten auch nur die Hälfte und also nur 7 Rthlr. Und endlich erhält eine Wittwe, Kinder oder Kindeskinder eines verstorbenen Mitglieds von jedem Geistlichen der Inspection, worunter der Verstorbene gestanden, 3 Jahr hinter einander ein halb Simmer Korn.

Das zweyte Institut

ist für die Wittwen und Waisen der Schuldiener, deren Einnahme aus folgenden erwächset:

1) Muß jeder Schuldiener in Städten, wenn er einen Dienst erhält und nicht zum Institut treten will, 6 fl. fr. und einer vom Lande 3 fl. fr. zum Institut zahlen.

2) bey dem Einschreiben zum Institut zahlet einer in Städten 4 fl. und auf dem Lande 2 fl.

3) Muß ein jeder bey Veränderung seiner Stelle in den Städten 1 fl. auf dem Lande ½ fl. zahlen; und

4) hat ein jedes Mitglied in Städten jährlich 12 ggr., auf dem Lande 6 ggr. zu entrichten.

Hingegen erhält die Witwe, Kinder oder Kindes Kind eines verstorbenen Schuldieners in Städten 50 fl., auf dem Lande 25 fl. und zwar in fünf gleich auf einander folgenden Jahren und also jährlich respektive 10 und 5 fl., auch in der Folge nach Verlauf derer 5 Jahre, erhält eine Witwe mit Kindern, wenn sie sich nicht verheirathet, bis an ihr Ende aus der Kasse 7, und 3½ fl., je nachdem ihre Männer in Städten oder Dörfern gestanden, eine Witwe ohne Kinder aber ist dieser Provision nicht fähig.

Leichencommunen.

Da diese Verbindungen sich dem Schutz des geistlichen Untergerichts unterworfen haben; so halte ich dieses für den schicklichsten Ort, ihrer als löblicher Institute zu gedenken. Wenn man weis, wie schwer es hält, wenn eine arme Familie ihre Todten begraben lassen muß, und öfters dazu keinen Pfennig im Hause hat, (um so mehr wenn die Krankheit selbst lange gedauert, nichts verdienet und die kleine Baarschaft aufgezehret worden ist): so wird man gewiß eine Einrichtung segnen, welche der äussersten Noth armer Witwen und Waisen wehret und ihnen das Vermögen verschaffet, die ihrigen ehrbar zur Erde bestattet zu sehen.

Dieses nun zu erreichen, trat zuerst 1768 zu Sonnenberg eine Gesellschaft von 206 Personen zusammen, welche sich dahin verglich, daß, wenn jemand aus ihren Mittel sterben sollte; so wollte ein jeder von ihnen 2 ggr. geben, damit die Zurückgelassenen 20 fl. fr. erhielten, wovon sie ihren Todten begraben lassen könnten. Sie wählten sich einen Vorsteher und 2 Sammler, welche zu Belohnung ihrer Bemühungen das Versprechen erhielten, daß bey ihrem Tode ihre Zurückgelassenen eben die 20 fl. erhalten sollten, die ein jedes Mitglied bekäme, ohne daß sie

sie bis dahin den jedesmaligen Zuschuß bezahlen dürften. 1770 suchte sie beym geistlichen Untergerichte um Bestätigung ihres Instituts nach, welches sie auch erhielte, und ihre Statuten und Confirmation 1771 unter dem Titel: Die bey dem Grabe der Freundschaft thätige Liebe, zu Koburg drucken liesse. Dieses verursachte, daß es bekannter wurde, und seitdem ist nicht nur noch eine dergleichen Gesellschaft in Sonnenberg, sondern auch schon ein Paar auf dem Lande errichtet worden. Aus diesen entstund auch

Die Hochzeitsocietät,

welche gleichfalls wie jene, von einem gleichgeringen Zusammenschuß der sämmtlichen Glieder, denen sich verheyratheten Mitgliedern am Hochzeittage zu Bestreitung der nothwendigen Kosten einen Beystand von 20 fl. (und wenn beide Verlobte aus der Societät von 40 fl.) leisten. Sie suchten beym geistl. Untergericht um Bestätigung nach, und erhielten auch selbige 1775. Wäre der Beytrag etwas beträchtlicher und die Gesellschaft etwas stärker, so könnte der (immer nach und nach und dahero nicht sehr merkliche) Zuschuß bey einem jungen Ehepaar so beträchtlich werden, daß es zu besserer Einrichtung ihres neuen Hauswesens etwas beytragen könnte.

Register

über die

in dieser Topographie vorkommenden Namen und Sachen.

A.

Affaldern s. Effelder	S.
Albrecht Burggraf zu Nürnberg, vermählt an Sophien	4
leihet auf Neuenhaus und Sonneberg	163
Almerswind Rittergut	78
Almerswind Dorf	173
Altenberg Wüstung	166
Alte Schlösser	64
Amtleute	43 u. f.
Amt Neustadt mit Sonnenberg	84
Amt Neuenhaus	163
Amt Schalkau	172
Amtssecretarii	44
Amtsvoigten zu Sonnenberg	61
Amtsvoigten Wasser	34
Angerastein	147
Anna von Oesterreich	3
Anweisung	47
Appun	45
Art (gute) Feinde zu entdecken	98
Asig	86
Augustenthal	17. 115
Augustinermönche	S. 36
Auslieferung eines Gefangenen von Leipzig nach Nürnberg	147

B.

Bachfeld	178
Bäche im Land	34
Bauersachs	105. 132
Barnicol	58. 201. 205
Baumann	128. 129. 154
Baumännisches Hammerwerk	17. 117. 127.
Bentink Gräfin von	42
Bergwerke	29
Besserer	204
Berthold Gr. zu Henneberg	3
Bettelbecken	117
Beulwiz von	81
Beyer	203
Beyersburg auch Neuburg Wüst.	166
Bibra von	48
Bierbrauereyen	107. 114
Birkig	87
Birn-

Birnstiel	S. 200	Churfürst zu Brandenburg	S.
Bischof	58. 105	Hermann der lange	9
Bischof Heinrich zu Bamberg	123	Waldemar I. verkauft das	
Blatterndorf	179	Fürstenthum Koburg	3
Bleyhaltige Erztgänge	22	Churfürst zu Sachsen	
Blechschmide	204	August ist gerne Forellen	33
Blumenrot	87	ertheilt Privilegia	19
Böse von	83	Ernst erbt diese Lande, stirbt	4
Bock	105	Friedrich der streitbare,	
Boberndorf	87	Friedrich der sanftmüthige,	
Born Freyherr von	128. 154 u. f.	Friedrich der weise regieren	
Bräudigam von Nürnberg	19	und sterben	4
Brandenstein von	89	Johannes der beständige	
Brix	87	reg. und entschlief	5
Bröhmer	93	Joh. Friedrich der groß-	
Brunnen im Lande	38	müthige regiert	5
Buch	167	ertheilt Berg: u. Stadtord-	
Burggrub	167	nungen zur Steinheid 20. 158	
Burgschultheiß	114	bestätiget der Statt Son-	
Burgvoigtey zu Rauenstein	73	nenberg ihre Freyheiten	96
Busek von	81	verschenkt Neuenhaus	163
Buttlar von	58	Johann Friedrich regiert	
		und starb	5
C.		Collation s. Kollation	
		Corberod	179
Callenberg Kammergut, siehe			
Kallenberg		**D.**	
Callenberg Graf von	70	Dreffel	105. 113
Carlshau s. Karlshan		Diez	58. 77. 105
Carpzow	81	Dobenek von	51
Catharina vermählt an Fried-		D. Doebner	157
rich den strengen	34	Döbrich	112
Cemmate s. Kemmate		Döhlau	180
Character der Einwohner	11	Dörfer im Lande	10
		Donop	

Donop von	S. 111	Esekus	S. 96
Dürkheim Frhr. von	209	Erb von, geb. von Egglofstein	75
		Eyring	189

E.

F.

Eberharde Graf v. Würtemberg vermählt sich	3	Fabriken	16
Ebersdorf	87	Farbendenfabrik	17
Edelmanns Teich	40	Fechheim	87
Ebnes Rittergut	81	Fichtag	182
Ebnes Dorf	181	Flintensteinhandel	106
Effelder Rittergut	78	Flößgraben	33
Effelder Dorf	180	Flößteiche	49
Effelder Fluß	138	Flöße	32
Eichberg	71. 118	Föritz	2. 168
Eichbiz	2. 168	Föritz am Berg	168
Einberg	87	Fohlenhaus	72. 118
Eisenfabriken	16	Forstmann von	92
Eisenstein	22 u. f.	Forstengereuth auch Forschengereuth	182
Eisfeld	4. 5. 20.	Forstmysen	46
Elisabeth vermählt an Graf Erchberd	5	Foßloch	185
Emstad	182	Frank	45
Engnitzfluß	32. 34	Friedel	113
Erbenbreth von	163	Friedrichsthal	118
Erbfolge im Fürstenthum Koburg	1	Forkel	206. 207
Erkel Ulrich aus Nürnberg	15		
Erfaische Familiennachrichten	74. 75. 77. 93	**G.**	
Erfaische Hammerwerke	128. 154	Gauerstadt	7. 54. 71
Erster gefürsteter Graf v. Henneberg	3	Gesell	168
Escher	58. 105.	Geiemar von	81
		Geistliche im Lande	198
		Geistlich Untergericht	42
		Geleits=	

Geleits- u. Zollsachen S. 62. 147
Georg Landgraf in Thüringen
 reg. und stirbt 4
Gerechtigkeitsholz 95
Geffendorf 169
Giffiger Mühle 121
Glücksthal 118
Glückthaler Sandsteinbruch 25
Gnadenholz 95
Gneiles auch Kneiles 88
Goldbach 32
Goldbergwerk 20
Goldwäschen 21. 33. 194
Gottfried 128. 153
Gothaische Landesordnung 42
Görsdorf auch Görelsdorf 182
Göriß 32
Gößenberg Wüstung 192
Göthfarth von 76. 97
Gottsman auch Goßmann 163
Graf zu Henneberg
 Popo XIII. reg. und starb 2. 86
 Heinrich VIII. ebend.
 Berthold X. reg. 3
 giebt einen Bestätigungsbrief 86
 Neuenhaus wird ein Lehn
 von ihm 163
 Heinrich XII. reg. und starb 3
 Johannes theilt mit Jutta e. b.
Heinrich von Sonnenberg stif-
 tet das Kloster Sonnenfeld 64
Greiner 118. 120. 136. 138
Greiner von 138
Griffelbruch 26

Grosch S. 88
Großengarnstadt 88
Größe des Landes 10
Größe der Klaftern 47
Größe der Waldung 48
Grub Wüstung 183
Grümpen 193
Gundelswind 184
Gundlach 194. 203
 H.
Haagen 44
Haarbrücken 88
Hämmern 120
Hämmerer Forst 52
Hanstein von 78. 87. 191
Handlung Sonnenberger 13. 103
 bis 117
Haselbach 121
Haffenberg 7
Hauptnahrung des Landes 13
Heim 209
Heinersdorf 122
Heinersdorfer Forst 51
Helwig 112
Heinrich Bischof zu Bamberg 123
Hertel 77
Herpich 105
Herpich Böhm 106
Hertwig 112
Herzog Heinrich IV. zu Bres-
 lau und Sagan 3
Herzog zu Sachsen
 Albrecht zu Koburg reg. u.
 starb 6. 41, errichtet das Landes-
Ee gi-

giment 56, verkauft die Kemmate zu Sonnenberg 76, verkauft Schwarzwald 147. 148, legt den Grundstein zur Kirche in Steinach 150, ertheilet den Hrn. von Born ein Privilegium 154, erth. ein Privileglum den Hammerwerken ebend. läßt einen Grubenbericht machen 158, nach seinem Tode kommt Schalkau an das Herzogl. Haus Meiningen 172. AntonUlrich zu Meiningen reg. u. starb 8, läßt die Ausschußcompagnien montiren 57, privilegirt die Glashütte zu Glücksthal 118 bestätiget die Privil. von Hüttensteinach 129, entscheidet wegen der Schule zu Mengersgereuth und Hämmern 186, erkauft Rauenstein 191
Bernhardt zu Meiningen nimt Possess von Koburg u. † 6, hinterließ 3 Prinzen 8
Carl zu Meiningen tritt die Regierung an 9, war zu Sonnenberg 100
Christian zu Eisenberg starb 6
Christian Ernst zu Saalfeld † 8
Ernst der fromme erhielt diese Lande 6, es wird nach seiner Landesordnung in den Aemtern gesprochen 41, läßt eine Wolfsjahlung halten 109, sucht die Bergwerke in die Höhe zu bringen 158, nach seinem Tod fällt Schalkau an Hildburghausen 172

Ernst zu Hildburghausen erhält seine Lande 6, soll Effelder in ein Erblehn verwandelt haben. 78
Ernst zu Gotha ist der Durchl. Besitzer von Effelder 80
Ernst Ludwig zu Meiningen ältester Prinz Herz. Bernhards 8 sein ält. Prinz kaufte Effelder 80
Ernst Friedrich zu Koburg Saalfeld genießet zuerst das Erstgeburtsrecht 8
Franz Josias zu Koburg Saalfeld reg. u. † 8, läßt die Gottesackerkirche zu Neustadt bauen 85
Friedrich I. zu Gotha reg. anfängl. alle Länder des Herz. Ernst des frommen bis zur Theilung 6
Friedrich Wilhelm der Ältere reg. u. † 5, giebt der Gemeinde zu Steinach einen eigenen Pfarrer 150
Friedrich Wilhelm der jüngere reg. und † 5
Friedrich Wilhelm reg. u. † 8 war zu Sonnenberg 10
Georg stehet noch unter der Vormundschaft 9
Heinrich zu Römhild † 6
Johann Casimir zu Koburg erhielt die Koburgischen Lande u. starb 5 hatte ansehnliche Einkünfte von Goldwäschen 21, Huldigung zu Sohenberg 97, hatte einen Jagdhof 130, nimt Glasmeister auf, woraus Lauscha entstehet 136, privi-

privilegirt das Steinacher Hammerwerk 152, die Bergwerke 158 verkauft das Kammergut zu Schalkau 176
Johann Ernst zu Koburg erhielt die fränkischen Lande u. † 5
Theilung mit Churfürst Johann Friedrich 20. 159.
Johann Ernst zu Saalfeld † 8
Johann Ernst zu Eisenach erbt die Koburgische Lande u. † 5
Johann Friedrich der Mittlere regiert bis zu seiner Verhaftnehmung 5
Johann Wilhelm zu Weimar führt die Interimsregierung dieser Lande 5
Siegmund verkauft Neuenhaus 163
Wilhelm der tapfere starb 4 gab drey Bürgern Freyheitsbriefe 19, erob. das Schloß zu Sonneberg 65, ließ wegen der Pest eine Wohnung zu Senneberg repariren u. vergrößern 95, vermachte dieseWohnung seiner Gemahlin zum Witwensitz 113, Zehrungskosten zu Judenbach 132
Herzogin
Charlotte Amalie zu Meiningen, Obervormünderin und Mitregentin 9, ernennet einen Oberamtmann in hiesigen Landen 41, machet die Oberländische Ausschußcompagnien zu einem Bataillon 65, war im Oberland 100. 101, ließ die Unterthanen zählen 118, Vorsorge in der Theurung 160, kauft Sigmundsburg 194.
Luise Dorothea zu Gotha, erbt das Rittergut Effelder, stirbt 80
Heublein 105. 105. 112
Heubach 105
Heubisch 124
Heyd 184
Heygerin (Frau) aus Nürnberg thut der Kirche zu Judenbach viel Gutes 134
Hereren 97
Hildburghausen 4. 20
Hochzeitsocietät zuSonnenberg 213
Hof Eichberg 71. 118
Hohentaun 184
Hoher Ofen, was er ist 16
Hönn 81. 88
Holzbey 77
Holzschu aus Nürnberg 19
Hornung 207
Hönbach 126
Hüftenberg 193
Hussittenkrieg verheert das Land 20
Hütt 112, Hüttengrund 127
Hüttensteinach 17. 127

J.

Jagdshof 130
Igelsbieb 130, Igelsb. Forst 49
Immungen auf dem Lande 144
Irmelshausen 3
Ißfluß 2. 36, Ißgrund 7
Judenbach 131

Judenbacher Forst 50
Judenbacher Schlitten 132
Judenmaas, was es ist 19
Justizpflege 41 u. f.
Justiz- u. Rechnungsbeamte beym Gericht Rauenstein 46
Jutta (Briaitta)
Jutta (Judit) geb. Marggräfin zu Brandenburg reg. erhält die alte Herrschaft, theilt die Pflege Koburg, stirbt 3, giebt der Stadt Sonnenberg Freyheitsbriefe 65 94, versetzt Neuenhaus 163 kauft das halbe Gericht Schalkau 172, stiftet das Burgfriedgut Rauenstein 191

K.

Kallenberg Kammergut 7. 54. 70. 90
Kammergüter 69
Kanitz von 169
Kannemann 201
Karpfen sehr 40
Karlshan 71
Karlsrot s. Keilsrot.
Katzberg Rittergut 83
Katzberg Dorf 184
Kaufleute zu Nürnberg thun viel Guts 97. 99. 102
Keilsrot 169
Kemmate Dorf 88
Kemmate zu Sonnenberg 76
Kemmate zu Oberlind 77
Keßler von Sprengeeysen 58
Ketschenbach 88

Kieferwetter 105
Kirchenvermögen zu Sonnenberg 102
Kissingen 4
Kipfendorf 88
Kloster Banz 78. 80
Klöster Mönchröten 90
Kloster Sonsenfeld wird gestiftet 65
Knettes 88
Koburg 3. 5. 7
Koburger Statuten 108
Königsberg 9. 20
Körnerswüstung 169
Köniz von 81
Kost 46, dessen Fr. Witwe 82. 113
Kollation 48
Korberot s. Corberot. 198
Köppelsdorf 135
Kristan 183
Kronacher 163
Kupfererzt 19. 22
Kußkopfische Hammerwerke 17. 136. 155.

L.

Landausschuß 55
Landbataillon 57
Land zu Franken 1
Landfluß 32
Landbauer aus Nürnberg 15
Landtag 46
Lange 200
Lansche 32. 136
Laurer Gericht 7
Laurer Fluß 38

Lehn-

Lehnschaften der St. Sonnenberg	113	Militäre	7.55
Leichencommunen	112	Milius D.	129
Leithäuser	11.153	Mönchsberg	141
Lichtenstein von	74	Mönchsorden	7.90
Liebermann	105.112	Mogger	90
Liebel	105	Moltke von	55
Lind Joh. Georg	44	Morsch	45
Lindenberg	169	Morschhiedler	206
Löhrl	203	Muckberger Hammer	141.156
Luck	43	Mühlberg Wüstung	141
Lützelberger	53	Müller	45.136.200
Lützelbuch	89	Münze zu Neustadt	86.
Luft, gesunde	12	Münze zu Steinheid	157
		Mürschnitz	2.140
M.		Mürschnitzer Forst	51
Mablerey	139	Muffel von	127
Mark	169	Muffelsche Gütchen	77.127.
Marktflecken im Lande	10	M. Musäus	193
Marmor: Marmel und Schusserfa-		Mupperg	90
brik	18.138	Müth Obrister	55
Marmor im Amt Schalkau	27		
Marschall Greif genant	55	**N.**	
Maria heil. Jungfrau	36.123	Nattermann	205
Maria Hülf	36	Nauendorf	112
Marschkommissariat	59	Nedersdorf	90
Mausendorf	185	Neuburg f. Beyersburg	
Meilschnitz	2.89	Neuhof	91
Melchereberg	185	Neuenbau	141
Mengersgereuth	185	Neuenhaus	5.7.164
Mengersgereuther Rot	186	Neuenhäuser Forst	53
Menzikoff Fürst	112	Neubescheertes Glück	43
Meschenbach	186	Neuendorf	187
Meticke	44.45.164	Neumännsmühl	142
Metzler	105	Neustadt	3.5.7.20.83

Niederndorf S. 71
Niederlind Rittergut 73 Dorf 143
Nordwinde Ursach des mehreren
  Sterbens 12. 160
Nürnbergische Kaufleute thun viel
  Gutes 97. 99. 102. 128. 134

O.
Oberenders Kronik 140
Obergericht Sonnenberg 94, dasselbe aus H. Haus Meiningen von
  Kaif. Kommission übergeben 99
Oberlind 143
Obersteinach 17. 145. 152
Oberwasungen 91
Ochsen im Lande 13
Oeslniz 154
Oeslau, Oechselau 91
Otto 46. 155

P.
Paul 128. 149. 152
Paß auf dem Sattel 146
Pensel 35. 89. 146
Pest 96
Perlen 33
Petersberg bey Steinheid 20
Physikate 59
Pingizer 146
Plesten 91
Porzellanfabrik 18. 138
Pohlhöhe der St. Sonnenberg 101
Priester von Mißbach 76
Professionisten zu Sonnenberg 103
Provisorische Theilung des Landes 5

Q.
Quelenfeld 6

R.
Rabenaussig S. 187
Radesfeld 202
Rangliste der Officiers vom Ausschuß 58
Rauenstein Burgvoigtey 73. 193
Rauenstein Schloß 68. 73
Rauenstein Dorf 193
Rauensteiner Forste 53
Rauensteiner Eigenthum 191
Rauchhaupt von 88. 92. 93
Rebhan D. 124
Redwiz von 176
Reichscontingent 55
Reizenstein von 80. 81. 128
Rechnungsämter 59
Reppert 202. 206
Reschenbach 38
Riedel 206
Richter A. B. 62, stirbt 197
Rindvieh im Lande 13
Rittergüter 73
Rippel 44. 45. 59. 129
Rodach 3. 5. 7. 20
Röder von 81
Rögiz 2. 54. 154
Rögen 91
Rößling 207
Röten 34. 85
Rohof 73. 146
Rosenau von 76. 88. 163
Roth 7. 87
Rottmar 179
Rotenstein 3
Rottenbach die Fabrik 35, der Fluß
  ebend. als Ort 145
Rückers-

Rückerswind	S. 188	Seifert	S. 204
Rückmannsdorf	92	Siechhaus	101
Rügegericht zu Sonnenberg	108	Sichelreuth, Siegelreuth	176
		Sigmundsburg	193
Saalmüller	200	Sigmundsburger Forst	53
Saarhäuser	146	Sliberirzt	19
Salzquellen	39	Sonnenberg 3. 5. 7. 12. 20. 94. altes	
Salkowie	ebend.	Schloß 64. 84. 96, Handlung 13 u. f.	
Sandsteinbruch bey Glücksthal	25	Sonnenfeld	6
Sattelpaß	146	Sommer	116
Schaafzucht	13	Söldendorf	189
Schaafhausen	92	Sophie vermählt an Albrecht I.	4
Schalkau 3. 6. 12. 20. 39. 171, kömt		Spesharbt von	23
ans H. Haus Meiningen 6, Schal-		Spittelstein	92
kauer Forst	53	Spiegelfabrik	18
Scharfenberg	203	Spottenfehler der Sonnenberger	110
Schauer D.	61	Städte im Lande	10
Schaumberg Kammergut	72. 188	Strauch Hans	128. 153
, alte Schloß	66	Statistische Beschreibung des Landes	10
Schaumbergische Familiennachrichten		Stark aus Nürnberg	19
67. 74. 78. 79. 80. 81. 83. 172. 191		Stark Rechnungsbeamter	59
Schauberg	35	Steinarten, nutzbare	24
Schauroth von	91	Steinbach	156
Schenk von Siemau	81	Steinheide 12. 19. 20, Forst	52
Schleserbruch	25	Steinach Dorf 11. 149, Fluß 32. 154	
Schictshöhn	188	, Forst 49, Hammerwerk 17. 152	
Schirschniz	2. 170	Steinau genannt Steinruck	58
Schlothauer	203	Steinkohlen Bergwerke	24
Schmalkalden	4	Stelzen	36
Schmidt	146. 202	Sterberegister vom Jahr 1780.	196
Schmidogrund	188	Sternberg von	70. 71
Schott von	74	Sternberger	204
Schröter	44. 45	Stierbabel hat 7 Kinder	11
Schulz D.	60. 205	Streffenhaus s. Forst am Berg	
Schulanstalten	207	Strohberg Wüstung	161
Schwärzdorf	170		
Schwärzdorfer Wasser	36	T.	
Schwarzwald	17. 148. 188	Tanne	92
Schwarzwalder Hammerwerke	17. 147	Tamerus	45
Schweinfurt	3	Teiche	40
Schwefelflies	22	Tettau	35
Schwikertohausen	6	Truschniz	2
Seisendorf, Seizendorf, Selchendorf		Theilung der Koburg. Lande	5
	189	Tezschner	200
		Theuren	

224

Theuren	194
Tielemann von	43
Thirich	91
Triebach	32
Triebisch	30. 37
Trinfische Marmormühle	18. 138
Tropfstein	29
Trobort	45
Truckendorf	189
Truckenthal	190
Truckenthäler Bach	31
Topographie vom Amt Neustadt 84. von Sonnenberg 94, von Neuenhaus 163 von Schalkau 172, vom Gericht Rauenstein	191

U.

Ummerstadt	4. 29
Unerschöpflicher Segen Gottes	22
Unsrer lieben Frauenberg	157
Unterirdische Flüsse	18
Untergericht Neustadt	84
Ursach des mehreren Sterbens	32
Urbich von	113
Uttenhoven von, haben die Lehnmarr zu Sonnenberg	76
Uttenhovische Hammerwerke 17. 116, 147. 161, Familiennachrichten 149. 155 u. die Beylage Nro. 18,	

V.

Velten Bustung	171
Vermehrung im Lande ausseroth.	10
Vetter	17
Versteinerungen	27
Verlust der Sonnenberger Stadtdocumente	97
Vitriolwerk	14
Vogels haben sehr viel Kinder	11
Vogel I. S.	44
Voburg Graf von	79
Voigt	200. 205
Volckhardt	209
Volcksmenge im Lande 10 in den Orten	

f. Beylage Nro 1. u. bey jeder Ortsbeschreibung in Sonnenberg 109

W.

Waldemar I. Churfürst zu Brandenburg verkauft die Pflege Koburg	3
Walch	209
Waldbustag	48
Waldsachsen	93
Wallenroth von	81
Wallfarth	157
Wagner	113
Waldhausen	171
Walther	106. 137
Wasungen	93
Wappen der Städte	94
Weichendorf	190
Wenden waren im Lande	2
Weinersdorf	93
Werth	161
Wichsteinbrüche	25
Weyhersmühl	190
Wiebelsburg	161
Wildenhaid	93
Wirwen- und Waysenkasten	210
Windisch	58
Wörlsdorf	93
Wunper	7
Würzburg erkauft einen Theil von der Pflege Koburg	3
Würzburg von	167

Z.

Zähnhämmer, was sie sind	34
Zayernhaus	194
Ziegesar, Freyhr. von	49
Zinsel oder Zinselloch	28. 38
Zinselmänchen	29
Zinselkirche	30
Zißmann	201
Zoll und Geleitsachen	62
Zollbefraudationen	63. 147
Zoll im Amt Neuenhaus und Schalkau	63

Beylagen.

Beylagen
zur
Topographie
des
Herzoglich. Sachßen-Koburg-Meiningischen
Anteils
des
Herzogthums Coburg.

Innhalt.

No. 1. Register über die Einwohner und Wohnhäußer.
— 2. Privilegium von Herzog Wilhelm den Tapfern von 1454.
— 3. Gruben Auffstand, ein Fragment.
— 4.)
— 5.) Zwey Rescripte den Land-Ausschuß betreffend.
— 6. Eine alte Sonnenberger Kompagnie Liste.
— 7. Ein Ablaßbrief von der Kirche zu Rauenstein.
— 8. Ein Fragment von Sichhauß unter den Judenbacher Berg.
— 9. Waaren Bestellungen nach England und Rußland.
— 10. Rezeß wegen der Einpfarrung zu Steinheit und Neuhauß.
— 11. Statuten von Steinheid.
— 12.)
— 13.) Berichte von den Steinheider Bergwerken von 1672.
— 14.) 1719. und 1723.
— 15. Auszug aus den Gottsmännischen Amts-Erbbuch, den Markt-Flecken Neuhauß betreffend von 1562.
— 16. Rezeß zwischen Marggraf Friedrich den Strengen, und von Schaumberg der Gränz Irrungen halber von 1378.
— 17. a. Grenz Beziehung des Gerichts-Schaltau im Jahr 1554

Innhalt.

No. 17. b. Auszug aus dem Rezeß von 1710.
— 18. von Uttenhovische Familien Nachrichten.
und endlich
Des Herrn Rath und Doktor J. F. Schütz Abhandlung von den
Gesundbrunnen in Sonnenberg. Welches auch einzeln zu
haben ist.

Register.

Nro. I.

Register

Ueber die Einwohner und Wohnhäuser der drey Herzogl. Aemter Sonnenberg (A. Sbg.) Neuenhauß (A. N.) Schalkau (A. Sch.) und den Gericht Rauenstein (G. R.).

Die Aemter, darinnen die Orte liegen.	Namen der Orte.	Erwachsene.	Kinder.	In allen Seelen.	Wohnhäuser.
	A.				
A. Sch.	Almerswind	72.	34.	106.	21.
A. N.	Altenberg	7.	2.	9.	1.
A. Sbg.	Augustenthal	27.	8.	35.	6.
	B.				
A. Sch.	Bachfeld	150.	93.	243.	44.
A. N.	Bayersburg	7.	6.	13.	2.
A. Sch.	Blatterndorf	60.	43.	103.	15.
A. Sbg.	Bettelhecken	65.	36.	101.	18.
A. N.	Buch	23.	13.	36.	7.
	C.				
A. Sch.	Corbenrod	12.	9.	21.	4.
	D.				
A. Sch.	Dorflau	44.	21.	65.	13.
	E.				
A. Sch.	Effelder	191.	86.	277.	48.
A. Sch.	Ehnes	47.	21.	68.	11.
A. N.	Eichitz	24.	13.	37.	6.
A. Sbg.	Eichberg	12.	7.	19.	3.
A. Sch.	Emstandt	48.	22.	70.	10.
15. Orte	Seite	789.	414.	1203.	209.

Die Aemter, darinnen die Orte liegen.	Namen der Orte.	Erwachsene.	Kinder.	In allen Seelen.	Wohnhäuser.
15. Orte	Uebertrag.	789.	414.	1203.	209.
	F.				
A. Sch.	Fichtag	14.	6.	20.	3.
A. Sch.	Forstengereuth	110.	42.	152.	23.
A. Sch.	Fößlich	6.	2.	8.	2.
A. M.	Förith	46.	20.	66.	14.
A. M.	Förtherberg	4.	2.	6.	1.
A. Sbg.	Friedrichsthal	10.	5.	15.	2.
	G.				
A. M.	Gefell	93.	45.	138.	31.
A. M.	Gessendorf	18.	10.	28.	4.
A. Sbg.	Glücksthal	27.	4.	31.	3.
A. Sch.	Görsdorf	41.	15.	56.	13.
S. R.	Grümpen	71.	31.	103.	20.
A. Sch.	Gundelswind	18.	8.	26.	4.
	H.				
A. Sbg.	Haselbach	85.	45.	130.	21.
A. Sbg.	Hämmern	210.	137.	347.	62.
A. Sbg.	Heinersdorf	326.	174.	500.	103.
A. Sbg.	Heubisch	178.	77.	255.	51.
A. Sch.	Heyd	84.	31.	115.	26.
A. Sbg.	Hehnbach	95.	37.	132.	23.
A. Sch.	Hohentann	9.	4.	13.	3.
S. R.	Hüftenberg	21.	8.	29.	2.
A. Sbg.	Hüttengrund	120.	73.	193.	30.
A. Sbg.	Hüttensteinach	45.	20.	65.	9.
	J.				
A. Sbg.	Jagdshof	62.	30.	92.	17.
A. Sbg.	Jgelshieb	41.	22.	63.	15.
A. Sbg.	Judenbach	490.	210.	700.	110.
40. Orte	Seite	3074.	1472.	4585.	788.

K.

Die Aemter darinnen die Orte liegen.	Namen der Orte.	Erwachsene.	Kinder.	In allen Seelen.	Wohn-häuser.
40. Orte.	Uebertrag.	3014.	1472.	4486.	788.
	K.				
A. Sch.	Kahlberg	54.	22.	76.	14.
A. N.	Keilbret	9.	3.	12.	1.
A. Obg.	Köppelsdorf	96.	42.	138.	33.
A. N.	Körnerswuftung	16.	2.	18.	2.
	L.				
A. Obg.	Lausche	290.	200.	490.	64.
A. Obg.	Limbach	47.	22.	69.	7.
	M.				
A. Obg.	Maßlmerz	76.	30.	106.	19.
A. Obg.	Marmormühle	5.	2.	7.	2.
A. N.	Mart	29.	13.	42.	3.
A. Sch.	Mausendorf	25.	11.	36.	11.
A. Sch.	Meigerberg	9.	5.	14.	2.
A. Sch.	Mengersgereuth	197.	85.	282.	39.
A. Sch.	Mengersgereuther Rot	16.	7.	23.	6.
A. Sch.	Meschenbach	74.	21.	95.	17.
A. Obg.	Mönchsberg	31.	13.	44.	5.
A. Obg.	Mürschniz	76.	30.	106.	19.
	N.				
A. N.	Neuenhauß	192.	75.	267.	58.
A. Obg.	Neuenbau	84.	42.	126.	15.
A. Obg.	Neufang	68.	30.	98.	20.
A. Sch.	Neundorf	23.	11.	34.	11.
A. Obg.	Niederlind	130.	61.	191.	29.
	O.				
A. Obg.	Oberlind	410.	206.	616.	110.
62. Orte	Seite	4971.	2405.	7376.	1284.

Die Aemter, darinnen die Orte liegen.	Namen der Orte.	Erwach- sene.	Kinder.	In allen Seelen.	Wohn- häuser.
62. Orte	Uebertrag.	4971.	2405.	7376.	1034.
	R.				
X. Sch.	Rabenäusig	18.	7.	25.	5.
S. R.	Rauenstein	117.	59.	176.	33.
X. Ebg.	Rohhof	6.	4.	10.	1.
X. Sch.	Roth	23.	10.	33.	5.
X. Ebg.	Rotenbach	4.	2.	6.	2.
X. N.	Rotmar	45.	18.	63.	13.
X. Sch.	Rüdersuind	73.	42.	115.	18.
	S.				
X. Ebg.	Saarhäuser	10.	6.	16.	3.
X. Ebg.	Sattelpaß	34.	14.	48.	6.
X. Sch.	Schalkau	465.	173.	638.	117.
X. Sch.	Schaumberg	7.	3.	10.	1.
X. Sch.	Schichtshön	36.	20.	56.	11.
X. N.	Schirschniz	56.	24.	80.	18.
X. Sch.	Schmidsgrund	9.	5.	14.	5.
X. N.	Schwarzdorf	48.	20.	68.	7.
X. Sch.	Schwarzwald	8.	6.	14.	9.
X. Ebg.	Schwarzwalder-Hammer	16.	4.	20.	5.
X. Sch.	Selsendorf	25.	18.	43.	7.
X. N.	Sichelreuth	96.	34.	130.	22.
S. R.	Sigmundsburg	8.	3.	11.	3.
X. Ebg.	Sonnenberg	1178.	579.	1757.	248.
X. Sch.	Sölzdorf	65.	20.	85.	16.
X. Ebg.	Steinach	627.	445.	1072.	131.
X. Ebg.	Steinacher Hammerwerk	86.	55.	141.	17.
X. Ebg.	Steinbach	96.	44.	140.	27.
X. Ebg.	Steinheid	390.	130.	420.	69.
88. Orte	Seite	8427.	4140.	11567.	2101.

Die Aemter darinnen die Orte liegen.	Namen der Orte.	Erwachsene.	Kinder.	In allen Seelen.	Wohnhäußer.
88. Orte.	Uebertrag.	8427.	4140.	12567.	2101.
	T.				
S. N.	Thauren	74.	37.	111.	21.
A. Sch.	Truckendorf	42.	34.	76.	17.
A. Sch.	Truckenthal	60.	38.	98.	28.
	V.				
A. N.	Veitenwuftung	7.	1.	8.	1.
	W.				
A. N.	Waldhaußen	24.	9.	33.	10.
A. Sch.	Welchendorf	38.	29.	67.	11.
A. Sbg.	Wiebelsburg	7.	5.	12.	1.
A. Sch.	Weyheremuhl	3.	3.	6.	2.
	Z.				
S. N.	Zairenhaus	7.	3.	10	2.
97. Orte.	In allen	8619.	4199.	12988.	2193.
	Wiederholung nach den Aemtern.				
37.	Im Amte Sonnenberg	5454.	2837.	8291.	1378.
18.	Im Amte Neuenhauß	744.	310.	1054.	200.
36.	Im Amte Schalkau	2192.	1011.	3203.	536.
6.	Im Gerichte Rauenstein.	299.	141.	440.	81.
97.	In allen wie oben	8619.	4299.	12988.	2193.

Nro. 2.

Nor. 2.

Freyheitsbrief von Herzog Wilhelm dem tapfern, über die Schmelz-hütte untern Judenbach.

Wir Wilhelm von Gottes Gnaden Herzog zu Sachsen, Landgrave zu Düringen und Margrave zu Meissen, bekennen öffentlich an diesem Brief für uns und unsre Erben und Nachkommen, und thun kund aller männiglich das Wir den Ehrsamen unsern lieben getreuen Heinrich Steinmetzen, Herman Bräutigam, und Herman Hildbrand Bürgern zu Nürnberg, Iren Erben und Nachkommen den Wüstenhammer unter den Judenbach an der Steinach gelegen, der uns vor Zeiten jerlich 8 fl. gezinset hat, nun eine Schmelz-hütten dahin zu bauen zu rechten Erbe mit allen seinen Begrif, Weißflecken und Zugehörungen gelassen, geliehen und beschrieben haben lassen leihen und verschreiben gegenwärtiglich in Krafft dieses Briefs, immasen hernach geschrieben stehet, als sie die Hofrait davor der Hammer gelegen ist, nach Was einer Schmelzhütten zu richten, die erwittern für sich und diejenigen die sie zuferttigen und Arbeit des Handels bey sich zu haben bedörfen nottürftige Wohnhäuser und Gebäu fertigen, und es mit Wassergraben und Zäunen umgeben und blanken dorin sie ihr Laib und Gut schädliches Ueberlaufens trauen zu verwahren ziemlich brevestend machen mögen ungefährlich. Zu solcher Schmelz-hütten und Zugehörungen Hauffungen sollen sie unsers Walds und Gehölz zu Bau, zu verkohlen und zu brennen nothdürftiglich gebrauchen, und doch nicht anders hauen und kohlen lassen, denn nach Anweisung eines jeglichen unsers Schöffers zu Coburg oder unsers Försters, der je zu Zeiten den Befehl hat, und mögen das Holz in Zeiten groß Gewässers auff süglichst zu hütten flößen ohn Gefehrd. Sie mögen auch in den Wasser Graben, den sie zu Brevestigung des Gebäudes wie vorgemelt machen werden, Karpen oder andre Fisch setzen, nach ihrer Nothurfft zu gebrauchen, doch das sie den Zufluß desselben Graben so wohl bewahren, damit unser Fisch aus der Steinach darinnen nicht fallen mögen. Wenn sich auch ihr Nothurfft begiebt, das Wasser auf die Schmelzhütten davon abzuschlagen, das sollen sie wie offt des Noth geschicht unfern Fischer über die Steinach gesetzt verkündigen. Die Fisch in den Graben desselben Wasserlaufs alle Jahr darreicht aufzuwisen, und unsern Nutz zu wenten, unverhalten. Würde auch Gelegenheit und Nothdurfft heischen das etliche der obgenannten, die jetzund in den Dingen der Schmelzhütten verwandt sind davon abtreten müßten oder wollten, so mögen sie andere an ihre Statt stellen auch sonst ander mehr die ihnen zu Förderung und Uebung des Handels Nutz und bequem, doch solche die uns nicht widerwärtig oder in unsrer Ungunst wären zu sich ziehen und aufnehmen, sie und-alle dieselben, die in den Handel der Schmelz, obgemeld jetzund sind oder förder seyn werden, mit samt

den

den ihrigen zu den Handel dienenten zu und abwenten sollen und wollen, wie gleich andern, in unsern Landen schützen verbeitigen und geleiten in so fort uns das gebühret ohn alles Gefehrde. Ob auch geschehe das wir oder unsere Nachkommen mit der Stadt Nürnberg oder andern mühselig oder zu Unwillen kommen würden, das sollen des obgemelden mit der Schmelz Vorwand und das mit ihnen zu thun hätten, Ihre Person Hab und Gutes halben die unter Uns in der Schmelzhütten Handels Nothurfft unentboten seyn und bleiben, wird sich auch zwischen uns den unsern und den obgenanten die in der Schmelzhütten zu thun hätten oder gewönnen, oder der ihnen jezt begeben, oder verlaufen, darum solten und wolten Wir oder unsere Amtleute, sie ohn ferner enziehn bey Recht, vor unser Gericht zu Sonneberg oder Coburg bleiben lassen ungeverd. Wir sollen und wollen auch die genomten Schmelzhütten der zu Schaden nichts verbauen lassen ohn geverd. Von solcher gemelder Schmelzhütte auch von Holz und Kohl Recht, daß sie wie obgemeld dazu gebrauchen sollen, uns der obgenante ihrer Erben und Nachkommen, die damit oder noch nach Ihnen zu thun haben, oder gewinnen werden, alle Jahr III guter Rhnl. Gulden halb auf Martini und die andere Helfft auf Walpurgis zu Zins geben und in unser Amt Coburg reichen onverhalten, und über derselben Zins, Steuer, Nachreise und aller anderer Aufsätze von Uns und unsern Amtleuten frey und beschwerth bleiben, sondern uns so wie ein gemein Steuer, durch unser Land nehmen würden, Ihre Erben als sie darunter uns helfen versteuern, und sich derselben Steuer auf Billigkeit mit uns vertragen, ob oder geschehe daß sie ihre Erben oder Nachkommen derselben Schmelzhütten nicht länger gebrauchen wolten oder mögten, so möchten sie die von den gemelten Zinsen III theinl. Gulden uns zu reichen, fürt uns thun oder verkaufen, wo sie aber das nicht gethun könnten, sondern von Noth wegen wieder ein Hammer oder ein ander Guth daraus zuwerden auf die VIII. fl. erste Zins wieder verkaufen oder aber umsonst liegen lasen müssen, das mögen sie thun und mit ihren Leiben und Güthern ungehindert davon ziehen. Alles ohn Gefehrd und Arglist mit Urkund dieses Briefs, daran wir unser Insiegel für uns und unsere Erben wißentlich haben thun henken. Geben zu Weimar uf Freytag nach Quasimodogeniti Anno Domini millesimo quadrigesimo sexagesimo quarto.

Wilhelm.

Johann von Gottes Verhängniß Abt des Closters zu Sand Egitien zu Nürnberg Benedict. Ordens als Gezeug.

Dieses Privilegium ist sowohl von Churfürst Ernst und Herzog Albrecht 1482 als auch von Churfürst Friedrich und seinen Herrn Bru-

der Johannsen 1487 confirmiret worden, nach welchem die damaligen
Besitzer Christoph und Jörg Roth und Hanns Burckel Bürger zu
Nürnberg waren.

ferner

gab oben gedachter Herzog Wilhelm der Tapfere, Hans Starcken und
Matthes Landthauer Bürgern von Nürnberg ein ganz gleichlautendes
Privilegium eine Schmelzhütte bey Eßfeld aus einer Mühle zu errichten
datirt Weimar Donnerstag nach Maria der Jungfrau (Maria Virginis)
1479 welches nemliche Churfürsten und Herzoge, in nemlichen Jahr,
confirmiret haben.

auch

gab Churfürst Ernst 1485 zweu Bürgern von Nürnberg Jörg Hetzel-
schurn und Ulrich Erstein das Privilegium eine Kupfer Schmelzhütte
und Drachmühle bey Bleubron in Gericht Eßfeld an der Schleifing wo
der brandach hinein fält zu errichten, welche Churfürst Friderich und
Herzog Johannes zu Weimar Cath. Petri in Acht und achtzigsten Jahr
confirmitten.

und als

Graf Albrecht von Mansfeld, Friedrich von Thün Ritter, Veit von Dach-
dorf, Jacob Walser, Hainz Scherln, Jörg Maler, Ewald Krauß, der-
nen erstern Brüdern Hans Starcken und Matthes Landthauern die
Schmelzhütte, bey Eßfeld von 3000 Gold fl. abgekaufft, so verlieh
Churfürst Johannsen obigen und ihren Erben diese Schmelzhütte, datirt Weimar am heil. Pfingsttag 1519.

Nro. 3.

Fragment.

Kurzer Aufstand und Bericht

Von denen an der Steinheyde angränzenden *Refieren* in Fürstenthum
Coburg gelegenen Bergwercken.

Demnach auf gnädigsten Befehl des Durchl. Fürsten und Herrn, Herrn
Albrechts Herzog zu Sachsen rc. Meines gnädigsten Fürsten und Herrn,
zu Lieb und Behuf, ein und andere baulustigen Liebhaber austräglichen Bergwercke, so sich in hiesigen Landen befinten, von hiesigen Fürstl. Beamten ein
ausführlicher Aufstand, über nachfolgende Zechen verstattet werden sollen
Als wird hiermit jedermänniql. berichtet daß diese Zechen in vorign, auch
zu Anfang dieses Saeculi ziemliche Ausbeuten an Gold, Silber, Kupfer rc.
gegeben, es sind aber selbige vermuthlich, durch den eingefallenen Teutschen
Krieg,

Krieg, darauf erfolgten Theurung und tödlichen Hintritt der meisten und vermöglichsten Gewerken, wieder aufläßig worden. Hingegen ist man jetzo nicht allein in wircklicher Gewältigung sothaner Zechen wieder anbegriffen, sondern hat auch bereits unterschiedl. köstliche Anweisungen, reiche Anbrüche und edle Gänge erbauet und überfahren und zwar

1) Eine Zeche der Landes Fürst genannt, gelegen in Steinbach, woselbst ein anderer verbrochener Stolle wieder geöfnet, und einem schönen güldischen Quarz Gang, so heute in unverschrobenem gantzen Feibe anstehen, welchen man aber aus allen Anzeigungen edler Gänge in der Teiffe vermuthet, ist unter dem Stolln abgesuncken, und Gott sey Lob, Anbrüche an Gold, Silber und Kupfer Ertzt erbeutet worden, dadurch auch ein Tagschacht gesuncken, und eine Wasser Kunst gehenget worden, so daß man nun, täglich, auf den Anbrüchen abstufen kann, nechst diesem ist auch, ein Pochwerk mit nöthigen Schlem Graben und Pochheerden, nahe bey der Zeche wohl erbauet, so daß die Gäng und Ertzte
Ist ein Stück unleserlich.

2) Am Ritersberg ein Stolln gegen Mitternacht etlich und 20 Lachter getrieben, woselbst gleichfalls schöne Quarze mit eingesprengten Bleyglantz bricht, weiter findet sich

3) Unter der Steinheyde, nach der daselbstigen Mühlen zu, eine Zeche, die heilige Dreyfaltigkeit genannt, am Schifsberg gelegen, daselbst ein Stollen aber 50 Lachter aufgefahren, und sowohl vor Ort, als auch bereits in der 26ten Lachter in ein Querschlag, schöne eingesprengte Quarze anbrüchig, woraus die alten vermöge der Berg Register, viel Gold gemacht haben ist also diese Zeche mit Nutzen zu bauen.

4) Ist ein Haupt Gebäude die Güte Gottes, gelegen in Wüsten Adorf am Petersberg, alwo erstl. von den Alten ein Stolln auff 134 Lachter getrieben, welche nun auch von neuen wieder völlig gesäubert worden, darinnen ein schöner kobolbischer Goldgang überfahren, als auch ein Gesenke unter dem Stollen in die 8 Lachter tief gleichfals gesäubert worden, darinnen ein schöner Letten und Quarz Gang bricht, auch ist ein Querschlag von 65 Lachter getrieben, worinnen die Alten einen tiefen Kunst Schacht gesuncken, weilen ein mächtiger reicher Gold Gang daselbst gewesen, und wie aus beyliegenden Extract der von Anno 1576 biß 1580 geführten und in den teutschen Krieg annoch salvirten Berg Registern erhellet, ausser den Silber und Kupfer in 5 Jahren / Centner fein Gold daraus gewonnen worden. Dieser Querschlag ist nicht allein wegen der grossen Brüch mit schweren
und nun ist nichts mehr deutlich zu lesen.

Nro.

Nro. 4.

Von Gottes Gnaden Friedrich Wilhelm, Herzog zu Sachsen, Jülich, Cleve, Berg ꝛc.

Liebe Getreue, Euch ist allbereits unverborgen, was bey jüngster Landschafft Versammlung, unter andern auch wegen Verfassung eines Landes Defensions Wesens, in unserm Fürstenthum Coburg vorgangen und endl. geschlossen worden sey.

Wann wir dann die Auffsicht darüber den Vesten und Manhafften unsern Hptman und Commendanten unserer Bestung Coburg, auch Struer Ober Einnehmern lieben Getreuen Hs Hartmann von Erfa daselbst, auf Helmerds hausen und Niederlind aufzutragen eine Nottdurfft befunden, daß er zu dem Ende durch gewisse Persohnen, die Mannschafft mit ihren Gewehr besichtigen, und erkundigen was jedes Orts an tüchtigen Leuten zu haben, und noch an Gewehr ermangele, und so dann Anstalt machen soll, daß solcher Mangel ersezt, auch fürneml. an Musqueten einerley Loths zu Hand förderlichst geschafft werden möge.

Als begehren und befehlen wir hiermit, ihr wollet Euch hernach gehorsam achten, und ihm in vorfallenden dergleichen Sachen genugsame Handbietung thun, damit hiernechst zur Musterung, so viel eher geschritten, Officirer dar neben gewehlet, richtige Compegnien aufgerichtet, und der Articels Brief zur schuldigen Gelobung publicirt, und also solche hochnötige Landes Defensions Wesen befördert werden könne, daran geschicht unsere gefällige Meinung. Dat. Altenburgk am 3 Januar 1650.

F W H z S.

An die Fürstl. Regierung
  zu Coburg.

Nro. 5.

Unsere freundl. Dienste zuvor Erbar wohlgelahrter auch ehrsame, weise, besonders gute Freunde

Ihr errinnert euch was jüngsten am 3 Januar gegenwärtigen Jahrs wegen Verfassung eines Landes Defensions Wesens für gemessene Fürstl. Verordnung und Befehl ergangen und ausgelassen.

Wann dann der Durchl. Hochgeb. Fürst und Herr, Herr Friedrich Wilhelm, H. z. S. J. C. u. B. unser gnädigster Fürst u. Herr, daß solches zumahl noch vor angehender Feld Arbeit so viel möglichen zu stande zu bringen nochmahls Erinnerung gethan; Als begehren u. befehlen solchemnach an stadt Hochermelden J. F. G. wir hiermit, Ihr wollet beedes in Aemtern und Städten, sonderlich gewiße Rollen, dergestalt fertigen, wie viel Mannschafft, so zum Defensions Werck tüchtig ohne Unterscheidt der Lehn, noch Ubersehung einiger Person zuerlangen, was für alte Männer und Wittweiber, die etwan mit was Geld zu Schaffung ermangelnden Gewehrs zu belegen, auch zum theils Manns Persohnen, noch mit Hauswehren zu versehen, und doch zum Defensions Wesens nicht tüchtig sich befunden. Item was eigentlich an allerhand Gewehr, und wie viel deren tüchtig abhanten, auch ob sich etwa andere Persohnen zu Officierern als jüngst vorgeschlagen worden, angeben hätten. Dann solche Rollen in duplo zu Fürstl. Cantzley unverlängt einschicken, weil dafür gehalten, daß solches durch die Beamten und Räthe am füglichsten zu Wercke gerichtet werden könne, damit vergeblicher schwerer Unkosten, welcher sonsten, da jemand des halben abgeordnet werden solte, oder muste, nicht nach bleiben würde, so viel mehr abgewandt werden möge, daran geschieht unsere Meinung, und wir sind Euch freundl. zu dienen geneigt. Dat. Coburg am 8ten Febr. 1650.

Hochgedachts unsers gnädigsten Fürsten und Herrn verordnete anwesende
Räthe daselbsten.

præsntrt.
d. 16. Febr. 1650.

Denen Ehrbaren wohlgelahrten, auch ehrsamen, weisen unsers besonders guten Freunden M. Caspar Schwertein, Schössern und den Rath zu Neustadt an der Heyden und zu Sonnenbergß.

Nro. 6.

Die Fahne zur Sonnenberger Compagnie wurde durch den Lieut. Hanß Webern, und Hanß Eichhorn Fähren, nebst 20 Musquetierern und 1 Trummelschlagern von der Vestung Coburg abgeholet.

Muster Rolle.

Des den 14 Junii 1653 afgerichten Fähnleins zu Sonnenbergß.

Officirer

Leutnant	Hanß Weber.
Fendrich	Hanß Friebel.
Feldwebel	Conrad Otter.

Ser-

Sergeanten { Hanß Heydt Heppe.
Hanß Michel Leuthenser von der Steinach.

Capitaine d' Armes
  Führer   Hanß Eichhorn.
  Fourier Johann Baußbach.

Corporalen { Hanß Faber.
Hanß Bauer Unterwirth ufm Judenbach.
Egydius Räthen zu Heinersdorf.
Hanß Heinlein sen. in Hemmern.

Feldscheer Jacob Bleß Baber.

Trommelschläger { Illg Schubarth zu Sonneberg.
Hß Brückner ufm Judenbach.
Pancratz Zißmann in der Steinach.
Illg Barnickel zu Heinersdorf.

Gemeine Mannschafft.

Zu Sonnebergk   62
  Hämmern.   17
  Steinach   35
  Judenbach   34
  Jagdshof   8
  Neufangk   7
  Mönchsberg   3
  Heinersdorf   30
  Bettelhecken   4
  Mürschnitz   9

Summa der tüchtigen Mannschafft so unter der neu aufgezeichnete Fähnlein Sonnebergk geschlagen.
218 Mannschaffte incl. 17 Officianten.

Nro. 7.

Nro. 7.

Literae Indulgentiarum Capellae in Rauenstein datarum anno 1453. a Domino Petro de Schaumberg, Cardinale et Episcopo Augustano.

Petrus de Schawenberg miseratione divina tituli Sancti Vitalis sacro sanctae Romanae ecclesiae Presbyter Cardinalis ac ex apostolicae sedis permissione ecclesiae Augustanae Episcopus. Uniuersis & singulis Christi fidelibus praesentes literas inspecturis lecturis visuris & audituris salutem in Domino sempiternam. Dum praecelsa meritorum insignia, quibus regina Coelorum virgo Dei genitrix gloriosa sedibus praelata sidereis, quasi stella matutina praerutilat, deuotae considerationis indagine praescrutamur, dum etiam inter pectoris nostri arcana reuoluimus, quod ipsa utpote mater misericordiae, gratiae & pietatis amica humani generis consolatrix, pro salute fidelium, qui delictorum onere praegrauantur: sedula oratrix & praeuigil ad regem coelorum, quem genuit, intercedit. Quin potius debitum arbitramur, ut ecclesias in sui nominis honore dedicatas gratiosis remissionum prosequamur impendiis & indulgentiarum muneribus decoremus. Cupientes igitur ut Capellae beatae & gloriosissimae semper Virginis Mariae & Sancti Georgii militis & martiris in Castro seu arce *Raubenstein*, Hebipelonsis dioecceos congruis honoribus frequentetur, fidelesq; ipsi eo libentius deuotionis causa confluant ad eandem, quo ibidem coelestis dono gratiae vberius nouerint se refectos, & a Christo fidelibus iugiter veneretur, de omnipotentis Dei misericordia & beatorum Petri & Pauli apostolorum ejus, eorumq; auctoritate confisi, omnibus & singulis vere poenitentibus confessis & contritis, qui dictam Capellam in Natiuitatis, Circumcisionis, epiphaniae, resurrectionis, ascensionis & Corporis Domini nostri Jesu Christi, Pentecostes nec non Nativitatis, Annuntiationis, Purificationis, & Assumtionis beatae Mariae, ac Natiuitatis beati Joannis Baptistae, beatorum Apostolorum Petri & Pauli, Parasceuen & beatae Agnetis Virginis & martyris festiuitatibus & celebritate omnium sanctorum, nec non per ipsarum Natiuitatis, epiphaniae, resurrectionis & corporis Domini, nec non natiuitatis & assumptionis beatae Mariae ac nativitatis beati Joannis & Apostolorum Petri & Pauli etiam beatae agnetis praedictarum festiuitatum Octauas & in ipsis Capellae dedicationis festiuitatibus & celebritate deuote visitauerint annuatim, & ad reparationem & conseruationem aedificii, calicum, librorum & aliorum ornamentorum pro diuino cultu inibi necessariorum quotiescunq; manus porrexerint adjutrices. Nos Cardinalis praefatus pro qualibet festivitate & celebritate hujus modi, & qui pro salute animarum omnium utriusq; sexus fidelium de stirpe siue genologia de *Schawenberg*, de quibus & nos originem duximus, praesertim in *anniuersario* eorundem, qui sigulis *quatuor temporibus* siue *angariis* inibi celebratur, aliorumq; omnium fidelium defunctorum, ora-

tionem

tionem dominicam, scilicet Pater noster & angelicam salutationem, uidelicet
Aue Maria in dictis Anniuersariis deuote ter dixerit, Centum Dies indulgentiarum de iniunctis eiis poenitentiis misericorditer in Domino relaxamus
praesentibus vero & perpetuis & futuris temporibus duraturis. In quorum
omnium & singulorum fidem & testimonium praemissorum praesentes nostras literas exinde fieri nostriq. Cardinalatus Sigilli jussimus & fecimus appensione communiri. Datum in Castro nostro Dillingen Anno Domini Millesimo qmdringentesimo quinquagesimo tertio XVI Die Februarii Pontificatus sanctissimi in Christo patris & Domini nostri Nicolai, divina Prouidentia Papae quinti anno sexto.

Nigrimus de Inquisitione p. 570 refert, das indulgentias post Jubilaeum venditas dimidio pretio ejus, quod peregrinatio Romana requirebat, tulisse Petro de Schaumberg anno unico ad 20000 florenos solum Augustae.

Nro. 8.

Fragment.

Abschied zu Sonnebergk das Siechhauß vnttern Jubenbach belangende
von 14 July 1564.

Von Bestallung deß Siechhaus vnbt von Vorstehern vnbt
irem Ampt.

1) Sollen aus Sonnebergk vnbt Oberlind zwo Persohnen bestellet werden durch die Obrigkeit, denen das Haus vnd Persohnen befohlen würde.

2) Die sollen keine Persohn weitter aufnemmen, dann der aus den verzeichneten Dörfern purig waren.

3) Dieselbe sollen sich durch den Pfarrherrn einen von Sonnebergk oder Eynbt schriff, schicken lassen zum Superintendenten, der sie soll die Medicos lassen besichtigen, und bey der Obrigkeit anzeigen, damit sie mit Ordnung eingenommen würden.

4) Demselben sollen die Personen, so ein junehmen erlaubt, gehorsam angeloben.

5) Die Vorsteher sollen alle halbe Jhar das Ein kommen austheill. die Geben besichtigen, Holz haven vnd fuhren laßen.

6) Auch, wo die Personen, anzüchtig, mit Diebeney, Fluchen, oder andern Lastern, sich verbrechlich hielten, es bey den Superintendenten anbringen, der bey den Herrn verordentlich ihnen Befehl verschof, der gebührlichen Straff nach, vnbt sie der Austheilung mittlere weil entstehen.

7) Wo

7) Wo Personen im Haus mit Tod abgingen, sollen die Vorsteher das Begrebniß derselben zu Land bestellen,

8) Ihr verschiedenen Kleider, vnter die andern theilen, die Bett vndt Geld behalten. Vndt mit Verwissen vndt Befehl dem Haus vndt Leuten zum besten anlegen.

9) Was die Personen so hinnein kommen, vndt anzunemen erlaubt werden, ein bringen oder angeben, was für Geld die gestorbene hinterlasen auch von benachparten, dahin beschieden verehrt vndt gegeben wird, was die bewilligte jerliche Zinß auch das gesamlet Geldt, der vier Kirchen ist, soll von den Vorstehern eingenommen, und nach der Obrigkeit Befehl, angeleget werden.

10) Die Forsteher sollen zu rechter Zeit bey den Forstmeister umb Holz ansuchen vndt die bewilligte Fuhr bestelln nemlich

	Klafftern.			
2 Sonnenbergf.		1 Bettelhecken.		2 Steinbach.
2 Hewbisch.		2 Hanenersdorf.		1 Neusangt.
3 Judenbach.		4 Oberlyndt.		1 Werschnitz.
2 Malmerz.		2 Niederlyndt.		1 Die Hemster.
1 Jäthoff.		1 Köppelsdorf.		
2 Hainbach.		1 Mönchsbergf.		

Nro. 9.
Waaren Bestellungen.
Memoriale
so aus Petersburg zu Sonnenberg eingelaufen

2000 Duz. blau und weiß gemahlte geriefelte Kaffe Tassen mit Hendeln auf Dresdner Art.
600 Duz. braun lakirte viereckigte Rahm Spiegel diverse Sorten.
500 Duz. fein polirte und belegte Juden Maas Spiegel ohne Rahm.
4000 Stück Schiefertafeln diverser Sorten.
50000 Griffel hierzu.
6000 Maschen allerhand couleur Glas Perlen.
100 Duz. gemahlte Gucu.
5000 Stück geschliffene Flintensteine.
50000 ordinäre Flintensteine.

Von allen möglichen Sorten musicalischer Instrumente. Als feine Violins - Bassons - Violoncelles - Bratschen - contra Bässe - Bandoren - Zittern - Fleute travers - Clarinetten - Hautbois - Trompeten - Waldhörner ꝛc. und kann hiervon bis auf 1000 rthlr. Werth gesandt werden.

Memoriale
so von Londen zu Sonnenberg eingelaufen

100 Satz weisse ryner Schachteln.
100 det. gemahlte zu Schubladen.
200 det. mitlere dergleichen.
500 det. weise grose dergleichen.
1000 Duz. gelb und braune Pfeiffen.   5 Loch.
1500 det. dergl.   -   -   6 Loch.
1500 det. dergl.   -   -   7 Loch.
100 Duz. gemahlte Canthoren 6 u. 8ter mit Schloß.
200 det. gemahlte Schreibladen.
50 det. dergleichen vergoldet.
100 Duz. gemalte Coffers.
50 Duz. verguldete deto.
1000 Satz Apothecker Schachteln. 4 in Satz.
1000 Satz dergl.   -   -   8 in Satz.
500 — dergl.   -   -   12 in Satz.
100 Duz. gemahlte Würzladen 6. 8 u. 12 fächerichte.
100 Duz. grose und
100 Duz. kleine Schiefer Tafeln.
100 tausend gros und kleine Griffel.
1000 Back weise runde grose Bilder Schachteln.
1000 Back deto 2ter
1000 Back oval gemahlte vierer Schachteln.
300 Duz. diverser Sorten Drechsler Kinder Spielwaaren.

Nro. 10.
Receſs zwiſchen Neuſtadt und Königſee

Nachdem man zeithero wahrgenommen, daß die Einpferrung derer Inwohner in Alſbach und Scheibe nach Neuhauß und vice versâ derer Inwohner auf den Jngelsdrieb nach Lauſcha; zumahlen zu Winterszeit viele Beschwerlichhfriten und Hinderniſſe an den Gottes Dienſt und ſonſten verurſachet; welchen abzuhelfen, da jener nahe bey Steinheydt und dieſe nahe bey Neuhauß wohnen, mit hoher Aprobation zwiſchen den Fürſtl. Sachſ. Coburg Meiningiſchen Amte zu Neuſtadt an der Heyde an einen, und auch Fürſtl. Schwarzburgl. Amte Schwarzburg dermalen zu Königſee am andern Theil, wegen der Umpfarrung folgende Vergleichs Puncte verabredet, geſchloſſen und in einem förmlichen Receſs gebracht worden.

Erſtlich ſollen ſämtliche jetzige und künftige Einwohner in Aſsbach und Scheibe nach Steinheydt und dagegen ſämtliche jetzige und künftige Einwohner auf den Igelshieb nach Neuhauß von nun an als eingepfarrete dahin gehören.

Zweytens Soll die Umpfarrung ſo lange dauren bis der Aſsbach und Scheibe oder der Igelshieb dergeſtalt angewachſen, daß beſondere Paſtores an einen oder den andern Orte (nicht aber in der Lauſcha) angenommen und beſtellet werden, welchen Falls jede hohe Herrſchafft die jetzige Umpfarrung wiederum anzuheben frey verbleibet, immaßen auch

Drittens Dieſe Umpfarrung bey keinen Theil weder in eccleſiaſticis noch Civilibus den Unterthanen Nexum im geringſten nicht verändert.

Viertens Sollen die Einwohner zu Aſsbach und Scheibe was die Einwohner in Steinheydt zu Pfarr und Schul Gebäuden daſelbſt ſchuldig ſeyn, künftighin gleich denſelben thun und verrichten.

Fünfftens Sollen die Einwohner auf den Igelshieb zu gleichmäßiger Beytrag bey Pfarr und Schul Gebäuden in Neuhauß, wie die Neuenhäuſer, Schmahlbühner und Lichtner dahin gepfarrten Einwohner verbunden ſeyn.

Sechstens hat es bey demjenigen, ſo es auf beyden Seiten an Pfarr und Schul Beſoldung verwilliget worden ſein Bewenden, dahero

a) Der Herr Paſtor zu Steinheydt, von jeden derer beyden Glasmeiſter in Aſsbach Sechzehn gute Groſchen und von jeder derer übrigen Familien in Aſsbach und Scheibe Acht gute Groſchen zur jährlichen Beſoldung.

b) Der Herr Paſtor zu Neuhauß von jeder Familie in Igelshieb Sechzehn gute Groſchen und bis derſelbe in beſſeres Aufnehmen gekommen, von jeder Familie in Aſsbach und Scheibe jährlich einen guten Batzen zu Vergütung ſeiner Beſoldung.

c) Der Schuldiener zu Neuhauß von jeder Familie auf den Igelshieb überhaupt Ein Kopfſtück oder 5 ggr. 4 Pf. ohne weiteres Schulgeld (auſſerdem aber die Igelshieber den proportionirten Beytrag zum alljährl. Holzſchlager-Lohn, für Pfarr und Schulholz mit zu entrichten hätten).

d) Der Schuldiener zu Steinheydt von jeder Familie in Aſsbach und Scheibe, ſo keine Kinder in die Steinheydt zur Schule ſchicket, oder mögen bergl. entweder gar nicht vorhanden ſeyn, oder von einem beſondern Præceptor unterrichtet werden. Ein Kopfſtück aber 3 ggl. 4 Pf. Fals aber Kinder nach Steinheyde in die Schule geſchicket werden, es mag gleich die Anzahl groß oder klein ſeyn Einen halben Thaler, oder 12 ggr. zur jährl. Beſoldung haben und bekommen ſoll.

Siebentens was die Accidentien anlanget ſollen die jetzo Umgepfarrten ſelbe künftig eben ſo entrichten, wie es am den Orte, wohin die Einpfarrung geſchiehet bishero gewöhnlich geweſen

Achtens iſt verabredet, daß die Herrſchafft, und Forſtbedienten auf beeden Seiten von der ordentlichen Beſoldung nicht aber von denen Accidentien eximiret und befreyet ſeyn ſollen

Urkundlich ſind obige Vergleichungs Puncte in gegenwärtigem Receß verfaßt, von denen hierzu legitimirten Commiſſarien unterſchrieben, und mit Beydruckung, ſowohl beederſeitigen Fürſtl. Amts Siegeln als auch Privat Signete und Unterſchrifft in quadruplo eines Inhalts ausgefertiget. So geſchehen Neuſtadt an der Heyde und Königſee den 17 Febr. 1740.

(L. S.) (L. S.)
Von Seiten des Fürſtl. Sächſ. Von Seiten des Fürſtl. Schwarzb.
Coburgl. Meiningl. Amts hie- burg. Amtes Schwarzburg zu Kö-
ſelbſt. nigſee.

(L. S.) Philipp Chriſtoph Luck. (L. S.) Vollrach Friedrich Haber.
derzeit Rath und Amtmann. dermahliger Amtmann daſ.

Nro. II.

Auszug aus den Gerichts Buch uff der Steinenhaidt angefangen am Tag Nach Quaſimodogeniti Anno Domini im xxiiij jar Anno 1524.

Dye Bürgerliche Ordnung der Gemeynen Pollicey auf der Berckſtat die Steynenheydt, am Düringiſchen und Franckiſchen Wald gelegenn Jm xxiiij Jar.

Nachdem der Durchleuchtigſt Hochgebohrne Fürſt und Herr Herr Johanß Friderich Hertzog zu Sachßen des heyligen Remiſchen Reichs Ertzmarſchalbt und Churfürſten unſer gnedigſter Herr, von wegen ſeyner Churfürſtl. gbn vnd In vormundſchafft derſelben vnmundigen Brudein Hertzog Johanß Ernſten zu Sachßen u. vnſers auch gnedigen Herrn, Eyn gemeyne Gerderbnung darzu mit gnediger ſchrifftlichen Beſtetigung vntter ſeyner Churf. gbn Secret beſiegelt dyeſes orts haben, aufrichten vnd durch vns Jm Beiſchluß

schluß hernachbenante seyner Churfl. Gnd. verordnete Rethf supliciren vnd übergeben laßen, So haben wir neben solchem empfangen Churfürstliche Be-
reich auf gehabte Erkundnus vnd angehörten Bericht nachvolgende Ordnung
zu vnterhaltung gehorsame, Friedens vand eintracht, euch zu gedeyhen vnd
Wolfarht gemeynes und besonders nutz, aus vorberurten fürstlichen geschefft,
nach Gelegenheit des jetzigen Wesens, zu eynem anfang weyter aufgericht vnd
mit Rychter vnd Scheppen, zu halten verfugt. Darob auch dye besunder
Beuelch aber dyses orts, samt den jetzigen vnd kunftigen zehennder vnd Werkmeister Ernstlichs einsehens schaffenn vnd Handehabung thun sollen dem allem
gettreulich vnd vleissig, zu Ja aller selbst bestn nachzukomen.

Ordnung Gottes Dyennst

Das dem Seelsorger vnd prediger sein notturftige Vnterhaltung, als bil-
lich mit der Zeit gebessert, vnd zugelegt werde, von wechen Gelde vnd andern
künftigen Zugengen
Denn dieser Zeit ist sein ordentlicher Zugang
rviij Gulden von eym pristlichen Lehen, so Im In der Visitation hye-
vor verschafft.
jr Pf. von eynem Idem Haußgeseß, vnd Haußgenoßen, ein Jarlang für dye
Pfar Recht,
Darzu sein Behausung, Wyeßkelle, freyhe Beholzung vnd gemeine
Wyhe Zucht.
Vnd sollen Zehender, Werkmeister, Rychter bey neben den Schepffen, daran seyn, das Im solch sein Gebure zu jeder bequemen Zeit vnverzüg-
lich volgen muge.
So sich auch mit der Zeit das Volk vnd dye Manschafft dus vermeren
wurde, das Im ein Caplan zu mithülf vnd Weihung der Sacrament auch
verkündigung des gotlichen Worts, auf bequeme Besoldung zugeordnet werde alles nach Ermessen und Bedenken der vorbenannten Beuelhaber der Notturfft nach zu erwegen.

Verkundigung des Gottlichenn Worts

Da der Pfarrer das Volk christlich vnd getreulich vnterricht, lere vnd
verman, auch das gemeine Beth zu thun, er In dere, vermugen, vnd Inhalt,
der fürstlich verordneten Visitation, Dye Laster vnd Webel nach Gottlichen
Wort zu straffen, vnd wenn es nicht hilflich erscheinen wull, dasselbige der
weltlichen obrigkeit zu vermelden, welche sich zur Straf verweisen sollen.
Das auch mit der Zeit ein schull für die Jugent aufgericht werde.
Das sich auch die Pfarrer vnd prediger, mit der leer christlich vnd seyn,
sonst guets erbars Wandels zu Vorbild der andern erzeigen vnd halten soll.
Dise

Diewell auch bisher, nicht nur, dann an Sonntag geprediget worden, was sich nun das Volk, durch Gottes Gnad in der Zeit meren wurde, das er noch einen Tag in der Wochen predigenn, vnd die Sacrament wer es begert, nach der Auffsetzung Christi reichen soll, alles nach Vermugen der Churfürstlich Visitations Ordnung.

Die offentliche Gotteslästerung, vneheliche Beywohnung vnnd Hurereyen nicht zu dulden.

Die Gotteslästerung vneheliche Beywohnung vnd öffentliche Hurerey auf der Cantzel ernstlich zu sträffen, vnd dasselbig zu meyden verwarnen, mit dem Anhang, von welchem angehort es sey Weyert oder ander, der soll es der Obrigkeit zu offenbaren schuldig seyn, Bey straff jjj gl. Derhalben soll die Obrigkeit dieselbige übertretter nach Gelegenheit der Sach ernstlich vnndt wys Recht ist straffen.

Es soll auch dye Obrigkeit ober solche ein besonder Auffsehung vnd Bestellung für sich auch furnemen.

Der Almusen zu Notturft der Armen Jn gemeinen Casten.

Jn solchem sollen Zehender Werkmeister, Rychter vnd Schepffen Ordnung machen, das zween erbare Menner, Jn Zeit wenn man das gottliche Worth handelt vmbgehen, vnd das Almosensamlen, auch furder dasselbig beschreiben, vnd alle Quartal, den vorbenanten Benelhabern, derhalben Berechnung thun.

Ordnung der Rychter vnd Schepffenn.

Ein Rychter vnd zweiff Schepffen, wie geparlich vnd dann zuvor beschehen zu veraiden Jrem Ampt getreulich objusfeyn, das Vbel zu strafen vnd in der Ordnung vnd andern gehorsam zu halten.

Wenn der Zentgraue zu Coburg, Jm Anfang ein Gericht oder drey besuchen, vnd dasselbig in Ordnung anzurichten helffen soll. Welches denn durch dye verordneten zu Coburg soll verschafft werden, dye ersten Gericht, so bald nach den Osterfeyertagen als die Wochen Quasimodogeniti anzufahen. Ein Gerichtsbuch das der Zentgraue zu Coburg wohl wirde anzugeben wissen, zu halten.

Der Pfarrer sol für ein Gerichtsschreiber dieser Zeit des Anfangs gebraucht werden, byß auf weyter richtige Bestellung, das Gerichts Buch ortentlich, vnd zu Jdem Articel vntterschiedlich zu halten vnd in verwarung des Registers beyzulegen.

Jtem mit den puffen die Ordnung zu halten, wys an andern gemeinen Gerichten, dessen Landart der Coburgischen Pfleg vblich vnd gebräuchlich ist,

damit

damit die Scheppen auch eyn Zugang, was die Schepffl. Puß anlangt, erheben mugen. Vnd soll der Zentgraue deßhalben eine ordentliche Verzeichnuß machen, Jnen die vbergeben vnd zustellen sich darnach haben zu richten, byß auf weitere Versehung vnd Verordnung, die andern hohen Straff der Gemeinheit des Bergs.

Item nachdem Gericht wieder, das vil mutwilliger freuel mit Straff bisher ungerechtfertigt verblieben, vnd also noch anhängig seyn sollen. Demnach soll zu fürderlicher Gerichtszeit wie vorgemeld Gericht zu halten, anzufangen, vnd dieselbige soll gerichtlich fürgenommen, vnnd gestrafft werden, damit also gerichtlicher Zwang vnd Gehorsam gewirckt vnd erhalten werde.

Gewicht Ell vnd Maas.

Das sol Jnen aus der pfleg Coburg durch die verordneten besselbst vnd Caspar Pamspergern zum fürderlichsten vbergeantwort, vnd zugestelt werden.

Das auch Caspar Pamsberger als Schender, neben den Bergmeister, Richter vnd Schepffen ein gewönlichs Auffsehn haben sall, den Betrug vnd falsch, bey neben zu verwaten, auch die Vbertretter, wye gebuerlich zu Straff zu nemen.

Solche Gewicht Elen vnd Massen an eyn gelegen Platz zu setzen vnd zu zuhengen, mit eynen gemönlichen Gewerck, des Zeychens vnsers gnedigsten Herrn Wappen, der Chur vnnd Sachsen sie führt.

Aber das Fleisch vnd Visch Gewicht.

Die weil dieselbigen grosser vnd weicher dan das ander, Jn dem sol die Vnterscheydt auch geordnet vnd nach den Koburgschen gewicht vnd auffzogen werden.

Auffsehung vnd Aufzyhung der Gewicht Elle vnd Maße auch Fleischer vnd Brottschaezer.

Item es solln auch Jm Anfang alle Wochen Vnnd so offt es darüber vor nottarfftig angesehen, die Gewicht Elln vnd Maß, auffgezogen vnd besehen, auch das Brott vnd Fleisch gewogen vnd geschatt werden vnd das der ein oder zwen, so dazu verstanten, zu solcher Besetigung genommen, vnd verordent, die solchen Sachen vnd Handlungen nicht verwandt seyn.

Zeichen der Massen.

Alle Massen vnd Gewicht, so offt drosem Berg gebrauet, sollen durch den Richter, mit dem geordneten Zeichen gemerckt vnd feamt werden.

Becken

Becken und Fleischer.

Das die Ordnung der Stadt Coburg, In den beden Handtwerken wye die Saetzung des Fleischkauffs gehalten durch Caspar Pamspergern abge schrieben, und zum furderlichsten auf die Heyde geschickt werden, darnach sich Rychter vnd Schepffen, zu halten vnd zu richten haben.

Ordnung des preuens anzurichten wie folget.

Eyn Preumeister zu bestellen, vnnd uff eine simwre Malz zwen Aymer Byer zu preuen, trifft sich zu eyn Sepreu als zehen Simre Malz ꝫꝫ. Aymer Byer.

Ein preupfann herrauff zu schicken, vnd eine Satzung darauf zu machen, was man davon zu Jeden Sepreu geben soll nemlichen von eym gebreu funf groschen vnnd von der Pfann zween groschen.

So auch das gantz gepreu auff ꝫꝫ Sr. gethan, soll davon ꝫ geschehen, und von der pfanne jjj groschen gegeben werden. Vnd ob auch einer preuen wyl, es sey vile oder wenig derselbig sol erstlich ein Preuzeichen von Rychter, oder dem dazu verordent nehmen, vnd dargegen sein gepreu entrichten.

Den Preutzig auf ꝫꝫ Sr. anzurichten.

Solchen Zugang und Auetz sollen Rychter vnd Schepffen so darzu verordnet sein durch zween Gerichtschreiber wochentlich auffschreiben lassen, vnd furder zu allen Quartaln den Fürstlichen Beuelhabern verrechen.

Ordnung des Zechens zu Wynters vnnd Somers Zeiten zuhalten.

Um Winter Zeit zu Syben Horen, die Glocken leuten zu lassen vnd anhebm aus den Schenckhausern zu gehen vnd in Sommer vm jr Hort.

Vnd das ein jeder seyne Werhe von sich lege, den Wyert oder Schencken, zu verhuttung Vngutens.

Item wenn die Glocken, wie oben berurt, die Zechen auffzugeben gelaut wirdet, soll der Rychter mit den Gerichts Knecht umbgehen, und besehen, ob dem also gehorsamlich nachgangen. Vnd wer Jmand deshalben strafbar besunden, von den Wyert funf groschen vnd von ein Gast jjj groschen zu Straff zu geben. Wen aber Wyert vnd Gast solch Straff Geld zu geben vnvermilgens weren den Wyert 2 Tag vnd den Gast ein Tag. Gefengnis einzuleyden. Jtem sal der Begerung vnd widersetzigkeit des Gerichts derselbig soll das Berg werck ein Quartal meyden, bey Straff funf Gulden.

So aber der Wyert die Gest aus den Haus zu pringen nicht vermogt, vnd in dem Fal sein Blut vermerkt sol er solches mit richtiger kuntschafft den Rychter dar thun.

Item das freuelich leichtuertig zankhafftig vnd muttwilig Gassengeschrey zuvermeyden bey Straff der Gefengnis Im Schweitzer. Aber christlich vnd ehrlich Berckgesang hiemit vnuerposten.

Item

Item die leichtwertige sppl sollen nit gedult werden, aber gemeyne kurtz-
weilige sppel hiermit vnuerpotten.

**Mit den borgen der Metzger vnd Becken auch der Gastgeber sol es also
gehalten werden.**

Das kein Wyert oder Hantirer von ledigen, dueser Land Art unberch-
ten gesellen vber eyn Ort eyns Guldens zu eynenmal nicht borgen sol, vnd
wer darüber dye Schuld aufgewachsen, vnd an die Obrigkeit gelanget sol durch
Berckmeister vnd Rychter keine Hülf der Obermaßhalb geschehen, nach gethan
werden.

**Befridung vnd Handthabung des Gerichts, vnd Behafftung der
muttwilligen zufelligen Freuel auch so sich todtschlege oder
mordt der umbliegenden straffen, dieses Berckwercks
zu trugenn.**

So sich Jmande dem Gericht wiedersetzig machen vnd dye Handthabung
der Eynwohner vnd Knapschafft, durch den Zehender Richter vnd Berckmeister
oder wo Beuelhaber angeschryen wurde dem sol Hilf vnd Handthabung geschehen
den freuelthetter gerichtlich zu behafftigen, bey der Leibstraff nach Erkentnus
des Gerichts welcher sich des wegern, vnd vngehorsam erzeigen wurde oder aber
nach Gelegenheyt vnd schwer der Verwurckung vnd des Fals, ein Quartal,
halb Jar oder ein gantz Jar bys Berckwerck zuverbyeten.

Desgleychen so eynych Gerucht furstunde, das Rauben, Rom Mordt
oder Dodtschlag ergangen, er sey offen Berg, Berckwercken, hutten, hawen,
Gopeln, Gruben, Zechen, vff der Strassen oder den Welden In was wege
das syrfallen moegt, nichts außgenommen In dem sol an eynichem seumen geeyle,
den vbelthettern nachgetracht, gefencklich angenomen, zu Gericht damit ae-
wandt vnd furder nach Gelegenheit der versprechung vnnachlassig gestrafft
werden.

**Straff der offentlichen laster, auch bys wissentliche oder mutwillige
vheder vndt todtschleger nicht zu dulden.**

Es sollenn auch die offentliche Laster, furnemlich mordt vnd dodtschlag,
dyebstall, Nottzucht vnd ehebrecherey nach Recht vnd ernstlich gestrafft werden.
Auch dye muttwillige oder ander offentliche Wheder so nicht Recht leyden mugen keyns wegs vff vnsen Berg wissentlich zu gedulten. So auch Recht
ober sye begerrt daffelbig wie Recht zu gestalten.

Wie

Wie es mit annemung der Eynkommenden vnd seßhafftigen, des bergs gehalten sol werden

Welche sich mit wesentlichem enthalt,das Orts seßhafftig machen wollen, die sollen Ir gewönliche Abschiebs Brieff mit sich pringen, oder dieselbigen In einer benanten frist zuerlangen verpurgenn, damit man eyns Iden ankunfft wissenschafft erlange, vnd darauff die Erbpflicht dem Lands Fürsten auch den gepürlichen gehorsam des Gerichts, vnd der Gemeinheit des Bergs zu thun, wie das ein Mottel durch die verordente zu Coburg anher geschickt sol werden.

Der Gastgeber wein, vnd Byerschencken halb

Indem ist mit Richter vnd Scheppfen, auch dem Castner vnd dem ge= schickten des Rats zu Eysfeld gehandelt, auch mittel vnd fürschlege gethan, darauff sie gewilligt, fürderlich die Wege zu suchen, damit es In ander wei= sen, dan jtz vnd bisher geschehen gehalten werden muge.

Fleisch vnnd Brottbenck

Dieweil dieser Zeit noch kein besonder wesen. Aber so bald sich die Sa= chen durch Gottes Gnad richtig ertregen vnnd anlassen werden.

Das die verordente zu Coburgk bequeme gebeude, darzu auffrichten lassen sollen, mit gebürlicher verlassung jerlicher Zins, bis auff wider rüffen dann diese Placz vnnd Fell dem grundherrn zu pauen oder andern zugestatten vnd zuverlassen zustehen.

Aber mittlerweyl Ist dem Castner vnd Rath zu Eysfeld bevolhen, die Metzger vnd Becken dahin zuhalten, das sie die wochen zweymahl herrauff zu Marckte fahren vnd zimlichen kauff nach billicher Schatzung geben sollen.

Badstuben

Nachdem die Badstuben auch dem Erbgrundherrn zu pauen oder andern zuverlassen zugehörig vnd dieser Zeit einen armen Mann zu pauen vergunstigt, aber gar nit zuuigehen. Solchemas Im also zuuerbringen gestatt worden Ie doch mit den Vorbehalt, keyner erblichen Verlassung onn besonder vorwissen vnsers gnedigsten Herrn; oder der verordenten vnd Im Anfang dieses Wercks mit kein Zins gnedige Gedultung zu haben, bys auff weiter versehung nach Zufall der Gelegenheyt.

Wochen Marck vnd die Freyheit des Zufuhrns.

Inn dem sol durch die verordenten zu Coburgk dieses Ortlands vnsers gnedigsten Herrns Fürstlich gebiete In die Stet, Gericht vnd Ampte durch ein gemein offen Schreyben, angezeyget werden. Wye Richter Schepffen vnd gemeyne Knapschaffe des Verchorcks vff der Steynenheyde von vnserm gne= digsten Herrn als ein Bergstat dieser zeit gefreyhet, Nemlich das sie von al= lem, so Im zu bracht wirt welchs sie zu Irer Notturfft allein daselbst vfm Bergwerck gebrauchen sollen. Aber nicht in ander Weg, weil ausserhalb da
mit

mit zu handeln, oder partirung zutreöbenn das sye des gewönlichen Zols vnd Glaits freye seyn. Desgleichen alle Wochen ein freyhen gewöhnlichen Wochen Marckt vff den Samstag aus gnaden zu halten nachgelaßen.

Misbrauchung vnd verordnung der Gehültze und Welde.

Indem sol ordnung vnd maß, durch die Verordenten zu Coburgck schrifft=
lich aufgericht vnd vbergeben werden, den künfftigen nachtheyl vnd Schaden
zu furtrag des armuts abzuwenden vnd zu verhütten.

Es soll auch ein besonder Holtz forster zu auffsehung vnd erhaltnng solcher
ordnung bestelt, vnd hieher geschickt werden, wesentlich alhie zu enthalten.

Daneben auch sol Jn sonderheit hiemit menniklich benolhen vnd verwarnt
sein, die vrsach fürnemlich mit den Hartz vnd Bretschwelden, auch Wand Aschen
mit feuer zu meyden, damit in den Welden keyn nachteyliche Anzündung vnd
Schaden geschehe. Daruber der Forster besonder auffsehens vnd achtung haben soll,
daßselbig zuuerkomen vnd abzuwendenn, wo auch Schaden, da Gott vor sey,
In solchen furtuele, daß sich eyn Iber getrewlich erzeigenn um den Schaden
zuuerkommen helfen soll.

Lachter Holtz und Kollnhalb.

Indem sol auch ordnung, durch den sehenter Caspar Ramsperger bürger
gnommen werden Nemlich ein Cufere Maß der Kolfurz wues sye uff den Gey=
gerhätten gehalten vnd darnach dye Maß genomen werden.

Ordnung In Feuersnott.

Dieweil dieser Zeit noch keine besondere Bestellung, fürzunehmen sein wyl,
allein In dem das ein Beseßener zwu lange Leytern habe, die dye Höhe der
Dachung seins vngeuerlich erreichen mugen.

Dazu etliche holtzene Krucken zu abflosung der Schintel Decher solchs als
in Feuer nott das Got verhüten wol zugebrauchen.

Item das der Berckmeister und Richter verordne, das etliche Leytern, vnd
Hacken an zweyen teylen des Platz in gelegen Orts off weglein oder sunst aus
der gemeinen verlegung verschafft vnd angehangen werden.

Item nach Gelegenheit Irs jetzigen vermügens edliche jeder Aymer auf
xl oder l vngeuerlich aus gemeinen Berrath aus zu erlange vleißigen.

Item welche Hraßen auch jetzo künfftig preuen werden, derselbig preuer
sol für sich selbst einen ledernen Aimer zu haben schuldig seyn.

Beschlichlich das sich in Fall solcher furstehenter Arth Somer der andern
Schaden zu verwaren vnd zuuerhütten, mit trewer Hilf erzeige vnd an=
ziht.

Der Vißhbach vnnd der Wyldprethschnessens halb,

Daßelbig zu vermeiden, darauf der Ferster neben den Wißherrn gut ach=
tung geben sollen. Dye Vbertretter nach Gelegenheit In Straff einzuzyhenn.

Da diese Ordnung alle Quartal soll gelesen werden.

Alle Quartal vnd auch so offt als man Gericht helt doe Gerichtordnung vnd auch diese gemeine burgerliche Ordnung offentlich lessen zu lassen, damit ein Iber desselben errindert, vnd sich der Vnwissenheit nicht zuentschuldigen hab.

Vorbehalt einer Besserung.

Es sol auch hiemit vorbehalten sein solche Artickel nach Gelegenheit der Zufell zu andern, zu mindern, zu pessern vnd zu meren.

Beschluß dieser Ordnung.

Der zu Vrkundt mit vnser dieser Zeit verordenten Rethen vnd Gewelthabern Nemlich Hans Scherl Ryter zu Helburg, verordenten zu Coburg Vnd Hanssen von Dolzk vnd vnserm petschafft ist diese Ordnung zu Ende besigelt. Geben off der Steynenheydt, Montag nach dem Sontag Palmarum Anno Domini jc vnd xxviij.

Item die drey hohen Gericht sollen seyn wie volgt

Item das erst hohe Gericht sol seyn auf Freytag nach Quasimodogeniti

Item das andre hohe Gericht sol seyn auf Freytag nach Michaelis

Item das dritte hohe gericht soll seyn auf Freytag nach trium Regum, diese drey hohe gerichte, gebitten sich selbs Vnd soll sich kein Inwohner ohn erlaubnis des Richters saumig machen bey Bues ℔ gr.

Nach diesen vnd zwischen diesen dreyen hohen gerichten mag der Richter andere gericht so offt es von notten würdt ansetzen vnd erwehn

Item Alwegen auff Freytag nach Walpurgis sol das gericht von Newen mit Scheppfen besetzt werden, da selbst sollen alle andre Empter als Brott vnd Fleysch schatzer geordnet werden dazw alle Inwoner verpflicht seyn sollen solhe zu besuchen, bey obgenanter Pen ℔ gr.

Ordnung der Buessen groß vnd klein

W. ℔ Buest eyn Plutruß die nit auswendig meinen gnößten Herrn vnd den Cleger halp als viel.

2 ℔ Buest eine aufswunden meinem gnädßten Herrn vnd den Cleger halp als vil

℞ ℔

X ℔ Buest ein Wurff der da felt
B ℔ Buest ein Wurff der trifft
XX ℔ Buest eyne frisch Wunden
XX ℔ Buest ein bein Wunden
B ℔ Buest eine drucne Schlag   } Meinen gnedigsten Herren, vnd
X ℔ Buest ein Schlag so auswendig   den Cleger halp so vil.
X ℔ Buest ein igliches Glied
X ℔ Buest dir über sein mein handelt
X ℔ Buest eyn jeder Zaun Stecken der
   über sein vnd mein gesteckt wird

X ℔ Buest ein iglicher sham Holst der freventlich abgehauen wird,
meinen gnedigsten Herrn, vnd den Cleger halp als vil.

X ℔ Buest eyn igliches schmee Worth daß eynen seine Ehr betrifft mein
gnedigsten Herrn vnd den Cleger halp als vil.

B ℔ Buest eynen vben Schepffen der gesprochen Urtheil nit volgern
thuet vnd gnedigsten Herrn zwyr als vil. Das heyßt ein Schepffen straff.

B ℔ Buest Jeder der einen Gezeugen in seyn Aydt eyn Rede thuet
meinen gnedigsten Herrn vnd den zeugen halp als vil.

X ℔ Buest eyn Jeder den die Gerichts Gebott veracht meyn gnedigsten
Herrn vnd seyn Wider stand hat. Dann zu welchen meynes gnedigsten Herrn Gepott
sich zum ersten zum andern zum drittenmal veracht der werdt franer Küchn
Enden zu eygen handen geschworen, den nympt mahn vor Gerycht gefencklich
ahn.

B ℔ Buest ein Jeder für seinen haußgenossen der uff der gemeinen vn
recht handelt. vnd meinen gnedigsten Herrn zwir so vil

XX ℔ Buest eyn Jeder für ein Schamwunden meynen gnedigsten Herrn
den Cleger halp als vil.

XXXX ℔ Buest ein Jeder von höchsten Gildern eyns als Jug oder
Jan meyn gnedigsten Herrn vnd den Cleger halp als vil.

Diß Buessen alle so es zu Schuldem kompt. Buessen die Weiber oder
frauen zum halben teyl als viel gegen meyn gsten Herrn dergleichen auch gegen den Clegern. Alß auch die Mannspersonen, die nicht beweybt, oder Dienst
knechte vnde die mindern sind.

Item die Friedtbruch sollen genohmen werden so hoch die gepotten werden.

So aber kein Ein ernent wyrdt, sol es die Oberhandt Ihres Gefallens
zu messigen haben.

Xile.

Alle Lesterung vndt Schwuer zu Gott. Meinen die ewige Jungfrawen vnd die lieben heyligen sollen verbotten seyn bey straff

Wer erstmals übertritt soll xiiij tag mit Wasser vnd Brod in einen Thurm gestraft werden,

Wer zum andernmahl hierinne überschreibt soll ahn gut gestrafft werden, vermag ers nit sol ers abschwören.

Wer zum dritten sich hierinne vergreyfft der sol ahn Leib mit Benemung etlicher Glieder gestrafft werden.

Es mocht aber einer got also lestern, er würdt auch des Landes ewig verweyst oder ahn leben gestrafft DEm heyligen Evangelio sol nymants leichtfeertiges noch reben noch sonst hinter den Weyn oder In Schenckhäußern Vnnutz davon schnabern.

Unter den gottlichen Amten vnd Predigen sol nymandt ahn Marck, noch vor den Kirchen sheyn nicht um die Kirchen gehn nit zu Schenckhäußern einzigehn, noch beim gebrantswein Weyn sitzen bey straff j Orts

Ehebruch, hurerey, unehlich beywonnen, schwechung der Junckfrawen, Wucher Handel mit Geld, Getreide Wieh oder andern, sol menniglichen nach den bey straff ahm Gueth, Verweisung Landes, oder am Leben, nach Gestalt der Verwirkung

Winckelprediger vnd Wiedertäuffer v. wue gewant solche wals oder gesehrt soll den Gerichts Herrn oder seynen Befehlhaber ansagen damit dem nachgebracht vnd gebührlich gestrafft werde

Die Kinder sollen ihren Eltern gebuerlichen Gehorsam loyften sich hinter ihrem Wissen vnd Willen nit verehlichen. Sollten die eltern widergebürlich Zeit aigen nutzig nit aufsziehen, sunder nach vermegen zu ehren helfen. Wer aber zu pen Fal besthuent, may umb billig Einsehung ansuchen

Es soll sich bey leibs straff vnd Landes Verweisung weder weibs noch Mannspersonen vnterstehen, die Jugend ohne Irer Eltern Wissenn vnd Beyneich hinterlistig zusammen zu rathen vnd coppeln

Schweigerey überflüssig tressen vnd sauffen, zutrincken vnd sunderlich das seyner den andern zu zutrincken notig, pötz oder schlag, welcher hierinnen überschreyt sol nach gros der Verhandlung unnachlessig gestrafft werden entste weder ahn Leib oder Gueth

Die Wehr soll menniglich zu tragen anheim verboten seyn Nach beleit der Abend Glocken sol keyn eynwoner er sey Eheman oder Diener, In seyn Schenckhaus noch sunst an heimlichen Orten zechent sich finten lassen. Die Wret vnd Hanßherrn sollen auch nicht iedem sundern sie heissen heym gehen Inen auch nit Getranck raichen. Ob eyner nit volgt solche bey seinen Pflichten ansagen, damit das Ubel gestrofft

Unzuchtiger Geberde, sch ampsieter uff der Gas zu singen, sauchtzen, Geschrey sol jederman meyden bey Straff

Keiner

Keiner sol denn andern begegenn, verachtenn, stachen, schla gen. Obs aber geschehe an gleich vnd recht gegen einander sich bestätigen.

Wer aber gleich vnd recht mit Jeyden kann noch wil, den ander muthwilligen bewehret, dem sol gebührlich nach gebrachtet. Dies fals auch auff antriffen jedermahn Volg vnd Hülff thuen. Wur der selb betrebien zu Gesencks nuß genominehn ohne Gnade mit den Schwerd zum Tod gerichtet werden: Onangesehn ob er schon thätlich noch nit Angriff gethan hat. Vnd das sol als durch Richter vnd schepffen geurtheilt werden. Vermög vnd zu crafft Sachßischen Gnbgsten Edicts aus gantzen Sontags Palmarum Anno rrvij

Des gleichen die solchs mutwiller wyssen nit ansagen haussen, herbergen, etzen, trenken, furschieben, rathen mit helfen solle gleichfals mit den Schwerz gestrafft werden

Wer aber Friedgeboth handelt oder schlecht ist, sol in X fl. Buest verfallen, wo aber eyn höher Sum ernant wyrd, soll es dabey bleiben. Wer zu Wheinb oder Feuer Geschreien, vnd so jemand Im Auflauf, von des Herrn oder Gerichts wegen nit Volg vnd hilff thuet, sol nach rechtlicher Erkantnuß vnnachleßig gestrafft werden.

Alles fremden Gewerbs, vettler, Zigeuner vnd ander Onbekanter stutzsinerer sol sich meuniglichen entschlagen. Sundern bey wen die ankommen sich Ires Gewerbs erkunten Vnrath vnd nachtheil zu verhueten

Es soll sich meuniglicher Uberfluß, vnd vnmeßige costens mit hochzeyten, Kyndttauffen, vnd gestladang, mussten der auch keine ohn Vorwißsch vnd vor genehm der Herrschafft fürnehmen

Ubermäßig zeeren, müssig gehens zu Voraus spielens sol sich jederman enthalten, sondern Ime selbs seyn Weyb vnd Kindlen vaterlich vnd wol fuer seyn.

Es sol keyner den andern weder In Dorf noch Felde, mit grasen, schneyden, mehen, ackern, Vieh huet, Im paumgerten Weinpergen noch schimpf noch schaten thun bey Leybs strafl.

Es sol keiner den andern seyn kund noch dienstbothen verraithen absprenen noch abdienehn.

Niemand soll sich vnterstehen Liecht oder Spinstuben zu halten zu verhutung des Ubels vnd Varashs so manchmahl an leib ehr vnd Guet praus chuet volgen.

Belohnungen der Richter

jv pf. vor eine hülfe.   iv pf. vor einen Aide
j fl. vor einen Geburts Brief   j fl. vor ein Gewehrdacta zu siegeln
iv pf. vor ein jedes plattzuschreiben   jiij pf. vor eines auch aus zu thun
jiij pf. der wil von einer Gesichtigung   j ß von einen pfand helff

v pf. von einer jeglichen Gezeug oder Kuntschafft.

Nro. 12.

Nro. 12.

Bericht

Von denen Steinheider Bergwerken, wie mir solcher in einer sehr alten Schrift von der Steinheyde mitgetheilet worden.

Vom Wachtelberg

Dieses soll der Ort seyn, davon des Schneiders Gruber von Aschenburg, der Schmidt uf der Steinheide saget, er wüste einem Ort verborgen, da wüste er fürwahr, wenn man an selbigem Ort eines Tisches tief senkete, man träfe einen guten Goldgang an. Dieß Ort ist im Wachtelberg gelegen, von der Steinheyde ½ Meil gegen 1 Uhr. (nach dem Compaß, wenn solcher auf der Steinheyde angesetzet wird) da stehet eine sehr dicke Buche, von dieser gegen 2. Ellen nieder da ist 1½ Elle dick das Gestein.

Vom Petersberg

Dieser Petersberg ist ein Berg oder Hügel nahe bey Steinheide gelegen gegen 1. Uhr, und es ist ein sehr tiefes Thal oder Grund gegen 4. wüste Adorff genannt, zwischen dem Viehhof und diesem Petersberg sind 6. Schächte gesenkt gefunden worden, 60. Lachter nieder, 50. Lachter dick ist das Gestein darnach kommt ein weißer Letten 2. Ellen dick, darnach ein rother Letten, 1½. Ell dick, ferner ein gelber Letten 9 Lachtern dick, also 60. Lachten nieder, darauf folget der gediegene Ort, das Gold bricht in einem weißen Quarz hoch wie Ungarisch Gold. Wenn man in 14. Tagen 2. Lachter senkte, so käme man in 2. Jahren durchs Gestein.

Vom ungeheuern Thal im Wüsten Adorff

Dieses ist der Ort, wo sie den Wahlen gefangen, und ihn genöthiget haben, den Ort zu weisen, und wie sie nun zur Stelle kommen, so hebet an grausamlich zu spucken, als wollten gleich Berg und Bäume in einen Haufen fallen, und der Wahl ist hierumb so hefftig krank worden, daß sie alle sich besorget, er würde ihnen unter den Händen hinziehen und sterben, derowegen sie diesmal nichts vermogt haben zu schaffen, und ohne Frucht davon gangen. Dieser Ort ist gelegen zwischen der Steinheyde und dem Viehhof in der tiefen Dölchen gegen 3. daselbst soll ein verborgen Loch mit Holz versetzt recht im Winkel

Winkel Schachtweiß seyn, darinnen soll ein Anbruch von Gold Marcasiten in einem schwarzen letrichten Kieß anstehen, dessen 1 Ctr. 35. mct. Gordes hält.

vom Peterothal.

Dieß ist das Thal zwischen dem ungeheuren Thal und der Fiedel gegen dem Viehhof über. Theile das Peterothal in 3. Theil, so ist der Ort am Mittel des dritten Theils. Am Petersberg war vorerst 1. Ell tief auf einem schwarzen Kieß oder Geröll, darnach ein kleiner gelber Sand, da liegt das Gold innen. Ein Floß 30. Lachter breit gegen 1. und 3. der Sand hält 2 Mct. Gold, ist ein ganzer Ort.

In der Fiedel

Dieses Thal lieget vom Viehhof gegen 6. gegen über, und streicht von 2. zu 4. für das Peterothal über und 40. Lachter lang weit, jenseit dem Bache gegen 1. ist ein Loch 1½. Ell tief verfetzt ein nasser gelber Sand, dessen 1 lb. 2. Quti. Ungar. Gold hält. Einer vermag in einem Tag 6. Loth Goldsand zu waschen. Zum Wahrzeichen stehet bey dem ¼. Ell weit gegen 3. eine Buche, heren ist gegen dem Loch ein Hufeisen mit 5. Nägel geheftet.

In den Bralch.

Dieses Thal liegt etwa 2. Büchsenschüsse von dem Ort, da das Hufeisen mit 5. Nägel in der Fiedel angenagelt. Gegen 4. da kommt ein Thal gegen der rechten Hand etwa 100. Ell breit, aus welchem Thal dir ein Brunn entgegen geflossen kommt, dem folge über die Hälfte des Thals, da findest du einen offenen Brunnen zur rechten Hand gegen 2½. Ell tief Wasser, darinnen ist ein grauer Sand in und unter solchem werden gefunden die gediegenen Gold-Körner. Dieses Guth rühret sich ab vom Gange, der noch 5. Ell tief unter dem Wasser, nieder nach dem Berg ist ein Kiesigt Geröll, so reich an Gold.

Vom Marienberg.

Die Körner, so mir Lemprecht brachte, sind etliche ganz rund wie die grossen Erbsen bleichgelblicht, und wann man sie entzweyschlägt, so sind sie gestalt, wie ein Stern, mit viel und vollen Striemen, wie hie zu sehen, und die taugen nichts. Etliche aber sind auch beynahe der Gröste, aber nicht ganz rund, etwas länglicht, und in die Vierung geschickt, diese sind tauglicher und gelber denn die obern. Diese Körner stehen in einem Stollen im Anbruch, der

Marien

Marienkasten genannt. In einem weissen Gestein oder Kiese. Dieser Stollen ist gelegen vom neuen Puchwerck 500 Lachter. Den 3ten Theil vom des Bergmeisters Hause im Thal herum gegen 3. daselbige Gebirge wird am Mirien Gebirge geheissen. 200 Lachter ferner von dem Ort oder Ecken vom Puchwerck im Grund hinter getrehret, da ist ein Stollen zur lincken Hand gegen 2. 11. Lachter getrieben gegen 7. und hinten vor Orthe brechen die Körner in einem weissen Gestein oder Kießquartz. 1 ℔. dieser Körner halten 4. Loth Gold. Dieser Stollen ist noch vor 2. Jahren baufällig gewesen. item sind die Körner Gestalt wie Rapen Gold.

In der Krümpen.

Dieses Waßer fleuget jenseit der Steinheyde gegen 2. von der Steinheid auf ein Dorf Krümpen genannt, der Müller hat etwa im Bach einen Ort gewust, daraus er ein gros Guth erlangt, und 3. Mühlen davon erkauft und erbauet hat. Dieser Ort da er es gelanget, ist in der Krümpen Theils das Waßer in 8. Theile von der Mühlen an bis in die Steinheyde, das ist, 2. Meilen lang bis das Waßer von der Steinheyde bis an die Mühle, und im 8ten Theile, das ist in der lezten Viertel Meile nach der Steinheyde warts zur rechten Hand gegen 1. da stehet eine Letten grau zu Tage an dem Ufer aus 2 Ell starck und 5. Ell lang am Ufer gegen 4. oder gegen die Stein heyden warts fächig, darinnen kann einer in 1 ℔. dunckelbraune Körner lesen, die laßen sich biegen und streichen. 1. ℔. dieser Körner geben 2 Loth Unger. Gold und 2 Ente. Letten ½ ℔. Körner oder Goldschiefern.

Nro. 13.

a) Bericht

von dem Steinheyder Bergwercke, so Anno 1671. auf Befehl Sr. Hochfürstl. Dchlt. Herzog Ernsten zu S. Gotha befahren, und wie folget, befunden worden.

1.) Am Petersberg im wüsten Iborffs Grund, wo für dessen die Waßer Kunst gestanden aber gänzlich verfallen, wurde von einem Mann, der 93. Jahr alt, vor gewiß ausgesaget, daß die kupferne Räder, darinnen die Berg Seile gegangen, sammt allen andern Gezeug daselbst verfallen noch befindlich wären.

2.) Ohnfern vom Platz befünde sich ein verfallener Schacht, allda hat der Ruthengänger 3. Gold Gänge zwischen dem Schacht und Stollen gefunden.

Der

Der erste sey 2. die andern zwey aber 3. Schue mächtig. Allein weil alles verfallen, hat man aus denen Halten einige Proben gemacht, und ziemlich Gold gefunden.

3.) Das Thal hinunter fanden wir einen sehr grosen Berg, der zottige Heinz genannt, so zwar denen von Schaumberg zuständig seyn soll, aber von der Steinheyde aus jederzeit gebauet worden. Allda an der Gränze hat ein ziemlich tiefer Schächt mit über und unter sich gehenden Stollen sich befunden, welches ein Silber Bergwerk ist. Wellen aber dieser Bau auch unter Wasser stunde, wurde aus denen auf der Halten liegenden Quarzen eine und andere Probe gemacht, und gefunden, daß dieses ein sehr austrägliches Werk gewesen. Das Silber wurde geschieden und gefunden, daß es reich an Gold.

4.) Den Grund besser hinab bey der ersten Schneide Mühlen fanden wir einen Stollen 5 Lachtern lang getrieben, worinnen Quarz vor Orth im Anbruch gestanden, der Gold hielte.

5.) Besser hinab im Fahrwege unter den Mahlmühlen befande sich ein starker Strich sehr guter Eisenstein.

6.) Um Keilberge, am Brand, da hab die Ruthe stark geschlagen auf Gold, ist auch allda eingeschlagen gewesen. Man hat aus denen Halten eine Probe gemacht und einen trefflichen Goldstrich gefunden.

7.) Oben am Eck des Berges fanden wir mit Flöz und Quarz vermischte Berg Arten, so dahin gestürzet worden, darinnen wir ziemlich Gold funden.

8.) Am Wachtelsberg ist hin und wieder geschärfet, und allerhand Goldhaltige Bergarten gefunden worden.

9.) Bey der Krämpen Mühl ist eine Wiesen, allda hat man treffliche Gold Wäschen gefunden.

10.) Bey dem Ursprung der Steinach hat man Wasch-Gold und Körner funden in ziemlicher Menge.

11.) Solche Flüßlein giebts unterschiedlich, sonderlich im Görzen Grund und bey der Steinheyd, in denen es allenthalben Wasch Gold giebt. In denen alten Halten, darinnen ein Gestein als Eisenglanz sich findet, ist etwas sonderlichs verborgen.

Es ist von alten Leuten angesaget worden, daß über 1000. Bergleute da gewesen, sey aber, nachdem die Steinheyde abgebrannt, alles ruiniret, und die Bergleute verjaget worden, und also liegen blieben.

b) Bericht

b) Bericht
von Heinrich Jacob Neubart anietzo Steiger in Kupfer Suhl
Anno 1719.

Dieser referiret, daß er bey Lebzeiten Ihro Hochfürstl. Durchl. Herzog Albrechts in Coburg ohngefehr vor 30. Jahren bey dem Bergwerk in Ober-Sten Adorff, nahe der Steinheyd über Jahr und Tag, als Kunstknecht in Arbeit gestanden. Es wäre allda ein Stollen gesäubert worden, den die alten über 100. Lachtern getrieben. In diesem Stollen, bey 30. Lachtern wäre linker Hand ausgelenket und ein Schacht gesunken, den sie 14 Lachtern abgewältiget. Im 6ten Lachter dieses Schachts wäre ein Ort angesetzt, so nach der Steinheyde striche, und wäre damit 5 Lachter ausgefahren worden; in diesem Ort stünden goldhaltige Kiese und im 6q. Lachter des Stollens wäre ein Ort versetzt gewesen, so sie aufgehauen und dafür 2 Schue mächtig einen schönen gelbspiesigten Schiefer getroffen. Vor des Stollen Orth wäre nichts angestanden, man hätte gar eben gesehen, daß die Alten willens gewesen, dieses Stollorth weiter fortzutreiben. Weilen nun die Herrn Berg-Officianten gar nichts von Bergwerk verstanden und des Herzogs Tod dazu gekommen, wäre dieses Werk, wofür es immer Schade, wieder auffällig worden und stehen blieben. Die Herren Bergbedienten dabey wären gewesen: Herr Gottfried aus der Steinach, Bergvoigt; Ein Major von Schweinfurth; Ingenieur; Herr Cammerdiener Krum aus Coburg, Berg Inspector; der Schachtmeister wäre ein Schribdenmacher aus Steinheide gewesen, Christoph Hemmerling Steiger. Den Kunstzeug hätte der Herr Major gebauet, wäre recht jämmerlich gewesen, hätte auch gar nichts gehoben, hingegen doch große Kosten verursachet.

Nro. 14.
c) Nachricht
von Steinheydischen Bergbau.

Am Gebirge, der zottige Heinz benahmet, sind 5 Gruben oder Risse aufgezogen und von mir geöffnet worden, vor deren Orte überall Goldhaltige Quertze entstehen, in welchem iezuweilen ziemlich grobsichtig Gold mit einbricht. Es warten diese Gruben auf ein Puchwerk und etliche Brenn Oefen, so dazu erbauet werden müssen, sie sind auch genugsam hinlänglich ein Puchwerk zu fördern. Ich habe von denen dorten herausgenommenen Quertzen zum Versuch in den ganz schadhaften und fast unbrauchbaren Puchwerk, des seel. Herrn Cammer-Rath Luncii aus Coburg, einmal 2. Tage und wieder 5 Tage gepucht, und das erstemal vor 18. das zweytemal vor 15. Rthlr. Gold auch
gebracht.

gebracht. Bey der Arbeit obsecundirte ich wohl, daß Gott uns deren Mann-Heerden mit fortgegangen, weilen die Ertze noch nicht solch gewesen, daher das Aufbringen weit besser zu hoffen. Daß allda viel Geld muß gemacht worden seyn, ist daraus zu merken, da der Puchsteiger Michael Baumann dem seel. Herrn Lucio eine alte Pauchstätte aufgemacht, hat er daraus nur besaaren. Herrn Cammer-Rath Lucio 11. Loth Gold geliefert, davon die Nachricht dem Gießer selbsten kann eingelegen werden. Elsfeld den 26ten Martii 1743.

          Georg Siegfried Trier.

Nro. 15.

Auszug

Auß den Gottesschmülschen Ambts Erbbuch, von 1562 den Flecken Neuenhauß betreffend.

1) Die Gottesmenner haben daselbst die Obrigkeit, und den Zehn in der Marck, und die sieben Bach.

2) Sie haben Heer aufgelegten Harnisch thuen Dolg und Reisen mit Wagen und Pferden, wie andere in Gericht Neuenhauß.

 Sie haben keinerley Anzeigung der Privilegien einigerley Freyheiten anders, als so viel Inn M. gnäd. Herren Zusagung gethan, sie bey alten Gewohnheiten lassen bleiben.

 Was von Weinfuhr und andern Aufsatzungen uff das Gericht gesetzt wird, geben sie den achten Pfennig.

 Die Gemeinde daselbsten haben Bürgermeister, Rathsfreund, und anderst zu wehlen und zu bestätigen durch sich selbst. Dergleichen haben sie einen Ungeharsamen abe, und einen andern, an seine Stad zu setzen, seynd auch also strutlich und sonderlich bey einander.

 Sie haben auch um bekentliche Schulden zu helffen macht. Wo einer sich widrig wird, bey Oberhandt als den Bohmennern helmb gesprochen.

 Seynd nit schuldig am Halßgericht zu sitzen, aber auf Erforderung seynd sie schuldig es zu besuchen.

 Und so Metzler oder Becken zu Ihnen zögen, und sich zu ernehren vertrauten mögen sie die aufnehmen.

 Ob ein Inwöner Buess widrig gesprochen ist die Buess den Bohmennern haben auch sich keinen Baumeister noch Marckmeister zu setzen, Einem jegli-chen Inwöner sol nach Erkentnuß der Bohmenner Ein Satzung gemacht werden,

den, wie viel an Ober Winter soll macht haben schaff zu halten, und nie über
kommen wo sich anders selbst nit können vereinigen.

Sie haben kein sonderlich Befreinng Jahr und Wochen Märcktt zu halten.

Sie müssen Weg und Steg vmb den Marcktflecken, wie auch die Brucken
beym Brau Hauß, nebenst den Schloß Deuct an Badt Sehr vnd keinen
Mühlteich in baulichen wesen erhalten nur giebt die Herrschafft das Holz vnd
die Zimmerleute dazu. Desgleichen da derer Dämme einer wandelbar wird,
Einen Teich Gräber die Herrschafft und die Gemein alle Hand und Fahrende
Frohn.

Da einer in Marckt Flecken sich nieder lassen will, es sey gleich ein ein-
gepfarter unter einem von Adel oder ein freundter welcher niemahlen unter W.
gnädigen F. und Herrn Bottmäßigkeit gewesen ist, soll der Herrschafft 2 fl.
Einzugsgeld geben, dann zur Abschidung in frembde Herrschafft von jedem
fl. 1 ggrl.

So ein Bürger oder Bürgers Sohn vor Verhandlung weilich nit batß
und handt antreffende angenommen wirt, soll er nit gefenglich eingelegt werden so er Bürgen zum rechten mag haben.

Vmb ihr Bürgerlich straf haben sie einander zu straffen.

Donn ihr Niederlag Geldt des Gebrauchs, geben sie nichts, aber des Wei-
geldts halben geben sie den Gotzmennern, von 1 Eymer 3 heller was aber im
Vmgeld auffs Land gelegt wird müssen sie leiden wie ander Leut.

Was ruchbar ist müssen sie ans Gericht durch einen Fürsprecher fürbrin-
gen geben Beth und Vmsteuer wie andre.

Daselbst seyn 19 gesessene Mann seint alle den Gotzmenner Lehns Ver-
wahnten. Darunter ist kein gefreiet, denn ein Stadel und ein Garten, ist von
Hans Schotten Lehn gewesen.

Der Landt Knecht fordert Zins und Buß ein

Der Bürgermeister hat Gebot und Verbot zu thun

Bürgermeister oder einer oder 2 aus der Gemein, haben in ihrer Stadt
marck zu reinen vnd Stein zu setzen vnd wo sie sich nicht vereinigen können
als dann schicken die Gotzmenner dazu.

Es sein zwey Guth daselbst einer Adam Förstern und das ander Simon
Schubert, seyn durch Frohn schuldig, Koch vnd Back Wasser zur Haußhaltung
auffs Schloß nach Nothdurfft zu führen, vnd den Acker hintern Viehhaus der
Gebühr nach zu bestellen. Dagegen gibt man ihme einen jeden, 2 Sm;
Korns

Haben ein Badstuben, ist den Gotzmennern Lehn

Die Gotzmenner oder ihre! Beuelchhaber zum Newenhaus haben zu jagen vff den von Redwitz Gehültz, Grund und Boden Nemlich am Kengleiben
am

am Hasenbergk vsm Schröten in der Lindenberger Gemein am Burglaß Im Kaltenstein Im Teufelsgraben vnd Im Schwartzen Holz

Item in der Scherte welches Redwitzer Lehn ist darzu in der Rodteule Gemein so weit sie gehet. Item in Masholm das Rosenauisch ist und jezt zu Feld gemacht ist

Item vmb Grub so weit ihr Flur gehet

Weiter haben die Gotzmenner zu hetzen und zu jagen von Neuenhaus aus in allen Höltzen und Fluren so weit die Grentz Neuhauß gehet. Desgleichen von wegen den von Schwartzdorf gen Wöltsch in denselben Graben der Wölitsch Graben genant hinten off denselben Weg biß an das Wasser Flüßlein welches in wiesen zu Pfaffendorf genant herrein fleußt, und hernach von denselben an biß hienauf an den Fußsteig da man von Hennersdorf gen Mönnichsbergk als Weppersloch genant. Da zwischen vnd an denselben leiten alle Höltzer vnd Feldung ihres gefallens zu jagen on Einspruch

Gleichfals hat man von Amt Sonnenbergk aus an den Ort auch zu Jagen, kann man ime von Neuenhauß aus nicht verwehren

Dazu hat man von Amt Sonnebergk aus Im Geheg zwischen Förtz vnd Weidhaußen gelegen, gleich so was als von Neuenhauß aus zu bejagen.

Zurück aber am Weg vnd steig so man von Mönnichsbergk nach Steinbach zu sehret vndt gehet biß ins Grundlein vndt den Weg hienüber gegen Weidthauffen zu bis in den Grund welcher Weidthaußen vnd Maulmerz scheidet.

Ein jedweder Schöpf hat von einer Besichtigung wenn er von Richter darzu erfordert wird 7 gr. dann der Richter von einer itweden Besichtigung 12 gr.

Nro. 16.

Rezeß

zwischen Marggraf Friedrich den Strengen und den von Schaumberg der Gräntz Irrungen halber von 1378.

Wir Friedrich von Gottes Gnaden Marggraf zu Meissen und Frau Catharina Marggräfin Unsere eheliche Wirthin, und alle unsere Erben; und ich Carl von Schaumberg Ritter, und Heinrich von Schaumberg Ritter gesessen zu Denberg, und Heinrich von Schaumberg gesessen zu Ravenstein, und wir Herrn Heinrichen des Knochen sel. Söhne von Schaumberg und alle unsere Erben, bekennen öffentlich an diesen Briefe, daß wir eintächtiglich mit wohlbedachten Muth unsern Wald getheilet haben; so ist das
eine

eine Theil als hernach geschrieben stehet: Die Stellweyde von der Schneid-
Mühle vor den Engelhardt gelegen, der Krümpen auf, bis an des Adolphs
Eiesen, über das Wasser, das gehöret zu den Theil, da der Steiger anleit,
und den Adolphs Eiesen auf, bis an den Grund, der aus der Ethyben geht,
und den Grund auf durch den Ethyben, bis an den Weg hinaus auf das
Gras, Farth, der Theil gehöret zu den Steyger, der hat die Stellweyde über
die Truckenthal, und den vörter Theil an den Straffenberg, und die Stellweyde von der Mühle naus zu Felde, bis über das Wasser das gehöret zum
Steyger und die Ebne hinter den Ravenstein ist auch in zwey getheilet, und
der Theil gein der Grümpen gehöret auch zu den Steiger.

Auch ist mehr geredt worden, welcher Theil unser gnädiger Herr Marggraf Friedrich und Frau Catharina Marggräfin nehmen, den sollen sie inn
haben und nießen, mit allen Rechten und Ehren mit Wildbahn gesucht und
ungesucht ohne Hinderung und ohne Gefährde. Ausgenommen die Fischwass-
ser so vor getheilet sind, und welcher Theil die vorgenannten von Schaumberg
angehöre, den sollen sie und ihre Erben auch innen haben, und nutzen mit allen
rechten und Ehren, mit Wildbahn, Jagd, Stellweyde und Wald, Wunn und
Weyde gesucht und ungesucht ohne Hinderung ohn Gefährde. Das zur Urkund und Stetigkeit haben wir Marggraf Friedrich zu Meissen, und Fraw
Catharina Marggräfin zu Meissen für uns und alle Unsere Erben Unser
beeders Insiegel laßen behängen an diesen Brief, und ich Carl von Schaumberg, Ritter, und ich, Heinrich von Schaumberg, Ritter zu Penberg, Heinrich von Schaumberg Ritter zu Ravenstein, Heinrich des Knochen seligen
Söhne für uns und alle unsere Erben, unser jeglicher sein Insiegel gehängt
an diesen Brief, der geben ist als man zehlt nach Christi unsers Herrn Geburth MCCCLXXVIII. den Freytag nach St. Nicolus Tag.

Nor. 17. a.

Gränzbeziehung

des Gerichts Schalcken im Jahr 1557 als Johann Bayer Cent-
grave war.

Erstlichen bey Weissenbron im Ferraberge bis hinter dem Stemberg. Von
Stemberg bis ans Wässerlein hinter Räckerswind. Von Wässerlein bis
gein Korberode, von da bis auf die Bänck zum Krummenstein, die alte Meil-
schnit nauf, bis gein Forschengereuth bis gein Mengergereuth, von da an
Ferne Graben. Von Ferne Graben bis zum Meschenbach, von Meschenbach
aus nach Truckenthal, ausgeschlossen der Ravensteiner Marck, Krümpen und
Thouren. Von Truckenthal nach Neundorf und Meusendorf, obwohl die 2
Dörfer

Dörfer frey uncontbar, so haben doch beede Herrn die Obrigkeit daselbsten. Von Truckenthal nach Gerchfeld, Gundelschwind, Weitersfeld, Von Weiterssfeld nach der Wustung Grub, von da grin Heyd, und so weit ihr Gehölz und Fluhr Marckung gehet. Von Heyd bis zum Görelsdorf und von Görelsdorf nach Weyhersmühl, von da grin Truckendorf. Von Truckendorf über den Berg bis wieder in den Farenbach.

Nro. 17. b.
Extract Rec. de 20. 1710.

§. 1.

Versichern Ihro Hochfürstliche Durchl. vor sich und Dero Hochfürstl. Nachkommen, daß sogleich die administration des Gemeinschafftl. Gerichts Schalkau wieder auf den alten Fuß gesezet, je und allezeit nur einem in gemeinschafftl. Pflichten alda stehenden Beamten aufgetragen, dermahlen der auf die Weise verpflichtete gemeinschafftl. Cent Verwalter dabey bleiben und künfftig kein einseitiger Fürstl. Beamter der Orten widerhingesetzet werden, wie sich dann Ihre Hochfürstl. Durchl. hiebey gnädigst erklären, bey nächster Gelegenheit den dermahligen Amtmann Thamerum zu translociren oder hinwegzunehmen. Desgleichen zu Erhaltung des gemeinschafftlichen Gerichts und Cent-Beamtens, die von Sr. Hochfürstl. Durchl. in Gott ruhenden hochlöblichen Herrn Vorfahren und denen Schaumbergischen Majoribus insgesamt deputirte von einer undencklichen Jahren also abgegebene Besoldungs-Stücke, nemlich in das Eckigklein zu Aumerswind, wie auch den Futterhaaber und anders, unveräußert und unverändert conserviret, auch ohngeschmälert dem jedesmahligen gemeinschafftl. Gerichts Beamten angewiesen und überlaßen bleiben. Nicht weniger die in Gerichts Sachen ergehende Hochfürstl. oder derer hohen Collegiorum Rescripta an Ihn den Centverwalther und seine Nachfolgere, als gemeinschafftliche Beamte, wie ab antiquo von Coburg aus observiret werden, wieder eingerichtet und dieser nach solcher aufhabenden Jurisdictione communi, im Gericht Schalkau alles gemeinschafftlich unterschreiben, handeln, aussprechen, determiniren und exequiren soll rc.

Extract

Extract Rec. de ao. 1710.

§. 4.

Nachdem auch der Oberstallmeister von Schaumberg unterthänigst vorgestellet, wie er nach denen Kayserlichen Belehnungen und durchgehenden Herkommen in dem Gericht Schalkau sowohl civilem als criminalem Iurisdictionem indefinite besitze und darinnen befestiget stehe; So wollen Ihro Hochfürstl. Durchl. es dergestalt dabey bewenden lassen, daß die dahin gehörige Fälle weder ins Geistl. Untergericht, noch vor das Fürstl. Consistorium oder anderwärtshin, zur Schmählerung des Gerichts gezogen, solchemnach die Bestrafung der geringen Frevel und unentmäßigen Verbrechen, wie auch dessen was auf Gassen und Strassen in der Stadt, und denen Schalkauisch. Gerichtsdorffschaften und Fluhrmarckungen, ohne Unterscheid den Centbahren Unterthanen, durch Schlägerey, Scheltworte, oder auf andere Art, item was in dem Rathhauß zu Schalkau, und auf denen Sechs und dreyßig Güthern daselbst verschuldet und gefrevelt wird, gleich denen Cent Fällen selbsten noch ferner, von dem gemeinschaftl. Gerichts und Centbeamten vorgenommen, und was davon erhoben wird, nebst denen gesamten Emolumenten im Gericht gemeinschafftlich berechnet werden solle, wovon der von Schaumberg und dessen Successore jedesmahl und ohne Ausnahmen zu participiren haben. Weber jedoch Ihro Hochfürstl. Durchl. die Lehns Vogtey über dero eigene centbahre Lehnleute und was sonsten zu Blatterndorf der besondern Iurisdiction halber hergebracht, hierbey expresse bedungen und vorbehalten haben.

Nro. 18.

Von Uttenhovische Familien Nachrichten.

Das adeliche von Uttenhovische Geschlecht, mag wohl ursprünglich aus den Niederlanden seyn, den gegen das Ende des 13ten Jahrhunderts lebte ein großer Gelehrter Johann von Uttenhoven, er war ein Dominikaner Mönch und Doktor der Gottesgelahrtheit, welcher nicht nur in seinen Vaterland, sondern auch in Paris mit vielen Beyfall lehrte, und durch zwey Commentarios sich auch in der Nachwelt berühmt machte. Er war zu Aedenburg bey Brügge gebohren, und starb auch 1296 zu Brügge; Und da auch noch 1745, ein Reinier Freyherr von Uttenhoven, Erbherr auf Amelisweerth, als ein Mitglied der Staaten von Utrecht, nach öffentlichen Nachrichten verstarb, so siehet man daß nicht nur dieses adeliche Geschlecht weit über 500 Jahre sich in den Niederlanden fortgepflantzet hat, sondern man wird auch aus folgenden sehen, daß es sich auch schon über 400 Jahr

in

in Deutschland verbreitet, und sich besonders durch gelehrte Männer bekannt gemacht hat. Denn Schöttgen führt in seiner Diplomat. Nachlese der Historie von Obersachsen XI Theil Seite 131 einen Lehnbrief an, welchen Landgraf Friedrich in Thüringen 1338 einen Johannes von Uttenhoven zu Welsenseld ertheilet. Auch kommt in Faltenkeins Cod. Diplomat. Antiq. Nordgau Seite 130 ein Ulrich von Uttenhoven vor, welcher mit seiner Mutter im Jahr 1346 den Bischoff von Aichstädt und seinem Gotteshause, ihre Häuser zu Grebingen überlassen hat. Zu Anfang des 16 Jahrhunderts war ein Lazar von Uttenhoven Churfürstl. Sächsisch. Canzlar. Ein Wolfgang von Uttenhoven 1539. Königl. Dänischer Staats Minister und Canzlar, und David von Uttenhoven Herzoglicher Gehelmber Rath und Canzlar zu Coburg, starb 1580.

Dieses adeliche Geschlecht verbreitete sich durch alle Chursächsische Lande, jedoch in hiesiges Land wurde zuerst 1699 seßhaft

Herr Johann von Uttenhoven

welcher vorhero in dem Erzgebärge zu und bey Eybenstock Besitzungen hatte, welche er verkaufte, und das Steinacher Hammerwerck von Georg Sebastian Gottfried käuflich übernahm, und in sehr gute Umstände setzte. S: Steinacher Hammerwercke. Er verheyratete sich in Jahr 1700 mit einer Fräulein von Mercklin von Scheuerfeld; Seine Ehe war sehr gesegnet, so daß noch 10 Kinder um 14 lebten, als er 1740 zu Scheuerfeld verstarb. Dieses Ritter Gut Scheuerfeld hatte er gekaufft, als er die Steinacher Hammerwercke 1734 an H. Johann Tobias Otto käuflich überließ. Seiner Herren Söhne und deren männliche Nachkömmlinge sind

1. Georg Christoph

gebohren 1703. Er war der Besitzer der Augustenthäler und Schwarzwalder Hammerwercke. Verheiratete sich mit einer Fräul. von Holleben. Starb 1759 und hinterließ 2 Herren Söhne.

1) Johann Anton Ferdinand Ludwig, Herzogl. S. K. Meining. Kammer Juncker und Kammer Rath, und Besitzer der Augustenthäler und Schwarzwalder Hammerwercke. Ist gebohren den 17 Decembr. 1740. verheiratete sich mit einer Fräul. von Bibra 1777. von welcher er anjetzo einen Sohn Carl Ludwig den 11 Julii 1778 erhielt.

2) Johann Carl August, H. S. K. Meining. Regierungs Rath, Amts Hauptmann, Assessor des Hof Gerichts zu Jena, und Herr des Ritter Guts

zu Trauenbreitungen. Ist gebohren den 1 Julii 1746. verheiratete sich 1775 mit einer Fräulein von Steub, von welcher er anjetzo einen Sohn Georg Wilhelm, so den 1 Febr. 1778 gebohren, hat.

II. Johann Christian

war gebohren 1705. und hinterließ 2 Herren Söhne.

1) Johann Ludwig Christoph, in Königl. Preußischen Kriegsdiensten.

2) Johann Adam, Königl. Preuß. Hauptmann unter dem Nenwiechschen Infanterie Regiement. Verheiratete sich 1776. und hat so viel mir wissend einen Sohn.

III. Wilhelm Eberhardt

gebohren 1706. verheiratete sich 1741. mit einer Fräul. von Zeiltsch. Bey seinem Tod, so 1772 erfolgte, hinterließ er 2 Herrn Söhne

1) Wilhelm Christoph, gebohren den 18 Februar 1743. Herzogl. Würtembergischer Kammerjunker und Grenadier Hauptmann, verheiratete sich 1773 mit einer Fräul. von Gränseisen, von welcher er anjetzo folgende Söhne hat. a) Christian Ludwig Wilhelm, geb. den 4 Julii 1774. b) Carl Friedrich Wilhelm, geb. den 21 September 1776. c) Franz Eduard Wilhelm, geb. den 27 November 1777.

2) Johann Wilhelm, gebohren den 16 Julii 1746. gleichfals Herzogl. Würtenberg. Kammerjunker und Hauptmann, ist noch unverheiratet.

IV. Siegfried Justin Christian

gebohren 1713. K. K. General Feld Wachtmeister, Kommendant zu Comoren in Ungarn. War verheiratet an eine Fräul. von Merling, von welcher er einen Herrn Sohn erhielt, so Anton heißt, und 1746 gebohren worden. Er befindet sich in K. K. Diensten, unter den Polegrinischen Infanterie Regiment als Obristlieutnant.

D. Jo

D. Johann Friedrich Schuchens,
Herzogl. Sachsen Coburg Meiningischen resp. Obervormundschaftlichen
Rathe, wie auch Stadt und Amts-Physici zu Sonneberg und
Neuenhaus,

Beschreibung
einer in der Stadt Sonneberg quellenden
Gesundbrunnen.

Vorerinnerung.

Der Brunnen, von welchem ich hier eine kurze Beschreibung liefere, sollte im Jahre 1755 auf dem hiesigen Markt durch hölzerne Röhren in den neu erbauten steinern Kasten geleitet werden und zum allgemeinen Gebrauche dienen. Um nun vor allen Dingen zu erforschen, ob sich derselbe auch zu diesem Endzwecke schicke, wurde ich von E. E. Stadtrathe alhier ersucht, ihn behörig zu prüfen und mein Gutachten darüber auszustellen. Durch die Untersuchung, die ich mit aller Genauigkeit sowohl durch Reagentia oder Wasserprüfer, als auch chymische Zergliederungen verrichtete, wurde ich in den Stand gesetzt, die Sache dahin zu entscheiden, daß der Brunnen nicht allein deswegen, weil er die Milch, wenn er mit derselben vermischet wird, im Kochen, gerinnen macht, sondern auch darum, weil er purgiret, oder bey vielen einen bläsigten Aufschlag, oder die Krätze, hervortreibt, hauptsächlich aber deswegen, weil kein Fleisch, keine Erbsen, keine Linsen ꝛc. mit demselben weich gekocht werden können, zu einem gemeinen Stadtbrunnen nicht empfohlen werden könne. Ob schon ich zwar auch zu iener Zeit sowohl, als in den folgenden Jahren, mir immer viele Mühe gegeben, diejenigen, welche von einem scharfen und gallichten Blute allerhand beschwehrliche Zufälle erlitten, zu bereden, daß sie den

Brun-

Brunnen curmäſſig trinken ſollen, ſo hat doch allemal die Furcht vor der Krätze überwogen, und meine Bemühungen vereitelt. So iſt allmählich dieſer Brunnen wieder in Vergeſſenheit gekommen und auch die Quelle durch die Vernachläſſigung der letztern Beſitzer des Gartens verwildert und von dem eingeſtürzten Erdreiche dergeſtalt verſchüttet worden, daß, als ich auf die Veranlaſſung der hiſtoriſch-ſtatiſtiſch-phyſicaliſchen Topographie des herzoglich Meiningiſchen Oberlandes, welche des Herrn Obriſtlieutenants Chriſtian Friedrich Reßlers von Sprengseiſen Hochwohlgebohrn herauszugeben geſonnen ſind, den Brunnen in dieſem Jahre nochmals probiren und gegen das Reſultat der Unterſuchung deſſelben von 1755 halten wolte, anſtatt einer einzigen ſtarken Quelle, wohl zehen kleinere antraf. Weil mir daran gelegen war, zu wiſſen, ob die alte Quelle ſich vielleicht gar in Anſehung ihres Ausfluſſes aus dem Berge getheilt habe, ſo ließ ich eine Menge Schutt wegräumen und fand endlich die einzige Oefnung wieder, aus welcher das Waſſer faſt eines Vorderarms dick hervorſtrömt. Ich zweifle nicht, daß die jetzige Beſitzerin des Gartens leicht zu bewegen ſeyn werde, die Quelle mit Steinen einfaſſen zu laſſen. In den Prüfungen verhielt ſich das Waſſer eben ſo, wie das vorigemal. Vielleicht habe ich, wenn das Publicum von den Kräften dieſes Geſundbrunnen benachrichtiget und zum Gebrauche deſſelben bewogen wird, künftig geliebt es Gott! Gelegenheit, dieſelben durch Erfahrungen zubeſtärken. Sonnenberg den 26. Junius 1781.

§. 1.

§. 1.

Am obern Ende der Stadt Sonnenberg, an der Oſtſeite und am Fuſe des ſogenanten Schloßberges, quillt in einem Gras und Baumgarten, welcher dermalen der verwittibten Frau — Böhmin zugehöret, ein criſtallenes helles Waſſer drey bis vier Zolle im Durchmeſſer ſtark hervor, das zur Sommerszeit eiskalt, im Winter hingegen faſt laulicht iſt. Es nimmt ſeinen wahren Urſprung aus dem mit den Schloßberge unmittelbar vereinigten, weit höhern und gegen Abend und Mitternacht fortgeſtrecken, Pleſſenberge, welches daraus erſichtlich iſt, daß in einer Entfernung von etwa zwey hundert Schritten von der erſagten Quelle nach Mitternacht zu, an der Anhöhe des Pleſſenberges ſelbſten, ein Quellwaſſer in geringer Maaſe hervorkommt, das dem im Garten nach allen Eigenſchaften gleicht.

§. 2.

Das Waſſer (§. 1.) hat mit dem gemeinen Waſſer nicht einerley Schwere, ſondern ein Zweylothglas voll des Erſtern wieget acht Gran ſchwerer, als ein Zweylothglas voll des Letztern.

§. 3.

Der Geſchmack des Waſſers iſt Anfangs ein wenig ſäuerlich, zu letzt aber gelind zuſammenziehend und tintenhaft, welches man am beſten prüfen kann, wenn man eine kurze Zeit des Waſſer im Munde hält, oder auch, wie einen Wein, probiret, und auf die darauf folgenden Empfindungen aufmerkſam iſt, die man in vielen Stunden nicht wieder los wird.

§. 4.

Durch den Geruch wird im Brunnen (§. 1.) ein ſubtieler ſchweflichter Dunſt verſpüret, der, meines Erachtens, demjenigen ziemlich gleicht, welchen man nach gewitterhaften Regen in der Luft empfindet. Dieſen Dunſt kann man beſonders unterſcheiden, wenn man einen reinen ſteinern Krug nur die Hälfte mit dem Brunnen anfüllt, und mit Kork wohl verſtopft, eine Nacht ſtehen läßt, hernach eröfnet und die Naſe an die Oefnung des Kruges hält.

§. 5.

§. 5.

An der Quelle fand man sonsten unter den Steinen auch viele eisenhaltige von verschiedener Größe, davon diejenigen, welche am Rande derselben und also etwas trocken lagen, mit ordentlichem gelben Eisenroste zum Theil, oder auch ganz, überzogen waren. Nachdem aber durch die letztern Besitzer des Gartens die Quelle vernachlässiget worden, so ist das Erdreich rings um dieselbe herab gestürzt, hat solche Steine verschüttet und ist mit denselben endlich gar weggeräumt worden, als nahe an der Quelle ein Fischbehälter gebauet und mit einem kleinen Häußlein umschlossen wurde.

§. 6.

Das Wasser fließt von der Quelle theils in den nur ersagten Fischbehälter, theils in einen gleich an solchen gränzenden kleinen Teich, in welchem die Besitzer und andere Haußhaltungen Jahr aus Jahr ein Forellen und alle andere Gattungen von Fischen aufbehalten, und welcher auch in den härtesten Wintern so wenig, als die Quelle des Brunnen, jemals eingefroren ist.

§. 7.

Neben dem Teichlein ist ein Hügel befindlich, welcher aus dem Schutte besteht, der, sichern Nachrichten zu folge, da, wo der Brunnen quillt, vor etwa vierzig Jahren in der Absicht ausgegraben worden, um das Wasser in reicherer Menge herbey zu ziehen und ein Salzwerk anzulegen. Ob nun zwar wohl jener Zweck erreichet worden, so fand doch ein der Salzwerke vollkommen kundiger, aus einem benachbarten Lande herbeygerufener, ehrlicher Mann das Wasser zu einem dergleichen Vorhaben zu arm, und man stand dahero auch von demselben sogleich ab. Der Hügel enthält aber eine weisse, hier und da mit braungelben Brocken vermischte Erde und unzählige kleine platte Steine, die auf ihrer Oberfläche mit einem weissen zarten Wesen dick überzogen und gleichsam überzuckert sind, das sich ganz leicht zu Pulver reiben läßt und auf der Zunge Anfangs fast ohne Geschmack zu seyn scheint, bald hernach aber die Empfindung einer Zusammenziehung auf derselben hinterläßt; innwendig hingegen gleichen sie, nachdem sie zerbrochen oder abgeschliffen werden, einem aus dem weissen ins aschenfarbige spielenden Marmor. Die Leute nennen diese Steine Gipssteine, und sie sind es auch wirklich. Ich habe etliche derselben calciniret und einen Schneeweissen, in das feinste Pulver leicht zu zertreibenden Gips erhalten. In dem Hügel verwittern sie in die weisse Erde. Man wird also nicht irren, wenn man annimmt, daß das Gebirge dahierum, ausser andern Steinarten, auch Marmorschichten und Eisenminen führet, durch oder aber welche das Wasser seinen Gang hat und von denen es einen guten Theil auflöset.

§. 8.

§. 8.

Die in der Nähe der Quelle wohnende Nagelschmidtsmeister und andere Bürger, die der Brunnen den Sommer über durch, durch seine angenehme Helle und erfrischende Kälte angelockt, trinken, behaupten einstimmig, daß derselbe, keine Schärfe in den Körper leite, sondern dieselbe entweder durch einen Durchfall, vor welchem eine Unruhe im Unterleibe und mehrmalen ein Grimmen, hergienge, oder durch einen heißblütigten oder friselartigen juckenden Ausschlag ausstoße, der binnen wenigen Tagen in mehlichten Schuppen wieder abheilte. Nur Einige von den aus andern Länden hier bey ienen Nagelschmidtsmeistern in Arbeit tretenden Gesellen, die vermuthlich viele scharfe und grobe Unreinigkeiten im Blute mit hieher bringen, sollen etwas mehr Ungemach von dem Trinken des Brunnens auszustehen haben, maßen sie gemeiniglich an den Beinen eine Geschwulst bekämen und hernach an demselben und am übrigen Körper krätzig würden, ia manchmal gar am Kopfe ausschlügen, welches letztere doch sehr selten geschähe. Sonach wirkt der Brunnen vorzüglich durch den Stuhlgang und Schweiß, iedoch auch durch den Urin, nach der Menge, in welcher es getrunken wird, oder auch nach der Beschaffenheit des Körpers, welcher er vor sich findet.

§. 9.

Daß das Fleisch und gewisse Hülsenfrüchte als Erbsen, Linsen, ic. ec. mit dem Brunnen nicht weich gekocht werden können, und ersagte Früchte vielmehr härter werden, als sie zum Feuer gesetzt worden, haben die Weiber zu ihrem Verdrusse erfahren. Diese Eigenschaft ist iedoch fast allen mineralischen Brunnen gemein.

§. 10.

Um die Mischung und den wahren Gehalt des Brunnens desto genauer zu erfahren, habe ich verschiedene Versuche durch Reagentia, oder Wasserprüfer, mit demselben gemacht:

a) Das geflossene Weinsteinöl brausete nicht mit dem Brunnen, sondern machte nur denselben etwas trüb und frei endlich in Gestalt einer milchichten Wolken zu Boden.

§. 11.

b) Ein Quentlein gepülverte Galläpfel färbten 6. Loth Brunnen anfangs lichtgelb und nach und nach zimmetfarbig, und er bekam einen sehr zusammenziehenden Geschmack. Als hierauf ein polirtes Eisen in solche Tinktur gethan wurde, wurde es ungefehr in einer halben Stunde mit Dintenschwärze überzogen und die Tinktur bekam bald um das Eisen herum,

nachge-

nachgehends aber durch und durch eine Purpurfarbe, die einigermaffen ins Schwärzliche fiel. Nachdem das Schwarze von dem Eisen mit einem Tüchlein abgewischet worden, so zeigte sich an demselben ein blauer Flecken, eben so, als wenn man ein polirtes Eisen glühend gemacht hat, zum Beweise, daß ein saurer Geist in dem Brunnen sey, der nachdem die alcalinischen Theilchen sich an das Galläpfelpulver angehänget hatten, frey worden, in die Zwischenräumlein des Eisens eingedrungen, daßelbe gelind aufgelöset und in der Auflösung eine schwärzliche Farbe gemacht habe.

Anmerkung: Wenn man Weinsteinsalz in reinem Wasser auflöset und mit diesem nach dem Verhältniße Galläpfelpulver vermischt, so erhält man zwar auch eine zimmetfarbige Tinktur; allein diese greift das polirte Eisen nicht an.

§. 12.

c) Der Vitriolgeist machte nicht das mindeste Aufbrausen mit dem Brunnen, als er in denselben getröpfelt wurde, sondern zertheilte sich Strichs oder Schlangenweis und wurde gar bald mit demselben, ohne seine Farbe zu ändern, vereiniget, eben auf die Art, als wenn man ein reines Zuckerwasser mit Wein vermischt. Eine gleiche Erscheinung erfolgte auch auf die Beymischung anderer mineralischen Säuren.

§. 13.

d) Ein halber Scrupel, oder zehn Gerstenkörner schwer, reines gepülverten Eisenvitriols wurde von drey Loth Brunnen sogleich ohne Brausen aufgelöset und machte denselben einigermaßen gelblich trüb. Als hingegen das Pulver des Kupfervitriols allmählig in den Brunnen gethan wurde, stiegen während der Auflösung deßelben viele Bläsgen vom Grunde des Glases auf, und der Brunnen bekam eine trübliche ins Grüne spielende Farbe. Beede Mischungen aber hatten nun einen dintenhaften Geschmack.

§. 14.

e) Als auf ein Quentlein frische Eisenfeilspäne 6 Loth Brunnen gegossen wurden, so nahm derselbe sogleich eine Violetschwärzliche Farbe an, und bekam einen stärkeren Vitriolgeschmack.

§. 15.

§. 15.

f) Ein Loth Blauveilchensaft machte mit sechs Loth Brunnen eine schöne hellhimmelblaue Tinktur, welche nach 18 Stunden noch unverändert blieb.

§. 16.

g) Die Auflösung des Mercurii sublimati macht den Brunnen, wenn man sie hineintröpft, nicht trüb, zum gewissen Merkmal, daß das Alkali, welches in demselben enthalten, entweder von einer Säure gebunden gehalten wird, daß es den Mercurium nicht niederschlagen kann, oder daß es mehr erdigter Natur und nicht scharf genug sey.

§. 17.

h) Eine gesättigte Auflösung des Bleyzuckers machte den Brunnen trüb und milchicht, zum Zeichen, daß die stärkere Säure die schwächere austreibe und die Theilchen des Bleyes niederschlage. In kurzem aber stellte sich die Helle, nunmehro aber ins Himmelblaue spielende, Farbe wieder ein und auf dem Boden des Glases hatte sich ein weisses Pulver gesamlet.

§. 18.

i) Gemeines Küchensalz, in dem Brunnen zerlassen, verursachte weiter keine Veränderung, als daß es denselben undurchsichtig machte; nach etlichen Stunden fiel das Salz zu Grunde und das Wasser bekam wieder eine helle ins lichtblaue spielende Farbe.

§. 19.

k) Als ein halbes Quentlein feingepülverte Kreide mit 6. Loth Brunnen übergegossen wurde, so wurde dieser sogleich milchicht, und es stieg ein erdigter, einigermaßen säuerlicher, Geruch aus demselben auf, nach und nach wurde er wieder hell, bekam auf der Oberfläche ein Häutchen und hatte einen widerlichen Geschmack.

Anmerk. Der mineralische Geist dringt als eine stärkere Säure in die Zwischenräumlein der Kreide, löset derselben zarteste Theilchen auf, und treibt die schwächere Erdensäure, welche alle thonigte Erden gemein haben in die Luft.

§. 20.

l) Mit Milch ließ sich der Brunnen ganz wohl vermischen, ohne daß dieselbe im geringsten zusammen gefahren wären. Auch heiffe Milch vertrug sich vollkommen gut mit demselben. Als aber eine Vermischung von gleichen Theilen Brunnen und Milch gekocht wurde, so geronne die Milch.

§. 21.

m) Gießt man Rheinwein, oder einen andern Wein, der eine subtile Säure enthält, unter den Brunnen, so steigen viele Bläsgen oder Perlen auf, der Wein zertheilt sich strichweis, wie der Vitriolgeist (§. 12.), und wird mit dem Brunnen vereiniget, die Vermischung hat auch einen angenehmen Geschmack. Es kommt also unser Brunnen in diesem Stücke mit dem Selzerwasser vollkommen überein.

Anmerk. Daß solche Bläsgen (§. 19. 21.) keinesweges der Geist des Brunnen, sondern blos fixe, oder aetherische, Luft seye, ist in den neuern Zeiten ausser Zweifel gesetzt, dabey aber auch bemerkt worden, daß der mineralische Schwefelgeist die Ursache sey, warum sich diese Luft mit den mineralischen Wassern so leicht und häufig vermische.

§. 22.

n) Als endlich 8 Pfund Brunnen bürgerlichen Gewichtes bis auf ein Pfund bey gelinden Feuer abgedunstet wurden, so zeigte sich am Boden des Glases eine Menge eines blätterichten, mit vielen länglichten durchsichtigen zarten Crystallen besetzt und untermengten Wesens, welches, nachdem der Brunnen völlig bis zur Trockne abgerauchet wurde, am Gewichte zwey Quentlein hielt.

§. 23.

Nachdem man hierauf solches vermischte Wesen (§. 22) in reinem Wasser in der Wärme, so viel möglich, auflösen und das Aufgelöste durch Löschpapier laufen ließ, so blieben in demselben fünf Scrupel blätterichtcrystallinische Materie, und, als das Wasser bis zur Trockne abgerauchet war, am Boden des Glases 15 Gran braungelblichtes Salz. Dieses Salz brausete mit merklichen Geräusche mit dem geflossenen Weinsteinöle. Als dasselbe auch in reinem Wasser aufgelöset und in das Aufgelöste ein Stückgen Weinsteinsalz geworfen wurde, so geschah ebenfalls ein starkes Brausen, und das Weinsteinsalz wurde in kurzem von dem Brunnensalze bezwungen und aufgelöset, welche Auflösung mit Zuwerfung mehrerer Stückgen Weinsteinsalzes so lange anhielt, bis dieses die Oberhand bekam.

§. 24.

§. 24.

Das cryſtalliniſchblätterichte Weſen aber brauſete mit dem Vitriolgeiſte, hingegen mit dem gefloſſenen Weinſteinöle vertrug es ſich ſehr wohl, und als ein Theil davon in offenem Feuer calciniret wurde, entſtand ein ſchneeweiſſes Pulver, welches, wie die Aſche von den Kohlen, bey der geringſten Bewegung der Luft verflog.

Anmerk. Hr. D Seip hat von den Cryſtallen des pyomonter Waſſers ans gemerkt, daß ſie von der Wärme ihren Glanz und ihre Durchſichtigkeit verloren hätten; ich dagegen habe gefunden, daß die Cryſtallen unſers Brunnen an der Wärme viel glänzender werden und auf dem Papiere, als hellpolierte Degen an der Sonne, blinken S. Io. Phil. Seippii neue Beſchreibung des pyomontiſchen Stahlbrunnen Hannov. 1719. S. 176.

§. 25.

Als ich von ohngefehr in einem ſteinern Kruge, der ganz nachläſſig mit einem Korkſtöpfel verſtopft war, noch ein Pfund Brunnen, welcher über 14 Tage geſtanden hatte und vergeſſen worden war, fand und probierte, ſo war der Geruch ſehr Eiſenroſtartig, der Geſchmack aber weit Dintenhafter, als im friſchen Brunnen, und, nachdem dieſe vitrioliſche Empfindung im Munde vergegangen war, natürlich ſo, als wenn man einen friſchen Kern von einer Zellernuß gekauet hat, zum Beweiſe, daß die Miſchung des Brunnen in dieſen Tagen durch die Luft und Wärme einigermaſſen verändert worden und ſowohl die Eiſentheilchen, als die alcaliniſche ſüſſe Erde in ihrer Wirkung freyer worden.

§. 26.

Aus den bis daher erzehlten Proben laſſen ſich nun die Gehalttheile unſers Geſundbrunnen etwas näher beſtimmen:

Erſtlich iſt bey demſelben ein ſubtiles leichtes Waſſer anzutreffen, das ſchon vor ſich, in gehöriger Maaſe getrunken, die dicke, zähe, ſchleimichte Feuchtigkeiten verdünnen und flüſſig machen, die Salze im Blut auflöſen und verſüſſen, die harten zuſammengezogenen fleiſchichti und nervigten Faſern erweichen und die verſtopften Gefäße der Eingeweyde eröfnen kann, aber doch zuletzt auch die erſagten Faſern erſchlaffen und bey ſchon gegenwärtiger Schwäche nicht ſo leicht durch die kleinen Gefäße durchdringen würde, wenn nicht durch die fixe Luft und die übrigen Beſtandtheile vorgebeuget wäre.

Zweytens iſt mit dem Brunnen eine fixe Luft vermengt, die viel zu der heilſamen Wirkung deſſelben beyträgt, indem ſie nicht allein ſelbſt, vermöge

ihrer

ihrer Subtilität überall durchbringt, durch die verstopfte Gefäße einen Durchgang zuwege bringt, und dieselbe zum Ausstoßen der darinnen enthaltenen Unreinigkeiten geschickt macht, sondern auch durch ihre ausdehnende Kraft dem Wasser Platz verschafft, daß solches desto leichter durchgehen und die mit sich verbundenen übrigen Bestandtheile zur Wirkung bringen kann.

Drittens veroffenbaret sich in den Brunnen sowohl durch den Geruch (§. 4) als durch die Proben insgesamt, und auch dadurch, daß der Brunnen in der strengsten Kälte nicht einfrieret (§. 6.) ein sehr flüchtiger Schwefelgeist; welcher nicht allein überhaupt das einzige Auflösungswerkzeug aller Materien der Kiese ist, sondern auch die mineralischen Wasser bey allen ihren herrlichen Kräften und Wirkungen erhält, angesehen, wenn dieselben zu lange in einem offenen Gefäße an der Wärme stehen, sogleich sowohl der vitriolische Geschmack, als auch die Kraft zu färben, verloren geht, weil sich derselbe mit dem alkalischen Salze vereinigt, und, nachdem er die aufgelöseten Eisentheilchen und Erde fallen lassen, mit solchem in ein Mittelsalz verwandelt wird. Dieser Geist wirkt in der Verbindung mit der aetherischen Luft.

Da viertens dieser Schwefelgeist geschickt ist, in die Eisenkiese, welche, wie überhaupt in dem nahen Gebirge häufig, also auch in dem Schloßberge und Plessenberge sich befinden (§. 5. 7.) einzubringen, das Eisen durch Befeuchtung des Wassers anzugreifen, und aufzulösen, so wird doch die beederseitige Verbindung ein zarter Eisenvitriol erzeuget, der sich in dem Brunnen deutlich genug durch den Geschmack zu erkennen giebt. Welche herrliche Kräfte das Eisen in Stärkung der geschwächten und erschlafften Fasern des menschlichen Körpers erweise, ist bekannt genug. Unter was für Umständen und nach welcherley Veränderungen es in demselben zur Wirkung gelange, soll unten (§. 28.) gezeiget werden.

Indem aber auch Fünftens die steinigte Materie in der Kiese zugleich mit dem Eisen durch den mineralischen Geist durchdrungen und aufgelöset wird, so nimmt der feinste Theil derselben eine salzige Mischung an und verbindet sich alsobald unter der Erden mit dem schwersten Theil der Kiessäure, und so wird das Salz des Brunnens (§. 23.) gebohren, das wie alle mineralische Säure, der Fäulung widersteht, aber auch, wenn es mit der alkalinischen Erde gesättiget und in ein Mittelsalz verwachsen ist, welches eine auflösende, eröfnende, abführende, wie fördernde, kühlende, reizende und durch Reizen stärkende Kraft besitzt.

Und noch ein anderer Theil der steinigten Substanz aus einigen Kiesen wird, wie es scheint, mit etwas Schwefelsäure ganz durch und durch vereiniget und macht also die Materie, welche sich in Gestalt reiner durchsichtiger Crystallen mit und auf der alkalischen Erde darstellen. (§. 23.)

Ende

Endlich geben Sechserns die aufgelöseten Marmortheilchen und der grössere Theil von den aufgelöseten Alkali des Kieses (no. 5.) den Stoff zu der alkalischen Erde, welche sich aus dem Brunnen abgesondert hat und im Löschpapier geblieben ist (§. 23, 24.). Diese dämpft die saure Schärfe, die sich in den ersten Wegen und in den Säften unsers Körpers befindet, und versüsset dadurch das Blut.

§. 27.

Um den Gehalt der Hügelerde (§. 7.) zu erfahren, habe ich eine Quantität derselben ausgraben lassen, und, indem ich sie zum Auslaugen zubereitete, als etwas besonders angemerkt, daß aus derselben eine angenehme Weinsäure ausdünstete, welche aber in gewisser Entfernung sich in einen vollkommenen Weißsilliengeruch zu verwandeln schiene; wie denn auch die ausgewaschenen Steine noch lange Zeit, wie weisse Lilien, rochen. Mir ist auch vorgekommen, als ob dieser Geruch und der Nußgeschmack des gestandenen Brunnen (§. 25.) einige Ähnlichkeit hätten. Als ich zwey Pfund solche Erden auslaugete, und die Lauge bey gelinden Feuer bis zur Trockene verdunsten ließ, so fanden sich am Boden des Gefäßes vierzehen Scrupel blätterlicht weißgelbliche Materie, welche mit dem geflossenen Weinsteinöle stark aufbrausete, von dem Vitriolgeiste aber eine kaum merkliche Veränderung erlitte. Nachdem endlich auch zwey Quentchen von dieser Materie in reinem Wasser, so viel möglich, aufgelöset und ausgelauget wurden, so blieben beym Durchseihen im Löschpapier fünfthalb Scrupel blätterichte Erden, welche jedoch nicht, wie das blätterichte Wesen des Brunnen (§. 22, 23, 24) mit Crystallen besetzt und blinkend, sondern ganz ohne Glanz aschfarbig war. Die Lauge aber gab nach gelindem Abdünsten sechs und zwanzig Gran braungelblichtes Salz. Die blätterichte Erde brausete sodenn sehr stark mit sauren Geistern, und dagegen das Salz mit dem geflossenen Weinsteinöle. Die 4 Grane, welche an den 2 Quentchen fehlen, können theils im Löschpapier, theils im Abdunstungsgefäße hängen geblieben seyn.

§. 28.

Ob nun schon sich in allen Proben die schwefelichtvitriolische Säure deutlich genug zu Tage leget, so kann man doch nicht behaupten, daß die Kraft des Brunnen in einer offenbaren Schwefelsäure, oder schwefelvitriolische freischenden Säure, bestehe und den Eingeweyden schädlich sey. Vielmehr bezeugen die §. 10, 12, 18, 20, insbesondere aber §. 15. angestellten Prüfungen, daß derselbe, wie viele Andere, ein Mittelsalz, Sal medium, neutrum, enthält, welches dem Tartaro vitriolato, der Terrae foliatae tartari etc. gleicht, und aus einer Vermischung einer subtilen vitriolischen Säure mit einer alcalinischen Erde seinen Ursprung hat, nach der bekannten Regel: daß saure Dinge und Laugensalze, wenn solche zusammen kommen, nach vorgangigem gegen Streiten und Aufbrausen, sich mit einander vereinigen, und ein drittes Salz, welches weder Säure, noch laugenhaft, sondern blos salzig ist, machen. Bey unserm Brunnen geschieht die Mischung der fixen Säure mit dem Alkalischen in dem Schoose der Erden, und dauert noch ausser der Quelle fort, und das Mittelsalz wird nicht eher vollkommen fertig, bis über der Erden durch die Luft und Bewegung der Wärme, besonders aber durch das Erwärmen in den ersten Wegen und Eingeweyden, die besondere Verbindung des flüchtigen sauren Geistes mit dem Eisen getrennet wird (§. 25). Darum nun läßt derselbe das aufgelösete und angenommene Eisen fallen und gehet zu der subtilisirten alkalischen Erde über, löset dieselbe auf, das Wasser verlieret alle vitriolische Eigenschaften und würkt, als ein Mittelsalz und als eine Stahlarzney (§. 26. nro. 3.).

§. 29.

Nach Beschaffenheit der Schalttheile des Brunnen (§. 26, 27, 28, 29), und nach Maasgabe der (§. 28) angeführten Veränderungen, wird derselbe, so fern er, wie zum Beyspiele der Liebensteiner Sauerbrunnen, Curmäßig gebraucht würde, seine Kräfte hauptsächlich erweisen.

1) Die Reinigung der ersten Wege (§. 8) und in Auflösung des im übrigen Körper enthaltenen Schleims und zähen Wesens, mithin in Eröffnung der dadurch in den Gefäßen und Eingewerben verursachten Verstopfungen in sofern sie ohne Gefahr bewegt werden können, und in Reitzung der Aussonderungswerkzeuge zum Auswurfe solches beweglich gemachten Unraths. Wieviel Nutzen verspricht also derselbe in langwierigen Krankheiten (morbi chronici)!

2) Wird er wirksam seyn, vermittelst seines Mittelsalzes und der alkalischen versüssenden Erde, das Blut von allen scharfen und gallichten Unreinigkeiten zu befreyen. Ich habe aber (§ 8) angeführet, daß der Gebrauch des Brunnen bisweilen Personen ein weißbläsigtes Ausfahren über die ganze Haut zu verursachen und bey Einigen gar die Krätze heraus zu treiben pflegt, dahero auch der Argwohn erwachsen, als ob derselbe die Materie, oder den Stoff, zu dergleichen Ausschlägen in sich halte; Allein eben diese Wirkung beweiset seine blutreinigende Kraft, und die Erfahrung hat schon zur Gnüge gelehret, daß sich bey anhaltenden Gebrauche des Brunnen solcher Ausschlag bald wieder verlieret. Und eben deswegen kann ich denselben den mit der Krätze geplagten Personen, als ein dieser Krankheit recht angemessenes Hülfsmittel, zu einer ordentlichen Cur auf 14 Tage und länger zu trinken, empfehlen. Sie können sich sodann über den andern oder dritten Tag warm damit waschen, oder baden. Der Liebensteiner Sauerbrunnen pfleget eben auch bey warmen Wetter zuweilen einen frießlichten Ausschlag an Händen und Füssen, oder auch sonsten am Leibe zu befördern, welche bey dem Fortgebrauche sich wieder verliert. S. Johann Storchs observationes von dem Liebensteiner Sauer-

59

Sauerbrunnen. Meiningen 1757. S. 62. Selbst der pyrmonter Stahlbrunnen verursachet bey diejenigen, die ein scharfes galligtes und scorbu-
tisches Blut haben, ein Jucken und Ausschlagen über die ganze Haut. S. Stri-
pii oben (§. 24.) angeregte Beschreibung. S. 269; §. 78. So wenig aber
solche nützliche Wirkung in Reinigung aller Feuchtigkeiten unsers Körpers
diesen Brunnen als ein Fehler jemals angerechnet worden ist, eben so wenig
kann auch dieselbe unserm Gesundbrunnen zur Last gelegt werden. Nur denenjenigen, welche eine schwierige und saure Lunge haben, und den Wasser-
süchtigen, dürfte der Brunnen nicht dienlich seyn, weil bey den Ersten das
Geschwüre durch den Reiz verschlimmert werden und bey den Letztern keine
hinlängliche Ausleerung des getrunkenen Wassers zu erwarten seyn dörfte, folglich die Geschwulst sich zusehends mehren würde.

3. Wird er wegen seines Eisengehaltes dienen in Wiederherstellung der
durch allerhand Ursachen geschwächten, oder verlornen, natürlichen, zum Leben so nöthigen, zusammenziehenden und spannenden Bewegung (Tonus)
der Nerven und Muskelfasern und der aus diesen zusammengesetzten Gefäße
und Eingeweyde des Körpers. Denn eben diejenige prickelnde und gelind
zusammen ziehende Kraft des Brunnen, welche man in den Nervenwärzgen
der Zunge und des Mundes überhaupt wahrnimmt (§. 3.), müssen auch die
Nervenfasern aller Gefäße und Eingeweyde des Körpers empfinden, und zwar
dieses um so mehr, wenn, nach (§. 28) die subtilen Eisentheilchen, als ein be-
rühmtes Tonicum, sich selbst gelassen wirken können. Und wie viele Krankheiten giebt es nicht, die aus einer Schwäche des Nervengebäudes ihren Ursprung haben!

4) Wird er eben seine Eisentheilchen wegen auch äußerlich, als ein Bad,
das, warm, oder kalt, gebraucht, in Schwäche der Flechsen und Bänder von
Verrenkungen, Vertreten und andern äußerlichen und auch innerlichen Ursachen, nicht ohne Nutzen gebraucht werden.

§. 30.

Sonach wäre hinlänglich erwiesen, daß unser Brunnen mit Recht unter der
Zahl der Sauer- oder Gesundbrunnen einen Platz verdiene. Nur ewig Schade,
daß derselbe nicht in Ansehung seiner Gehaltheit reicher ist und der Welt,
wie ein Pyrmonter Stahlbrunnen, zum Gebrauche in allen möglichen Krankheiten angepriesen werden kann. Ich trage indessen kein Bedenken zu behaupten, daß derselbe dem Liebensteiner, wie auch dem zu Bokler im Würz-
burgischen befindlichen Curbrunnen sehr nahe komme, dem Selzerwasser aber
an die Seite gesetzt; ja demselben vorgezogen zu werden verdiene.

§. 31.

Wenn man den Brunnen curmäßig und mit Nutzen brauchen will, so
muß etliche Wochen vorher laxiret und adergelassen werden. Bey einigen Kran-

ten dürfte jedoch das Letztere entbehrlich seyn. Das Glas, dessen man sich zum Trinken bedient, muß ein halbes Nösel halten. Man trinkt frühe nüchtern am ersten Tage 2 Gläser, am Zweyten und Dritten 3, am Vierdten und Fünften 4, am sechsten und siebenden Tage 5 Gläser, und läßt zwischen jedesmaligen Trinken wenigstens etliche Minuten vorbey gehen. Wird die Cur auf 14 Tage eingeschränkt, so wird in der zweyten Woche am ersten und zweyten Tage 5 Gläser, am dritten und vierdten 4, am fünften und sechsten 3, und am siebenden 2 Gläser getrunken. Ist man hingegen genöthiget, 3 Wochen auf die Cur anzuwenden, so wird in der ersten Woche verfahren, wie nur gemeldet worden ist. In der zweyten werden täglich 5 Gläser getrunken und in der dritten Wochen wird mit dem Trinken abgenommen, wie erst bestimmt worden ist. Das Trinken darf nicht übereilt, oder wider Appetit geschehen, und man muß bey und nach demselben den Körper durch spazierengehen, oder auf andere Weise, bis zum Ausbruche einer gelinden Ausdünstung, bewegen, damit das Wasser die kleinen Gefäße der Eingeweyde desto besser durchdringen und wirken kann. Die Aufmunterungen des Gemüthes sind dabey schlechterdings unentbehrlich. Diejenigen, welche sich einer starken Leibesconstitution zu erfreuen haben, können in der Zahl der Gläser nach dem Verhältnisse der Wirkung des Wassers auch höher gehen; Personen hingegen, welche schwächlich sind und besonders über einen schwachen Magen klagen, müssen weniger und sehr langsam trinken, auch sich nur wenig bewegen, damit das Wasser nicht zu geschwind aus den ersten Wegen getrieben werde, sondern sich lange in denselben aufhalten und in dieselbe kräftig wirken könne. Dieser Gattung von Kranken, kann man auch erlauben, daß sie den Brunnen in den ersten Tagen ein wenig erwärmen, doch müssen sie sich nach und nach an das kalte Trinken gewöhnen, weil durch das Erwärmen die ätherische Luft verjagt, mithin ein wirksamer Theil weniger wird.

Nach der Cur laxiren wollen, und sich des überflüssigen Wassers wieder zu entledigen, hieß eben so viel, als sich mit Fleiß aufs neue zu schwächen suchen.

Zum Spazierengehen bietet die Gegend bey dem Brunnen, und überhaupt um die Stadt herum die schönste Gelegenheit dar, wer reiten oder fahren will, findet Pferde und Wagen dazu bereit, und es ist an keinem derjenigen Dinge, die zur Leibesnahrung und Nothdurft und zum Vergnügen gehören, hier kein Mangel. Daher eine regelmäßige Lebensordnung, die das linke Auge aller Curen ausmacht, ganz wohl beobachtet werden kann. Mit dieser muß auch nach der Cur noch fortgefahren werden, wenn man eine dauerhafte Hülfe hoffen will. Die besondern Regeln, welche das Individuelle der Krankern bestimmt, muß man von den Medicis erlernen, denen man sich bey der Cur anvertrauet.

Nach

Nachtrag

einiger

wichtigen und noch nie gedruckter

Dokumente

zwischen

Sachßen und Bamberg

zur

Sächsischen Diplomatik

gehörig

Wir Graf Friedrich von Henneberg und Günther von Bünaw Marggraven Wilhelms von Meißen Marschalck umb Spenne und Zweytracht
die zwischen Bischoffen Albrechten von Bamberg off ein, Herrn Wilhelm dem
Eltern und Herrn Friedrichen Landgraven in Düringen gebr: ꝛc. ꝛc. ander
sid von den Legers und rechten wegen, so dieselben Marggraven und Ire Erben meynen zu Teutschitz offdem eigen zu haben, geweſt seyn Schied gethan ꝛc. ꝛc.
Dat: . und uff Jahr (1417) zu Koburgk am Samstag nach U: L: Fr: Tag
Lichtmeß.

Wir Friedrich Grave zu Henneberg und Günther von Bünaw des
Hochgebornen Fürsten und Herrn, Herrn Wilhelm Landgraven in Dü-
ringen und Marggraven zu Meissen Marschalck, bekennen öffentlich mit diesem
Briefe, und tun kund allen den die in sollen hören oder lesen; Als von solcher
Spenne Zwilauff und Zwitracht wegen, die lange zeither bisher zwischen unsern gnädigen Herrn Herrn Albrechten Bischoff zu Bamberg auf eine und
Herrn Wilhelm Landgraven in Düringen und Marggraven zu Meissen gebrüder uff die andre siden von des Legers und Rechten wegen die dieselben
Unsre Herrn von Meissen und ir Erben meynen zu Tewsitz uff den eigen zu
haben gewest seyn, derselben Spenn, Zwilauff und Zwietracht, die ob genant
unser gnädigen Herrn von Bamberg und von Meissen sie darumb gütlichen zu
entscheiden und darumb auszusprechen zu Uns gangen und bey Uns gentzlichen
blieben sein, wie Wir das zwischen In ausſprechen und scheiden, daß es von
In uff beeder siden gentzlichen volfurt und gehalten soll werden.

Zum erſten ſcheiden und ſprechen Wir auß, daß der obgenannt unſer
Herr von Bamberg, für ſich ſeinen Stifft und Nachkummen Unſern Herrn
Marggraven Wilhelm und Marggraven Friedrichen, ſein Bruder und als
Ire Erben zu Widerlegung und durch des Willen das die obgenante unſer
Herrn von Meiſſen, des Legers und Rechten daß ſie uff den egenant Legen
biß her gehabt haben abtreten ſullen, geben ſoll das Dorff Heinersdorf mit
ſeinem Dorf Marck und Zugehörungen mit ſamt der Wuſtung Kuntrewe mit
allen Iren Gerichten und Rechten, Eren, Wirden, Nutzen, Zinſen, Dienſten,
Fronen Welden, Holtzern, Puſchen, Waſſern, Mülen, Biſchweiden und allen
und iglichen iren zugehörungen und ſunderlichen den Wald, halb genant die
Kriegs Leute als das alles in Märckten und Reinung gelegen iſt, und noch
vertzeynt ſoll werden, außgenumen den Zehenden zu Kuntrew und die Marck
der Reynung des egenamten Dorfs Heinrichsdorf Wüſtung und Waldes,
ſich

sich anheben an den grossen Sperbersbach, die der Herrn von Briamunt
Wald eintritt und get den Weck uß uber den Mittelberg biß an den Ellen
Grun Fluß, und von denselben Floß Gericht hinauf, biß auf den Ruck und
die Want hinuß biß an die Weiltscher Gemercken vnd fert hinaus zwischen
den von Weiltsch vnd Heinrichsdorf vnd den Grund hienüber unter Heinrichsdorf zwischen Weiltsch vnd Heinrichsdorf biß hienauf an Kunrewth, vnd als
das alles vermarckt ist, zwischen Kunrewth vnd Pfaffendorf Einesenhawg bo
Trahendorf antritt, als dan die Marckt von den Sperbertspach ausgeht vnd vermarckt ist, biß an Trahendorf, vnd was dan zw der lincken selden hinuß gein
Rotenknochen, gein Weiltsch gein Pfaffendorf vnd gein Teuschnitz auff den Eger
nichts ausgenomen gelegen ist, das soll alles Unsern Herrn von Bamberg seinem Stifft vnd Nachkommen, mit allen Itten Gerichten, vnd Rechten Ehren,
Nutzen, Weiden, Höltzern, Puschen, Wassern Mulen, Wischweiden, vnd mit
allen vnd iglichen Iren Zugehörungen vnd Herlichkeiten, nichts ausgenomen
an Eintrag vnd Hindernüße der obgenant Unsern Herrn von Meißen aller
Ir Erben vnd der Iren igenglichen volgen vnd bleiben on Geverd, vnd was
dan von den Meibrun, uff die rechten selden gen Heinrichsdorf gen Kunrewt
der Wüstung in der Marct als die vermarcket vnd vereynet ist, gelegen ist, soll
Unsern Herrn Marggrafen Wilhelm seinen Bruder vnd allen Iren Erben
volgen vnd bleiben mit allen Gerichten, Rechten Ehren Nutzen Herlichkeiten
vnd Zugehörungen on alles Geverd.

Auch scheiden vnd sprechen wir aus vmb die Krieg seiten, daß die von dor
die von beeden Teilen darzu gegeben werden gleich halb getzeilt vnd vereynt
soll werden, von den Meibrun vnd durchaus, vnd das oberhalb Teil, gen den
Sperbertspach gelegen, soll unsern Herrn von Bamberg seinen Stifft vnd
Nachkommen bleiben vnd gefallen, vnd das unterhalb Teil gen Heinrichsdorf
herab gelegen so unsern Herrn den Marggraven vnd Iren Erben volgen vnd
gefallen mit samt Heinrichsdorf vnd der Wüstung in der maß als vorgeschrieben stet, fur sich seine Stifft vnd Nachkommen genzlichen verzeyhen, vnd das
alles lediglich abtreten on Geverd; darauf soll auch Unsern Herrn Marggrafen
Friedrichen seinen Bruder vnd alle Ir Erben vnd der iren aller Vorderung
Anspruch vnd Rechten, die sie von des Legers Gewohnheit vnd ander Gerechtigkeit wegen, uff den Eygen zu Tewschitz vnd darumb in der Gegend gehabt
haben verzeihen vnd des genzlichen abtun vnd er sein Bruder vnd all Ir Erben noch nymonts van Iren wegen, sollen fürbaß darumb mer keine Forde-
rung vnd Anspruch haben noch tun in kein weiß on Geverd, Was aber vm
Frohn vnd Weisat, die Dörfer Meickenrodt, Wolframsdorf vnd Meiltsche, auf
das Schloß zum Neuenhaus pflegen zu thun, die sollen sie noch dahin tun,
vnd solln auch mit dieser Scheidung nit abgetan seyn, nemlichen sollen die
Lewt zu Meickenrodt, geben alle Jar zu Weisat als gewönlich ist vnd ander
Lewt geben, ein halb Geschock Keße, vnd zwey Geschock Eyer auf das Schloß
ge-

gen Neuenhaus, Wolframsdorff soll gebenachtzehn Kese, 1 Schock Eyer zu Weisset, so sollen auch dieselben armen Lewte in denselben Dorff, fronen mit einem Pflug die Tag im Jar und tölliger in denselben Dorf gesessen, soll fronen einen Saittag zu den Korn und ein Saittag zu den Habern, alles gein Newenhaus, und über die obgenannt Weysat und Frohn sollen die obgenant Unsre Herrn die Marggrawen werben, und die iren noch nymants von iren wegen die Weysat und Frohn nicht mehr machen, noch beschwehren an khein weisz und die armen Lewte derselben Dörffer wieder den obgenant Unsern Herrn von Bamberg seinen Stifft und Nachkummen und die seinen nicht vertendigen zu Swerd, und dasz das alles, als vorgeschrieben steet, von den obgenant unsern gnädigen Herrn von Bamberg und von Meissen nachdem als wir das auszgesprochen haben, vollfürt und gehalten werden. Haben Wir obgenant Friedrich Grave zu Henneberg und Günter von Bünaw Marschalck Unser iglicher sein eigen Insiegel zur Urkund an diesen Brief gehangen, und wir Albrecht von Gottes Gnaden Bischoff zu Bamberg, für Uns unser Stifft und Nachkommen und Wir Wilhelm von desselben Gnaden Landgrave in Doringen und Marggrave zu Meissen für Uns Unsern Bruder und alle unsere Erben bekennen umso merklichen aller vorgeschriebenen Teyling und Entschidung und reden die gütlichen und unverbrechentlichen zu halten on Eintrag, Hinderung und an alle Geverd, und haben des Unser iglicher sein eigen Insiegel zu der obgenanten beyden Insiegel, zu Mehrerer Sicherheit an diesen Brief gehangen, der geben ist zu Lobyra am Samstag nach Unserer lieben Frauen Tag Lichtmesz Anno Domini Millimo Quadringentesimo decimo septimo

(L. S.
F. B.) (L. S.
L D.
& M.) (L. S.
C. H.) (L. S.
G. v. B.)

Copia.

Recessus Luccepetrani d. d. Aug. 1601.

Von Gottes Gnaden Wir Johann Philipps erwehlter und bestätigter Bischoff zu Bamberg, und von deselben Gnaden, Wir Johann Casimir Herzog zu Sachssen, Landgraf in Düringen, und Marggraf zu Meissen, als sich zwischen unsern beederseits Fürstenthumb und Länden, vor Jahre und bishero, etlichen Nachbarl. Stritt und gebrechen halben, differenz und Jrrungen erhalten, daszero Wir von beyden Theile, unsere hierzu sonderbahr deputirte Räthe, solche Jrrungen in der Güte abzuhandeln, und mit unserer Ratification zuvergleichen verordnet, welches auch zu unterschiedlichen mahle zusammen gelangt, und angeregter differenn und Gebrechen halben, tractirt gehandelt und endlich uff unser zuvorn erhohlte Resolution geschloßen; Inmaßen von Worten zu Worten hernach folget.

Nachdeme zwischen dem hochwürdigen Fürsten und Herrn, Herrn Johann Philipsen, (erwehlten und bestättigten, Bischoffen zu Bamberg, dann dem Durchlauchtigen und hochgebohrnen Fürsten und Herrn, Herrn Johann Castmier Hertzogen zu Sachßen, Landgrafen in Düringen und Marggraffen zu Meißen :c. beyder unserer gnädigen Fürsten und Herrn, der bis anhero erhaltenden Machtbarl. Irrungen halben, zu güttl. Vergleich und abhandl. derselben, Montags den 5ten Junii neuen und Sechs und zwantzigsten May alten Calenders des verschienenen Sechszehen hunderten Jahrs beyderseits Herrschafften abgeordnete Räthe zu Neustadt an der Heiden zusammen gelangt, und in gepflogener tractation und Handlung etliche der demselben stritigen Puncten uf dem Augenscheiu gestelt, etliche uff relation und ratification angenommen worden. Darauf nach allerseits beschehener relation angeregter irrungen halben wiederumb Tags Handlung nach lichtenfels uff Montag, den 6ten Augusti Neuen, und Sieben und Zwantzigsten Julii, alten Calenders des Sechszehenhundert und ersten Jahrs, ernennet, und angesetzet worden, als sobald von beyder Herrschaften wegen Dero abgeordnete Räthe, zu gedachten Lichtenfels erschienen, die obgemelde strittige Puncten ferner vor die Hand genommen, u. indemselben, uf vorgehende ratification, bey der ihrer gnädigen Fürsten und Herren von Bamberg und Sachßen, abgeredt, gehandelt und geschloßen, inmaßen unterschiedl. hernach folgt.

Und so viel den ersten Strieit und Jrr:ing, den Lichtenfelser Forst bitressend, anlangt, Ist von Bamberg wegen, Wir auch, oder zeit. und vor viele Jahre Beschwehrungsweiß angebracht, daß vor alters in denen dreyen Dörffern, Ebersdorf, Fronlach und Zeichern, wegen großer Menge, der Stückmacher, der Lichtenfelser Forst an Nutzen nit zu geringen abnehmen kommen, und da ihnen anderst ihre gebührnis gegeben werden solte, die Zahl derselben nothwendig geringert werden müste, wie wohl nun Sachsen dargegen angezogen, daß solche verödigung von Ihnen den Stückmachern allein nicht herrühre, sondern dahero, daß die größten Buchen zu Klossterholtz geschlagen, und andern ums Geld verkaufft worden. Dieweil sich aber uff dem Augenschein, und der Besichtigung besunden, daß so viel Buchen nicht mehr vorhanden, mit welchen die große Anzahl der Stückmacher künftig versehen werden können, als haben sich beyderseits abgeordnete Räthe, dahin verglichen daß zu verhütung weiterer des Walds verödigung hinführo gleichwohlen die Zunftschen Stückmacher, so lang sie im Leben bleiben, zu ihrer Arbeit, ihre gebührl. Anzahl Holtzes, vermög der Verträg, von dem Bambergischen Forst Meister gefolgt, da sie aber bis uff zwölff absterben, als dann es bey solcher Anzahl hinführo allerdings

bings

dings bleiben und bewenden solle, alß auch bey diesen Puncten die Sächsischen Gesandten Beschwerungsweiß vorbracht, daß den obbemeldten Sackmachern, wie auch den Glasern, Weißbäckern, und andern Sächsischen Unterthanen, die Forst-Gerechtigkeit haben, ein gewiße revier, darinnen sie bißhero von dem Bambergischen Forst-Meister angewiesen worden, außgezeichnet, und in den Verstandt gezogen werden wollen, daß wo diese revier ein Ende hätt, und darinnen kein Holtz mehr, Ihnen tauglich vorhanden, alßdann demselben auch an andern Orthen, des Lichtenfelßer Forsts kein Holtz mehr zugeben schuldig, und daß anitzo in solchn revir auch „andere angewießen würden, Item daß „diejenigen Sächsischen Unterthanen, so Holtz-Gerechtigkeit in dem Lichten= „felßer Forst haben, sie zuferne, und Ihnen weit anliegene Orth angewießen, „mit dem Anweiß-Geld gesteigert und auch in dem Straff-fällen ein über= „maaß gebracht werden, wie auch, da ein Stückmacher zu einem solchen ho= „hen Alter kommen, daß er solches seines Alters halben nicht mehr Arbeiten „könnte, demselben nicht vergönnet, noch zugelaßen werden wolte, einen Knecht „zu halten, weilen aber aller dieser Puncten „wegen in voriger Ao. Vierzehen „hundert Fünff und Siebenzig, und Ao. Funffzehenhundert drey und dreyßig, „uffgerichten Verträgen, gewiße verseßung beschehen, soll es darbey und „wie es sonsten Herkommen nochmals bewenden, und demselben gemäß ge= „lebt, auch den Forst-Meistern daob zu halten befohlen werden. Hingegen und nachdeme von Bamberg wegen geklagt worden, daß an jetzo etliche, wie in Neuligkeit Georg Hummel zu Weldhaußen: (beme die deretwegen außer= legte Straf durch Vorbitt vor dißmahl nachgelaßen:) sich unterstanden 2. Stockwerck auf ein ander zu bauen, wie auch andere neugebäu. Item eine Ziegel, Kalck, und Häfner öfen, und andere Feyerstätten mehr, so zuvorn nicht gewesen, uffzurichten, und darzu nicht allein Bau- sondern auch Brennholtz zu begehren, ist es in diesen Beschwehrungen, solcher gestalt abgeredt und Ver= glichen, daß da einer oder mehr zwey Stockwerck uffeinander Bauen würde, demselben jedoch an Bau- und Brennholtz nicht mehr, dann als ihme sonsten zu einem Sockwerck gebühret hätte, gefolgt, diejenigen aber so wie gemeldet neue Feuerstette uffrichten, gar abgewiesen, jedoch aber beysselben eine Noth= durfft Holtz, wofern es verhanden, und ohne Veröstigung des Lichtenfelßer Forsts geschehen kann, umb die Bezahlung gegeben werden. Sonsten soll es der Badstuben, Schmitten, Schulmeister und Hirtenhäuser halben, in ob= berührten dreyen Dörffern, Ebersdorf, Fronlach, Zeickern, bey dem alten Her= kommen bleiben.

  Daß Bau- und Brennholtz zu der Pfarr, deßen Sachßen ingleichen berechtigt seyn wollen, Betreffende, soll daßelbige bemeldter Pfarr gleich andern, so Holtz-Gerechtigkeit im Forst haben, hinfüro gefolgt werden.

Es hat sich auch Sachsen bey diesem ersten Punct beklagt, daß die Sächsischen Unterthanen, so strafbahr befunden, von dem Bambergischen Forst-Meister zu Lichtenfels uff die Straff-Täge, und sonsten immediate, und ohne vorgehende abholung aus Sächsischer Obrigkeit citirt und erfordert werden, damit aber die Unterthanen, so Holtz Gerechtigkeit haben sich vom gebühre. Abtrag und verwürckter Straff nicht ausziehen mögen, sollen die Verbrecher gepfändet, und wann die beamten, darunter solche verbrecher gesessen, dieselben zum Abtrag und Straff den Verträgen gemäß, gestellet, auch da sie unterhorsamlich außen bleiben würden. Ihnen immittelst das Forst Recht verbotten, sonsten aber, und was dem Vertrag bey diesem Punct, nicht einverleibet, solches allenthalben bey dem Verträgen und alten herkommen gelassen werden.

Ferners und zum andern, nachdeme sich auch von Bamberg wegen beschwert worden, daß obwohlen die hohe und niedere Jagens Gerechtigkeit, wie auch Grund und Boden hohe und niedere Obrigkeit, uff dem gehöltz der Brandt genannt, dem Stifft Bamberg allein, und unwiedersprechlich, jederzeith und vor unerdenckl. Jahren angehörig, jedoch sich Sachsen darauff auch des hohen Wildpans angemaß, ist dieses Puncts halben die Vergleichung dahin gerichtet, weilen Sachsen in unterschiedl. Fällen, so vor dessen an die Zent Neustadt gehört, zu Furth und Fürttenberg, dem Stifft Bamberg abgetreten, und noch darüber uff den Fürttenberg eine Verwahrung und Gefängniß zu bauen vergönnet und nachgelaßen, wie unten bey den Sechsten Punct mit mehrern erwehnet, dargegen auch der hohe und niedere Wiltpan, uf dem heußler gehültz abgetretten daß hinführo die hohe Wiltpann, und andere Jagd Gerechtigkeit uff dem Brandt, so weit derselbig sich er streckt und umpfangen, Sachsen allein zuständig, und Krafft dieses Vertrags, seyn und bleiben, jedoch dem Stifft Bamberg an diesem Orth des Brandts, so wohl dem Hauß Sachsen an obbemeltem heußler Gehültz, an den hohen und niederen Obrigkeiten, Eigenthumb Grund und Boden, und allen Rechten in pflegl. Verkauffung des Holzes, triebs und andern Gerechtigkeiten, dadurch ais. der nommen seyn, immaßen dann ferner der Wilt Fuhr oder Wiltpanshalber, der Enden dieses abgeredet und Verglichen, daß dieselbe dermaß auch also angestellet und gehalten damit die Unterthanen der wegen sich mit Fugen zubeschwehren öt. Ursach haben, wie auch das Aichelesend, so viel hergebracht, auch vor dieser Zeit Gerechtigte, nochmahls verstattet werden solle.

Was fürs dritte das Geleith vor Coburg und andern Sächsischen Orten aus noch Lichtenfels anbelangt, in dem von Sachsen wegen vorgewendet, daß die Hertzogen zu Sachsen deßelben biß uff die Mitten der Lichtenfelser Meinbrücken berechtigt, hingegen aber von Bamberg wegen angezeigt, daß hiebevorn und vor Alters, von Lichtenfels aus, uff zutragende Fäll, bis gen

gen Fůllbach vergesellet worden; So ist dieser Punckt dahin gemittelt, daß hinführo Sachßen das Geleit biß für das Lichtensfelser Gemeinholtz uff dem Herrnberg, und uf der andern Straßen gegen der Schney zu biß an daß Wäßerlein vorgemelten Dorf Schney zuständig, und biß dahin von Sachßen vergleiteten, und allda von Bamberg das Geleit wieder angenommen werden, auch zu mehrer und künfftiger Nachrichtung, an ein jedes Orth ein Geleits Stein gesetzet werden sollte.

Als auch zum Viertten der Wüstunge Pfaffendorf halben, von Bam-berg angebracht worden daß obwohlen derselbe Orth, als der vor Alters noch ein Dorff gewesen, dem Stift Bamberg mit dem Eigenthumb, lehen, auch aller hoher und niderer, Steuer, Räiß Volg, Gebott und Verbott und aller Gerechtigkeith angehörig gewesen, und noch, dargegen Sachßen vorgewendet, daß solche und dergleichen regal Stücke und Obrigkeit Ihme zuständig, auch in geruhiger Possell seye, Als ist dieses Puncten halben abgeredet worden, daß des wegen von beeden Theilen innerhalb Acht Wochen der Augenschein eingenommen, die alte Marckung verneuert, und also die Grenze der hohen Obrigkeit wieder ergentzt und richtig gemacht, die Steuer aber einem jeden Theil, wie er dieselbig herbracht, und biß anhero eingenommen zustehen, und dem Stifft Bamberg das Eigenthum weiset, Lehen, gült, Zinß allein, und wie bißhero beym Kasten Cronach bleiben soll. Und alß biß Orts auch des Triebs halben Streit vorgefallen, soll durch beyderseits Beambten Kundschafft darüber, auch innerhalb Acht Wochen, verhört, und wie sich die Sachen das mit befindet, verglichen werden.

Zum Fünfften die difference des Orts und Gehöltz in der Kriegsleiten betreffende, ist dieß Punckts wegen es dahin vergliechen und verabschiedet, daß das hinführo solcher Orth abgetheilet, und jeder Herrschafft davon der halbe Theil, darinnen seines gefallens, jedoch pfleglichen Holtz zu hauen und zuverkauffen frey und bevorstehen, die Obrigkeit und der hohe Wiltpan Sachsen allein bleiben, Jedoch denjenigen so wohl Sächßischen als Bambergischen Unterthanen, so die Trieb Wun- und Weidens Gerechtigkeith, darinnen zu haben vermeynen, derentwegen ihrn Beweiß welchen Sie gleicher gestalt innerhalb 8. Wochen thun und vorstellen sollen hiermit nichts benommen.

Weiters und nachdem auch zum Sechsten die Irrungen wegen des Ambts Fürtenberg vorgelauffen, Und ob wohlen Sachßen in dem Dorff Fürth anders nicht, als die Centbarl. Obrigkeit und Vier hohe Rügen durch Bamberg bestanden werden wollen, Jedoch sich am selbigen Orth der Sächsisch Schößer zu Neustadt an der Heide, auch der Vogteilichen Obrigkeith, Erb-huldigung, Räiß, Steuer, folg, Ungelt, Müllerstraf, Musterungen, wie auch Sachßen selbsten des hohen und Niedern Wildpans anzumaßen sich un-

I 3

terstanden, hingegen aber dern Orth den den Stifft Bamberg anders nichts als die Wäld- Schuld- und Lehen Sachen geständig seyn wollen, die Bambergischen abgeordneten aber ein solches wiedersprochen und nicht geständig gewesen, ist dieses Punctes halben, die Vergleichung nachfolgender Gestalt geschehen und von beeden Theilen angenommen worden, Neml. daß dem Hauß Sachsen im Dorff Furth die Fraisch. und Centbarl. hohe Obrigkeit, Lands- Huldigung, Raiß Bolg, Musterung ungelt, oder Tranckstener, und der hohe Wiltpan uff dem Schölz am Fürtenberg zuständig seyn, dem Stifft Bamberg aber in gedachten Dorf Fürth und uff dem Schloß Fürttenberg, die Erbhuldigung, Stener, Zinß, Gült, Fron, Lehenschafft, das klein Wälde werck, und was demselben anhängig, u. da im Hasen Jagen ein Reh mit einlaufft, an bemeldten Fürttenberg, auch zubesagten Fürth u. Fürttenberg die Voigteiliche Obrigkeit, Gebotz und Verbott, sonderlich in nachfolgenden Fällen, als Gült, Schulden, Güther liegend und fahrend, stehendt, Beweglich, oder anbeweglich, Schulden Pfandungen, Item alle Bürgerl. Sachen, die von Peinlichen nicht herfliessen, hierüber die kleinen und geringen Brüche und Mißhandlung zustraffen, als Diebstahl unter dren Schilling, Item verbothene Waar feil haben, verbothene Messer und Waffen tragen, verbothen Spiel treiben, Haar rauffen, Lügenstraffen, Item Schlechte, Schmäh Worth, die nicht an Freyen Orthen oder Hohen Persohnen geschehen, und Peinlich nicht geklagt werden, Item da einer in disen und andern hieroben begriffenen Fällen ungehorsam würde, oder vor dem Beamten sich unzüchtig erzeigete, Item der sich von ihnen etwas bewilliget, und demselben nicht nachkommt, Item der Schulpen, so auf Ihn mit Recht gewunnen, nicht bezahlete, ungehorsam, u. das Mühlschauen und Straffen, vermög deß sö: Funffzehent hundert Sieben und Dreyßig deßwegen sonderbahrn auffgerichten Virtrags, angehörig seyn und bleiben sollen. Es soll auch dem Stifft Bamberg zugelaßen seyn, uff demelbten Hauß oder Schloß Fürttenberg ein Gefängniß oder Verwahrung zu haben, und da die Unterthanen zu Fürth, auch die Diener und andern uf dem Schloß in einem oder dem andern der obgemelden Voigtey Fäll frevelten, und sich nicht gehorsaml. erzeigen wolten, diesebige entweder an Geld, nach Gelegenheit vorgesetzter Fäll und derselben Verbrechung, oder mit beruhrter Gefängniß zustraffen, wie aus deßwegen, dem Stifft Bamberg, einen eignen Schultheißen und Büttel daselbst zuhalten, frey und bevorstehen solle, so mag auch mehr gemeldter Stifft Bainberg deßelben Unterthanen zu Neudenroth, diebe, am und Belckheim mit solcher Gefängniß oder Verwahrung seines Gefallens strafen, jedoch da sich uff bemeldten Hauß oder Schloß Fürttenberg ein Fall, so der Fraisch oder den real- oder Tödlichen injurien welche Sachsen gleichfals vorbehalten, begebe und zutrüge die mißthätige Persohnen, und Frevelnt Sachsen geliesert werden. In alle Weg aber beydeseits Beamten einander in obberöhrten Fällen u. was vermög tiefer Vergleichung, jedem Theil zuständig, kein Eintrag thun, sondern ein jeder die Fäll wohin sie gehörn, remittiren und weißen. Be-

71

Belangende zum Siebenden die Fraischl. Obrigkeit zu Burg Grueb, als da der Stifft Bamberg derselbigen berechtigt zu seyn vermeynet, dargegen aber vorgewendet, daß solche Fraischliche Obrigkeit Sachßen allein zuständig, und dieselbigen Hanß Veiten von Würtzburg, der Zeith Bambergischen Hauptmann zu Cronach, neben dem drittentheil anbemelten Dorf Burg-grueb gantz verliehen worden, ist dieser Stritt mit wißen und Bewilligung des von Würtzburg dergestalt beygelegt, daß dem Stifft Bamberg, welcher ohne das, an diesem Dorff Burggrueb zween drittelhl hat und fürter dieselben, Hanß Veiten von Würtzburg zu Lehen verleihet, hinführo und ins künfftig auch die Fraischl. Obrigkeit zum halben theil, der andere halbe Theil aber Sachßen zusteßen, und solcher Gestalt auch mehr gedachten Hanß Veiten von Würtzburg jedoch sonsten jedem Theil, an seinem dern Orthen habenden Rechten und Gerechtigkeithen unschädlich geliehen, und darauff von beyden herrschafften die Lehenbrief gerichtet werden sollen.

Und nachdem auch zwischen beyden Fürsten und Herrn, wegen des Closters Banß Unterthanen zu Buch, und deroselben Belegunge der Steuer, Stritt und Irrungen vorgefallen, indeme daß jede Herrschafft dieselben Un-terthanen alle allein belegen wollen, ist diese Vergleichung geschehen, daß nachdem durch einen Vertrag a°: Funffzehen hundert Sieben und dreyßig, die Fraischl. Obrigkeith daselbsten mit etlichen Marck steinen unterschieden wor-ten, nunmehr ins künfftig auch die Steuer unterschieden seyn sollen, dergestalt was bieher der Marckung gegen Lichtenfels für Closterl. Güther gelegen, dem Stifft Bamberg, und wiederumb was hierüber gegen Sachßen gelegen, dem Hauß Sachßen auf zutragende Fäll, davon die Steuer gereicht und gegeben werden solle.

Es hat sich auch Bamberg, neben obbeschriebenen Punckten, indeme be-schwehret gefunden, daß von Sachßen zu Deickheim und andere Orthen, als da bemelten Stifft Bamberg, die hohe und niedere Obrigkeith unwiedersprechl. zu gehörig bey und an den Sächßischen Lehengüthern Seule und Fahnen aufgerichtet, daran das Sächßische Wapen gemacht, welche dem Stiffte Bamberg ins künfftig an berührter deßen hohen und niedern Obrigkeith nicht wenig præjudicirl. und nachtheillig seyn mochten, Sachßen aber sich derent-wegen dahin erklärt, daß diese Fahnen anders nicht, als zu Erkänntniß der Sächßischen Lehenschafft und was deroselben anhängig gemeinet seyn, haben als die Bambergischen abgeordneten, bey dieser Erklährung bewenden laßen, wie auch hiermit das Brenen uff der Sächßischen Schenckstatt zu Herb, dem selben Wirth frey gelaßen seyn, und des Sächßischen Eintrags halben zu Bugenstirn, innerhalb 8. Wochen, der Augenschein eingenommen, und alt dann dieser Stritt auch erörtert werden solle.

Sol-

Sollen alſo hiermit alle und jede obbeſchriebene differenz and Jrrungen, zwiſchen beeden Fürſten und Herrn von Bamberg und Sachſen, gänzlichen verglichen und vertragen, auch die am Kayſerl. Cammer Gericht derentwegen unterſchiedl. ſchwebende Rechtfertigung caſſiret und aufgehoben ſeyn und bleiben ohngefährde, zu Uhrkund haben ſich hochgedachter beeder Fürſten abgeordnete mit eignen Händen unterſchrieben, und ihre gewöhnliche Petſchaffter hiefür gedruckt ſo geſchehen und gegeben zu Lichtenfels den ―――――― August anno Sechszehen Hundert und Eins.

Wolff Heinrich   Hanſſ Veit von   N. Onoſſerus von
von Redwitz Bomb.   Würtzburg.   Oelheim.

     Albrecht von Brandenſtein.   Carl. Baſold N.
                 Fr. B. Canzler.

Volckmar Scherrer, J. D.   Chriſtoph Hund   Moritz von
St. S. Canzler.   von Weinckheim.   Heldrit.

Albrecht von Steinau   Elias Friedrich
genannt Steinrück.   Volck genannt N.

         Georg Hack.

Demnach bekennen Wir, und thun kund öffentl. an dieſen Brief, für uns, unſern Stifft, auch unſern Erben und Nachkommen, daß wir hier vor beſchriebene, durch unſere beederſeits hierzu verordnete Räthe gepflogene Handlung abredt und ſchließl. Vergleichung ratificirt confirmirt und beſtätigt haben, Ratificiren confirmiren und beſtättigen, dieſelbe hiermit und in Krafft dies Briefs, für uns, bemelden unſern Stifft, Erben und Nachkommen, und wollen daß ins künftig ſolcher abredt, und darauf erfolgtem Vertrag, von unſern Beamten und Dienern, zu beeden Theilen, in allen deſſen Puncten und Artickuln gelebt, und nachgeſetzet, werden ſolle ohne Geſährde, deſſen zu Uhrkunde haben wir unſere Fürſtl. Inſiegel an dieſen Brief anhangen laſſen, ſo bekennen wir Wolffgang Albrecht von Würzburg, Dompropſt, Johann Chriſtoph Neuſtetter, Stürmer, genannt, Dom Dechant, Johann Gottfried von Seckendorff Senior, und das Capitel des Domſtiffts zu Bamberg, gemeiniglich das dieſe Abhandlung und Vergleichung auch hochgedachts, unſers gnädigſten Fürſten und Herrn von Bamberg, darüber erfolgte ratification und beſtätigung mit unſerm guten wißen und Willen zu gangen und beſchehen, Und deſſen zu Uhrkunde haben wir zu beeder hoher nannter Fürſten Inſiegel auch unſers gemeinen dom Capitels Inſiegel an dieſen

                                                                ſen

sen Brief gehangen, jedoch sonsten und beederseits unsern Leuthen und
Güthern auch Rechten und Gerechtigkeiten, ingemein und insonderheit uns
schädlich. Geben und geschehen, Dienstags den $\frac{18\text{ten}}{8\text{ten}}$ Monatstag Septembris nach Christi unsers lieben Herrn Geburth, Sechzehnhundert und in
dem Ersten Jahr.

   Daß vorhergehende Abschrifft mit dem Rechten auf hiesiger Fürstl. Cantzley befindlichen, und an siegeln unver-
   sehrten original, bey gehaltener Collation von Wort zu
   Wort gleichlautend befunden worden, thue ich Endes un-
   terschriebener mit meiner eigenen Handschrifft, auch für-
   gedrucktem Notarial Signet und Petschafft hiermit be-
   kräftigen so geschehen Coburg, am 12ten May.
   An. 1692.

   (LS) *Mich. Heinrich Hagelganß,*

     (LS) *Imper. Autor. Notar. Publ.
       Iurat et t. t. Ind. Secre-
       tor. mp.*

Copia, des im Herzogl. Sächß. Archiv zu Coburg befind-
lichen Vertrags,
zwischen
Sachsen und Bamberg, verschiedener in dem ao. 1601. aufgerichteten
Vertrag ausgesetzter auch anderer Puncten wegen sub dato $\frac{10.\ \text{May}}{30.\ \text{April}}$ 1608.

Von Gottes Gnaden wier Johann Philips Bischoff zu Bamberg und
 wier Johann Casimir Herzog zu Sachsen Landgraf in Düringen,
und Marggraf zu Meissen ꝛc. ꝛc. Bekennen und thun Kund öffentlich an diesen Brief, Demnach den denen ao. 1601. in unser Bischof Johann Philippen
Stadt Lichtenfels daran zwischen unß beyderseits gehabten Nachbarlichen Ir-
rung und Gebrechen halben auf gerichteten Verttag etliche Puncten nicht aller
Dinges erörtert, und bey gelegt werden können, sondern zu fernerer tractation
und Handlung ausgesetzt worden, auch sich in mittels in demselben Vertrag
         und

und sonsten nach etlichen mehr bedenckten, und stritt ereignet, und zu getragen, wir zu auch endlicher Abhandlung und Erörterung derselben unserer beederseits Räthe zu etlichmalen zusammen verordnet, die dann Montags den 5ten May neuen, und 25ten April alten Calenders dies 1608. Jahrs in obberwelter Bischoff Johann Philippsen Stadt Lichtenfels wiederum zusammen kommen, solche noch übrige Puncten vorgenommen, und nach nothdürftiger tractation, Handlung und eingenommenen Augenschein, mit unser beederseits guten Wissen und Willen, erörtert, verglichen und beygelegt, wie unterschiedlichen hernach folget.

Und erstl. so viel das Geleit beßen wir der Herzog zu Sachsen ꝛc. von unsern Städten Coburg und Neustadt aus, durch das Bambergische Amt Burckunstadt, bis auf Schwarzach gegen Culmbach in dem Bach, und wiederum zurück angemelden Stadt und Örter, berechtiget zu seyn angezogen, des wegen auch albereit an dem Keyserl. Cammer-Gericht in perpetuam rei memoriam commission aus gebracht, aber wir der Bischoff zu Bamberg solches nicht geständig seyn, sondern von den Felschraucken an, bey den Bachgraben und unsern Lichtenfelßer Forst, und für der durch unsern beede Aemter Weißmann und Burckunstadt, gleichfalls auf Schwarzach und von denen wiederum zurück selbsten haben wollen, anbelangt, dieweilen dieser Punct mit verglichen werden können, sondern albereit vermöge des Heil. Röm. Reichs Constitutionen und Ordnungen auf den Proceß der Austrag gestellet, darzu auch von uns beederseits der hochwürdige Fürst unsers besonders lieber Hr. und Freund Hr. Johann Friedrich Abbt des Stiffts Fulda, zu einem commissario und schieds Richtern albereits erkieset und ersucht, als soll es dieses Puncten halber, bey ungeregtem *Proceß* verbleiben, und desselben Außschlags erwartet, aber das albereits verglichenen und vermarckten gleits halben, bey Lichtenfels, derern orten zwey Stein gesezet, inhalts des obgedachten Ao. 1601. aufgerichten Vertrags bewenden und bleiben, und durch Führung desselben iederzeit die ordentliche Geleits Strassen gezogen, und darum er durch Abführung von keinen Theil gefahr gebrauchet werden. Ferners das bishero streittige Gehölze, die Kriegsleiten genennt, betreffend, Nachdeme dieser punct in nächst vorgehender Handlung vermög des darüber ad referendum auf gerichten Receß dahin gestellet gewesen, das solche Kriegsleiten von einer alten umgefallenen Buche angerad hinab, bis zu End derselben an einem itzt gleichfalls umgefallenen Kirschbaum, in zwey gleiche Theile zerschlagen, fürters solche zwenen Theil durch unpartheylische darzu verordnete äſtimaturen geschäzet, und welcher beßer, dem andern an gelt, oder gleichen Werth Erstattung gethan werden solle, aber in izjger Handlung, u. abermal eingenommenen Augenschein sich funden, daß um allerhand beweglicher Ursachen willen, berührte Abtheilung füglicher anzustellen, wenn von demselder als an Buchen an, bis hinunter an den „Brunnen der Keis Brunnen genennt,
und

75

„und deßelben Waßerflößlein ab und ab, bis an den Weg gegen den Waßer die Theile genannt, zur rechten Hand gegen den Sperbersbach u. den Herzogen zu Sachßen, derselbe Platz zu unsern halben Theil gelaßen, und wie hingegen des Bischoffs zu Bamberg Ldt. an solchen unsern halben Theil oben gegen den Bambergischen Gehölzen und Feldern, wiederum so„ viel, als was an vorbemelden Platz den Bambergischen Theil abgehet,„ Vergleichung gethan, und das durch dieweil das Holz heroben etwas beßer bewachßen, die ob angedeute vorgeschlagene aſtimation auch gefallen sein soll, so hat es dabey nunmehr seyn bewendens und sollen beede Orth durch unsere dazu verordnete Beamte und Diener als balden und noch bey dieser Handlung nochmals umgangen, beſchtiget, Vergleichung getroſen, und durch unpartheyiſche hierzu in ſonderheit verpflichte Meßer und Feld verſtändige abgemeſen Löcher geschlagen, iedes an gebührenden Theil ordentlich vermarckt, und solche Wordung um künftiger Nachrichtigung willen, auch ſonderlich beschrieben, die Stein auf das förderlichſt geſetzet, auch dem Sächſ. Forſt-Knecht des Gereuth ſo er an unſern des Biſchoffen zu Bamberg Antheil, liegen und innen hat von unsern Caſtenamt zu Cronach zu Lehen empfangen und ihme ein jährlicher gebühlicher Zinns darauf geschlagen, ſonſten aber es der Obrigkeit und Jagds Gerechtigkeit halben, bey mehr gedachten 20. 1601. aufgerichten Vertrag verbleiben, desgleichen das jähri. Brenn und Scheidholz, als neml. den Pfarrer zu Heinersdorf Sechzehen, dann dem Schulmeiſter und Fiſcher daſelbſten iedem 6 Clfft. wie vor alters durch unſer beederſeits Förſter pro rata angewieſen, und auf ihren Koſten zu hauen und zuführen gefolget werden. — So viel die Huet und Trieb in ſolches Holz derentgegen bisheró unſers des Biſchoffen Dorfſchaften und Gemeinden Friebersdorf und Wellitſch, dann unſers des Herzogen zu Sachßen, Unterthanen zu Heinersdorf ſtrittig geweſen anbelangen thut, weile gleich wohl ſeithero über ſolchen ſtritt voriger Vergleichung und Vorſchlag nach, Kundſchafft verhört worden, aber ſie die Dorfſchaften und Unterthanen keine Unkoſten mehr darauf wenden wollen. Als ſollen von uns ihren Obrigkeiten Herrschafften, zu beeden Theilen, über ſolche Kundſchafften zwo ſchriften verfertiget, einander von zwey Monaten zu zweyen Monaten hincinde aufunſer des Biſchoffen zu Bamberg Caſten-Amt Cronach übergeben, und in ſolchen zwo Schriften endl. beſchloßen, als dem dieſelbe, auf die Univerſität Tübingen geſchicket, und daſelbſtens eines Urtheils und Ausſchlags, bey denen es dann ohne einige fernere Reduction Appellation und Revocation verbleiben ſolle, erwartet werden. Färters die hohe Obrigkeit und Jagden auf der Pfaffendorfer Wüſtung belanget, obwohl derſelbe halben in jüngſter Handlung unterſchiedliche Mittel vorgeſchlagen werden. So iſt iedoch anitzo die Vergleichung dahin beſchehen, das ſolche Büſtung wie dieſelbe in ihren circumferenz ordentlich vereint und verſtimt, in 2. gleiche Theile zerſchlagen, und der eine halbe Theil gegen der Höhe und der Neuheußer Gehölzen hienauf, uns dem Herzogen zu Sachßen, der ander halbe Theil aber gegen Wel-

F 2

litſch

litfch herab und dem Bischoff zu Bamberg nunmehr allein gehörig auch durch unsere beederseits darzu verordnete Beamte und Diener, wie oben bey der Kriegsleiten gemeldet als baiden umgangen, besichtigt, vermarckt, ordentl. beschrieben und die Stein förderl. gesetzet worden, jedoch sonsten hier durch beeden Theilern an ihrem auf solcher Wüstung habenden Rechten, Voigteylichen Obrigkeiten, Gülten, Zinsen, Steuer und andern vermöge vorberührten Ao. 1601. aufgerichten Vertrags nichts benommen, sondern in alle Wege vorbehalten seyn, und Beweil die Sachs. Dorffschaft, Heinersdorf der Bambergischen Gemein zu Weltzsch, die Hut und Trieb, auf angerichte Pfaffendorfer Wüstung allein mit dem gehörneten Viehe und mit denen Schafen geständig seyn wollen, aber sich befunden, daß die Weltzschen solchen Schaaf-Trieb vor alters wie die Heinersdorfer nit in Abrede sein können, richtig und allein herbracht, so soll es dabey hinführo also gelaßen so doch auf ihr der Heinersdorfer anseso beschehen ersuchen zweyel, die Schaafven Georgi biß auf Michaelis hinein zu treiben, eingestellet, auch den Heinersdorf fern von dem Weltzschen, durch ihre Felder mit dem gehörneten Viehe den Weg und Durchtrieb auf die Pfaffendorfer Wüstung hinführe, wie sich unsere beederseits derentwegen befehligte Beamte vergleichen, offen und ungesperret gelaßen werden. So viel die im vorigen ao. 1601. aufgerichten Vertrag, und dem Herzogen zu Sachßen eingeräumte Jagden auf den Brand anbelangen thut, Nachdem selthero vorgelaßen, daß sich in berührten Brandt Hanß Georg von und zu Redwitz der niedern Jagden anmaßen wollen, auch derentwegen anlängsten an dem Keyserl. Cammergericht wieder uns dem Bischoff zu Bamberg ein End-Urtheil erhalten: Als haben wir uns dahin verglichen, daß wir Bischoff zu Bamberg sein des Herzogen zu Sachßen Lbt. gegen ernannten von Redwitz schadlos halten, denselben in andern Wege Vergleid nng thun, und also aus bemelden Brandt bringen, hingegen aber und dieweil vishero beyden pto. das Heußler Gehölz betreffend der strit wer gefallen, ob zu dem selben auch die Jagden auf dem daran grenzenden Leuterdorfer Marckung und Feldern zu verstehen wie der Herzog zu Sachßen, seit des Bischoffen zu Bamberg Lbt. hinführo solche Jagden sowohl auf mehr bemelder Heußler Gehölz, als auch berührter Leuterdorfer Marckung und feldern, Inmaßen dieselbe uns dem Bischoffen zu Bamberg in beysein unsers Raths, Hauptmann zu Cronach, und Amtmann zu Fürttenberg, Hanß Veite von Würzburg, und anderer unserer Räthe und Diener, durch unsern des Herzogen zu Sachßen Forstmeister zu Mönchröden, und Amtmann Schößer zu Coverssfelden gezeigt gbris ao 1602. angewiesen, und damalen ordentl. beschrieben worden mit allein allerdings und ohne ferner Disputat und Verhinderung in haben und gebrauchen laßen, sondern auch dieweil in berührter Leuterdorffer Marckung und feldern die von Redwiz von Teuschniz und Schmelz aus, sich des kleinen Weidwercks auch anzumaßen sich unterstehen, wie der Herzog zu Sachßen seyn des Bischofs zu Bamberg Lbt. gleichfals vertreten, schadlos halten, und sie die von Redwiz, von solchen angemaßten Weidwerks durch gebührende Mittel auch gänzlichen abweisen sollen und wollen. Was dann das Eichelesen an beeden orten in Brandt und Heußler Gehölz anbelangt, soll es damit an einen Ort wie den andern dergestalt gehalten werden, das jeder Theil die Eichelmastung seines gefallens zu genießen, zu gebrauchen, und zu verbieten frey und bevorstehen solle, so soll es auch das von uns Herzog Johann Casimirs zu Sachsen, zu den Wegen und Stegen gesuchten Forst Rechts halben aus dem Lichtenfelßer Forst bey deme 20. 1530. aufgerichten Vertrag bleiben, und demselben hinführo nachgegangen werden. Wegen der zwischen unsern bederseits Aemter Burckunstadt, Neustadt, und Gerichts Gestingshaußen, strittig gewesene Fraisch und hohen Obrigkeit, soll auf den anjezo durch unsere zu dieser Handlung verordnete Räthe abermalen eingenommenen Augenschein und Bereitung es nach folgender gestalt gehalten, und solche Fraisch und hohe Obrigkeit sich anfahen und enden, auch die Fraisch Stein, inmaßen bey obberührter Bereitung zum Theils albereit Löcher geschlagen, gesetzt werden, wie hernach folget. Als erstlichen von den untern und alten Felschrancken hinüber, bis an die Spitzen des Lichtenfelßer Forsts bey den Zapffenbrone, von derselben Spitzen über die Beuttelscheidt neben besagten Lichtenfelßer Forst in dem Bachgraben, und von denselben wiederum den Forst hinauf bis auf die Coburger Straße, und neben derselben Straße bis an die Steinerne Brücken, alba der Lieberbach u. Carttenbach zusammen kommen, aller nächst bey dem Weg, als denn berührten Crottenbach hinauf auf der Sonnenfelder heiligen Wiesen, von dannen der Crottenbach hinauf bis aufen Crottenanger, allda sich der Crotten Bach endet, und dieweil sich berührter Crottenbach sehr ungleich hin und wiederzeucht, auch an etl. orten ganz klein und kaum zu sehen sollen (Dieweilsen was einen Theil zu einen Ort sey leuftig abgehen möchte, an dem andern Ort wieder zugehet) die Stein welche an solchen Crotenbach gesetzet werden sollen, gleich auf einander gespizet werden, und weisen förders den Crottenanger hinüber mitten zwischen der Trübenbacher Grnein, und dem Sächßgehölz, von dannen hinab aber den Crotenanger, bey den Nensaßer Weg der auf Trübenbach zugehet, unten an die Bambergische u. Sächß. Gehöltz der Brand genannt, alba sich der Brandbach endet, wiederum berührten Brandbach auf u. auf an das Mödtliger fürdlein gesetzt, und der Weg darzwischen hingehen soll, von dannen hinauf bey der Botengaßen u. den Weg hienauf in die Blancken leiten, auf den obern Mödtliger Anger an der Straßen hinauf zu und des Eugenbergs, und neben besagten Engenberg hinauf in Holzs der hall genannt, hinführo auf den hallrasen als dann hinüber zu Anfang des Ädlers Grabens, und genelden Ädlers Graben ab u. ab, bis hinab an die Steinach, fürters über berührte Steinach hinüber bis an die Herbartsgaß und von derselben auten an den Heidtgraben, solchen Heidtgraben, auf und auf zu einen Eichstock, und hinüber bey einen Birnbaum auf den Heidtra-

sen,

sen, dann hiefür auf dem Schirm alba ein alter Birnbaum gestanden, von
den ort hinab zu den stieben bronnen, hinüber an den breiten Baum, fürs
bers an den Trißgrund zu einen kleinen Birnbaum auf der Röders wiesen,
den Rödersgraben hinauf auf bemelder Röderswiesen nachdem an dem Röders Graben bey dem Heußler gehölz, an demselbem hinauf auf die Röders
seiten, zu einen Stein oben am Ende des Heußler Gehölz welcher stein Sachsen,
Redwiz, und Beuchheim und derselben daselbsten herum habender Obrigkeit
Gehölz und selber scheidet, und solche obemelde Fralsch und Centsteine, sollen
auf unser beederseits Unkosten gefertiget, und auf die eine Seite unser des
Bischoffen zu Bamberg, und unser Stiffts auf die ander seiten, aber unser
des Herzogen zu Sachßen Wappen, samt dem Wort Cent gemacht und einge-
hauen, und solcher obbeschriebener fralscher und Obrigkeit ein ewige scheid und
Marckung, also das was auf der rechten seiten, uns dem Bischoff von Bam-
ber, was aber auf der Lincken seiten, uns dem Herzoge zu Sachßen, doch
sonsten uns zu beeden Theilen an diesen oder andere orten angrenzenden
Obrigkeitlichen Rechten und Gerechtigkeiten sonderlich den Ao. 1299. und
1535. Waldthausen und Trübenbach halben aufgerichte Verträge, in alle Wege unpræjudicirlich und ohne Nachtheil zu ständig sein und bleiben sollen.
Die Centwiesen in unser des Bischoffen zu Bamberg Amt Fürttenberg be-
rührend soll es bey deme in jüngster Handlung gethanen Vorschlag, neml.
das solche Wiesen uns dem Herzoge zu Sachsen nochmalen allein zuständig seyn sollen allerdings verbleiben. Schließlichen, Nachdeme sich auch selthero Jüngster Handlung zwischen uns dem Herzogen zu Sachßen, dann unsern des Bischoffs zu Bamberg obgemelden Rath, Hauptmann zu Cronach
u. Amtmann zu Fürttenberg, Hanns Weiten von Würzburg wegen eines
Kärners welcher verschienes Jahr bey unsers des Bischofs zu Oberg
eigenthüml. und sein von Würzburg Lehen baren Gut Mittwiz indenen daran
hinfließenden Wasers die Steinach genannt, unterhalb des Höferwehrs
ertrunken, und dahero wie weit sich derer Orten die fralsch, so wie der Bischoff zu Oberg gedachten Hanns Weiten, von Würzburg neben angeregten
Guth Mitwiz, auch zu lehen verliehen erstrecken thun, stritt und Jrrungen
zugetragen, indem wir Herzog Johann Cassmir zu Sachßen, die fralschliche Obrigkeit von unsern Eigenthümlichen Guth Hasenberg aus, so der Zeit
Hanuß Ulrich von Redwiz von uns zu Lehen und innen hat, so weit sich sein
von Redwiz Fischwasser in bemelder Steinach unterhalb abgedachten Wehrs,
bis zu seinen Hanns Weiten von Würzburg Fralschendung alba zween langer
stein liegen, und sich des von Redwiz fralsch anfängt die fralschlichen Obrigkeit nicht allein bis an mehr gedachten Waßerfluß die Steinach sondern noch
gar in und hinüber an das ander Ufer deßelben flußes haben, aber weder
den von Würzburg noch wir der Bischoff zu Oberg als eigenthums- und Lehns-
Herr solches geständig, sondern deren orten solche fralschliche Obrigkeit, bis
mitten in das Waßer berechtigt seyn wollen. Ist dieser Punct dahin gemittelt

mittelt und verglichen worden, daß an berührten strittigem Ort, jedem Theil auf seiner seiten, bis mitten in dem Fluß, die catschliche Obrigkeit bleiben und ständig seyn, und der von Würzburg und seine Diener hinfürter des bemeldten erdrunckenen körners halben, alldieweil derselbe nechst an dem Ufer gefunden, und aufgehoben; unangefochten bleibleiben solle. Und sollen also wir beedere seits aller u. jeder bisherv mit einander gehabter streit und Irrungen halben, allerdings vereinigt und vertragen seyn, und denen so wohl verglichen anfangs angeregten ao. 1601. als dieser anjetzo aufgerichten Vertrag genßlich geleht und nachgangen, hinführo so sich in diesen oder andern poncten wieder verhoffen, ferner Mißverstandt od. Irrungen begeben und zu tragen würden alle ehetlichkeit eingestellet, unsere beyderseits Beamte darum einander nachbarlich zuschreiben, dieselben mit ein ander gütl. hinlegen und vergleichen, oder da sie keine Vergleichung treffen köndten, solches an uns gelangen laßen, und darüber Bescheids erhohlen, und erwarten, und also hinfühvo alle gute Nachtbarschafft gepfleget und erhalten werden, ohne gefehrd defen zu Uhrkund und mehrer Bekräftigung haben wir beyde Fürsten unsere Fürstl. Innsiegel an diesen Brief gehangen. So bekennen wir Wolfgang Albrecht von Würzburg Dom Probst Johann Christoph Neustädter genannt Sturmer, Dom Dechant, und das Capittel gemeiniglichen des hohen Domstiffts zu Sberg, daß dieser ob hochernanntes unsers gnädigen Fürsten und Hrn. von Sberg mit auch hochernannten Ihrer Fürstl. Gnaden Herzogen zu Sachsen, getroffene Vergleichung und Vertrag mit unsern guten wissen, willen und Bewilligung zugangen und aufgericht worden. Und defen zu Uhrkund haben wir zur I. F. P. G. Gubt. Innsiegel auch unsers gemeinen Dom Capituls Innsiegel an diesen Liebells weis geschriebenen Brief, deren zween gleiches lauts gefertiget, und jedem Theil einer zu gestellt worden, gehangen, doch sonsten uns an unsern Leuten und Gütern auch Rechten und Gerechtigkeiten in gemein und insonderheit ohne Schaden, Geben in unser Bischoff Johann Philipsen Stadt Lichtenfels Samstag den 10¼ May neuen und 30. April. alten Calenders, nach Christi Geburth unsers lieben Herrn und Seeligmachers, Im Sechzehenhundert und Achten Jahr ꝛc.

Daß vorstehende Abschrift, mit der bey Hochfürstl. Regierung allhier befindlichen Copia authentica, in allen vollkommen gleichlautend sey, wird prævia Collatione unter den vorgedruckten kleinern Canßley Secret, und bey gefügter gewöhnlichen Unterschrifft, andurch in fidem beurkundet. Dat: Coburg den 6. Febr. 1777.

(L.S.)   Johann Wilhelm Hönig.
         Herzogl. Sächß. Cantzley Rath.

Druckfehler im Werk.

Seite 1. Zeile 15. statt kamen lies kam. S. 19. Z. 18. st. Holzschurn l. Holzschuen. S. 24. Z. 4. st. würde l. wurde. S. 28. Z. 29. st. Stollen l. Stellen. S. 29. Z. 10. st. und durchsichtiger l. undurchsichtiger. S. 36. Z. 24. st. heilsammes l. heilsammers. S. 39. Z. 23. st haben und l. haben doch, S. 41. Z. 1. st. Ephors l. Ephori. S. 43. Z. 7. st. Amalie l. Charlotte Am: S. 66. Z. 9. st. Stücken l. Rücken. S. 67. Z. 14. st. Dumeherrn l. Dumbherrn, S. 68. Z. 12. muß eingerückt werden, die protestantischen Schaumberge sind ausgestorben bis. S. 76. Z. 30. st. Frieser l. Prieser. S. 80. Z. 3. st. Fürstenge l. Forstenge. S. 94. Z. 27. st. zu dieser Stadt mag l. zu dieser Zeit mag. Z. 29. muß das Wort gehöret weggelassen werden, S. 139. Z. 24. st. Oberhall l. oberhalb. S. 151. S. 1. st. Wirbelsbi l. Wiesselsburg. S. 152. Z. 3. st. Sommerkorn l. Sommerkorn. S. 172. Z. 23. st. 1770. l. 1710. S. 173. Z. 7. st Salfari l. Salfowie. S. 177. Z. 16. st. Hern l. Heen. S. 179. Z. 1. st. Lorberot l. Lorbenrot. S. 183. Z. 13. nach dem Wort Superintendent muß zu Schalkau eingerückt werden, S. 193. Z. 13. st. in l. iud. S. 203. Z. 27. muß einmal bis weggelassen werden. S. 205. Z. 28. st. dasige l. hiesige,

Druckfehler zu denen Beylagen,

Auf dem Tittel Blat statt Coburg lies Koburg. Im Inhalt No: 8. statt vom lied von. st. dem l. den. No: 10. st. Steinheit l. Steinheid. No: 15. st. Neuhauß l. Neuenhaus. Am Ende. welches auch einzeln zu haben ist. Muß weggelassen werden. Seite 8. Zeile 1. statt Rabenansig lies Rabenaufig. S. 9. Z. 1. st. Thauren l. Theuren. S. 17. Z. 18. st. Hebipolensis l. Herbipolensis. S. 48. Z. 5. st. Gartern l. Garten. S. 49. Z. 7. st. fortgestrecken l. fortgestreckten. Z. 20. st. subtileer l. subtiler. S. 50. Z. 14. st. gerusterner l. gerufener. Z. 33. st. Eisenminen l. Eisenminern. S. 51. Z. 2. st. der l. den. über durch ist durch wegzustreichen. Z. 8. st. Länden l. Ländern. Z. 12. st. demselben l. denselben. S. 52. Z. 27. st. Gemack l. Geschmack. S. 53. Z. 11. st. spilende l. spielende. S. 54. Z. 2. st. wären l. wäre. S. 55. Z. 3. 6. st. promonter l. pyrmonter. S. 56. Z. 20. st. doch l. durch. S. 27. ist in auszustreichen. Z. 33. ist welches wegzustreichen. Z. 34. st. wie l. Urin. S. 57. Z. 1. st. den l. dem. Z. 14. st. solche l. solcher. S. 58. Z. 2. st. Säure l. sauer. Z. 8. st. darumnun l. darinnen. Z. 17. st. die Reinigung l. In Meinigung. Z. 25. st aber l. oben. Z. 26. st. Personen l. gewissen Personen. Z. 38. st. welche l. welcher S. 59. Z. 1. st. Pyomontes l. Pyrmonter. Z. 2. st. bey dietenigen l. bey denenjenigen. Z. 4. st. über l. aber. Z. 20. st. schwierige l. schwärige. Z. 20. st. alle l. aller. Z. 25. st. seine l. seiner. Z. 26. st. flechsenu l. Flechsen. Z. 32. st. Piomonter l. Pyrmonter. S. 6. Z. 6. st. wird l. werden. Z. 28. st. und l. um. Z. 34. st. kein l. ein,

Antwort
auf die sogenannten
Berichtigungen
der
Topographie
des

Herzogl. S. Koburg - Meiningischen Anteils
an dem Fürstenthum Koburg.

Dem

Herrn Hof- und Cammerrath Gruner

zugeeignet

von

dem Verfasser der Topographie.

Schleusingen,
gedruft mit Güntherschen Schriften.

Wohlgebohrner Herr,

Hochgeehrtester Herr Hof- und Cammerrath.

Ew Wohlgeb. haben, wie Sie das Publikum in Ihrer Vorerinnerung selbst gütig benachrichtigen, nicht geglaubt, daß ich die Verfechtung der Rechte ein oder des andern Herzogl. Sächß. Hauses zur Absicht gehabt, und doch finden Sie für gut, meinen unschuldigsten Aeuserungen solche Absichten unterzulegen, ja Sie haben sogar einmal sich erlaubt, meine Construction zu zerreißen, um nur dadurch eine Gelegenheit zu erhalten, das, was Ihnen auf dem Herzen lag, sagen zu können. Sie haben auch Recht, daß nicht allein eine weitläuftige, sondern jede, Widerlegung um so weniger nothwendig war, weil nicht allein die von Ihnen angegebene Ursach, nemlich: daß ein Privat-Schriftsteller keinem Theil etwas vergeben, oder auch durch sein unrichtiges Vorgeben etwas erschreiben kan, allerdings gegründet, sondern auch, weil Sie sich selbst Fehler, die Sie bestreiten konnten, aus meinen unverfänglichen und unschuldigen Worten erschaffen mußten, um nur etwas zum Berichtigen zu haben.

Fast scheinet es daher, als wenn die gütigen Recensionen der damals zuerst herausgekommenen Hamburger und Leipziger gelehrter Zeitungen, Ihnen die Vermuthung beygebracht, ich möchte zu stolz darauf werden; und also suchten Sie mich aus christlicher Liebe dafür zu bewahren; und hielten es für Ihre Pflicht, mich vor dem Herzogl. Hause, dem Sie dienen, und vor dem Publiko zu demütigen. Denn wie Ihre Pflicht gegen das Herzogl. hohe Haus, und einigermaßen gegen das Publikum, dadurch aufgefordert werden konnte, daß ein paar gelehrte Zeitungen sagten, daß mein Buch eine fleißige und genau abgefaßte Topographie sey, muß ich gestehen, sehe ich noch nicht ein.

Da Ew. Wohlgeb. den Freunden der Sächß. Geschichte (und unter diese rechne ich mich auch) die angenehme Hofnung machen,

machen, das Publikum mit einer Topographie zu erfreuen, so ersuche ich Sie durch diese Zuschrift, uns dieses Geschenke bald zu machen, wenn auch gleich die meinige dadurch verdunkelt werden sollte. Ja mit wahrem Vergnügen werde ich Ihr Lob lesen. Denn nunmehro bleibet doch so viel für mich, daß ich einer der ersten Topographien-Schreiber meines teutschen Vaterlandes bin, und daß man dieselbe als ein Muster wiederhohlt empfohlen hat. Wenn aber auch diese Ehre, welche ich mit Dank erkennet habe, mir nicht so vervielfältiget wiederfahren wäre, so würde das für mich schon eine große Zufriedenheit seyn, und mir die Berichtigungen vergessend machen, daß der größte Geograph — Büsching, meine Arbeit seines Beyfalls gewürdiget. Wie klein müßte ich wohl denken, wenn ich die Kritik eines Mannes, der wie Ew. Wohlgeb. von sich selbst sagen, so wenig Herr seiner Zeit ist, und dem folglich eine gnugsame Untersuchung meiner geringen Arbeit keineswegs zuzumuthen war, nicht mit Bescheidenheit ertragen wollte.

Nehmen Sie daher sowol diese abgebrungene Beanttwortung, so ich Ihnen geziemend widme, als auch die öffentliche Versicherung wegen Ihrer anderweitigen mir gerühmten Eigenschaften, von mir gütig an, daß ich mit vorzüglicher Hochachtung und dem größten Verlangen solches werkthätig an den Tag legen zu können, bin

Ew. Wohlgeb.

Sonnenberg,
im Hornung
1782.

gehorsamer Diener,
C. J. Keßler von Sprengseysen.

Ohne erst eine weitläuftige Erinnerung voraus zu schicken, werden die Leser meiner Topographie bemerkt haben, daß ich nirgends so vielen Stolz verraten habe, der Advocat des Herzogl. S. K. Meiningischen Hauses gegen das Herzogl. S. K. Saalfeldische Haus zu seyn, oder ihre Rechte gegen einander abzuwägen: da mir viel zu bekannt ist, was für meistermäsige Deduktionen von Seiten beyder Herzogl. Häuser erschienen sind. Ich habe mir also in der Topographie alle Mühe gegeben, diese Streitigkeiten so wenig als möglich zu berühren; ja ich würde daran ganz und gar nicht gedacht haben, wenn die That-Sache, daß das Herzogl. Meining. Amt sowol, als auch die Regierungs-Kommißion dieses H. Hauses über 6 Jahr sich zu Neustadt befunden, nicht vor mir gelegen, und ich also sagen mußte, wie es zu den Besitz gekommen, und auf was für Art es selbiges wieder verloren habe. Hätte ich

den

den Gang des Prozesses, der sowohl wegen der Erbteilung selbst, als auch derjenigen, so zwischen beeden gedachten Hrn. Herren, nach der provisorischen Teilung geführet worden, erzehlen wollen: so würde diese Erzehlung, wenn sie auch noch so kurz gefaßt gewesen wäre, auch nur die allerwichtigsten Dokumente enthalten hätte, mehr betragen haben, als die Topographie selbst. Ich habe also nur die That-Sachen so kurz als möglich berühret, werde auch in dieser Beantwortung der Berichtigungen, die der Herr Hof- und Kammerrath gegen mich herausgegeben, nichts anders thun, als beweisen, daß diese von mir angegebene That-Sachen Wahrheiten sind, ohne mich in geringsten auf die Streitigkeiten oder die Prozesse unsrer Höfe selbst einzulassen, da dieselben, wir beyde mögen noch so viel darüber sagen, nicht die geringste Veränderung erhalten werden. Das Publikum wird ohnedies keinem von uns beyden gänzlichen Glauben beymessen, da es jeden für partheiisch halten muß, wenn wir auch noch so sehr unsre Unparteilichkeit demselben zu betheuern suchten. Es wird dahero jedweder, der sich von den wahren Umständen der Prozesse unterrichten will, nicht unserm Vorgeben, oder dem, was wir zu unserm Vortheil aus den Acten da und dort herausgezogen, glauben, sondern er wird sich mit den Conclusis sowohl, als mit den herausgekommenen Deduktionen bekannt machen, und darnach urtheilen; wir beyde mögen gesagt haben, was wir wollen.

Meine Leser belieben also die Stellen der Topographie aufzusuchen, welche der Hr. Hofr. verdächtig und unrichtig zu machen gesucht, und da ist zuerst Seite 6 die Stelle, wo ich vom Herzog Bernhard rede und erzehle, daß er Koburg in Possess genommen, doch wahr, wie er auch selbst §. 5. zugestehet, und nur die Art der Possession untersuchen will, welche gänzlich außer meinem Gesichtspunkt sich befindet.

Eben so wenig hatte ich nöthig, von Einrückung der Gothaischen Truppen etwas zu sagen, da ich bey der mir vorgenommenen Kürze keinesweges dergleichen besonderen Vorfälle Erwähnung thun konnte.

Daß

Daß das Thüringische Geschäfte durch die beyden Todes-Fälle derer Herzoge zu Eisenberg und Römhild wichtige Veränderungen erlitten, ist zu notorisch, als daß ich hierüber die geringsten Beweise zu führen nöthig hatte.

Daß auch die provisorische Theilung 1735 erfolgt, ist eben eine so unläugbare Sache; warum sollte ich also wohl, bey dieser meiner gantz kurtzen Erzehlung, Urkunden anführen, da alles dieses von niemand bezweifelt wird?

Was ich auf dieser Seite von dem Amt Schalkau gesagt, ist wörtlich wahr; denn als Hertzog Ernst zu Hildburghausen bey der Theilung Eumanfeld erhielt, so wurde die Uebermaaße, so er heraus zu geben hatte, S. Meiningen zugetheilt. Diese beyden Häuser verglichen sich; Meiningen gab zu der Uebermaaße noch die genanten Ortschaften und baares Geld; und Hertzog Ernst trat dafür Schalkau 1723 an Meiningen ab, ohne daß Meiningen deshalb einen gewaltsamen Schritt zu thun nötig hatte. — Dies habe ich erzehlet, weil solches für meinen Leser genug war zu wissen, wie es 1720 an Meiningen gekommen sey. Warum hätte ich wohl nötig gehabt hinzu zu setzen, wie es alsdenn seyn würde, wenn der nach der Uebergabe erregte Widerspruch zum Nachtheil des H. Hauses Meiningen decidirt werden sollte? Was vor eine besondere Zumutung für einen Meiningischen Diener! welche von den üblen Gesinnungen des Herrn Berichtigers den redendsten Beweis giebt. Noch weniger aber war nötig, mich mit dem sehr geschickten Herrn N. R. Röder in einen Streit einzulassen, da unsre Wege sich gantz und gar nicht kreutzen.

Auf der 7. Seite stehet die Wahrheit: 1735 erhielt durch die provisorische Theilung S. Meiningen das Amt Neustadt mit Sonneberg. Damalen wünschten und hoften die treuen Saalfeldischen Diener, ja sie gaben sich alle erdenkliche Mühe, daß diese Theilung reformiret werden möge, welches Vergnügen sie auch durch das Kurfächsische Konklusum 1742 erhalten. Wie kan also wohl Hr. G. die Stelle

so

so beleidigend finden, wenn auch ein Meiningischer Diener über verschiedene in den 1740ziger Jahren vorgefallene Scenen den Vorhang hätte fallen lassen wollen? da doch, wenn man nicht unerlaubter Weise meine Konstruktion zerreißet, mit dürren Worten da stehet, daß man über die damaligen Umstände, welche bey der vorgehabten Wieder-Einnahme der Stadt Neustadt vorgefallen, welche aber Durchl. Herrschaft nicht untersuchen lassen, den Vorhang fallen lassen wolle. Oder sollte wohl jene Hofnung, die damals dem Saalfeldischen Diener keinesweges zur Unehre gereichet, einem Meiningischen Diener unerlaubt seyn, wenn er hofft, daß das scharfsehende Adlers-Auge eines JOSEPHS durch durch die 1740ziger Nebel durchschauen, und die Gründe wiederum erblicken wird, welche seinen glorwürdigsten Großvater, bestimmten, das Amt Neustadt mit Sonnenberg dem H. Meiningischen Hause zuzuerkennen?

Wäre es meine Sache, oder könnte das Gesagte eines Privatschriftschriftstellers etwas zum Vortheil hoher Häuser bewürken, so dürfte ich, so wie der Herr Berichtigungs-Verfasser nur Gegenberechnungen abschreiben, und aus den beyden vortreflichen Deduktionen:

„Summarischer Begrif der vornehmsten Gründe von unfür-
„denklicher Beschaffenheit des Amtes Neustadt 1735. u. Zwey-
„te Continuation des S. Meining. summarischen Begrifs von
„unfürdenflicher Beschaffenheit des Amtes Neustadt 1738,"

einen Auszug machen, so würde mein Herr Gegner gewiß aufs beste widerlegt seyn, da aber alles, was Hr. Gruner oder ich schreiben, von keinem hohen Teil anerkennet werden wird, unpartheiische Leser auch eben so wenig uns trauen können, sondern lieber aus öffentlich anerkannten Dokumenten und Deduktionen sich belehren lassen werden; so halte ich es für eine wahre Zeit-Verschwendung, mich auf auf eine specielle Verantwortung einzulassen, weswegen ich auch niemalen mit Hrn. G. eine juristische Lanze brechen werde, ob es mir gleich an Waffen und Waffenträgern zu meiner Vertheidigung nicht fehlen sollte. Ich kan dahero auch, so sehr Hr. G. dem Publiko vorspiegeln will, als sey der Proceß voll

daß kan man für S. Saalfeld entſchieden, dieſes ehrwürdige Publikum verſichern, daß Männer, die nicht weniger Gelehrſamkeit beſitzen, als mein Hr. Gegner, überzeugt ſind, daß Zeiten kommen können, wo das H. Meiningiſche Haus zu ſeinen Gerechtſamen noch gelangen könne, weil von demſelben die rechtlichen Hülfsmittel ergriffen worden wären, um ſeine Anſprüche geltend zu erhalten. Da wir beyde, Hr. G ſo wenig wie ich, aufgeſtellte Advokaten unſrer Durchl. Herren ſind, ſo muß unſer Ja oder Nein — ſo lange in Ungewißheit bleiben, bis beyde hohe Häuſer uns im ordentlichen Weg darüber belehren laſſen.

Anjezo nur noch ein paar Worte über die Anſchuldigungen, als hätte ich gegen die Ehrerbietung gefehlt, die ich großen Herren ſchuldig bin, ſodann werde ich die Berichtigungen, die mich eigentlich als Topographen angehen, beleuchten.

Der Hr. Hofr. findet den Ausdruck mit unglaublicher Geſchwindigkeit, erhielt Saalfeld 1742 ein Konkluſum, nicht allein ſehr gewagt, ſondern auch äußerſt beleidigend für Kurſachſen und S. Saalfeld. Wenn ein Proceß vor einem Gerichte etliche 40 Jahre geführet worden, nun aber vor ein andres gebracht wird, und dieſes entſcheidet binnen Jahres-Friſt, (da es doch noch eine Menge von gleich großen Proceſſen erhalten) ſo denk ich, kan man dieſes ohne einige Beleidigung eine außerordentliche Geſchwindigkeit nennen, um ſo mehr, da es für jedes Gericht gewis ebender eine Ehre als Schande iſt, wenn es einen langwierigen Proceß beendiget. Für S. Saalfeld iſt es noch weniger nachtheilig; denn wer hat wohl jemalen einem zur Sünde angerechnet, daß er alles angewendet, um ein gutes Urtheil zu erhalten?

Wenn alſo dieſe Stelle etwas auffallendes haben ſollte, ſo würde es am erſten das damalige Meiningiſche Miniſterium treffen. Denn daß dieſes Concluſum dieſem Miniſterio mit unglaublicher Geſchwindigkeit über den Hals gekommen, iſt daraus abzuſehen, daß es die Stadt Neuſtadt unbeſezt ließ, obſchon das Meining. Reichs-Kontingent ſich zu Oberlind in den Winter-Quartieren befand, und alſo, wenn es von dieſem Konkluſo nicht mit einer unglaublichen Geſchwindigkeit überraſcht worden wäre, selbiges nach Neustadt würde verlegt haben, wodurch verhindert worden wäre, daß die wenigen Koburgischen Grenadiers Neustadt unmöglich hätten besetzen können. Also gereichen diese Worte und glaubliche Geschwindigkeit ehender zu Begschaffung der beleidigenden Ideen, daß S. Saalfeld das Meining. Ministerium bestechen, und sich selbiges habe bestechen lassen. Wäre es mir beygegangen, mich über das S. Saalfeldische Verfahren heraus zu lassen, wie mein Hr. Gegner sich beyzuhen läßt, S. Meiningen alle Ansprüche auf Neustadt dictatorisch abzusprechen, so würde ich mich wohl am ersten darüber gewundert haben, daß man von Seiten S. Saalfeld, Neustadt eigenmächtig besetzte, da doch, wie alle Rechts-Gelehrte darüber einig sind, eine legale Besitznehmung mit richterlicher Beyhülfe geschehen muß. Aber alle dergleichen Reflexionen habe ich wohlbedächtig und gänzlich zu vermeiden gesucht. Es kan also ein Meiningischer Diener ohne Beleidigung irgend jemandes mit Wahrheit sagen, ja es wird es selbst jeder Unpartheiischer gestehen müssen, daß dieses Konklusum mit unglaublicher Geschwindigkeit erschienen sey. W. j. e. w.

Mir ist ferner nicht beygefallen, daß ich unter den damaligen Umständen die Prozeße zwischen denen beyden hohen Häusern habe verstehen wollen. Wie unschicklich würde ich mich auch ausgedruckt haben! Konnte wohl S. Meiningen, da es hier Parten war, das Verfahren von S. Saalfeld untersuchen? dies gehörte vor denjenigen, den beyde H. Häuser als ihren Richter anerkannten. Aber jene Handlungen der Dienerschaft — des Militärs — konnte S. Meiningen untersuchen? Dieses ist aber nicht geschehen, und also habe ich auch hierbey nichts gesagt, als was der strengsten Wahrheit gemäß ist. Hr. G. muß es auch selbst bemerkt haben, daß die Leser dieses, so wie ich es gesagt hate, darinnen nicht finden würden. Er zerreißt dahero meine Konstruktionen, und sezet im 8 §. eine Stelle, ohne daß jemand eine Ursach finden wird, weswegen sie dort stehet, als daß bles diese Stelle schon da gewesen, um er im 9 §. über selbige vorsezlicher Weise wegspringen, und einen mir nie beygegangenen Gedanken hinein bringen könne, nemlich: ich läugnete, daß S. Meiningen den Prozeß fortgesezt habe. Wozu sollte ich

wohl

13

wohl diese reichhaltige Wahrheit leugnen? mithin Hr. Gegner soll es also sobald, daß ich es geleugnet haben möchte, bemit er seine Möglichkeit, so ihm auf dem Herzen lag, auskramen könne. Hätte er aber die Wahrheit bedacht, daß ein Privat-Schriftsteller keinem Theil etwas vergeben könne, so würde er seine ihm so kostbare Zeit auf was nützlichers verwandt haben, als schon hundert mal gesagte und aufs gründlichste beantwortete Dinge von neuem aufzuwärmen und abzuschreiben.

Wegen des Schlusses des 8 §. habe nur folgendes zu fragen: Ist es denn so was lächerliches, daß ein Soldat über das, was Soldaten verrichten sollen, soldatische Anmerkungen mache? oder durfte ich nicht als ein Meiningischer Diener wünschen, daß unsre Truppen es möchten eingenommen hätten? da das Sprüchelchen, BEATI POSSIDENTES, schon so viel malen den besten Erfolg gehabet ist.

Und wegen des letzten Abschnitts des 9 §. habe nur noch anzumerken: Da der Hr. Hofr. aus meiner Topographie gesehen haben muß, daß ich allerdings zu nehmen Vergnügen allerhand Nachrichten sammle, so kan er auch glauben, daß ich wegen der Einnahme von Neustadt so wohl, als auch wegen der vorgehabten Wiederbesetzung vergleichen haben werde, und es könnte vielleicht manches zur Aufklärung der Geschichte dabey befindlich seyn; ich habe aber keinen Beruf, sie bekannt zu machen.

Damit der Herr Hofrath sehen möge, daß ich seine Berichtigung benutze, so soll bey einer neuen Auflage der chronologischen Tafel S. 12. verbessert werden, ob ich gleich nicht gesagt habe, daß das inhergewohnte Konklusum im Februar 1742 ausgeflossen, sondern daß es im Februar erschienen, das ist, daß es im Februar dem Meiningischen Ministerio bekannt worden sey, ich also der Wahrheit gemäß sagen könnte, daß es im Februar erschienen sey.

Da mir der Hr. Berichtigungs-Verfasser §. 20. das Wort wohlsam so sehr übel nimmt, und mir es gerne zu einem Crimine laesae Majestatis machen möchte, so muß ich auch hierüber nothgedrungen erwas

was sagen. Nicht immer sind die Worte gewaltsam, illegal, ungerecht für Synonyma genommen worden, sondern mit dem Wort gewaltsam verknüpfe ich die Idee: Wenn ich mich in den Besitz des Eigenthums eines andern wider seinen Willen setze, so handle ich gewaltsam. Wenn der Hr. Hofr. einen säumigen Pachter wegen rückständiger Gelder auspfänden läßt, oder auch nur mit Exekution belegt, so ist dieses eine gewaltsame Herbenschaffung der Gelder, und doch legal. Wenn aber ein Gut ein Proceß entstehet, der verlierende Theil aber sich im Possess befindet, der Richter hierauf denselben hinaus werfen läßt, und den gewinnenden durch richterliche Gewalt einweiset, wie nennet man das in unsrer lieben Mutter-Sprache? ich weiß kein ander Wort, als gewaltsam!. solte nun, also wohl dieses Wort zu hart seyn, wenn S. Saalfeld die Stadt Neustadt mit seinen Truppen besetzet, die Meiningischen Diener zwinget, die Stadt zu verlassen, und nicht etwan nur die gesunde — sondern sogar kranke, welche wegen der damaligen rauhen Jahreszeit mit Lebensgefahr den Ort verlassen musten? Ich überlasse die Beantwortung dieser Frage dem Publiko, welchem ich meine Topographie übergeben habe, es mag urtheilen, ob ich die Grunerischen Drohungen verdiene, oder ob nicht eine Besitznehmung, so mit gewafneter Hand und ohne richterliche Beyhülfe geschiehet, eine gewaltsame genannt werden kan, denn gütlich ist sie wenigstens nicht.

Nun noch eines, mein Hr. Berichtiger nimmt im 21 §. sehr übel, daß ich mich unterfange, die Theilung wunderbar zu nennen, vermuthlich weil sein seel. Herr Vater, ein (zu seinem Lobe sey es gesagt) treuer Saalfeldischer Diener, einen großen Einfluß auf dieses Geschäfte hatte, und dahero mag er auch glauben, daß ich beynahe Verantwortung verdienet hätte, die er aber diesmal nicht fordern will, wofür ich hierdurch demselben öffentlich meinen Dank abstatte. Aber nun auch ein Wort hierüber, als ein paar freye teutsche Männer! Eben das, daß das hohe Zoll- und Geleitsregale im Obergericht des Amts Neustadt nach dem Vorgeben des Hr. Hofr. S. Saalfeld in der Theilung zugesprochen seyn soll, ist meines Davorhaltens der beste Beweis, daß diese Theilung wunderbar zu nennen ist. Ich will einmal zugeben, daß
alles

alles das unumstößlich wahr sey, (wenn mein und meines Herrn Gegners leugnen und Zugeben beeinträchtiget die Rechte der Herzogl. Häuser auf keinerley Weise, woran ich meinen Herrn Gegner immer erinnern muß) weil ihm wohl wegen seines Amtes leicht einfallen könnte, mich, oder wohl gar das H. Haus Meiningen zu fiskalisiren) was Hrn. Gruner über die Zoll-und Geleits-Sache zu sagen beliebe. Bleibt es wohl nicht immer wunderbar, daß man hohe Regalia aus einer Landes-Portion reisset, um dadurch eine andere Portion zu egalisiren? welches ist wohl dem Ernestinischen Testament angemessener, wenn man hohe Regalia, die zu täglichen Zwistigkeiten unter den hohen Häusern Anlaß geben, einem Herrn in des andern Land übergiebt, oder wenn man an deren Stelle ein Dorf oder Dörfer an den Grenzen zur Ausgleichung abgegeben hätte? Denn wenn auch Aemter so wenig als möglich zerrißen werden sollen, so ist doch gewiß schicklicher, daß von einem Amte ein Dorf, als ein hohes Regale, abgerißen werde.

Daß diese Theilung unter Direktion des obersten Richters im Reich und mit Zufriedenheit vieler hoher Erb-Interessenten vorgegangen, ist mir so gut als meinem Hrn. Gegner bekannt. Ich bin aber auch so unwissend nicht, daß mir die Art solcher Behandlungen unbekannt wäre. Weder der höchste Richter, noch die hohen Erb-Interessenten haben Zeit und Lust, sich mit einer so langweiligen Sache zu befangen, sondern sie überlassen es ihren Ministern; welchen man aber noch so wenig die Infallibilität zuschreiben kan, als irgend einer Kreatur auf Gottes Erdboden.

Wenn jene ungedruckt gewesene Sentenz vom 16. May 1746 mir unbekannt gewesen ist, so wäre mir deswegen so wenig etwas zur Last zu legen, als dem Herrn Hofr. welchem das Konklusum vom 19. April 1745 auch unbekannt war, und mir doch von einem Gelehrten, dem seel. Hrn. Amts-Voigt und Geleits-Richter zu Sonnenberg schriftlich versichert worden. Da nun auf diese Art wir beyde an den Tag geleget haben, daß uns nicht alle Konklusa bekannt sind, so werden wir unsern Lesern nicht verdenken können, wenn sie uns, was die

Pro-

dagegen unter hohen Principalen anstehen, nicht ganz trauen. Damit ich aber doch, in Ansehung der Sachsachen, bey meinem diesem Glauben erhalte, so kan ich nicht besser thun, als nemlich sämmtliche Nürnbergische Kaufleute, welche mit der Geleits-Kutsche reisen, als die sicherste Zeugen aufführe, um zu bestätigen, daß der Vorgang bey einer solchen Geleits-Führung von Oeslau nach dem Sattelpaß, und vom Sattelpaß wiederum nach Oeslau gänzlich so geschiehet, als ich es Seite 52 erzehlet habe.

In den beyden oben angeführten Deduktionen von 1735 und 1738 hat das H. Haus Meiningen meines Erachtens unumstößlich bewiesen, daß das Amt Neustadt niemalen zum Amt Coburg gehöret habe, folglich hat das Amt Neustadt auch eine Amts-Grenze, dies diene zur Beantwortung des 27. §. übrigens aber werde ich hierüber und dem 28. §. kein Wort weiter verliehren, da dieses mit zu den Prozessen dero Herzogl. Häuser gehöret.

Zur Beantwortung des 29. §: Daß Amts-Schöffer in Sonneseld von jeher befindlich gewesen, habe ich niemalen geleugnet. Es ist also ein Wort-Spiel, daß Hr. Gruner Kraußens Kirchen-Schul- und Landes-Historie anführet. Denn aus dieser wäre also auch wohl zu beweisen, daß erst 1711 der erste Rechnungs-Beamte daselbst wäre aufgestellet worden, und das glaubt gewiß mein Hr. Gegner nicht. Das Neustädter Amts-Erbbuch scheinet, das, was ich gesaget habe, zu bestätigen, indem nach diesem alten Erbbuch die Orte des jetzigen S. Hildburghäusischen Amtes Sonnenfeld ihr Recht zu Neustadt nehmen mußten, und dieses gilt unstreitig mehr als des seel. Kraußens Erzehlung.

Nun komme ich auf die 4te Haupt-Ursache, weswegen mein Hr. Gegner den unüberwindlichen Drang empfindet, gegen mich zu schreiben, denn die erste ist, wie jeder leicht bemerkt haben wird, dem Publico in einer einem Privat-Schriftsteller unanständigen und diktatorischen Schreibart vorzuspiegeln, daß S. Meiningen von allen Ansprüchen auf das Untergericht des Amts Neustadt abgewiesen sey. Unstreitig stehet dieses

dieses Herzogliche Haus sich weit über die Sphäre eines Privat-Schriftstellers erhaben, als daß es nötig findet, seine sehr gewagten und schiefen Urteile beantworten zu lassen.

So übersehend handelt aber die Reichsritterschaft, in Ansehung seiner zweyten Haupt-Ursache nicht, sondern es hat dieselbe unter der Maske: eines Rezensenten in den Nürnbergischen gelehrten Zeitungen in LXXXXV. Stück No. 344 Seite 777 eine Widerlegung der Grunerischen Berichtigungen, so weit sie den zwischen Sachsen und dem Reichsritterschaftlichen Kanton Baunach über das Rittergut Mupperg verwaltenden Proceß belanget, einrücken lassen. Hr. G. hat also nunmehro in der Hauptsache mit diesem zu thun.

Ich muß aber allererst dasjenige berichtigen, worinnen mir sowohl Hr. Gruner, als der Nürnbergische Hrn. Rezensent (welchem übrigens für sein gütiges Urteil über meine Topographie sehr verbunden bin) unrecht thun, nemlich: ich hätte Mupperg auf meiner Karte auf das Ritterschäftliche Gebiet gesetzt; Mupperg liegt nach selbiger offenbar im Untergericht Neustadt. Denn Oerlsdorf, Furth am Berge, Hasenberg, sind unleugbar, obschon Rittergüter, doch solche, welche die Sächsische Hoheit erkennen. Folglich gehöret der Lage nach Mupperg ins Untergericht das Amts Neustadt, und dieses bestätiget noch überdies meine Topographie vom Untergericht Neustadt, wo ich alle erst genannte Orte unter die Orte des Untergerichts gesetzt habe. Daß ich den Ort, wo die Grenze des Untergerichts mit der Reichsritterschaft sich scheidet, nicht wie die andern Scheidungen der andern Landes-Grenzen mit einem Kreuz bemerket, ist deshalb geschehen, damit ich Sachsen auf keinerley Art etwas (auch nur scheinbar) vergeben möge, die Reichsritterschaft aber, da ich ein großer Freund des lieben Friedens bin, mit mir deshalb keinen Streit anfangen könne.

Hätte Hr. Gruner mit etwas kaltem Blute und einem von heissigem Eifer unverdorbenen Auge dasjenige gelesen, was ich von Mupperg gesagt habe, so würde er ehender gefunden haben, daß ich in der Lage

der

der Sachen keinen passendern Ausdruck habe wählen können, als eben den, so ich gebraucht. Mir war bekannt, daß ein Prozeß zwischen Sachsen und der Reichsritterschaft wegen Mupperg vor dem Reichs-Hofrath obwaltete; daß Konklusa Sachsen abfällig waren; deklarirte ich also Mupperg ohne weitere Rücksicht für Sächsisch, so konnte ich voraus sehen, daß ich gewiß einen Streit erhalten würde, wie anjetzo Hr. G. erhalten hat. Ueberdies konnte ich als ein Sächsischer Diener noch weniger sagen, Mupperg ist reichsritterschaftlich. Was blieb mir also wohl übrig? Ich fordere einen jeden, der gut deutsch kan, auf, ob man mir ein besseres, und keinen Teil beleidigenderes Wort anraten könne, als das, so ich gebrauchet; nemlich: Mupperg rechnet sich zur Reichsritter-schaft. Wenn sich dieses Gut nicht dorzu rechnete, so hätte ja kein Pro-zeß deshalb entstehen können. Aber kan man sich nicht zu etwas rech-nen, wozu man ganz und gar nicht gehört? Deswegen wird ja eben der Prozeß geführt, daß Mupperg sich zur Reichsritterschaft rechnet, Sach-sen aber keinesweges dieses einräumen will oder kan.

Was das Erbbuch von 1516 anlanget, so konnte ich dieses nicht benuzen, da die H. S. K. Saalfeld. Dienerschaft von je her ein Ge-heimniß gegen die hiesseitige Dienerschaft aus selbigem gemacht. Ueber-dies waren die Abschriften, so ich davon gesehen, nicht hinlänglich autori-siret, ich mußte also das Neustädter Amts-Erbbuch gebrauchen, welches doch auch unter die öffentlich geltende und verständlichere Dokumente gehöret. Außerdem ist es noch eine große Frage, welches von beyden Erbbüchern wohl den mehresten Glauben verdienet? ob dasjenige, so ich benuzet, und welches das nemliche ist, so noch bis diese Stunde in dem Herzogl. Amt Neustadt selbst, und von der H. Regierung zu Ko-burg bey allen Vorfallenheiten als richtig und geltend anerkannt wird? oder ein altes, gewiß nicht ohne Ursach, vermuthlich wegen seiner Un-richtigkeiten verborgen gehaltenes, wovon der Herr Berichtiger einen Auszug beygebracht, dessen Zuverläßigkeit zu beweisen, vielleicht schwer fallen dürfte?

Nunmehro habe ich noch als Topograph meinen Hrn. Berichtiger und seinen Helfershelfern Red und Antwort zu geben, und zwar zuerst wegen

wegen des 17. §. Daß man in Frankreich auf die Quadratmeile 1700 Menschen rechnet, habe ich in dem Schweizerischen Briefwechsel im XX. Heft gefunden. Da aber der größte Geograph, der Herr Ober-Konsistorialrath, D. Büsching, in ganz Frankreich nur 20 Millionen Menschen rechnet, Frankreich aber nach eben dieses Geographen Meinung 10 tausend Quadratmeilen groß ist, so kommt auf eine Quadratmeile nach dieser Berechnung 2000 Menschen. Nach meiner Berechnung des Meiningischen Oberlandes sind in einer Quadratmeile 3247 Menschen, (ja wenn sogar des Hrn. Gruners Rechnung, daß das Ländchen 5 Quadratmeilen groß wäre, richtig seyn sollte, welches in der Folge untersucht werden wird, so wären doch 2597 Menschen in einer Quadratmeile, folglich 597 Menschen mehr als in Frankreich) es bleibet also immer bemerkenswerth, daß in diesen Wäldern und Bergen doch so viele Menschen ihr Daseyn haben. Es gereichet mir aber dieses zu besonderm Vergnügen, daß mein Hr. Gegner der gerechte Mann ist, welcher öffentlich bezeuget, daß meine angegebne Menschen-Zahl keineswegs übertrieben sey.

Nein doch, Herr Hofrath! ich habe nicht die Seite einer Quadratmeile zu 2 Stunden gerechnet, sondern ich habe die gerade, und zugleich Grund-linie des Weges von Neuenhaus bis Limbach, so man 5 Stunden rechnet, nur zu 2½ geographische Meile gerechnet, und die Linie von Korberot bis Sattelpaß, so 4 Stunden gerechnet wird, habe ich 1⅜ Meilen gerechnet. Wenn man nun diese Meilen-Maaße mit einander vervielfältiget, so erhält man 4 Quadratmeilen zum Innhalt. Hätte ich, wie Hr. Gruner mir Schuld giebt, gerechnet, so würde ich das Facit erhalten haben, welches Hr. Gruner haben will, daß das Land groß seyn soll. Wenn ich einen Weg, 5 Stunden lang, Berg auf, Berg ab, bald links, bald rechts gehend, gleich 2½ Meile rechne, so wird mir wohl jeder Kunsterfahrne zugestehn, daß ich einer geographischen Meile am nächsten gekommen seyn muß; gemessen hab ich das Land nicht, denn sonst würde ich auf meine Karte geometrische, und nicht geographische Karte gesetzt haben. Das Widersprechende in diesem ganzen 17. §. nicht allein, sondern noch vielmehr die lächerliche Revidirung meiner Wälder-

Berechnung, beweisen mir, nach aller Beschreibung, die man mir von dem Hrn. Hofrath gemacht, daß er diesen §. einem Stümper übertragen haben müsse. Denn es muß jedem etwas befremdend vorkommen, daß mir in diesem §. gelehret wird, wie groß eine geographische Meile nach rheinländischen Schuhen seyn, da ich doch selbiges schon auf meine Karte habe stechen laffen. Denn über dem Meilen=Maaße stehet Scala von einer Meile oder 1969 rheinl. Ruthen. Nun weiß aber jedermann, daß eine rheinländische Ruthe zu 12 Schuhen gerechnet wird, wir wollen also, damit Hr. Gruner sehe, daß ich auch rechnen kan, diese

$$\begin{array}{r} 1969 \\ \text{mit } \underline{12 \text{ vervielfältigen,}} \\ 3938 \\ \underline{1969} \end{array}$$

so kommen 23628 Schuhe, als die Menge der Schuhe von einer Meile, heraus. Mir war also die Größe einer deutschen Meile nach den neusten Berechnungen schon bekannt, ehe mir solches mein Hr. Berichtiger lehrte.

Was würde man aber wohl von einem Rechnungs=Revisor sagen, welcher eine Rechnung, so nach rheinländischen Gulden geführet worden, nach fränkischen Gulden nicht allein revidiren, sondern auch dem Publiko den Rechnungsführer als einen Falsarium vorstellen wollte, weil seine und des andern Rechnung nicht zusammen treffen? Und ist hier wohl anders verfahren worden? Ich rechne nach Rheinländischen, und mein Herr Berichtiger berichtiget mich nach Nürnbergischen Ruthen. Er bringet, nach einer Berechnung mit Zahlen (vermuthlich weil der verkappte Revisor noch nicht das Vergnügen gehabt, öffentlich zu rechnen) die so bekannte Sache heraus, daß eine Quadratmeile 19141⅜ Nürnbergischer Acker in sich halte, und ich habe meine ungefähre Rechnung (denn nie habe ich gesagt, daß ich das Land gemessen habe) nach rheinländischen Aeckern gemacht, deren gehen 24233 auf eine teutsche Quadratmeile. Könnte man mir wohl verdenken, wenn ich diese Art zu rezensiren mit ihrem eigentlichen Namen benennte? Ich habe mir aber das
unver-

unverbrüchliche Gesez gemacht, mit der größten Bescheidenheit meinen Herrn Gegner zu beantworten, und überlasse meinen Lesern, die sich selbst darbietenden Reflexionen hierüber zu machen, und wende mich zu den in dem §. 38. und zwey folgenden §. §. erwehnten Gelehrten, welche meine Karte voller Fehler gefunden haben, muß aber vorhero das einige, so sie mit Recht erinnert, bemerken, und die Ursache angeben, durch welche solches entstanden. Rodach liegt allerdings nicht da, wo es die Karte hinsezet. Es gieng aber damit folgendergestalt zu: Meine Karte, so ich zuerst gezeichnet, war viel größer als die, so ich habe stechen lassen, weil ich das ganze Fürstenthum Koburg darauf entwerfen wollte. Als ich nun, wegen Schwäche meiner Augen, einen andern die Karte zeichnen ließ, und Rodach außer der Einfassung für die Kaze verlohren gegangen seyn würde, so sezte er diesen Ort, so wie das Guth Querschstadt, dahin, wo es jezt stehet, und ich habe, als ich die Karte zu stechen gab, die Abänderung vergessen, und der Ort ist so fehlerhaft stehen geblieben, da doch diese Stadt gegen Westen weit außer der Einfassung der Karte liegen muß.

Was aber diese Gelehrten §. 41. damit sagen wollen, daß Rodach 3 ordentliche Stunden gegen Nord-Süd liege, hierüber bitte ich nicht allein, sondern gewiß auch alle Geographen, um eine Erklärung, da das Punktum Nord-Süd unter die größten Geheimnisse gehöret, denn noch nie hat man etwas davon gehöret. Hätten sie aber auch dadurch sagen wollen, daß Rodach von Rottenbach von Norden nach Süden liege, so weiß doch jeder kleiner Junge zu Rottenbach, daß, wenn er Abends nach Rodach gehet, er über die Stadt hin die Sonne untergehen sieht.

Hilbburghaußen läge auf der Karte nach §. 39. gegen Norden, und müßte Nordwest liegen: Da aber die Nord-Linie ungefehr über Karlinenburg läuft, so habe auch ich Hilbburghaußen eine halbe Stunde gegen Westen gezeichnet. In eben diesem 39. §. sagen die angegebnen Gelehrten: ich hätte Eißfeld 1½ Stunde zu weit Ost-Süd gelegt. Wenn ich nun Eißfeld 1½ Stunde mehr nach Norden legte, so würde

würde es hinter das Schulterblat des Genstkommen, welcher den Epaulétrahmen mahlet, und doch ist Eißfeld nur 4 starke oder 5 kleine Stunden von Koburg, und 2 kleine Stunden von Schalkau, und würde dadurch gegen 7 Stunden von Koburg und 3 Stunden von Schalkau zu liegen kommen.

Nach dem dritten Abschnitt des 39. §. wird aber noch weniger jemand Eißfeld seinen Platz anweisen können, denn diese Herren sagen: „Eißfeld läge von Schalkau sehr stark Nord-West, und sollte daher, „so weit es von Schalkau ist, nemlich 2 Stunden nach West-Süd, „weiter stehen, von Koburg aber soll es gegen Norden liegen, doch so, „daß es sich auf die West-Seite lenket, und dahero, in Beziehung „gegen Koburg, gegen 3 Stunden mehr West-Seits angezeigt worden „seyn." Ich gestehe meine Schwäche, ich weiß ganz und gar nicht, wo ich Eißfeld nach dieser Anweisung, in Beziehung gegen Schalkau, hinlegen soll. In Beziehung gegen Koburg würde es hart bey Hildburghausen zu liegen kommen, ist das wohl möglich? Es muß doch würklich einem rechtschaffenen Mann schmerzlich fallen, wenn Leute, die sich nicht einmal verständlich machen können oder wollen, sich beygehen lassen, seine Arbeit zu kritisiren. Hätten diese Gelehrten ja gefunden, daß ich, nach ihrer Meinung, Hildburghausen und Steinach zu weit Ostwärts gelegt hätte, so hätten sie auch untersuchen sollen, ob ich Sattelpaß oder Heinersdorf zu weit Südwärts gelegt habe; hätten sie das gefunden, so konnten sie ihre Vermuthung dahin äußern, daß ich meiner Karte ohngefehr um 1 oder 2 Minuten eines Weltgrabens zu weit respektive Ost- und Südwärts angelegt habe. Denn da sie so wenig als ich von Sonnenberg aus die Nord-Linie über die Wälder und Berge gehörig gesucht und gefunden haben, so konnten sie auch nicht behaupten, ob die Mitternachts-Linie über Steinach oder Steinheyde gehe. Ich habe meine Karte keinesweges für eine geometrische ausgegeben, zum Beweis, daß ich sie nicht gemessen. Ich habe ferner meine Karte gegen Osten gezeichnet, ein jeder, der mit Landkartenzeichnen sich jemalen abgegeben, wird hieraus gleich bemerkt haben, daß ich zu meiner Grund-Linie die Linie von Westen nach Osten genommen, und zwar darum, weil ich hier den größten

größten Horizont hatte. Hätte ich von Sonnenberg aus die genaue Mitternachts-Linie haben wollen, so mußte ich selbige, da ich dahin gar keinen Horizont hatte, durch Messung finden; hätte ich dieses gethan, so wäre meine Karte dadurch eine geometrische geworden, und ich würde sodann meine Karte gegen Norden gezeichnet haben.

Wenn ich also auch etwas gefehlet haben sollte, so würde dieser Fehler höchstens 1½ Minuten betragen, welchen gewiß jeder billige Gelehrte mir mit Bescheidenheit angezeigt haben würde, da ich durch meine Zeichnungs-Art öffentlich bekannt hatte, daß mir die wahre Nord-Linie nicht aufs genaueste bekannt war, und welche ihnen von Sonnenberg aus eben so wenig bekannt ist. Dies wäre eine eines billigen Gelehrten gemäße Aeußerung gewesen, und daraus würde keine so sonderbare Verwirrung der Orte und lächerliche Bestimmung der Welt-Gegenden, z. E. Süd-Nord, entstanden seyn. Ich weiß, daß alle Geographen, oder die sich mit speziellen Landkarten zu zeichnen abgeben, einen Fehler von 1½ Minuten (und welcher noch gar nicht bewiesen ist) ehender vergeben, als jene undeutliche Kritik billigen werden, da in einer so bergichten Gegend die wahre Linie von Osten nach Westen um 1 oder 2 Minuten verfehlt werden kan.

Daß die Situation von Sonnenberg nach Hildburghausen richtig ist, hat uns leider die entsezliche Feuersbrunst von 1779 bestätiget, weil jedermann zu Sonnenberg, bis man erfuhr, wo sie war, für die Dörfer Kazberg und Ehnes in Sorge stunde.

Alles, was ich bisher über die Anmerkung dieser mir unbekannten Gelehrten gesagt, wird meine Leser überzeugen, daß ich 1) nicht erst nöthig habe, alle ihre Aeußerungen genau durchzugehen; 2) daß ihre Kritik aufs glimpflichste benennet, unstatthaft ist; ich dahero 3) die mir vorgeworfene Fehler meiner Karte nicht nach selbiger verbessern kan, weil sie sonst erst fehlerhaft werden würde, und daß dahero auch 4) meine Karte zu einem richtigen Gebrauch sehr wohl dienen kan, wenn auch sogar die wahre Ost-West-Linie um 1½ Minuten eines Weltgrades sollte verfehlt worden seyn.

Ein jeder unbefangener Leser, ja selbst der Herr Berichtigungs-Verfasser, wenn er anders unpartheiisch urtheilen will, wird also bey näherer Untersuchung dessen, was ich über sämmtliche Berichtigungen gesagt habe, finden, daß sehr wenige Umstände zu berichtigen waren — er wird finden, daß er nicht, was ich gesagt, sondern das, was er haben wollte, daß da stehen sollte, sehr wenig, höchstens Nebenumstände, berichtiget, auch gegen alle einem Privat-Schriftsteller geziemende Bescheidenheit sehr schiefe, und doch bezibirende Urtheile gewagt, und dahero auf keinerley Weise für einen unpartheiischen Schriftsteller gehalten werden kan. Er hätte also besser gethan, seine ihm so kostbare Zeit auf was nützliches zu verwenden, da sowohl meine Person, als noch vielmehr die von ihm eigenmächtig abgeschlossene Prozesse gänzlich außer seinem fiskalischen Amte sich befinden.

Ich hoffe, daß meine Topographie durch diese Berichtigungen gewonnen haben soll, weswegen ich auch ihm für seine Bemühung vielen Dank schuldig bin. Denn wie hätte ich sonst wohl Gelegenheit erhalten, der Welt zu zeigen, daß alle Thatsachen, so ich erzehlet, wahr, auch die mir vorgeworfenen Unrichtigkeiten meiner Topographie und Karte von Männern beurtheilt worden seyn, welche nichts davon verstanden, oder wenigstens doch sich darüber nicht richtig auszudrücken wußten.

Ich habe nicht nöthig, die Absichten des Herrn Verfassers zu untersuchen, sie liegen zu klar am Tage — und ich wünschte, wie er, sagen zu können — daß sie gut gewesen. —

www.ingramcontent.com/pod-product-compliance
Lightning Source LLC
Chambersburg PA
CBHW030000240426
43672CB00007B/773